Exploring the Power of
Educational Evaluation

探寻教育评价的力量
温州市教育评价改革成果汇编

方文跃 / 主编

上海社会科学院出版社
SHANGHAI ACADEMY OF SOCIAL SCIENCES PRESS

图书在版编目(CIP)数据

探寻教育评价的力量：温州市教育评价改革成果汇编 / 方文跃主编 .— 上海：上海社会科学院出版社，2023
 ISBN 978-7-5520-4261-0

 I.①探… Ⅱ.①方… Ⅲ.①教育评估—教育改革—成果—汇编—温州 Ⅳ.①G527.553

中国国家版本馆 CIP 数据核字(2023)第 210966 号

探寻教育评价的力量：温州市教育评价改革成果汇编

主　　编：	方文跃
责任编辑：	周　霈　杜颖颖
封面设计：	黄婧昉
出版发行：	上海社会科学院出版社
	上海顺昌路 622 号　邮编 200025
	电话总机 021－63315947　销售热线 021－53063735
	http://www.sassp.cn　E-mail: sassp@sassp.cn
排　　版：	南京展望文化发展有限公司
印　　刷：	上海万卷印刷股份有限公司
开　　本：	710 毫米×1010 毫米　1/16
印　　张：	29.5
插　　页：	2
字　　数：	480 千
版　　次：	2023 年 11 月第 1 版　2023 年 11 月第 1 次印刷

ISBN 978-7-5520-4261-0/G・1280　　　　定价：128.00 元

版权所有　翻印必究

编委会

顾　问　郑焕东　吴君宏
主　编　方文跃
副主编　王光秋
编　委　方文跃　王光秋　王旭东　张文静　顾士伟

以高质量教育评价引领温州教育改革新篇章(代序)

　　评价是教育发展的"晴雨表""风向标",对学校办学、师资建设、学生成长起着牵一发而动全身的重要作用。习近平总书记在全国教育大会上强调,要从根本上解决教育评价指挥棒问题。2013年,温州成立全省首个地市级教育评估机构,以前瞻的意识、科学的谋划、务实的行动,打好评价改革组合拳,成果丰富,成效明显,先后被评为省教育质量综合评价改革优秀试点地区、省"数据驱动教育教学改进"优秀试点地区,温州经验被《人民教育》《中国教育报》等权威教育媒体多次推介。近三年,市教育评估院连续3次入选省教育评价改革典型案例,成为全省唯一连续3年获此殊荣的单位。

　　值此建院十周年之际,温州市教育评估院围绕教育评价改革重点难点,系统梳理区域、学校层面的各类评价优秀成果,涉及区域、学校、教师、学生等多个评价主体,可以说是温州教育评价改革实践智慧的缩影,具有鲜活的实践推广意义,相信能为大家提供一定的经验与新的启发。希望评估院一如既往地发挥专业评价优势,引领各地各校立足新时代新要求新起点,深入贯彻落实《深化新时代教育评价改革总体方案》,着力以更好的教育评价体系催生更强、更优的改革行动,为温州打造教育高地、打响"好学温州"品牌贡献更大的力量。一要切实增强教育评价的价值引领力。全面贯彻党的教育方针,落实立德树人根本任务,遵循教育规律,完善综合素质评价体系,切实引导全社会树立科学的教育发展观、人才成长观、选人用人观,引导学生坚定理想信念、厚植爱国主义情怀、加强品德修养、增长知识见识、培养奋斗精神、增强综合素质。二要切实增强教育评价的诊断改进力。坚持以评促改、以改促优,强化"为教育""向未来"的理念,持续改进结果评价、强化过程评价、探索增值评价、健全综合评价,以科学的评价找问题、明差距、挖成因、谋对策,以精准之力促改革之效。三要切实增强教育评价的数据实证力。坚持智慧赋能、数据赋能,挖掘好、使用好教育数据这一"富矿",推动教育管理从经验管理向实证管理转型,从而形成用数据发现、用数据反思、用数据管理、用数据决策、用数据创新的工作思维与常态。

建院十年,也是新的起点,诚挚期待专家、学者、同仁们一起为温州教育评价改革献计献策、赋智赋能,加快推动建设高质量教育体系,凝心聚力打响"好学温州"品牌,争做中国式现代化教育示范省的模范生。

温州市教育局党委书记、局长 郑焕东

目　　录

以高质量教育评价引领温州教育改革新篇章（代序） ………………… 1

区域推进篇

立"四维"破"五唯"，引领教育生态良性发展 ………………………… 1
教育质量"四维评价"的温州实践 ………………………………………… 7
构建四维评价体系　助推教育质量综合评价改革
　　——浙江省温州区域教育质量综合评价的探索与实践 ………… 13
从试点探索走向全面推进：区域推进学校教育质量评价改革的实施
　　路径 …………………………………………………………………… 21
教育质量"四维评价"改革的区域实践 ………………………………… 31
区域推进学校教育质量评价改革的路径研究 ………………………… 41
区域中小学教育质量综合评价实施路径的实践研究 ………………… 55
区域初中绿色增值评价体系构建与实施研究 ………………………… 65

综合评价篇

发现与成全：为每一个孩子的成长助力
　　——温州市实验小学"三维六项四评价"的"小脚丫"综合评价探索与
　　实践 …………………………………………………………………… 77
"慧"说话的"六小家"
　　——景山小学"六小家"评价的设计与实施 ………………………… 83
悦纳百川，蕴蓄精彩
　　——"悦纳百川"学生综合素质评价电子平台的实践与研究 …… 94

"积分制"推进"文杏少年"综合评价校本化实践 …………… 104
大数据赋能"五育融合"综合评价
　　——温州市教育教学研究院附属学校教育集团基于大数据的"五育
　　融合"学校实践新样态 ……………………………………… 111
"三维三阶":基于大数据的校本化综合素养评价制度构建与实践研究
　　……………………………………………………………… 119
评价的力量:建构学生可持续发展的动力系统 ………………… 126
基于校本课程的高中生综合素质评价
　　——以温州市第十四高级中学为例 ………………………… 133
区域性中小学劳动教育评价方案的研制与实施建议
　　——以温州市制定义务教育阶段劳动教育评价方案为例 …… 140
"三维三阶":综合评价报告单革新下的校本美育课程分项等第评价 …… 147
"O·T·D成长账户":为个性成长储备能量 ………………… 154

监测结果应用篇

数据背景下:教育质量评价数据的挖掘思路与应用路径 ……… 163
"双基"行动下区域学生学习品质培育机制的实践 …………… 173
学校教育满意度测评体系的构建与实施
　　——以温州市为例 …………………………………………… 179
小学生学习动机现状、影响因素及提升对策
　　——基于温州市小学生学习品质监测结果 ………………… 188
每一位乡村教师都应该成为家庭教育指导师
　　——基于浙江省温州市108所乡村小规模学校的全样本调查研究
　　……………………………………………………………… 197
数据驱动:归属感视角下学生运动习惯的培养 ………………… 205
学生幸福感:现状、影响因素及启示
　　——基于温州市初中学生学习品质监测数据的分析 ……… 216
温州市初中生校园欺凌报告:现状、特征与防治 ……………… 227

如何减轻初中生学习与考试焦虑？
　　——基于2021年温州市学习品质监测数据 ·················· 237

增值评价篇

基于区域四维评价体系的初中绿色增值评价 ················· 247
教学质量增值评价常见模型与实践思考 ··················· 256
区域增值评价体系构建的实践探索
　　——以乐清市为例 ··························· 266
基于简易式百分等级成长模型的学业增值评价 ··············· 273
初中学业成绩简约型增值性评价的实践研究 ················ 283
基于增值评价与诊断的有效教学实践探究 ················· 293

过程评价篇

"项目学评"赋予学生成长的力量
　　——"项目学评"的平阳样本 ····················· 302
强化过程体验：小学生综合素质星卡评价"迭代"改革与实践 ········ 309
以"悦读"手册为驱动，实施阅读过程性评价 ··············· 319
阶·链·数：基于项目式学评的小学语文非纸笔测评实践研究 ······· 328
基于学科核心素养的表现性评价设计与实施
　　——以小学数学低中年级段的"数感"评价为例 ············ 338
小学低年级段英语口语能力评价实施的设计和实践
　　——以×学校一年级学生为例 ···················· 348
线上线下协同：小学科学表现性评价的新策略 ··············· 357

数据驱动改进篇

数据驱动教育教学改进的温州实践探索 ·················· 367
"多层次、多维度、多功能"学业评价数据体系的构建和应用研究 ····· 378

诊断·析因·施治
　　——基于"化验单"的中职学教机制改革实践 …………… 397
依托数据精准分析　提升学生学业成绩 …………………… 406
数智融合：学生综合评价的三维优化路径 …………………… 415
基于数据支撑的小学"稚慧"评价体系的建构与实施 ……… 422
基于"五维三阶"雷达评价的小学低年级段游考实践研究 … 431
数据驱动下教、学、研一体的研究和实践
　　——一次数学校本主题教研活动的思考 ………………… 440
数据驱动：小学数学单元表现性评价的优化与应用
　　——以人教版六年级上册《圆》单元为例 ……………… 448

区域推进篇

立"四维"破"五唯",引领教育生态良性发展

2018年9月,习近平总书记在全国教育大会上指出,要扭转不科学的教育评价导向,坚决克服唯分数、唯升学、唯文凭、唯论文、唯帽子的顽瘴痼疾,从根本上解决教育评价指挥棒问题。[①] 2020年10月,中共中央、国务院印发《深化新时代教育评价改革总体方案》,吹响了教育评价改革的冲锋号,预示着教育评价改革将从自发走向自觉、从批判走向建设。温州市从2014年开始试水教育评价改革,构建了教育质量"四维评价"指标体系,聚焦"五唯"最核心的唯分数、唯升学问题,探索区域破解之道。

一、"两全"导向:构建全要素全过程评价体系

(一)构建四维评价指标体系,体现横向全要素评价

区域教育质量是立体的、多维的。从宏观层面来看,是整个教育体系的质量,包括学生个体层面、教育管理与行政结构的制度层面。从微观层面来看,学生的发展是教育质量的核心。我市以学生发展为出发点,率全省之先在地市级层面制定出台《温州市中小学教育质量评价实施方案》,构建由学生品德

---

① 鞠光宇. 坚决克服教育评价"五唯"顽瘴痼疾[EB/OL]. 中华人民共和国教育部网站,2018[2021-8-30]. http://www.moe.gov.cn/jyb_xwfb/xw_zt/moe_357/jyzt_2018n/2018_zt19/zt1819_gd/wywy/201809/t20180928_350312.html.

发展、学业水平、身心健康和学习生活幸福4个维度18项指标的四维评价指标体系,不仅关注对学生学业水平的评价,也关注对学生品德发展、身心健康和学习生活幸福感的评价,力图扭转重智育轻德育、重分数轻素养的教育质量观,着眼学生全面可持续发展,引导学生坚定理想信念、厚植爱国主义情怀、加强品德修养、增长知识见识、追求生活幸福、增强综合素质。

(二)构建质量分析模型,体现纵向全过程评价

一是构建了"输入—过程—输出"的学校教育质量分析模型。借鉴教育评价的CIPP模式,构建教育质量分析的"输入—过程—输出"模型,"输入"环节从"社会环境、学校条件、学生特征、社区家庭"四个层面把握教育的起点,"过程环节"关注学校的文化、管理和教与学的落实,凸显过程的诊断功能,"输出"则落点于学生发展,关注学生品德发展、学业水平、身心健康和学习生活幸福四个维度的发展结果。这样的模型设计,既考虑了教育的起点,也关注了教育的结果,更重要的是打开了教育输入和教育产出当中的过程黑箱,探寻在起点条件稳定的前提下,是什么样的过程导致教育的不同结果,为教育改进指明原因和方向。

二是构建了绿色增值评价模型。设计基于"四维评价"指标体系的增值模型,由学业和非学业增值模型两部分组成。学业增值模型参照英国学者彼得·卡坦斯的学校效能评价模式,构建学业增值模型。将学生入口成绩作自变量,出口成绩作为因变量,建立一元线性回归方程。该模型可观察到排除学生背景因素的影响后,各校学业成绩的增幅情况。非学业增值模型以效应量为标准,衡量学生在一段时期内品德发展、学业水平、身心健康和学习生活幸福等维度的发展进步情况,同时关注学生学习质量形成的过程与成本,关注学校相关因素对学业成绩的影响关系。

二、"两轮"驱动:探索区域教育评价改革路径载体

(一)监测驱动,教育评价走向数据实证

树立"数据赋能教育,评价促进改进"的基本理念,从以教育质量监测结果

运用走向基于证据的教育教学改进。2014年至今,我市以综合监测和专项监测相结合的思路,开展了近20次的质量监测,在对整体教育质量综合评价监测的基础上,开展了义务教育艺术素养监测、中小学生学习品质监测、高中生学习生活幸福感测评、学校教育满意度测评等专项监测。借助各类监测数据,对教育教学现状进行描述,诊断教育教学中存在的问题,发现各类教育行为和因素之间的规律,对教育教学的发展趋势进行预判,为教育教学改进提供证据支持。在此基础上,我市完善了教育质量监测结果分析反馈与运用的范式,形成了教育质量监测"市县联动、逐县指导"的分析反馈模式,构建了基于监测数据驱动教育教学改进的行动路径,即基于数据寻找"真问题"——拓宽思路开展"真研究"——综合判断实施"真改进",从而保证改进的针对性、实效性。

(二) 项目驱动,学校评价改革走向立体多元

2015年开始,我市以项目推进的形式,启动学校层面教育评价改革,从市、县两级相继培育了两批评价改革试点学校共167所。2019年5月,进一步推进中小学校教育评价改革工作,分三年逐步推进,计划到2022年实现义务教育阶段学校评价改革项目全覆盖。项目内容涵盖中小学学业评价、增值评价、学生综合素质评价、数据驱动教育教学改进、教师评价等。

通过项目推进,区域层面提炼了推进学校教育质量综合评价改革的推进方式。即从质量评价管理主体上,建立市、县、校三级质量管理网络,明晰市、县、校质量管理职责,为学校教育质量评价的校本化明确了方向和定位;从推进路径上,总结出"一阶试点""二阶拓展"和"三阶推广"的操作路径,使学校层面的教育质量评价校本化有序开展,层层深入;从推进支持上,形成行政助推、专家助力和联盟互助的"三助"支持方式。"三级三阶三助"推进方式,有助于推进学校教育评价校本化的进一步推进,也有助于完善区域教育质量管理机制。

学校层面推进了"四维评价"指标的校本化构建。在市级层面"四维评价"指标体系引领下,各学校通过细化研究、深化研究和特色化研究对区域"四维评价"指标进行了校本化的构建,形成各具特色的指标体系、实施办法和操作细则。完善了学校以评价驱动教育教学改进的路径建设。各学校聚焦于以评价驱动学校综合发展的路径建设,提炼了以评价驱动学校综合发展的循环闭

合圈：监测评价—发现问题—解读问题—问题改进—追踪反馈。其中，评价既是起点也是终点，通过评价的持续跟踪与调控，及时发现问题，及时调整改进，为学校教育质量的自我诊断和改进提供了有效的路径和方法。推动学校评价逐步由经验型评价走向实证型评价，由终结性评价走向发展性评价，由单一化评价走向多元化评价。

三、"两点"支撑：完善区域教育评价改革保障机制

（一）队伍支撑：市、县、校三级评价管理网络健全有力

构建以温州市教育评估院为龙头，县（市、区）教师发展中心评价室为依托，一线学校为主体的市、县、校三级评价管理网络。2013年，温州率先建立了浙江省首家地市级事业一类教育评估机构——温州市教育评估院，具体负责教育质量监测评价与学校评估工作。并在各县（市、区）教师发展中心（教研室）内设置相应的专业评估机构，并配置至少1名教育质量评价专职人员。同时对其职责做了进一步明晰：以市、县为单位的区域教育质量评价的作用是运用规划手段，促进学校发展，提高教育教学的"结构性质量"；学校教育质量评价的作用是领导与帮助教师尊重教育规律，正确组织教学活动，充分发挥校本评价的诊断与改进功能的"过程性质量"。在此基础上，根据《温州市市级评价员职业队伍建设的建议》《温州市教育评估院关于规范使用教育质量监测评价数据的规定》等文件精神，逐步提升了市、县、校教育评价队伍的专业素养。

同时，我们积极培育第三方教育评价机构，先后培育了温州大学基础教育评估中心、温州民办教育研究院等多家机构。出台《温州市委托第三方机构开展教育评价暂行办法》《温州市政府购买教育评价服务暂行办法》，按照公开、公平、公正原则，引入市场机制，将委托专业机构和社会组织开展教育评价纳入教育行政部门购买服务范围，规范与健全多元化评价主体，保证教育评价的科学性、规范性、独立性，使区域和学校教育管理更加有序，更有实效。

（二）制度支撑：区域教育评价改革政策支持全面有力

近几年来，为提升区域教育教学质量，我市出台《关于进一步提高温州市中小学教育教学质量若干意见的通知》，在年度直属学校校长业绩考核中增加了"提升教育教学质量"内容。为提高区域教育质量监测结果运用与改进的针对性和有效性，出台《温州市教育局关于进一步加强义务教育阶段教育质量监测结果有效应用的若干意见》，并将"加强教育质量监测数据的运用改进工作"纳入近几年市教育局对县教育局年度工作目标考核指标之中，其中"有否对所反馈问题的整改改进工作，开展过程性的调研指导和督查"是考核要点之一。为加强县域层面对学校评价改革的推进工作，出台《关于进一步推进中小学校教育质量综合评价改革工作的实施方案》，将"县层面对评价改革试点学校的指导"列入温州市教育局对县教育局年度工作目标考核指标之中。在此基础上，今年10月26日，省人民政府督导委员会下发文件，确定温州为"数据驱动教育教学改进"省级试点地区。

多年的实践探索，我市教育质量综合评价改革初具成效。一是践行了先进的教育评价理念，实现单纯"育分"向全面"育人"的转变，促进科学质量观的落地。唯分数、唯升学倾向的扭转，也带动了对教师唯文凭、唯论文、唯帽子的反思，基于教师立德树人成效、促进学生成长增值的评价理念也逐步深入人心。二是加强了指向"诊断改进"的评价结果运用，基于数据的评价方式，提高了教育行政决策的科学性、教学研究改进的针对性和学校质量管理的有效性。三是提升了区域教育综合质量，引领教育生态良性发展。四是推动了"评价促进质量提升"的理论与实践探索，形成了辐射影响。《人民教育》2019年第5期发表了《教育质量"四维评价"的温州实践》一文，介绍了温州教育评价探索经验；《中国教育报》《浙江教育报》《未来教育家》《基础教育课程杂志》《温州教育》等报刊均以专题或专栏形式对温州经验做了全面报道和介绍；课题研究成果《区域中小学教育质量综合评价实施路径的实践研究》《区域推进学校教育质量评价改革的路径研究》分别获2016年度和2017年度浙江省教科规划课题一等奖，《温州市中小学教育质量"四维评价体系"的构建与实践》获浙江省中小学教育质量综合评价改革试点项目优秀成果奖；温州市教育评价改革试点学校成果汇编《我们期待什么样的教育评价》于2018年5月由浙江人民出版社出版。

【参考文献】

赵树贤.卡坦斯学校效能评价模式及其拓展研究[J].中国教育学刊,2007,(6):27-31.

作者:王剑波(温州市教育局)

(本文发表于《中国教育报》2021年4月6日第10版)

教育质量"四维评价"的温州实践

教育质量评价具有重要的导向作用,是教育综合改革的关键环节,也是教育部、浙江省推进管办评分离改革的重要举措。温州是浙江省的教育大市,教育人口约占全省的1/6,但由于历史欠账和现实条件的双重制约,优质资源供给并不均衡,区域内部整体水平差异较为严重,教育质量水平有待提高,亟需构建完善、系统、科学的区域教育质量评价体系,发挥评价的引导、诊断、改进、激励等功能,以评价改革撬动区域教育质量提升,助推温州由教育大市向教育强市迈进。

那么,温州是如何在体量大、不均衡、质量低的现状下,借力评价来提升区域教育教学质量呢?我们主要通过市、县、校三级联动,围绕教育评价的核心要素,即评价主体、评价内容、评价工具和结果运用,以评促改,助推温州教育质量提升。

一、构建市县校三级评价网络——解决评价主体问题

(一)初步形成地市级第三方教育评估机构

开创性制定温州市第三方教育评估机构准入条件和管理办法,规范教育行政部门购买第三方教育评价服务实施流程,积极培育主体多元的第三方教育评估机构。2013年10月,全省首家地市级第三方教育评估机构——温州市教育评估院正式成立。仅2018年就为全市近200所学校开展了义务教育学

校等级评估、特色学校评估和学校发展性评价，并开展了全市中小学教育质量综合监测、艺术素养监测和教育满意度测评等。2017年1月，与温州大学合作，成立温州大学基础教育评估中心，通过项目委托方式，在监测量具开发、区域学校发展性评估等项目开展合作，累计服务龙湾、乐清、瓯海等地区学校341所。

（二）推进县级教育评价机构和队伍建设

将"教育评价队伍建设"列入年度县域工作考核，要求各县（市、区）在教师发展中心（教研室）内设立评价（评估）科室，配置至少1名教育质量评价专职人员。目前，11个县（市、区）均成立评价（评估）科室，县级专、兼职评价员从原先的2位发展为现在的27位，为县域层面监测数据的二次解读和教育教学改进提供人员保障。

（三）培育教育评价改革试点校

近三年，先后确定2批共167所市县两级中小学教育质量综合评价改革试点学校。通过标准引领、技术引领、运用引领和管理助推等操作路径，在学业增值评价、学生综合素质评价、教师评价、数据分析及应用等领域进行校本化的探索。

二、构建区域评价指标体系——解决评价标准问题

（一）构建关注学生核心素养的"四维评价"指标体系

2013年10月，根据《教育部关于推进中小学教育质量综合评价改革的意见》《浙江省中小学教育质量综合评价实施方案》等文件精神，结合温州实际，率全省之先在地市级层面制定出台《温州市中小学教育质量评价实施方案》，构建由学生品德发展、学业水平、身心健康和学习生活幸福4个维度18项指标的四维评价指标体系（见图1），不仅关注学生学业水平的评价，也关注学生品德发展、身心健康、学习生活幸福感的

评价,切实扭转唯分数论的片面教育质量观,建立全面、全程、全员的科学质量观。

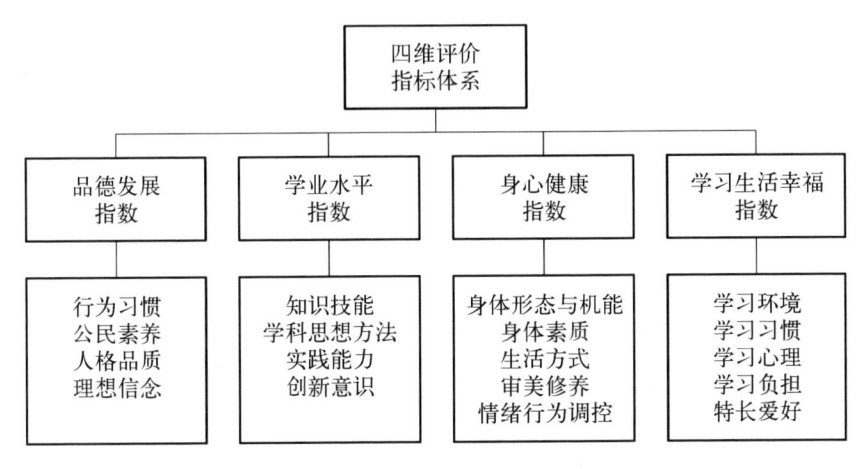

```
                    四维评价
                    指标体系
    ┌───────────┬───────┴───────┬───────────┐
  品德发展      学业水平        身心健康      学习生活幸福
   指数          指数            指数           指数
    │            │              │              │
  行为习惯    知识技能       身体形态与机能    学习环境
  公民素养    学科思想方法    身体素质         学习习惯
  人格品质    实践能力        生活方式         学习心理
  理想信念    创新意识        审美修养         学习负担
                             情绪行为调控      特长爱好
```

图1 "四维评价"指标体系框架

（二）开展基于四维评价体系的初中绿色增值评价

2015年,启动初中绿色增值评价研究,作为中小学教育质量四维评价指标体系的重要补充和深化。评价内容不仅涵盖学生学业水平的增值,也关注学生品德发展、身心健康、学习生活幸福的增值,旨在引导学校、学生在各自的起点和基础上均衡、和谐、高质量、可持续的"绿色发展"。学业增值模型,参照英国学者彼得·卡坦斯的学校效能评价模式[①],将学生入口成绩作自变量,出口成绩作为因变量,建立一元线性回归方程。该模型可观察到排除学生生源因素的影响后,各校学业成绩的增幅情况。非学业增值评价,是基于区域"四维评价"指标,涉及学生品德发展、身心健康、学习生活幸福感等方面。通过问卷形式采集数据,以"效应量"为模型,来关注学生学习质量形成的过程与成本(如表1),以及相关因素对学业成绩的影响关系(如图2)。

---

① 赵树贤.卡坦斯学校效能评价模式及其拓展研究[J].中国教育学刊,2007(6).

表 1　学校绿色增值评价情况①

学　校	学业增值	学校归属感增值	学习压力增值	学习兴趣增值
学校 1	1.29	*****	****	****
学校 2	−12.53	*	****	**
学校 3	1.08	**	***	**
学校 4	−2.15	****	****	**

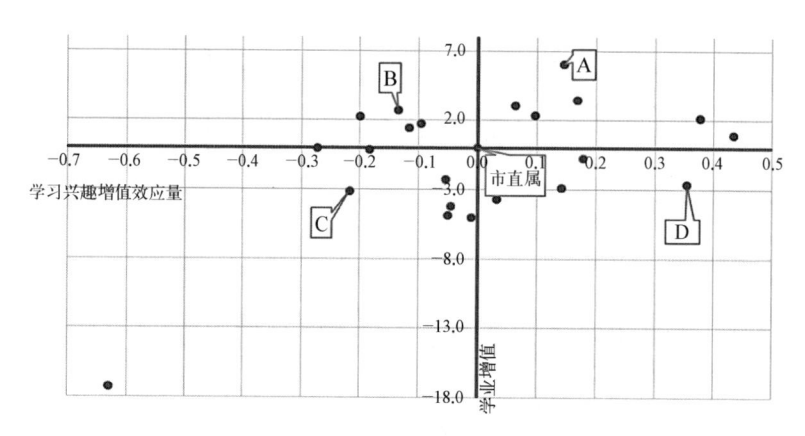

图 2　学业增值与学习兴趣增值的散点图

三、基于监测结果推动教育教学改进——解决评价结果运用问题

(一) 深入挖掘分析大数据

2014 年至今，主要围绕四维评价指标框架，以问题为导向，相继开展了 10

---

① 以平均数差值除以总体标准差作为统计指标，相应分成五个等级，以避免对指数的差异进行过度的横向比较。"*"表示显著低于区域平均水平；"**"表示低于区域平均水平；"***"表示和区域平均水平相当；"****"表示高于区域平均水平；"*****"表示显著高于区域平均水平。其中，学习压力的星级，"*"表示学习压力增量显著高于区域平均水平；"**"表示学习压力增量高于区域平均水平；"***"表示学习压力增量和区域平均水平相当；"****"表示学习压力增量低于区域平均水平；"*****"表示学习压力增量显著低于区域平均水平。

次市级层面的教育质量综合监测项目。监测内容包括学生发展和影响学生发展的相关因素;除学科监测外,还发放学生、教师、校长、家长问卷等,为区域教育质量诊断与改进积累了各类丰富的实证数据。依据评价数据的复杂性,从单变量到多变量,从单一层面到多个层面,从结果描述到系统建构,将数据挖掘梳理为描述分析—相关分析—预测解释—分类分析—系统建构五个层次(如图3),致力于从教育质量监测庞杂的大数据中发现深层次问题和稳定规律。

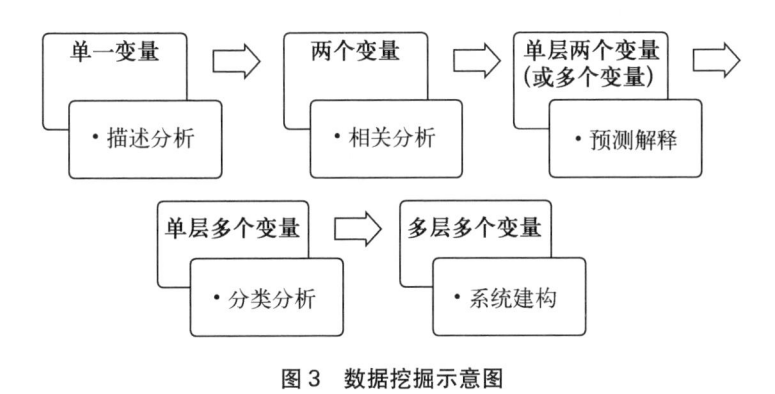

图 3　数据挖掘示意图

(二) 形成了"市县联动"的教育质量分析反馈范式

在反馈内容上,重点通过结果呈现、问题分析、措施跟进等手段深入精准研判省、市、县各级各类监测考试项目存在的主要问题及成因,并提出下一步改进建议。在反馈形式上,先由县级层面自我分析各监测项目的县域情况,再由市教研院、评估院进一步分析指导,并将结果反馈至每一个县(市、区)。在反馈对象上,涵盖市、县两级教育局局长,分管局长,业务处室负责人,教研员、师训员、评价员,各中小学校长、分管校长。仅 2017 年,以市、县联动形式,为 2 500 多名校长、分管校长及教育行政、教研人员开展了监测分析反馈工作。

(三) 构建基于数据驱动教育教学改进的循环路径

在分析反馈基础上,构建根据问题现状—制定评价内容—分析监测数据(发现问题)—反馈应用改进问题—反思评估(再修订评价内容)这样一条数据驱动教育教学改进的螺旋式上升的循环路径,形成了监测数据驱动教育教学改进良性循环圈(如图4)。

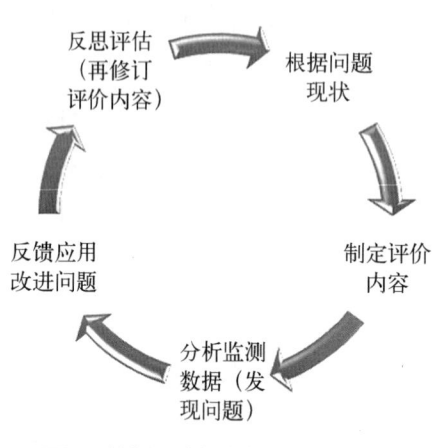

图4 数据驱动教育教学改进循环圈

(四)加强对改进行动的跟进与反馈

将"加强教育质量监测数据的运用改进功能"纳入近三年市教育局对县(市、区)教育局年度工作目标考核指标之中,其中"有否对所反馈问题的整改改进工作,开展过程性的调研指导和督查"是考核要点之一,保证改进行为持续深入地开展,同时也进一步校验改进的效果,以适时调整改进的方向和策略,确保改进的针对性和有效性。

总之,区域在推进教育质量"四维评价"的改革道路上,我们始终坚持正确的教育质量观这一导向,在做好顶层设计的基础上,注重工具研发和数据挖掘的专业性,重视监测评价结果的改进与运用,也取得了较好成效。课题成果《区域中小学教育质量综合评价实施路径的实践研究》获2016年度浙江省教科规划课题成果一等奖;《区域推进学校教育质量评价改革的路径研究》获2017年度浙江省教科规划课题成果一等奖。展望未来,我们将进一步完善与拓展区域教育质量"四维评价"体系,借力评价助推区域教育质量的不断提升。

作者:王剑波(温州市教育局),王光秋、赵桂芳(温州市教育评估院)

(本文发表于《人民教育》2019年第5期)

构建四维评价体系　助推教育质量综合评价改革

——浙江省温州区域教育质量综合评价的探索与实践

教育质量评价是教育质量工作的重要导向,是教育综合改革的关键环节。以完善区域教育评价机制来提升区域教育质量,是当前国内外教育发展的共同趋势。从2013年开始,温州市教育局按照"健全机构—顶层构建—试点推进—技术开发—诊断改进"的思路,整体推进区域教育质量的改革与探索,旨在以此撬动教育质量的提升。

一、健全评价主体,发挥不同的职责功能

(一) 建立与培育第三方评估机构

2013年,温州市率先建立了浙江省首家地市级教育评估机构——温州市教育评估院,以教育行政部门直属事业单位的第三方身份开展基础教育质量监测评价与学校评估工作,负责拟定基础教育质量评价标准,实施基础教育评价与监测工作,对全市各类学校和其他教育机构的办学方向、办学质量、办学效益进行评估等。

(二) 建立市、县、校三级管理网络

1. 加强县(市、区)评价专业机构和队伍的建设

将"教育评价队伍建设"内容列入温州市教育科学和谐发展年度业绩考核

工作,各县(市、区)成立中小学教育质量评价领导小组,教师发展中心(教研室)内设相应的专业评估机构,并配置至少1名教育质量评价专职人员。同时,着力开展相关培训。截至2016年底,全市举办了8期专题培训班,400多名分管局长、教研室主任、分管主任、专职评价员、中小学骨干校长、试点校校长受训。通过专家引领、结对帮扶、专题培训、实践操作等办法不断提升评价队伍的专业化素养。

2. 进一步明晰市、县、校三级管理职责

市、县、校三级在评价管理中的角色和职责各不相同。当前教育评价中的很多问题也出在市、县、校三级角色混淆、职责边界不分上。为此,温州市进一步明确了市、县、校三级的管理职责(见表1)。

表1　市、县、校三级在评价管理中的角色和职责

	关 注 点	改 进 方 式
市级	从市级层面关注教育质量的结果与过程,如区域均衡性	学校规划与结构调整、经费投入等
县级	从县级层面关注教育质量的结果与过程,如学校均衡性	学校规划与结构调整、校长任用、师资配置、经费投入等手段
校级	关注学校教育质量的过程性管理	关注教师教学、学生学习、家校沟通等方面,通过基于校本的"诊断—改进"方式,提高学校过程性评价的质量

(三) 培育学校教育评价改革试点项目

市、县、校三级管理网络的落地,关键在学校;质量评价服务教育教学的终端也在学校。从2015年开始,我们确定了36所学校为温州市首批中小学教育质量综合评价改革试点学校。试点学校的主要任务是完善学校评价制度和自我监测评估机制,建立学业质量增值评价模型,建立深入分析运用各类质量监测结果诊断、反馈和改进工作机制,完善教师多元评价机制等。

在试点学校的培育方面,我们主要从反馈指导、专业引领和政策倾斜三个

方面给予扶持和帮助。反馈指导主要通过结合省、市各类质量监测结果对学校开展诊断分析,帮助学校发现教育教学质量的薄弱环节,开展有针对性的改进行动。专业引领主要通过与重庆教育评估院合作,聘请专家对试点项目的开展进行持续跟踪、全程把脉,采用理论培训、技术指导等途径对试点项目的实施进程进行及时反馈与指导。政策倾斜主要是指在培训学习、活动交流、课题论文等方面予以倾斜。

二、构建评价体系,引领教育质量综合评价改革

(一) 以促进学习者全面、个性化的发展为评价主线

按照教育部《关于推进中小学教育质量综合评价改革的意见》(教基二[2013]2号)、《浙江省中小学教育质量综合评价实施方案》等文件精神,结合温州实际,2013年10月,温州市教育局出台了《温州市中小学教育质量评价实施方案》(温教评[2013]107号),构建了由学生品德发展、学业水平、身心健康和学习生活幸福4个维度18项指标的四维指数评价体系。

我们不仅关注对学生学业水平的评价,也关注对学生品德发展、身心健康和学习生活幸福感的评价。期望温州中小学教育质量"四维评价体系"能像经济发展强调的"绿色GDP"一样"高效低负",富有生机。

(二) 以实现学习者的学习增值为评价导向

2015年温州启动了增值评价项目。以"学习增值"为评价导向,尊重学生个体差异,充分考虑学生学习水平的起点因素,关注教育过程中学生进步幅度。增值评价的研究包括以下内容:① 设计增值评价指标(包括品德发展、学业水平、身心健康和学习生活幸福感四个方面);② 开发增值评价模型;③ 构建增值评价数据库追踪系统;④ 探索区域增值评价项目。目前以小学六年级综合测评数据为研究起点,收集学生三年之后的中考数据及相关问卷数据,探索初中阶段学习质量增值评价。

三、改进测评技术,规范评价过程

测评工具开发的科学性、数据挖掘的系统性和报告撰写的规范性是我们改进教育评价的三个重点。

(一) 研发综合项目测评工具

对学生的测评,由以往以学科知识为主,转向以综合素质评价为主。测评工具不再仅是学科试卷,还包括相应的问卷、访谈表。由市教育评估院牵头开发学科测评试卷,请市教研院中小学相关的教研员担任学科命题组长,聘任全市各学科的优秀命题老师进行封闭式命题。

问卷开发则由市教育评估院承担。这几年问卷测评内容都是基于当前教育热点问题和近几年浙江省中小学教育质量综合评价项目中温州出现的典型问题。问卷的开发前后持续两个月,一方面借鉴参考国内外大型教育质量评价项目中所用问卷的形式,另一方面也结合温州实际情况和相应年段学生身心特点。问卷开发的过程,经过了多次的访谈、试测和讨论修改,我们还广泛征求了县(市、区)评价员、学校校长、教务主任和班主任的意见。

为保证测评工具的科学性,我们采取了"主题确定、框架搭建、维度细化、题目设计、试测访谈、讨论修改、工具定稿"7个流程。在测评工具的研制过程中,我们注重多次进行试测和访谈,并开发了各类现场记录表,并基于试测结果与访谈情况,对问卷进行反复修改与讨论,多次循环往复,直至测评工具最后定稿。

(二) 加强数据采集与分析的研究

我们认为,教育质量评价的重要价值是从教育质量监测庞杂的大数据中去发现数据背后的稳定规律和潜在问题。如何开展数据挖掘,是教育评价工作的核心技术。为此,我们将数据挖掘梳理为描述分析、相关分析、预测解释和系统构建四个层次。描述分析是单一对象的相关统计指示的描述;如集中趋势、分布情况、变异情况、相对位次等。相关分析是研究两个变量之间的相互关系。预测解释是进一步研究两个(多个)变量之间的关系,以此解释一个变量对另一个变量的影响程度和影响方式,从而做出预测,如方差分析、回归分析。系统构建是研究影响教育质量(学生学业质量)的影响因素,系统刻画教育质量的模型与结构,如多水平分析。通过以上四个层次的梳理,我们对数据挖掘工作有了更为清晰的定位和认识,数据挖掘工作得以"步步为营",更有针对性和实效性。

(三)科学解读数据,规范撰写分析报告

在现场测试和数据分析挖掘后,我们基于市、县具体实际,从客观立场出发,撰写分析反馈报告。为确保分析报告中的现状分析客观、问题诊断聚焦、行动改进有针对性,经研究确立了报告撰写基本流程。

针对县(市、区)评价员大部分是刚刚上岗、业务水平不高的现状,我们重点从评价员的考务组织、数据解读、报告撰写等方面加强评价员的专业能力提升,尤其是在报告撰写方面。每年举办对县(市、区)专职评价员进行有关监测分析报告撰写的专题培训(已连续举办了三期),通过"模板示范、技术讲解、实践操作、过程指导、限期完成"的模式,提升评价员撰写分析报告的能力,取得了很好的培训成效。两年多来,我们撰写了近20份市级质量监测分析报告和上百份县级质量监测分析报告。

四、重视结果运用,助推教育质量综合评价改革向纵深发展

(一)逐层召开各类分析反馈会议

为提高市、县对于教育质量监测数据使用的时效性和针对性,使数据分析反馈内容更具体翔实、更接地气,这几年,我们采取了"三步走"的数据反馈新模式,对各类监测结果的反馈形式进行了较大改进。

第一阶段基础数据反馈,以项目为单位按时段将基础数据反馈到各县(市、区),确保数据使用的时效性。第二阶段内部反馈,召开由市教育局领导、处室(单位)负责人、直属单位相关人员参加的质量分析反馈专题会议,让所有的教育行政领导与相关的教科研人员都能通过大数据实证分析了解市、县总

体情况及存在的典型问题,为行政决策、教研改进提供依据。第三阶段区县反馈,分两条线:一条是关于教育综合质量的反馈,以县域为单位"送评价分析反馈到基层",参加对象有各县(市、区)教育行政人员、教科研人员、学区干部、学校校长、教务主任等;另一条线是关于学科质量的反馈,主要由市学科教研员负责,参加对象为区县学科教研员、学科教师等。

(二) 重视基于监测结果的调研、整改工作

当前各地各校对教育质量的分析往往局限于针对测试结果的现状分析,难以从整体的、联系的、动态的系统角度研究教育质量问题,缺乏基于现状的问题聚焦及基于问题的原因分析,从而导致教育教学改革行动的重复与低效、割裂与冲突。因此,我们以"是什么、为什么、怎么做"的系统思路,构建以提高教育质量为导向的基于"现状分析—问题诊断—行动改进"的工作机制,以便全面了解教育质量的现状,系统分析影响教育质量的原因,从而有针对性地、高效能地改进教育教学工作。

一是提高政府决策的科学性。近两年来,我们撰写形成各类市级教育监测报告 10 余份,这些监测报告所提出的问题与建议,为行政决策提供了科学依据。市政府和市教育局发布的《关于进一步提高温州市中小学教育教学质量若干意见的通知》《温州市教育局关于开展"促进有效学习"课堂变革的实施意见》和《温州市教育局关于进一步加强义务教育阶段教育质量监测结果有效应用的若干意见》,在市局直属学校校长年度业绩考核中增加了"提升教育教学质量"内容,也将"加强教育质量监测数据的运用改进功能"纳入 2016 年县(市、区)教育质量评价改革工作考核办法中,这些政策措施的出台,背后便有我们监测报告的贡献。

二是提高教学研究的科学性。深入的数据分析,有利于教研人员在经验积累的基础上,结合调研成果,更深入了解各地学生的学习特点、教学中的优势和不足,分析存在的问题,研究改进的策略,及时对课程、教学和教研政策进行调整。

案例 1:2016 年小学六年级质量检测英语教学落后区县的调研

2015 年 6 月,温州市以抽样的形式,开展了小学六年级教育质量综合

测评。测试结果显示两个教育人口大县,区县6和区县9,英语成绩居于全市后位,和全市平均水平有较大的差距;结合学生问卷,发现这两个区县的英语教师在师生关系、教学常规的落实上表现得相对较弱。为此,我们专门就区县6和区县9的英语教师队伍、英语教学情况进行了专题调研,发现如下共同的问题:

区县内部学校差异大。两个区县教育人口基数庞大,但学校分布广,农村小学、小学教学点多。学校办学条件相对较差,教学常规落实相对薄弱,家庭教育氛围也相对较弱。师资配置不足,专职教师缺口大。英语专职教师配置不足,尤其是农村学校,教师代课、兼课现象普遍。英语教师专业素养的不足,直接影响英语课堂教学与教学质量。教师工作量大,专业成长有影响。英语教师兼课、跨段教学普遍,教师备课、上课、批改作业等工作量大,影响教师专业成长。另外,农村小学英语教师人数少,学科组教研氛围不浓。在调研基础上,两个区县专门就英语教师队伍的培养从师资配置、教研培训、学校管理等方面提出了相关的建议。

(三) 加强学校质量管理能力的提升

学校是教育评价改革工作落实的主阵地,在经验基础上,结合数据研究有利于学校和教师更全面深入了解学生学习与生活,理解教育过程与方法,提高学校教育教学活动的针对性与有效性,促进"低负担、高效益"教学质量管理机制的形成。近两年,我们通过培育教育评价改革试点学校的方式,帮助学校加强教育评价的诊断与改进功能,开展基于数据驱动的教育教学改进行动。如温州市第八中学开展的"基于数据的教师绩效评价"、温州市第十四中学开展的"基于心理测量的初中生学情分析与学业质量跟踪帮扶的实践研究"(详见案例2)、温州市龙湾外国语学校开展的"基于学业质量检测数据打造学本课堂"、泰顺实验中学开展的"以数据为起点,建构智慧教育"等。

案例2:基于心理测量的初中生学情分析与学业质量跟踪帮扶的实践研究

温州市第十四中学从2015年开始借助信息化数据分析,通过学校心理管理系统对学生多种心理特征进行测量与分析,通过学业质量管理系统对学生学业成绩进行跟踪分析。在心理测量的基础上,筛选部分学生,从学生的学业成绩和心理等方面进行分层跟踪帮扶,通过对帮扶前后学生学业成绩和心理测量结果的数据对比,建立学生成长档案。通过对学生身心健康成长及学业成绩进行个性化、过程性的分析,了解学生成长轨迹和探索结对帮扶特殊群体学生的有效措施与方法。通过数据分析对初中生学业水平的现状、差异与影响因素进行调查研究,并建立学生学业质量的增值评价模型。

在探索区域教育质量管理机制的道路上,温州规范了教育质量评价的流程与方法,形成了相对完整和科学的指标体系、操作体系、管理体系。在区域教育教学评价改革与探索的道路上,温州迈出了一小步,先行先试出新知,愿挂着露珠的温州经验能为同行带去新的启迪和助力。

作者:赵桂芳(温州市教育评估院)
(本文发表于《基础教育课程》2017年第6期)

从试点探索走向全面推进：区域推进学校教育质量评价改革的实施路径[①]

一、背景与问题

温州市是浙江省的教育大市，教育人口占了全省的六分之一。近几年来，温州市出台了中小学教育质量四维评价方案[②]，以教育质量综合评价改革为抓手，推动了温州基础教育的发展，促进了教育质量的提升。学校作为教育教学的主阵地，教育质量评价改革的最终落脚点仍在学校。正如加拿大多伦多大学迈克尔·富兰教授在《变革的挑战——学校改进的路径与策略》一书中提到"学校改进的原则基于形成强大的自我监控机制和反思思考过程，而不是为了满足人为强加的时间表。"[③]学校应当从办学定位和现实需求出发，加强校本评价的顶层设计，通过校本评价的诊断，发现学校管理、教师教学、学生发展中存在的问题，进而及时调整与改进，实现学校教育教学质量的提升。从目前学校教育质量评价现状来看，存在诸多的问题和困难。具体表现在：一是评价导向功利，评价指标单一。评价指标体系的设计未体现学校的办学理念和办学特色；缺乏顶层设计，系统性、综合性体现不足；学校单纯以分数和升学率评价学生、教师的现象还比较突出。二是评价流程不完善，评价工具不够科学。很多学

---

① 本文为2016年浙江省教育规划课题《区域推进学校教育质量评价改革的实践研究》（课题编号2016SC099）的部分成果。

② 2013年10月温州市出台了《温州市中小学教育质量评价实施方案》（温教评〔2013〕107号），构建了学生品德发展、学业水平、身心健康和学习生活幸福4个维度18项指标的四维评价指标体系。

③ 迈克尔·富兰. 变革的挑战——学校改进的路径与策略[M]. 北京：北京大学出版社，2013：23.

校只关注评价结果数据的输出,忽视评价流程的规范性和评价工具的科学性。教师评价素养普遍较低,对评价理念、评价技术与方法缺乏了解。三是评价结果运用单一,诊断分析功能不够凸显。评价结果局限于甄别奖罚,对评价结果分析和数据解读以经验为主,缺乏深入的诊断分析;基于评价结果的自我诊断与改进还未成为学校自我监控和反思的有效载体,还未成为学校改进的常态机制。

温州市从 2015 年开始,通过培育评价改革试点学校,引导广大学校完善以校为本的教育质量评价体系,规范学校办学行为,运用教育评价的结果与技术,开展有针对性的诊断与改进工作,提高学校的教育教学质量。经过三年多的实践,区域推进学校教育质量评价改革从"试点探索"走向"全面推进"。以下,笔者将从专业引领和实施路径两个方面,介绍温州在推进过程中的具体做法,为其他区域推进学校教育质量评价改革提供借鉴。

二、区域推进学校教育质量评价的专业引领

鉴于上述对学校教育质量评价存在的问题和困难分析,温州市级层面从标准体系、技术开发、结果运用三个方面,对学校开展相应的专业引领。

(一)标准引领:推进了校本化的学生和教师评价指标的构建

温州市级层面通过学生评价四维评价指标体系和教师发展性评价的"四阶三维二层"模型(见图1),引导学校在促进人的全面发展这一正确价值引领

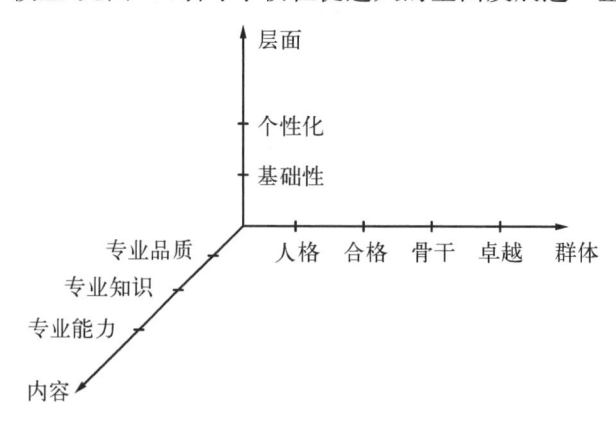

图1 "四阶三维二层"的教师发展性评价模型

下,更为科学合理地制定校本化的学生、教师评价指标,要体现教育质量评价的综合性、诊断性、发展性。

1. 学校构建了关注学生全面和健康发展的综合发展指标体系

学校和教师在关注学生学业成绩的同时,更加关注学生的全面发展、关注学习过程和体验、关注学业成绩背后的成本以及影响教育质量的环境及因素。学校通过细化研究、深化研究和特色化研究对区域四维评价指标进行了校本化的构建(见表1)。

表1 四维评价指标的校本化构建

	"四维评价"指标的校本化构建	学校成果
细化研究	➢ 将评价指标转化为具体、可操作性的行为; ➢ 建立与年段相符合的评价指标和考查内容 ➢ 建立与学校办学理念、课程体系相配套的评价指标体系和考查内容	在两批市级试点学校中,共有25所左右的学校开展学生评价的指标细化研究,涉及学生综合素质评价、学生品德发展等内容。如温州市第二十三中学《"6+1"初中学生综合素质评价的探索与实践》
深化研究	对学业指标进行深化研究: ➢ 构建校本化的学业评价指标体系; ➢ 加强对学生学业成绩相关影响因素的研究; ➢ 加强对学业评价结果的分析与诊断	在两批市级试点学校中,共有15所左右的学校开展学业评价的指标深化研究。 如温州市第十四中学《基于心理测量的学情分析与学业帮扶的实践研究》
特色化研究	➢ 将评价指标与学校办学思想、办学理念、培养目标、学校课程等相对接,形成特色评价标准	在两批市级试点学校中,共有10所左右的学校开展学生评价的特色化研究,涉及艺术素养、阅读素养、职业素养评价等。 如龙湾区少艺校《以情意目标为导向的小学生艺术素质发展评价体系的构建与实施》

2. 学校构建了凸显专业性和发展性的教师发展性评价指标体系

根据区域"四维三阶二层"教师发展性评价模型和学校的共性需求,以中小学教师专业标准为依据,设计了学校层面教师发展性评价指标的基础性指标框架(见图2),既关注教师的结果性评价,也体现教师的过程性评价。

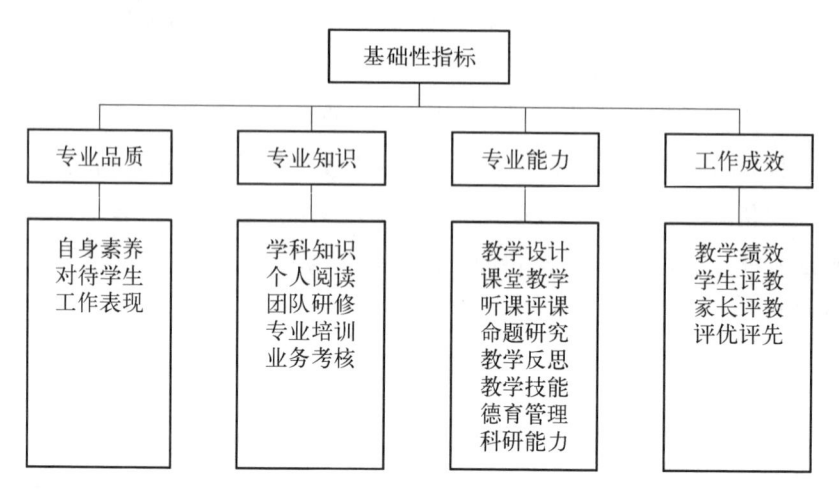

图 2 教师发展性评价的基础性指标框架

基础性指标
- 专业品质：自身素养、对待学生、工作表现
- 专业知识：学科知识、个人阅读、团队研修、专业培训、业务考核
- 专业能力：教学设计、课堂教学、听课评课、命题研究、教学反思、教学技能、德育管理、科研能力
- 工作成效：教学绩效、学生评教、家长评教、评优评先

在此框架下，学校根据自身的办学特色和实际需求，对指标进行整合优化，赋予不同的权重，形成校本化可操作的教师发展性评价体系。在两批市级试点学校中，共有10多所学校涉及教师发展性评价。

（二）技术引领：推进了需求性与科学性的校本评价技术的应用

1. 学校改进了指向"教-学-评"一致性的学业评价流程和技术

在学校教学管理的过程，常常出现教学在先，评价在后，教学与评价相互割裂的情况。背后的原因主要是两方面：一是教师未能有效整合课程标准、教学目标和评价目标，往往存在教学目标与课程标准不匹配，评价标准和教学目标不匹配的现象；二是学校将学业评价的结果仅用于甄别和奖惩，忽略了以评价结果反思课程标准和调整教学目标的功能和环节。基于此，学校从以下三个方面开展了研究：一是基于课程标准，设定教学目标和评价标准；二是基于评价结果调整教学目标；三是基于评价结果调整评价标准，提炼了指向"教-学-评"一致性的教学改进流程图。

从课程标准到评价标准的设定，经历课程标准的梳理、教学目标的确定、评价标准的制定的"三步曲"。学业评价的标准基于课程标准，与教学目标相匹配。教学目标的确定基于三个原则：一是围绕学科关键能力和核心素养；二是关注学生的学习起点和后续学习的需要；三是关注知识本身的逻辑体系。在确定教学目标后,基于三个原则制定评价标准:一是评价标准与教学目标相匹配;二是评价标准可操作化;三是评价标准体现差异性。

在评价实施之后,学校从多维度整理评价结果,反思学生学习、课堂教学、评价内容和评价标准等。学科教研组基于评价结果,反思学科教学目标定位、评价标准设定、学科教师教学特点,以便及时开展学科教研分析,从学校教研组层面对教学目标和评价标准进行调整,对学科教师的教学进行个性化指导。学科教师基于评价结果,了解学生的个性化学习特点,了解自身的教学优势与不足,进一步调整教学目标与教学方式,提高教学与评价的精准性。在两批试点学校中,有多所学校在开展这方面的研究。

2. 学校掌握了非学业评价量表开发的流程和要素

学校除了学业评价外,还需对学生非学业评价方面开展评价,对影响学生发展的相关因素进行研究。为此,学校根据实践需要,加强了对非学业评价量表的研究和开发,提炼了评价量表的核心要素和技术要求,并形成了评价量表设计的"演绎法"和"归纳法"。"演绎法"自上而下,从抽象到具体;"归纳法"自下而上,从具体到一般。学校在开展评价量表设计过程中,可以根据已有量表的成熟程度和学校自身的个性化需求,选择相应的方法来开发。

(三)运用引领:推进了学校以评价驱动教育教学改进的路径建设[①]

评价是学校教育教学过程中的重要环节。每一所学校都在做评价,也都利用评价结果对教学进行了不同程度的诊断与改进,但相对来说比较零散,未能形成持续深入的跟踪与有实效性的改进,从而造成评价的内容和方式也不断重复,缺乏主题的聚焦和深度的实证研究。为此,学校聚焦于以评价驱动学校综合发展的路径建设,提炼了以评价驱动学校综合发展的循环圈。即以评价为载体,基于评价发现问题,通过证据进一步解读问题背后的原因,开展行动改进,继而再对改进行为进行实时反馈与调整,最后再开展新一轮的综合评价(见图3)。在这样一个循环的过程中,评价既是起点也是终点,通过评价的

---

① 陈荣荣.学校教育质量内控机制建设的路径与方法[J].教学与管理,2018,12:11-13.

持续跟踪与调控,及时发现问题,及时调整改进,为学校教育质量的自我诊断和改进提供了有效的路径和方法。

以评价驱动学校综合发展的过程应当是一个闭环,五个环节环环相扣,循环递进,并遵循以下五个原则:聚焦性、诊断性、一致性、及时性和针对性。从问题的表象入手,聚焦问题的关键要素,诊断问题背后的深层次原因。在此基础上采取行动改进,实现对症下药。在行动改进过程中,要及时进行跟踪与反馈,对行动改进的方向、策略和力度进行过程性的监督与调控。在跟踪反馈之后,需对原有的问题进行再次梳理,再进行下一轮有针对性的评价。在这样一个循环的过程中,评价既是起点也是终点,通过评价的持续跟踪与调控,及时发现问题,及时调整改进,为区域教育质量的自我诊断和改进提供了有效的路径和方法。

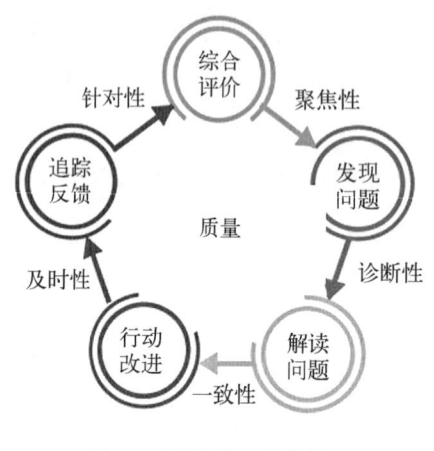

图3 以评价驱动学校综合发展的循环闭合圈

三、区域推进学校教育质量评价的实施路径

区域层面推进学校教育质量评价改革,首先需要在实施路径上有顶层设计与宏观把关。温州市从质量管理主体、推进路径和推进支持三个方面着手,逐步形成了"三级三阶三助"的实施路径(详见图4)。

1. 明晰了市、县、校三级教育质量管理职责

为使区域和学校教育质量管理更加有序,学校教育质量评价真正落地,充分体现校本的主体性和过程性,我们对市、县、校三级教育质量评价管理职责与功能做了进一步明晰:以市、县为单位的区域教育质量评价的作用是运用规划手段,促进学校发展,提高教育教学的"结构性质量";学校教育质量评价的作用是领导与帮助教师尊重教育规律,正确组织教学活动,充分发挥校本评价的诊断与改进功能,提高"过程性质量"[1](表2)。

---

[1] 张丰,方张松.价值与技术:教育质量管理机制在重建[J].基础教育课程,2012,4:58-60.

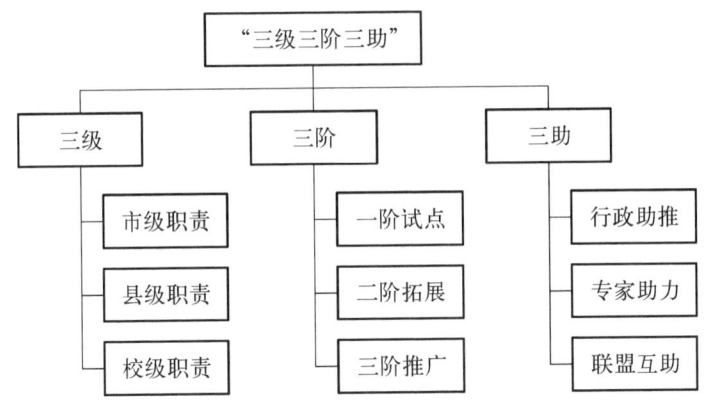

图4 "三级三阶三助"实施路径

表2 市、县、校三级在区域教育质量评价中的职责与功能

	质量评价关注内容	质量评价结果运用
市级	从市级层面关注教育质量的结果与过程,宏观了解全市和县域教育质量状况及相关影响因素	为行政决策、教育教学诊断改进、学校规划与结构调整、经费投入等提供实证依据
县级	从县级层面关注教育质量的结果与过程,了解县域和学校教育质量状况及相关影响因素	为县域行政决策、教育教学诊断改进、学校规划与结构调整、校长任用、师资配置、经费投入等提供实证依据
校级	关注学校教育质量的过程性管理,了解学校教育质量状况及相关影响因素	关注学校管理、教师教学、学生学习、家校沟通等方面,通过基于校本的"诊断—改进"方式,提高学校教育教学质量

2. 形成了分层推进的"三阶"推进路径

考虑到全市学校数量众多,学校办学基础和办学水平差异大,区域推进学校教育质量评价需要分阶段、分梯次循序渐进。为此,根据学校的办学条件、评价基础和发展需求,提炼了"三阶"推进路径:"一阶试点"(以试点学校的形式推进)、"二阶拓展"(试点学校间的横向拓展)和"三阶推广"(以前两批优秀试点学校为基地学校,全面推进学校教育质量评价改革)。科学确定各阶的推进对象、推进内容和技术指导。

推进的第一阶段,以试点学校为载体,完善试点学校已有的评价内容和方式,重在正确的价值导向和规范的技术引领。第一批试点学校36所,考虑学校的代表性和典型性,以及学校的办学水平、学段、类别、性质和区域等因素,从有一定评价基础的学校中筛选产生。具体研究内容涵盖学生综合素质评价、学业评价方式、学业评价数据应用、教师评价等。

推进的第二阶段,以第一批、第二批试点学校为载体,通过对第一批试点学校已有成果的横向模仿和移植,进一步拓展学校层面的评价内容和方式,在此基础上再调整、改进和深化。第二批试点学校52所,一方面考虑学校已有的评价基础,另一方面注重学校的教科研能力。具体研究内容是在第一批试点学校的相关研究成果的基础上,进一步的拓展研究。

推进的第三阶段,是在两批试点学校改革的基础上,全面推进学校教育质量评价改革。2019年5月,温州市进一步推进中小学校教育质量综合评价改革工作[①]。由市级层面总策划、总协调,县域层面具体落实与推进。将两批评价改革优秀试点学校作为评价改革基地学校,扶持评价改革推进学校。分三年逐步推进,到2022年,实现评价改革推进学校占县域中小学校数的40%—60%。在全面推进过程中,县域要在推进过程中发挥价值引领、统筹协调和技术帮扶的作用,主要有具体策划、指导实践和深化研究三大方面工作。县域根据实际,确定至少一个评价改革的主题内容,统领县域教育质量综合评价改革工作。同时围绕该选题确定3—5所基地学校作为示范引领。县域要对教育评价改革方面有需求的学校进行认证,依据学校需求的迫切性、主动性和已有基础,对应用方案进行认证与评估,分三批确定该选题的推进学校。基地学校,一方面加强自身已有成果的深化研究和推广研究,在此基础上发挥辐射引领作用,对推进学校实现理论引导、技术输出和实践指导。推进学校在县域和基地学校扶持下,积极、主动、常态化开展教育质量综合评价改革。通过三年左右的努力,初步形成县域教育质量综合评价改革特色。

3. 形成协同合力的"三助"支持方式

考虑到学校教育质量评价改革在政策、专业和操作层面均存在一定困难,为了能更好地给予学校具体的扶持和保障,温州从行政助推、专家助力和联盟

[①] 《温州市教育局关于印发进一步推进中小学校教育质量综合评价改革工作的实施方案的通知》(温教评〔2019〕48号)

互助三个方面加以引领和扶持。

(1) 行政助推：为学校教育质量评价改革提供动力引擎

行政助推，主要通过市、县联动，对试点学校在项目研究推进过程中，给予政策倾斜和专业支持。近几年来，市级层面连续出台《关于进一步提高温州市中小学教育教学质量的若干意见》《温州市教育教学质量提升三年行动计划（2018—2020年）》等文件，强化质量评价优化行动，建立健全专业支持体系和督导奖励制度。同时在有关教育评价的培训学习、活动交流、课题论文等方面向试点学校予以倾斜。

县域层面推进学校教育质量评价改革的情况，被列入温州市教育局对各县（市、区）教育局年度工作目标考核指标之中。截至2018年，县级评价改革试点学校达到了79所，各试点学校在推进过程中结合了区域教育改革和教科研的现实需求，对评价内容进行了一定的聚焦。

(2) 专家助力：为学校教育质量评价改革奠定专业基础

专家助力主要通过聘请重庆市教育评估院专家和本土专家，对试点学校进行持续跟踪、全程把脉，采用理论培训、技术指导等途径对试点项目的实施开展进行及时反馈与指导。指导方式包括线上指导和线下指导。截至2018年，重庆市教育评估院专家近20名与本土专家近20名组成五个专家团队，对88所市级试点学校开展了5次面对面的分组指导。

(3) 联盟互助：为学校教育质量评价改革提供共享平台

为充分发挥学校间的协同合作，为学校教育质量评价机制建设提供协同平台，我们采用了联盟互助形式来助推学校间资源共享。并针对不同阶段，采取了不同的联盟互助形式。

第一阶段、第二阶段均以试点学校为载体开展，按照学段和研究内容，对试点学校分别进行了分组。如分别形成了学生综合素质评价组、小学表现性评价组、教师评价组、学业增值评价组、评价数据分析与改进组等。各分组学校，以"求同存异、资源共享"为原则，充分发挥组内互助和组间辐射作用。市、县层面根据学校联盟间的共同需求，开展相应的研讨和培训，及时指导、协同推进。第三阶段，由评价改革基地学校向推进学校进行引路推广，双方以"引导扶持、创新深化"为原则，通过模仿、移植、调整、创新、深化等过程，实现基地学校的典型引路与全面推广。

四、总结与反思

温州市从区域层面推进学校教育质量评价改革，突出了教育质量评价从区域到学校的落地，将质量评价作为学校发展的常驻机制，凸显了学校教育质量评价的自主性和过程性。在推进过程中，充分体现区域在教育质量管理中的宏观把握，凸显正确的价值导向和专业的路径引领，为学校教育质量评价的校本化搭建了可操作的脚手架。"三级三阶三助"推进方式，为其他区域推进学校教育质量评价的校本化提供了可借鉴的路径和模板。

在区域推进学校教育质量评价改革的过程中，在教师层面、学校层面和区域层面产生了较好的实践影响，具体表现在：学校及教师进一步践行先进的教育评价理念，促进了科学质量观的落地；学校及教师进一步掌握了教育质量评价的流程及方法，促进了评价素养和技能的提升；学校及区域进一步强化了评价结果的诊断改进作用，促进了教育质量的明显提升；区域层面进一步推动了"评价促进质量提升"的理论与实践探索，促进了教育质量评价的纵深发展。

当然，区域推进学校教育质量评价改革还有诸多需要改进与拓展的研究点。如学校教育质量评价改革的研究点可以更加聚焦，更加细化，体现学校发展的个性化需求。在下一阶段的研究过程中，在共性问题的研究基础上，可以更加聚焦不同年段、不同学校的个性化需求。如新高考改革背景下，普通高中学生选课走班制的学生评价、教师评价等。学校教育质量评价改革的后效研究需要进一步跟进。在日常的学校教育教学过程中，教育质量评价的开展与学校的发展会有哪些碰撞与冲突，需要哪些更加具体的管理办法和工作方式，来促进教育质量评价与学校发展的有机融合等。这些问题还需要我们在下一阶段进一步的个案跟踪和实践调查研究中，有针对性地进行设计与研究。

作者：方文跃、陈荣荣（温州市教育评估院）
（本文发表于《基础教育课程》2020年第7期）

教育质量"四维评价"改革的区域实践

一、问题的提出

教育评价是推动教育发展的"指挥棒"。十年来,我市按照"五育并举"的育人要求,开展教育质量"四维评价"改革,着力扭转不科学的教育评价导向,推动教育评价改革从理念、政策到实践、实操的落地生根,从而撬动区域教育整体变革,促进区域教育高品质发展。

(一)教育质量评价普遍存在功利化片面化倾向

长期以来,教育质量评价"唯分数""唯升学"大行其道,普遍存在重"育分"轻育人、重结果轻过程、重甄别轻改进的片面倾向,忽视学生德智体美劳全面发展,忽视学生持续学习、终身发展和创新能力的培养。

(二)教育质量评价改革缺乏区域和校本化的系统实践

当前,权威成熟的教育质量评价研究实践多见于国际、国家、省级层面,市级及以下层面的实践探索,零敲碎打者有之,系统性推进者甚少。大部分地市在系统推进评价指标体系构建、评价模型设计、评价流程操作及评价结果应用等方面还缺乏经验。而区域层面的力量不足,导致一线学校的评价无法落地。学校层面的教育质量评价,大多局限于对考试结果的分析,难以从整体、内在、动态的角度评价教育质量,忽视了现状问题聚焦、深层次原因分析和针对性行动改进。

（三）区域教育质量评价改革机制不健全、技术有难度

推进教育质量评价改革是一项复杂的系统工程，但目前各地教育评价工作存在多头管理、条块分割等情况，相关部门尚未形成有效协同。同时，缺乏评价、测量、数据分析等方面的专业人才，在评价技术上力不从心。区域教育质量评价实施过于注重考务组织和成绩分析，忽视了基于新课程标准的评价工具开发、多维数据挖掘和科学有效的评价管理方式等，教育质量评价的信效度和精细化水平都有待提升。

二、解决问题的过程与方法

针对上述突出问题，我们始终坚守立德树人的责任担当，从"唯分数""唯升学"等突出问题入手，破立并举、守正创新，逐步理顺区域教育质量评价的方向和路径，不断健全策略体系和保障机制，全面落实新时代教育评价改革要求，努力为全国基础教育质量评价改革提供区域经验。2013年以来，我市开展了近十年的教育质量"四维评价"改革实践，主要分为三个阶段：

（一）整体设计与标准制定阶段（2013—2015）

本阶段通过理论研究和行动研究，结合实际着力做好区域教育质量评价顶层设计，解决"评什么""谁来评""如何分析"等问题。

1. 研制"四维评价"指标体系

按照《教育部关于推进中小学教育质量评价改革的意见》《浙江省中小学教育质量评价实施方案》等文件精神，我市率先出台《温州市中小学教育质量评价实施方案》，结合实际构建了涵盖学生品德发展、学业水平、身心健康和学习生活幸福感4个维度18条指标的中小学教育质量评价指标框架，简称"四维评价"指标体系。

2. 构建市、县、校三级评价管理网络

在市级层面，成立温州市教育评估院，负责对区域、学校教育质量进行评估；县级层面，将"教育评价队伍建设"列入2014年、2015年度县（市、区）教育局年度工作目标考核指标，要求各县（市、区）成立中小学教育质量评价领导小

组,在教师发展中心(教研室)内设置评价室,并配置专职评价员;学校层面,每所中小学校教科室配置1名中层干部负责教育质量评价工作。

3. 构建"输入—过程—输出"的教育质量影响因素分析模型

借鉴国际常用的CIPP评估模型和基于大数据的教育生产函数拓展理论模型,构建本土化的"输入—过程—输出"的教育质量影响因素分析模型,不仅分析教育"输出结果",也分析影响结果的"输入"和"过程"因素。

(二) 路径构建与项目推进阶段(2015—2018)

本阶段紧紧围绕"四维评价"指标,通过系列化课题研究、区域教育质量监测和评价改革试点校项目的实施,系统构建区域教育质量评价体系,着重解决"怎么评""评价改革如何落地""如何解决起点不同带来的评价偏差"等问题。

其一,以省教科规划课题《区域中小学教育质量评价实施路径的实践研究》[1]为抓手,通过全市六年级、中心城区六年级、市局直属学校八年级等教育质量监测项目实施,逐步形成教育质量评价的监测资源、反馈报告、反馈范式及配套评价技术。

其二,以省教科规划课题《区域推进学校教育质量评价改革的路径研究》[2]为抓手,结合两批167所评价改革试点校项目实施,推进学校教育质量评价改革,形成"三级三阶三助"的区域推进模式。

其三,以省教研课题《基于区域"四维评价"体系的初中绿色增值评价研究》[3]为抓手,在简约型学业成绩绿色增值评价模型的基础上,以市局直属初中学校为试点,通过三年监测数据追踪链影响因素,构建了学业和非学业增值评价模型及实施方案,较好解决了因教育起点不同带来的评价结果偏差问题。

(三) 机制完善与深化拓展阶段(2018年至今)

本阶段以贯彻落实《深化新时代教育评价改革总体方案》为主线,结合省级试点项目"数据驱动教育教学改进",不断完善优化"四维评价"指标体系,着重解决"评价结果如何用""如何打造区域教育质量评价品牌"等问题。

---

[1] 获2016年度浙江省教育科学研究优秀成果评选一等奖。
[2] 获2017年度浙江省教育科学研究优秀成果评选一等奖。
[3] 获浙江省第九届教研课题成果评比二等奖。

1. "四维评价"指标体系由"综合"向"专项"拓展

突出强调学生综合素质培养,创造性地开展了中小学艺术素养监测、中学生学习幸福感监测、小学生学习品质监测和教育满意度测评等,形成学习品质"1+4+N"的评价模型,并进一步完善优化评价工具开发流程和相关技术要求。

2. 学校评价改革从"试点"向"全面"转型

2019年,印发《关于进一步推进中小学校教育质量评价改革工作实施方案的通知》,计划用三年时间将教育质量评价改革推进校高中段达到60%以上,义务段达到80%以上,并逐步实现中小学校全面覆盖。

3. 评价结果应用从"诊断"向"改进"发展

结合省级试点项目"数据驱动教育教学改进",以培育市、县级种子学校创建为抓手,借助项目研究、质量反馈、教师研训、案例评比、教学融合等活动载体,充分发挥评价的诊断、调控和改进功能,打通教育教学改进"最后一公里"。

三、成果主要内容

(一)评价体系构建:突出横向全要素和纵向全过程评价

1. 研制了以学生全面发展为根本旨向的"四维评价"指标体系

(1) 出台教育质量"四维评价"指标体系

我们将学生全面发展作为评价的出发点和落脚点,破除以分数给学生贴标签的不科学做法,在全省率先出台《温州市中小学教育质量评价实施方案》,构建了涵盖学生品德发展、学业水平、身心健康、学习生活幸福感4个维度18项指标的"四维评价"指标体系,在结果上体现"全面与综合",在过程上关注"效益与体验"。

(2) 形成"1+4+N"学习品质指标测评模型

由面及点,将"四维评价"指标体系逐步由"综合"向"专项"拓展,构建"1+4+N"学生学习品质测评模型(见图1),让教师"高质量的教"与学生"有品质的学"相得益彰,帮助学生形成想学、会学、乐学、耐学的良好品质。其中,"1"表示学习品质,"4"表示学习动力、策略方法、过程体验、学习维持四大系统,

"N"表示影响学习品质的多种因素。契合"双减"要求,并先于"双减"实践,成为今天推进"双减"工作的有效载体。

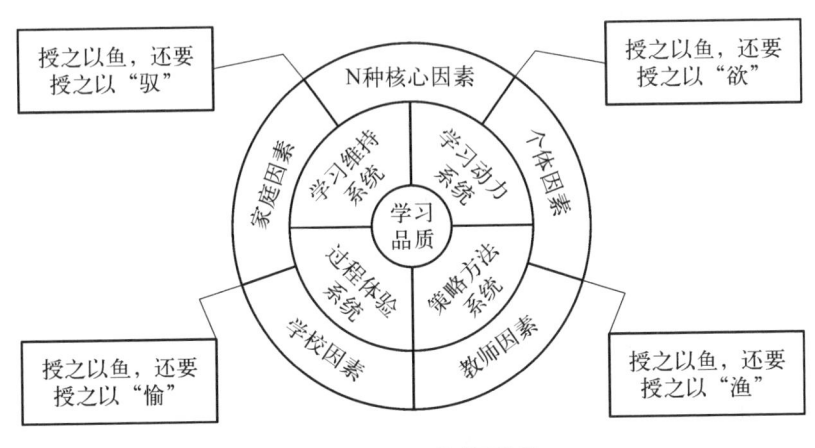

图1 学习品质测评模型

2. 构建了教育质量全过程分析模型和绿色增值评价模型

(1) 构建了"输入—过程—输出"的教育质量分析模型

我们坚持用全面全程的眼光看待教育质量。借鉴 CIPP 评估模型,在"四维评价"指标体系的基础上,建立了涵盖"输入—过程—输出"的教育质量分析模型,该模型不仅关注学生发展状况(输出),更关注"什么因素影响学生发展"(输入)、"如何影响学生发展"(过程)。其中,"输入"维度包括大环境、学校、学生个体、社区、家庭等因素;"过程"维度包括学校氛围、教与学两个方面;"输出"维度包括学生品德发展、学业水平、身心健康、学习生活幸福感四个方面发展状况。

(2) 建立了体现"起点与过程"公平的绿色增值评价模型

立足"简约性""操作性",构建简约型学业成绩增值评价模型(见图2)。采用后进率、T标准分和优秀率三个关键指标来描述学业质量,将三个指标变化值划分为3个阶梯等第,分别赋分,再合计成增值分来评估学校、班级学业成绩动态变化及其绩效。

基于"科学性""全面性",构建绿色增值评价模型。学业增值评价,控制学生的家庭社会经济背景,将学生入口成绩作为自变量,出口成绩作为因变量,建立一元线性回归方程。该模型可观察到排除学生背景因素的影响后,不同学生学业成绩的增值情况。非学业增值评价,基于"四维评价"指标体系,通过问卷形式采集数据,以"效应量"为模型,将增值分为五个水平①,来评估各学校非学业因素的相对增值情况。

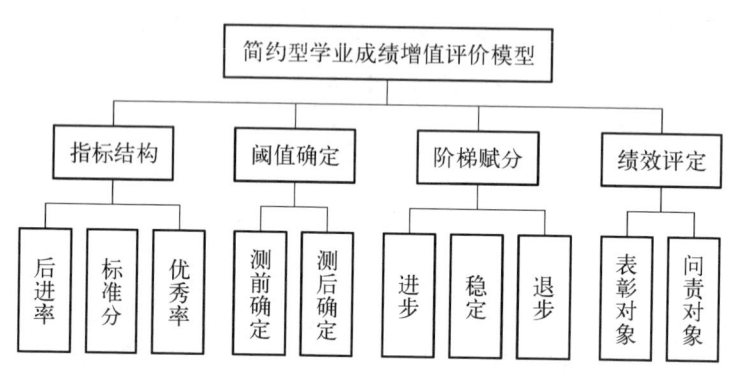

图2　简约型学业成绩增值评价模型

学校绿色增值评价模型,充分考虑学生发展的起点和过程性因素,科学评判学校和教师的努力程度,实现对学校教育质量"净影响"评价,进一步激发学校办学活力。

(二)评价路径落"实":推进"自上而下"的教育质量监测和"自下而上"的学校评价改革

1. 区域层面推进凸显诊断与改进功能的教育质量监测

(1) 刻画全方位的区域教育质量健康图谱

开展了近20次基于"四维评价"的区域教育质量监测,持续收集区域教育改革、学校管理、教师教学、学生发展等综合性质量信息,涉及1 500所学校的30万学生和2万教师,汇总形成了区域教育质量常态数据库。利用数据,我们建立了区域教育质量评价常模,生成了区域教育质量健康图谱。针对不同对象生成不同教育质量分析报告,近年来,共发布了近30份市级分析报告、近80份县级分析报告和近千份校级分析报告,为区域和学校把准问题短板、优化教育决策、改进教育教学提供了数据实证。

---

① 以平均数差值除以总体标准差作为统计指标,相应分成五个等级,以避免对指数的差异进行过度的横向比较。

(2) 挖掘了数据背后的教育教学规律

数据挖掘被称作继实验、推理、计算之后科学研究的第四次范式革命。我们依据教育质量分析模型,综合运用描述性分析、相关分析、因果推断等多种分析方法,打开教育过程的"黑箱",挖掘数据背后的教育教学规律。从学生、教师、学校、家庭四个层面做深层次的专题挖掘。如"提升学习品质,教师可以这么做""哪些学习策略更有效""提高孩子幸福感,家长应该怎么做"等。并通过短视频向社会发布,普及了基于"数据实证"的教育教学规律,促进了有效管理、精准教学和科学养育。

(3) 完善了监测结果运用的实践范式

从2015年开始,我们探索形成了"市县联动、逐县指导"的教育质量分析反馈模式,反馈内容上,重点通过结果呈现、问题分析、改进措施等方面深入精准分析,寻找省、市、县各级各类监测考试项目中县域存在的主要问题及成因,并提出下一步具体、可操作的改进措施。反馈形式上,先由县级层面自我分析反馈各监测考试项目的县域情况,再由市教研院、市评估院就县域情况作进一步分析和指导,并将分析反馈送到每一个县(市、区)。反馈对象上,市、县两级教育局局长,分管局长,业务处室负责人,教研员、师训员、评价员,各中小学校长、分管校长均参加反馈会。

2. 学校层面推进了多元化、个性化的校本评价改革

(1) 推进"四维评价"指标体系的多元化、校本化构建

在"四维评价"指标体系引领下,学校通过细化研究、深化研究和特色化研究,对区域"四维评价"指标体系进行校本化的改造,丰富了"四维评价"指标体系。有学校构建了诸如"'水木石·星少年'综合素质评价体系",是对"四维评价"指标的细化;也有学校构建了诸如"基于心理测量的初中生学情分析与学业质量跟踪评价指标",是对"四维评价"指标的深化;也有学校构建了诸如"以情意目标为导向的小学生艺术素质发展评价体系",是对"四维评价"指标的特色化。

(2) 形成小学表现性评价命题范式

表现性评价是考查过程、方法、态度、动手实践、合作交流与创新能力等素养的有效方式,能弥补纸笔测试的不足。我们把小学表现性评价行为分为听、看、说、写、画和做六种,分别设计了测评要点,并基于语文、英语、数学和科学

学科,列举了大量的相关命题点,以便教师直接模仿并研制表现性评价试题、开展表现性评价教学活动。形成并推广表现性评价试题集体研制四阶流程、个体研制表现性评价试题思维要点、表现性评价试题单、纸笔试题改编成表现性评价"五化"技术、表现性试题改编"九变"技术、表现性试题难度控制技术、表现性评价试题评价量表等。

3. 推进"教-学-评"一致性评价的校本化应用

保障"教学评一致性"是教学任务有效达成的关键。学校层面关注教育质量评价标准的制定与运用,以评价引领教与学创新,不断完善"教-学-评"一致性的学业评价流程和技术。首先,结合课程标准,确定教学目标;其次,基于三个原则制定评价标准,坚持评价标准与教学目标相匹配、评价标准可操作化、评价标准体现差异性;最后,基于评价结果,进一步调整优化教学目标和评价标准,依此循环往复,实现教、学、评的一致性。在实践中,不少学校形成了诸如"教学评一致的课堂教学程序""学习目标实践检验修改流程""逆向教学设计的模式"等操作层面方式方法,促进教与学的改进,让学习真正发生。

(三)评价运行保障:夯实评价管理支撑和评价技术支撑

1. 创新形成了区域教育评价管理保障体系

(1)建立了市、县、校三级评价管理网络

专业化队伍建设是区域教育质量评价改革的重中之重。我们以市教育评估院为龙头,以县(市、区)教师发展中心评价室为依托,以一线学校为主体,建立了"市、县、校"三级评价管理网络,特别是在县级教研部门设立专门的评价室和评价员,并明确其职责。其中,市县教育质量评价的作用是运用规划手段,促进学校发展,提高教育教学的"结构性质量";学校教育质量评价的作用是引导教师尊重教育规律,有效组织教学活动,充分发挥校本评价的诊断与改进功能,提高教育教学的"过程性质量"。

(2)形成了推动学校评价改革的"三级三阶三助"模式

在推动学校评价改革的实践中,我们提炼了"三级三阶三助"的模式,"三级"即市、县、校三个层面,"三阶"即一阶试点、二阶拓展、三阶推广三个阶段,每个阶段都有不同的推进内容和关键要求;"三助"即行政助推、专家助力、联盟互助的三种方式,帮助学校解决评价改革在政策、专业和操作层面的困难。

2. 形成了高水准的区域教育质量评价技术规范

（1）明确了评价量表的开发流程和核心要素

评价量表是区域教育质量评价的基础。我们在评价量表开发实践中，提炼形成了量表开发的四步流程表，明确了量表核心要素的技术要求。

（2）厘清了教育评价数据挖掘分析思路

根据评价目的和评价工具设计，我们将数据挖掘分析的思路梳理为五个层次（描述分析→相关分析→预测解释→分类分析→系统建构），推动数据分析从单变量到多变量、从单一层面到多个层面、从描述分析到系统建构的跨越。

（3）形成了教育质量评价分析报告撰写流程

我们从客观立场出发，坚持现状分析客观性、问题诊断聚焦性、行动改进针对性原则，探索形成了一套本土化的教育质量分析报告撰写流程：数据整合分析→主题框架定位→内容维度搭建→报告初稿撰写→内部讨论审核→广泛征求意见→报告定稿发布。

四、效 果 与 反 思

（一）践行了立德树人的根本使命

随着区域教育质量评价改革的推进，学校扭转了教育功利化倾向，有力克服重智育轻德育、重分数轻素质等片面办学行为，并将"综合性评价""过程性评价""发展性评价"等科学理念融入教育教学过程，以全程动态的视角来分析教育质量。在关注学生学业成绩的同时，更加关注学生全面发展，更加关注学业成绩背后的学习过程、学习体验以及多种影响因素，促使教育评价从强调结果的终结性评价转向注重输入和过程的诊断性评价，实现了从"单纯育分"向"全面育人"的重大转型，确保立德树人根本任务的有效落地。

（二）彰显了教育评价的诊断、调控和改进效能

依托全覆盖、长周期的教育质量评价项目，通过数据采集、挖掘分析、问题诊断、研究细化、反馈改进等方式，进一步追问数据背后的深层次原因，为区域

教育改革发展提供了强有力支撑。一是提高了教育决策的科学性。温州市政府和市教育局依据教育质量评价报告,相继出台了《关于进一步提高温州市中小学教育教学质量若干意见的通知》《关于印发温州市教育教学质量提升三年行动计划的通知(2018—2020年)》《关于开展"促进有效学习"课堂变革的实施意见》等,不断优化制度供给、释放政策红利、促进教育发展。二是提高了教学改进的针对性。通过深入的数据分析,帮助广大教师和教研员更深入了解学生的学习特点,更有针对性地分析教学存在的问题,研究改进策略,及时优化课程教学和教研方式。三是提升了学校管理的有效性。学校基于教育质量评价数据,更深入了解师生学习与生活,理解教育过程与方法,改进办学行为,进一步激发办学活力,形成了"低负担、高效益"质量管理机制。

(三)促进了区域教育高质量发展

通过教育质量评价数据的精准分析,聚焦问题精准发力,不断优化教育教学方式,促进区域教育质量得到明显提升。从省教育质量监测结果看,教育均衡、运动习惯、睡眠等7个指标均取得了不同程度的进步,其中学生的学业负担明显减轻,呈现出"轻负高质"的良好态势。

(四)凝练了区域教育质量评价的典型经验

我市区域教育质量评价改革获得了社会广泛认可,在省内外产生了良好影响,获得了2016年和2017年省教科规划课题一等奖、省中小学教育质量评价改革试点项目优秀成果奖等,《教育质量"四维评价"的温州实践》和《初中绿色增值评价的温州实践》分别入选2021年和2022年省教育评价改革典型案例;2019年《人民教育》以《教育质量"四维评价"的温州实践》为题,报道了温州教育评价探索经验;《中国教育报》《浙江教育报》《基础教育课程》等报刊均以专题或专栏形式对温州市教育质量评价改革做了全面报道和介绍。

作者:方文跃、陈荣荣、王光秋、王旭东、王辛酉(温州市教育评估院)
(本文获2021年浙江省基础教育教学成果一等奖)

区域推进学校教育质量评价改革的路径研究

一、研究背景

全面提升教育质量,实现从教育大市到教育强市的转变,是温州市教育事业发展的核心。为此,近年来,温州市以教育质量综合评价改革为抓手,撬动教育质量的提升,市级层面出台了"四维评价"方案①,完善了评价指标体系,改进了评价方法,加强了评价结果的反馈与应用,取得了明显成效。但是,教育质量综合评价改革的最终落脚点在学校,这是教育质量提升的最终归宿。反观当前的学校教育质量评价,还存在不少问题,主要表现在:

(一) 学校教育质量评价导向功利

当前学校单纯以分数和升学率评价学生、教师的现象还没有得到根本扭转,主要表现在过分关注学生的学业成绩,忽视学生的品德发展、身心健康和兴趣特长的发展,忽视学业背后的学习品质和相关影响因素;过分关注短期成绩,忽视学生持续学习、终身学习的意识和能力的培养;严重影响了学生的全面发展和健康成长,制约了学生社会责任感、创新精神和实践能力的培养。

---

① 2013年10月温州市出台了《温州市中小学教育质量评价实施方案》(温教评[2013]107号),构建了学生品德发展、学业水平、身心健康和学习生活幸福4个维度18项指标的四维评价指标体系。

（二）学校教育质量评价标准缺失

当前多数学校缺乏教育质量评价标准的顶层设计,缺乏基于学校办学理念和培养目标的教育质量评价的系统思考和完整体系;对于学生的评价标准重在学业成绩和行为习惯等,对品德、心理、意志品质以及综合素质的评价缺乏科学有效的指标,对教师教育质量的评价也是重显性的教学成绩、教学常规以及教学成果等,对隐性的专业素养、帮助学生成长等的评价指标模糊,凭经验、随意化的倾向较为普遍;相关教育质量评价指标要么不细化、可操作性不强,要么定量评价过重,定性分析过少,"分分计较",影响了评价的准确性和客观性。

（三）学校教育质量评价技术不够科学

教师评价素养普遍薄弱,对学业评价工具开发的基本流程和关键要素、非学业内容评价的方式及方法、评价结果的分析和运用等教育教学评价的基本途径和方法缺乏了解;过于关注终结性评价,忽视形成性评价;因此,常常以分数代替评价,以经验代替评价,影响了评价结果的公平性和有效性。

（四）学校教育质量评价结果运用单一

学校在教育质量评价结果运用方面也不尽完善,各类评价往往止步于结果公布,评价结果仅作为"奖优劣罚"和排队甄别的依据。忽视了评价结果的诊断与改进功能,忽视了学校"过程性质量"的管理与提升,忽视了影响学校教育质量的相关因素,导致评价结果功能单一,失去更大的效用。

二、研 究 设 计

（一）概念界定

本课题研究的学校教育质量是以学生发展水平为核心(包括学生品德发展、身心发展、学业水平、学业负担和特长爱好等方面),也包括影响学生发展的相关因素,如学校环境、教师教学、家庭环境等。在此基础上,对学校教育质量评价的界定是:学校通过系统的收集信息资料和分析整理,对学校的教育质量进行价值判断,从而为提高学校教育质量,促进学生全面发展提供依据的过程。本课题从研究的现实背景和需求出发,将学校教育质量评价的核心要素分为以下三点:学校教育质量评价的内容及指标体系(即评什么)、学校教育质量评价的技术(怎么评)和学校教育质量评价结果的运用(评了结果怎么用)。

(二)研究目标

通过区域推进学校教育质量评价改革的机制研究,引导学校树立正确的教育质量观,明晰学校教育质量评价改革的标准内涵,完善学校教育质量管理机制;提高教师了解评价方法、掌握基本评价技术的素养和能力;理顺区域教育质量评价管理机制,有效推进我市教育质量的提升。

三、研 究 内 容

本课题是在《区域中小学教育质量综合评价实施路径的实践研究》[①]基础上的纵深研究,重点是研究如何从区域层面入手,发挥专业引领和管理助推作用,推进教育质量评价改革在学校层面的落地。具体研究内容主要有以下四个方面:

一是如何从区域层面进行评价标准引领,引导学校基于办学理念和现实需求,构建校本化的学生和教师评价指标;二是如何从区域层面进行评价技术引领,引导学校和教师掌握科学、规范的评价技术和方法,开发校本化的评价工具和结果分析模型;三是如何从区域层面进行结果运用引领,引导学校和教师基于评价结果,聚焦学校问题和现实需求,开展校本化的诊断与改进行动;四是如何从区域层面进行管理助推,明晰各级教育质量管理职责,研究区域推进的操作路径和推进方式。

---

① 2016年浙江省教科规划课题,课题编号为2016SC104。

本课题以全市层面教育评价改革试点学校[①]为载体,聚焦学校教育质量评价的具体问题和实际需求,采用行动研究法开展研究。具体研究过程限于篇幅,此处省略。

四、成果主要内容

(一) 标准引领:推进了校本化的学生和教师评价指标的构建

本课题聚焦于学校最迫切需要的两类评价,学生评价和教师评价。通过制定区域教育质量评价标准,引导学校在促进人的全面发展这一正确价值引领下,更为科学合理地制定校本化的学生、教师评价指标,促进学校从注重成绩量化到注重人的全面发展的价值转向。

在学生评价指标方面,2013年温州市出台了《温州市中小学教育质量评价实施方案》,构建了由学生的品德发展、学业水平、身心健康和学习幸福感4个维度18条指标的指标框架,即"四维评价"指标体系。引导学校不仅关注对学生学业水平的评价,也关注对学生品德发展、身心健康和学习生活幸福感的评价;不仅关注教育的结果输出即学生的学业水平,也关注教育过程中影响学生学业水平的相关因素。

在教师评价指标方面,基于教师专业成长阶段理论和教师发展性评价的基本要点,引入教师发展性评价,采用分群体、内容和层面三个维度,构建了"四阶三维二层"的区域教师发展性评价模型,为学校教师发展性评价提供了可操作的模型。四阶:指教师专业成长分为入格教师、合格教师、骨干教师和卓越教师,不同群体的教师有不同的专业发展要求。三维:指教师发展性评价内容分为专业品质、专业知识和专业能力三个维度。二层:指评价指标的基础性和个性化。区域制定基础性指标和评价操作标准,此为保底性要求;在

[①] 温州市教育评估院分别于2015年2月和2017年2月,组织申报了温州市中小学教育质量综合评价改革试点学校。对于试点学校的选择,通过县(市、区)推荐,从有一定评价基础的学校中筛选。同时考虑学校的代表性和典型性,考虑学校的办学水平、学段、类别、性质和地理位置等因素。其中第一批试点学校36所,第二批试点学校52所。试点研究内容涵盖学生综合素质评价、学生学业评价、高中阶段教育质量综合评价和中小学教师评价等内容。

此基础上,学校结合实际,制定校本化的个性指标,鼓励教师按照 4 个层级不断进阶。在上述区域框架和模型引领下,学校对学生评价指标和教师评价指标进行了校本化的构建。

学校构建了关注学生全面和健康发展的综合发展指标体系

区域层面以评价改革试点学校为载体,通过以下三种方式,使"四维评价"指标进一步细化、深化和特色化。

(1) 细化构建"四维评价"指标。在"四维评价"理念的引领下,结合学校实际,对全部指标或某一部分指标进行分解细化,以使评价标准更具体细化,更具操作性。具体体现在三个方面:一是根据评价内涵,将评价指标转化为具体、可操作性的行为;二是根据学段特点,建立与年段相符合的评价指标和具体考察内容;三是根据学校实际办学需求,建立与办学理念、课程体系相配套的评价指标体系和具体考察内容。通过指标的细化和显性化,使评价成为促使学生多元发展的重要载体,丰富学生过程性参与的机会,优化学生的教育环境和成长平台,帮助学生认识自我、建立自信,体现评价的过程性教育意义。在两批市级试点学校中,共有 25 所学校开展学生评价的指标细化研究,涉及学生综合素质评价、学生品德发展等内容。

(2) 深化构建学业评价指标。指标深化指的是根据学校实际,将某个指标深入改造,融入多元因素,展开多线联系,使评价更立体、更深入。学业评价是学校教育质量评价的一项重要内容,本课题研究将之作为重要维度进行了深化研究:一是构建校本化的学业评价指标体系,凸显学业评价的诊断与改进功能,从多维角度审视教师的教和学生的学;二是加强对学生学业成绩相关影响因素的研究,通过问卷、访谈等形式从家庭层面(如家庭教育方式、亲子沟通)、学校层面(如教学管理、教师教学方式、师生关系)和学生层面(如同伴关系、学校归属感、自尊自爱、学习力)对学生的学习背景、成长环境及个性特点进行深入的分析;三是加强对于学业评价结果的分析与诊断,对教师和学生进行深入的、个性化的跟踪与指导。在两批市级试点学校中,共有 15 所左右的学校开展学业评价的指标深化研究。

(3) 特色化构建部分评价指标。在区域标准的整体框架下,结合学校实际,将评价指标与学校办学思想、办学理念、培养目标、学校课程等相对接,形成特色评价标准。在两批市级试点学校中,共有 10 所左右的学校开展学生评价的特色化研究,涉及艺术素养、阅读素养、职业素养评价等。

学校根据区域的"四维三阶二层"教师发展性评价模型和学校的共性需求,以中小学教师专业标准为依据,设计了学校层面教师发展性评价指标的基础性指标框架。具体内容包括专业品质、专业知识、专业能力和工作成效四个板块。其中,工作成效板块是将教师专业标准三个维度(专业品质、专业知识、专业能力)中的绩效部分整合而成的,以体现教师评价不仅注重过程性评价,也关注结果性评价。在两批市级试点学校中,有十几所学校涉及教师发展性评价。在此框架上,学校根据自身的办学特色和实际需求,对指标进行整合优化,赋予不同的权重,形成校本化可操作的教师发展性评价体系。

(二) 技术引领:推进了需求性与科学性的校本评价技术的应用

评价技术的区域引领,是学校教育质量评价科学落地的保证。需要做到两个结合:一是共性与个性相结合,即区域层面根据共性的需求,提供基本的操作流程和模板设计,学校在此基础上进行个性化的调整和完善;二是科学性与可操作性相结合。在评价技术科学性的基础上,考虑学校和教师的现实基础,确保评价技术的可操作性和可推广性。为此,区域根据学校在评价工具开发和评价结果分析方面存在的困难与问题,提供了工具开发的流程和技术说明、评价结果分析的思路和方法,引导学校科学、规范开发评价工具,借助数据分析挖掘和进一步调研,寻找结果背后的原因和改进的方向,依次推动学校加强评价结果的分析与运用。在这些流程、思路及方法的引导下,学校根据教育教学过程中的实际需求,对技术和方法进行模仿、移植和深化研究。具体成果如下:

1. 学校完善了表现性评价工具开发的流程和技术

当前,表现性评价在浙江省小学阶段得到普遍推广。但不少学校在"热闹"的推广中,只追求表现性评价的形式与花样,忽视了表现性评价产生的现实需求及真正价值。为此,学校围绕表现性评价工具开发的三个关键环节,即确定评价目标、设计评价任务和制定评价标准,做了校本化的研究:

(1) 确定评价目标

准确把握课程标准,制定明确的评价目标。测评目标决定了测评任务的设计和开发。基于课程标准,梳理其中体现的思维过程,侧重操作性、过程性、互动性的目标,进一步将其转化成可操作性的评价目标。

(2) 设计评价任务

评价任务的形式取决于评价的内容和目标。评价任务的设计需要考虑两个关键要素,一是评价任务的类型。除了需要考虑所要测评的目标外,还需要考虑学科差异、空间与设备条件的限制、学生的发展水平等。二是评价任务的情境。评价任务情境创设,是为确保在情境中能够真实地观察到学生稳定、潜在的表现。因此,情境的创设应该有典型性,并且相对常态(和学生日常的学习生活经验比较接近,和学生的认知心理发展水平相吻合)。

(3) 制定评价标准

有了评价目标和评价任务,还需要制定内在一致性的评价标准。标准的制定需要考虑以下几个因素:一是标准的制定需充分体现该任务设计的意图,体现该任务评价目标所指向的核心素养;二是标准的制定要有层次性、差异性,能区分不同学生的表现;三是制定的标准要有可操作性。为此,学校完善了标准制定的流程,来提高标准的科学性和可操作性。两批试点学校中,有20多所学校涉及表现性评价工具的开发与过程的实施。

2. 学校掌握了评价量表开发的核心要素和关键流程

学校在教育教学过程中,涉及大量非学业评价活动。非学业评价的工具相对更加丰富,需要质性评价,也需要量化评价,而大部分的量化评价则需要借助评价量表。根据调研发现,学校在评价量表设计方面,存在以下几个问题:一是评价量表的维度未指向评价主题的核心内容,维度、层级不清晰;二是具体评价内容的描述不够明确,内容与维度指向不一;三是评价标尺的水平界定不够科学、合理等。为此,学校层面围绕上述问题,聚焦了评价量表的研究。

(1) 确定评价量表开发的核心要素

学校在研究过程中,对评价量表开发的核心要素达成共识,具体涉及指标维度、具体描述、评价标尺、公平性和灵敏性、评价量表总体五个维度的技术要求。

(2) 提炼了评价量表设计的"演绎法"和"归纳法"

学校根据评价量表开发核心要素的技术要求,在自行开发的过程中,形成了两种校本化的开发流程:"演绎法"和"归纳法"。"演绎法"和"归纳法"是两种不同的思维方式,"演绎法"自上而下,从抽象到具体;"归纳法"自下而上,从具体到一般。

3. 学校构建了关注学生进步幅度和绿色发展的增值评价模型

学校在开展教育质量评价过程中,对于增值评价的诉求非常强烈。而调研发现,学校层面现有的增值评价存在以下三方面的问题:一是增值评价的数据仅限于学生学业考试成绩,忽视学生发展的其他因素;二是增值评价的方法过于简单,往往以前后两次监测数据的标准分或是百分比例相减作为增值量;三是增值评价的结果主要是作为奖惩优劣的依据,忽视了评价的诊断与改进功能。我们提倡以尊重学生间差异为前提,充分考虑学生起点因素,关注教育过程中学生进步幅度,强调学生和学校的发展。本课题在推进过程中,学校构建了学业增值评价模型、非学业因素的增值评价模型。在两批实际试点学校中,有15所左右的学校涉及增值评价。

(三)运用引领:推进了学校以评价驱动教育教学改进的路径建设

学校结合日常工作中的具体问题和实际需求,聚焦于"教学改进过程"和"学校综合发展"两个角度,将上述基于证据的教学改进的思路和方法运用到常态工作中,提炼出便于学校常态化操作的路径。具体成果如下:

1. 学校提炼了指向"教-学-评"一致性的教学改进流程图

在学校教学管理的过程,常常出现教学与评价"两张皮"的情况,教学在先,评价在后,教学与评价相互割裂。背后的原因主要是两个方面:一是教师未能有效整合课程标准、教学目标和评价目标,往往存在教学目标与课程标准不匹配,评价标准和教学目标不匹配的现象;二是学校将学业评价的结果仅用于甄别和奖惩,忽略了以评价结果反思课程标准和调整教学目标的功能和环节。基于此,学校从以下三个方面开展研究:一是基于课程标准,设定教学目标和评价标准;二是基于评价结果调整教学目标;三是基于评价结果调整评价标准,提炼了指向"教-学-评"一致性的教学改进流程图。

从课程标准到评价标准的设定,需经历课程标准的梳理、教学目标的确定、评价标准的制定的"三步曲"。学业评价的标准必须基于课程标准,必须与教学目标相匹配。教学目标的确定要基于三个原则:一是围绕学科关键能力和核心素养；二是关注学生的学习起点和后续学习的需要；三是关注知识本身的逻辑体系。在确定教学目标后，基于三个原则制定评价标准：一是评价标准与教学目标相匹配；二是评价标准要具有可操作性；三是评价标准要能体现差异。

在评价实施之后，学校从多维度整理评价结果，反思学生学习、课堂教学、评价内容和评价标准等。学科教研组基于评价结果，反思学科教学目标定位、评价标准设定、学科教师教学特点，以便及时开展学科教研分析，从学校教研组层面对教学目标和评价标准进行调整，对学科教师的教学进行个性化指导。学科教师基于评价结果，了解学生的个性化学习特点，了解自身的教学优势与不足，进一步调整教学目标与教学方式，提高教学与评价的精准性。

2. 学校提炼了以评价驱动学校综合发展的循环闭合圈

评价是学校教育教学过程中的重要环节。每一所学校都在做评价，评价结果的运用也都有不同程度的诊断与改进，但相对来说比较零散，未能形成持续深入的跟踪与有实效性的改进，从而造成评价的内容和方式不断重复，缺乏主题的聚焦和深度的实证研究。为此，学校聚焦于以评价驱动学校综合发展的路径建设，提炼了以评价驱动学校综合发展的循环闭合圈。即以评价为载体，基于评价发现问题，通过证据进一步解读问题背后的原因，开展行动改进，继而再对改进行为进行实时反馈与调整，最后再开展新一轮的综合评价。在这样一个循环闭合的过程中，评价既是起点也是终点，通过评价的持续跟踪与调控，及时发现问题，及时调整改进，为学校教育质量的自我诊断和改进提供了有效的路径和方法。以评价驱动学校综合发展的过程应当是一个闭环，五个环节环环相扣，循环递进，并遵循聚焦性、诊断性、一致性、及时性和针对性五个原则。

（四）管理引领：形成了"三级三阶三助"的区域推进方式

区域层面推进学校教育质量评价机制的研究，首先需要在推进方式上有顶层设计、宏观引领。本课题的研究，具体从质量管理主体、推进路径和推进支持三个方面，提炼了"三级三阶三助"的区域推进方式。

1. 明晰了市、县、校三级教育质量管理职责

为使区域和学校教育质量管理更加有序，学校教育质量评价真正落地，充

分体现校本的主体性和过程性,我们对市、县、校三级教育质量评价管理职责与功能做了进一步明晰:以市、县为单位的区域教育质量评价的作用是运用规划手段,促进学校发展,提高教育教学的"结构性质量";学校教育质量评价的作用是领导与帮助教师尊重教育规律,正确组织教学活动,充分发挥校本评价的诊断与改进功能的"过程性质量"。

2. 提炼了分层推进的"三阶"操作路径

考虑到全市学校数量众多,学校办学基础和办学水平差异大,区域推进学校教育质量评价需要分阶段、分梯次循序渐进。为此,根据学校的办学条件、评价基础和发展需求,提炼了"三阶"操作路径:"一阶试点"(以试点学校的形式推进)、"二阶拓展"(试点学校间的横向拓展)和"三阶推广"(将试点学校成果向全市学校推广)。

推进的第一阶段,以试点学校为载体,完善试点学校已有的评价内容和方式,重在正确的价值导向和规范的技术引领。第一批试点学校 36 所,考虑学校的代表性和典型性,以及学校的办学水平、学段、类别、性质和区域等因素,从有一定评价基础的学校中筛选产生。具体研究内容涵盖学生综合素质评价、学业评价方式、学业评价数据应用、教师评价等。

推进的第二阶段,以第一批、第二批试点学校为载体,通过对第一批试点学校已有成果的横向模仿和移植,进一步拓展学校层面的评价内容和方式,在此基础上再调整、改进和深化。第二批试点学校 52 所,一方面考虑学校已有的评价基础,另一方面注重学校的教科研能力。具体研究内容是在第一批试点学校的相关研究成果的基础上,进一步的拓展研究。

推进的第三阶段,形成第一、二批试点学校中的典型案例和优秀成果,向全市层面推广,主要通过市级示范、县级认证和学校实践来实现。市级示范指的是市级层面通过对第一、二批试点学校中的优秀成果进行评选,认证各类学校教育质量评价改革的示范学校,形成可操作、可推广的典型案例;县级认证指的是(市、区)教师发展中心对本县在教育评价改革方面有需求的学校进行认证,依据学校的迫切性、主动性和已有基础,对应用方案进行认证与评估,最终确定为"评价改革需求学校";学校实践指的是,根据示范学校成果特点和"评价改革需求学校"情况,形成相应的"供给侧""供应链",在市、县支持和指导下,由示范学校向需求学校提供技术支持,推广相应的评价成果。

3. 形成了协同合力的"三助"支持方式

考虑到学校教育质量评价机制建设在政策、专业和操作层面均存在一定困难，为了能更好地给予学校具体的扶持和保障，我们从行政助推、专家助力和联盟互助三个方面加以引领和扶持。

(1) 行政助推：为学校教育质量评价机制建设提供动力引擎

行政助推，主要通过市、县联动，对试点学校在项目研究推进过程中，给予政策倾斜和专业支持。近几年来，市级层面连续出台《关于进一步提高温州市中小学教育教学质量的若干意见》《温州市教育教学质量提升三年行动计划(2018—2020年)》等文件，强化质量评价优化行动，建立健全专业支持体系和督导奖励制度。同时在有关教育评价的培训学习、活动交流、课题论文等方面向试点学校予以倾斜。

县域层面对本县域市级试点学校给予及时指导与跟进的同时，还要基于实际开展县级试点校推进工作，此项工作被列入2016年、2017年度温州市教育局对各县(市、区)教育局年度工作目标考核指标之中。目前，县级评价改革试点校达到了79所，各试点学校在推进过程中结合了区域教育改革和教科研的现实需求，在评价内容进行了一定的聚焦。

(2) 专家助力：为学校教育质量评价机制建设奠定专业基础

专家助力主要通过聘请重庆市教育评估院专家和本土专家，对试点学校进行持续跟踪、全程把脉，采用理论培训、技术指导等途径对试点项目的实施开展进行及时反馈与指导。指导方式包括线上指导和线下指导。目前，重庆市教育评估院专家近20名与本土专家近20名组成五个专家团队，对88所市级试点学校开展了5次面对面的分组指导。

(3) 联盟互助：为学校教育质量评价机制建设提供共享平台

为充分发挥学校间的协同合作，为学校教育质量评价机制建设提供协同平台，我们采用了联盟互助形式来助推学校间资源共享、求同存异共发展。并针对不同阶段，采取了不同的联盟互助形式。第一阶段、第二阶段均以试点学校为载体开展，按照学段和研究内容，对试点学校分别进行了分组。如分别形成了学生综合素质评价组、小学表现性评价组、教师评价组、学业增值评价组、评价数据分析与改进组等。各分组学校，以"求同存异、资源共享"为原则，充分发挥组内互助和组间辐射作用。市、县层面根据学校联盟间的共同需求,开展相应的研讨和培训,及时指导、协同推进。第三阶段,由示范学校向需求学校进行引路推广,双方以"引导扶持、创新深化"为原则,通过模仿、移植、调整、创新、深化等过程,实现示范校的典型引路与全面推广。

五、实践成效

(一)学校及教师进一步践行先进的教育评价理念,促进了科学质量观的落地

越来越多的学校和教师在关注学业成绩的同时,更加关注学生的全面发展、关注学习过程和体验、关注结果背后的成本以及影响教育质量环境及因素,实现从单纯"育分"走向全面"育人"的转变,促进了科学教育质量观的落地。

(二)学校及教师进一步掌握了教育质量评价的流程及方法,促进了评价素养和技能的提升

本课题在评价指标体系设计、工具开发、数据分析和诊断改进等方面形成一批可推广借鉴的典型经验和样例,帮助学校和教师熟悉了教育质量评价的核心理念和关键要素,掌握了学校层面教育质量评价的基本流程和方式方法。具体体现在:正确领悟学校教育质量评价的价值导向和指标设计,掌握评价工具的设计与开发的流程与方法,选择合适的方式和方法开展评价活动,基于评价结果进行相应的分析和改进。学校和教师逐步将评价融入日常教学管理工作,学会以评价指导改进教育教学工作,提高了学校和教师的评价素养及能力。

(三)学校及区域进一步强化了评价结果的诊断改进作用,促进了教育质量的明显提升

通过本课题的研究,学校完善了教育质量评价的顶层设计,厘清了质量评价与学校发展的关系。学校从发展战略的角度,结合自身的办学理念、办学目标和育人目标,进一步构建校本化的评价指标。同时,将课程建设、教学实施

和评价开展作为学校工作的重要抓手,落实各级目标;在课程、教学、评价的实施过程中关注纵向标准的一致性,提高了课程、教学和评价的有效性和针对性。在此基础上进一步强化基于数据的评价结果的诊断改进作用。从管理层面推进教育质量的反馈分析、诊断和改进机制建设,形成了以评价驱动学校综合发展的循环闭合圈;从教学层面推动了数据驱动教学改进的实践探索,通过数据的精准分析,实现问题的精准改进,促进学校及区域教育质量的明显提升。

(四)区域层面进一步推动了"评价促进质量提升"的理论与实践探索,促进了教育质量评价向纵深发展

通过本课题的研究,一方面区域层面从评价标准、评价技术和结果运用方面对学校教育质量评价进行专业引领;另一方面,学校层面也为区域教育质量评价提供了理论依据和实践案例。

六、成果特色与创新

(一)重视学校教育质量评价的校本化,体现学校教育质量评价的自主性和过程性

本课题的研究,突出了教育质量评价从区域到学校的落地,从学校办学定位和现实需求出发,完善了学校教育质量评价的顶层设计,开发了校本化的教育质量评价工具,开展了基于校本的诊断与改进工作。将质量评价作为学校发展的常驻机制,通过评价发现学校教育教学管理中的问题,进而调整与改进教育教学,实现学校教育教学质量的提升。在常态、动态的质量管理过程中,完善了学校教育质量的内控机制,充分体现学校教育质量评价的自主性与过程性。

(二)搭建了学校教育质量评价校本化推进的脚手架,凸显了区域的价值导向和路径引领

本课题的研究,围绕区域学校教育质量评价的核心内容,即"评价什么"

"怎么评价"和"评价结果怎么用"三个核心问题，充分体现区域在教育质量管理中的宏观把握，凸显正确的价值导向和专业的路径引领，为学校教育质量评价的校本化搭建了可操作的脚手架。

（三）以试点学校为载体，形成了"三级三阶三助"的区域推进方式

本课题以试点学校为研究载体，总结出了"三级三阶三助"的区域推进方式。从质量评价管理主体上建立了市、县、校三级质量管理网络，明晰了市、县、校质量管理职责，为学校教育质量评价的校本化明确了方向和定位。"三级三阶三助"推进方式，为其他区域推进学校教育质量评价的校本化提供了可借鉴的路径和模板，有助于学校教育质量校本化的进一步推进，也有助于完善区域教育质量管理机制。

作者：方文跃、陈荣荣、王光秋、王旭东、王辛酉（温州市教育评估院）

（本文获 2017 年浙江省教育科学研究优秀成果一等奖）

区域中小学教育质量综合评价实施路径的实践研究

一、研究背景

(一) 从教育改革发展的目标看,教育质量综合评价改革是必然趋势

2013年6月教育部出台了《关于推进中小学教育质量综合评价改革的意见》(教基二〔2013〕2号),构建了品德发展水平、学业发展水平、身心发展水平、兴趣特长养成、学业负担状况5个维度20条的我国中小学教育质量综合评价指标框架。浙江省教育厅也于2013年10月出台了《浙江省教育厅关于推进中小学教育质量综合评价改革的通知》(浙教教研〔2013〕101号),构建了学生学习状况、学生综合素质、学生成长环境3个维度15条指标的我省中小学教育质量综合评价指标框架。这为我市中小学教育质量综合评价改革指明了方向,也对我们提出了明确的工作要求:在全面深化区域教育领域综合改革,由教育大市迈向教育强市的进程中,进一步转变政府职能、改进宏观管理,按照管办评分离改革要求,积极跟进,努力推进区域中小学教育质量综合评价改革,构建政府、学校、社会之间新型关系,促进区域教育健康快速发展。

(二) 从区域教育发展的现状看,教育质量综合评价改革是教育质量提升的重要手段

温州是浙江省的教育大市,教育人口约占全省的1/6。从近几年浙江省教育质量综合评价监测情况及社会对区域教育的满意度看,温州教育综合质量处于全省中下水平。长期以来,由于教育内外部多方面原因,单纯以学生学业成绩和学校升学率评价中小学教育质量的倾向没有得到根本扭转,导致重分数轻素质、重知识传授轻全面育人、学生学业负担过重、综合素质及身心健康被忽视、创新能力缺乏等一系列问题突出,严重影响了学生的全面发展和健康成长,制约了学生社会责任感、创新精神和实践能力的培养。因此,我们很有必要按照教育部、浙江省中小学教育质量综合评价改革精神,在构建区域中小学教育质量综合评价指标基础上,进一步发挥教育质量综合评价的促进作用,以中小学教育质量综合评价改革来撬动区域教育质量提升。

(三)从教育质量综合评价改革的自身发展看,构建区域教育质量综合评价实施路径是内在要求

温州市通过基于"四维评价"[①]的中小学教育质量综合评价改革,一定程度上扭转了唯学业分数进行评价的不良倾向,逐步树立了科学全面的教育质量观。但在实践过程中也发现了如下问题:评价主体相对单一,职责功能相对混淆;评价指标内容的可操作性、可测性有待完善;评价技术有待进一步规范;评价结果运用有待进一步加强等。为此,亟待进一步构建温州市中小学教育质量综合评价实施路径,进一步发挥教育质量综合评价的引导、诊断、改进、激励等功能,为区域教育管理决策和教育教学改进提供科学的依据和支持。

二、研 究 设 计

(一)概念界定

按照《教育部关于推进中小学教育质量综合评价改革的意见》《浙江省中

---

① 2013年10月温州市教育局为贯彻落实国家、省、市中长期教育改革和发展规划纲要和教育部中小学教育质量综合评价改革的意见精神,成立了浙江省首个地市级教育评估院,出台了《温州市中小学教育质量评价实施方案》(评〔2013〕107号),构建了学生品德发展、学业水平、身心健康和学习生活幸福4个维度18项指标的四维评价指标体系。

小学教育质量综合评价实施方案》等文件精神,2013年10月,温州市教育局成立了温州市教育评估院,出台了《温州市中小学教育质量评价实施方案》(温教评〔2013〕107号),构建了由学生的品德发展、学业水平、身心健康和学习幸福感4个维度18条指标的温州市中小学教育质量综合评价指标框架,即"四维评价"指标体系。

温州"四维评价"指标体系,从内容维度上,不仅关注对学生学业水平的评价,也关注对学生品德发展、身心健康和学习生活幸福感的评价;从教育教学发生的时间维度上,不仅关注教育的结果输出即学生的学业水平,也关注教育过程中影响学生学业水平的相关因素。

(二)研究目标和内容

目前,国内外中小学教育质量评价研究更多侧重于探讨国家层面、省级层面的教育质量评价内容、方式和结果的运用,很少涉及区域、学校教育质量评价具体实施环节的技术标准和操作要求,通过监测数据系统化的分析来改进区域教育教学管理的内容则更少触及。

因此,本课题研究旨在探索构建适合区域本土、科学规范、操作性强的中小学教育质量综合评价实施路径,为区域中小学教育质量的有效提升提供保障。具体目标有以下四点:其一是丰富评价主体;其二是完善评价指标;其三是改进评价技术;其四是加强评价结果运用。

三、成果主要内容

(一)谁来评:丰富评价主体,充分发挥不同对象的职责与功能

1. 健全市县校三级评价管理网络

为科学推进区域教育质量综合评价改革,我们进一步明确了市、县、校三级在区域教育质量评价中的职责与功能:以市、县为单位的区域教育质量评价的作用是运用规划手段,促进学校发展,提高教育教学的"结构性质量";学校教育质量评价的作用是领导与帮助教师尊重教育规律,正确组织教学活动,充分发挥校本评价的诊断与改进功能的"过程性质量"。在厘清三级职责功能

基础上,我们通过机构建设、队伍管理、试点培育的方式(详见表1),逐步健全市县校三级评价管理网络。

表1 市、县、校三级管理网络

机构建设	➢ 市级建立了浙江省首家地市级教育评估机构——温州市教育评估院。以教育行政部门直属事业单位的第三方身份开展基础教育质量监测评价与学校评估工作。 ➢ 将"教育评价队伍建设"内容列入了2014年、2015年度温州市教育局对各县(市、区)教育局年度工作目标考核指标之中,要求各县(市、区)成立中小学教育质量评价领导小组,于教师发展中心(教研室)内设置相应的专业评估机构,并配置至少1名县级教育质量评价专职人员。
队伍管理	➢ 11个县(市、区)均成立了评价(评估)科室,县级专兼职评价员由最初的5人发展到26人。 ➢ 通过各种培训不断提升评价队伍专业素质。
试点培育	从2015年开始,两年一个试点周期,先后确定了2批共88所市级、79所县级中小学教育质量综合评价改革试点学校,采取"自下而上"方式,探求评价改革的长效运行机制,引导广大学校完善以校为本的教育质量评价体系。

2. 以试点学校方式推动学校开展自我评价

在推进市、县、校三级评价管理网络中,我们把重心落点于学校,以教育质量综合评价改革试点学校方式,通过市、县联动,从专业引领、反馈指导和政策倾斜三个方面来培育试点学校。

专业引领主要通过与重庆评估院合作,聘请专家对试点项目的开展进行持续跟踪、全程把脉,采用理论培训、技术指导等途径对试点项目的实施开展进行及时反馈与指导。同时县域层面也对本县域各试点学校给予及时指导与跟进,并将之作为温州市对各县(市、区)教育科学和谐发展业绩年度考核指标之中,予以重点推进。反馈诊断主要通过结合省、市各类质量监测结果对学校开展诊断分析,帮助学校发现教育教学质量的薄弱环节,开展有针对性的改进行动。政策倾斜主要是在培训学习、活动交流、课题论文等方面对试点学校予以倾斜。同时,要求县级层面也基于实际开展县评价改革试点校推进工作,并将之列入2016年、2017年度温州市教育局对各县(市、区)教育局年度工作目标考核指标之中予以重点推进。

3. 培育扶持第三方专业评估机构

2017年1月,温州市教育局与温州大学积极协商,成立了温州大学基础教育评估中心,通过项目扶持和项目委托的方式,与该评估中心在监测量具开发、区域学校发展性评估等项目开展合作,帮助该评估中心实现技术专业化、方案个性化、服务人性化,为区县、学校的个性化发展提供高品质的第三方评估服务。

(二) 评什么:完善评价指标,开展区域教育质量健康体检

1. 基于四维评价指标体系开展中小学教育质量综合测评

为更好地凸显区域中小学教育质量综合评价的诊断与导向功能,使测评内容更有针对性,我们主要围绕四维评价指标框架,以问题为导向,结合近几年多次测评结果中反映出的温州市中小学教育典型问题和热点焦点问题来确定测评内容,测评内容涵盖小学至高中的学业发展情况、学生发展和影响学生发展相关因素(学生、教师、校长、家长问卷)、学生艺术素养等。

2. 建立基于四维评价指标体系的初中绿色增值评价模型

鉴于区域四维评价缺乏关注基于学生起点和进步的评价,2015年底,我们启动了初中绿色增值评价的研究[①],以学生为评价对象,以尊重学生间差异为前提,充分考虑学生起点因素,关注教育过程中学生进步幅度,注重评价的过程,强调学生的发展。在关注学业增值的同时,还探索构建品德发展、身心健康、学习生活幸福三个维度非学业内容的增值办法。它是我市中小学教育质量四维评价指标体系的重要补充和深化,也是区域推进中小学教育质量综合评价改革的重要内容。

一是构建本土化的学业增值评价模型。按照增值评价的科学性、全面性和可操作性原则,在一线学校和教师理解和认可的基础上,参照英国学者彼得·卡坦斯的学校效能评价模式,将区域学生入口成绩作自变量,出口成绩作为因变量,建立一元线性回归方程,来构建区域初中阶段学业增值评价模型。

---

① "基于区域四维评价体系的初中绿色增值评价研究"获浙江省2017年教研课题立项,编号为G17096。

将各校的入口成绩与出口成绩,放入此模型中进行比较,便可观察到排除生源影响后,各校教学效能的高低。二是设计非学业内容增值评价方式。根据区域教育质量四维评价指标框架,非学业方面的增值评价内容将视评价工具的开发情况逐步拓展完善。三是分类进行增值评价。根据市局直属初中在生源状况、办学条件、师资队伍、办学特色等方面存在的较大差异,在开展学校增值评价前,先结合学校办学条件和学校特点对学校进行分类,尽可能控制学校硬件设施和校外因素(家庭经济状况、家教等),使增值结果主要体现不受学校、家庭等外部因素影响的学校"净影响"和学生学业成绩的"净增值"。

(三)怎么评:改进评价技术,提高了区域教育质量综合评价的科学性

教育评价方法技术是达到评价目的、实现评价目标的手段。而就教育质量综合评价现状而言,研究、挖掘、创造科学实用的评价方法技术,已成为区域教育质量综合评价的主要任务之一。我们主要从工具开发、数据挖掘、分析反馈三个方面提升。

1. 明确了评价工具的开发流程和技术保障

一是规范了相对科学的问卷开发流程。问卷的开发,是将抽象的测量对象不断显性化的过程。通过几年摸索,我们形成了相对科学的问卷开发流程:界定测量特质内涵—搭建测量维度框架—确定关键行为观测点—设计具体问题及磨题(详见表2)。

表2 问卷开发流程

流 程	具体步骤	关键技术解析	开展方式
第一步	界定测量特质内涵	测量特质的明确与聚焦,是问卷研制的起点与靶心。需要对测量特质的内涵进行明确的界定和聚焦	通过文献研究对需要测量的内涵进行梳理
第二步	搭建测量维度框架	测量内涵的确定还只是定了靶心,需要进一步的内涵解析,将抽象的主题进一步,形成更为具体的维度和清晰的框架	在文献研究基础上,根据研究需要,形成具体维度和框架

流程	具体步骤	关键技术解析	开展方式
第三步	确定关键行为观测点	需基于框架维度，进一步寻找能体现核心内容的关键行为观测点。只有以具体的行为观测点为靶，才能以此为基点开展信息的搜集	通过头脑风暴、开放式问卷和访谈等方式搜集
第四步	设计具体问题及磨题	以行为观测点为载体，设计相应的情境和提问方式，以形成问卷的各个问题	

在确定行为观测点的基础上，设计相应的情境和提问方式，形成问卷的具体问题。

二是设置问题设计的技术保障。在具体问题开发过程中，我们也设置了具体的流程和相应的技术要求，以此来规范问题的设计和打磨过程（详见表3）。

表3 问卷设计技术保障

流程	具体步骤	关键技术解析
第一步	问题初次设计	经过访谈、开发多倍问题等途径来提高项目初次开发的质量。 ➢ 访谈的设计，主要是为了解问卷对象对于题目的真实理解过程，为后期的修改提供信息 ➢ 开发多倍问题，为了更加真实、客观地反映想要测量的特质，往往事先多预设几个问题，尝试不同的情境或是不同的切入点，通过访谈、试测来筛选最佳的问题
第二步	小规模试测	经过小规模的试测（30—50人），为进一步修改问卷提供数据支持，关注点如下： ➢ 问题情境的设置"全、准、实"：问题的设置是否指向该维度的核心内容？问题的设置是否涵盖了该维度的核心内容？问题的情境、提问方式是否和学校、教师、学生的实际背景贴近？ ➢ 选项的设计"完整、区分、需求"：选项是否涵盖了所有的可能性？选项的设置是否有一定的区分性？根据选项区分的数据结果，是否满足我们预先的调查需求？
第三步	大规模试测	开展大规模试测（200—300人），为进一步修改问卷提供更加全面、稳定的数据，关注点如下： ➢ 问卷的作答结果是否有群体差异？作答结果与预期目标是否比较一致？问卷题目的呈现是否合理？问卷的容量是否合适？问卷指导语的表述是否清晰、完整？问卷题目的筛选与维度的验证等？

续表

流程	具体步骤	关 键 技 术 解 析
第四步	专家审题	请国内在教育测量、教育评价领域有理论和实践研究的相关学者。专家审核的关注点如下： ➢ 测量的主题是否符合价值导向？问卷中的项目是否体现了测量特质的核心内容？项目的设计是否科学合理？

2. 厘清了评价数据的挖掘思路与应用路径

从教育质量评价庞杂的大数据中，发现数据背后的稳定规律和潜在问题，是教育质量综合评价的价值所在。本课题在依据评价数据的复杂性，从单变量到多变量，从单一层面到多个层面，从结果的描述分析到系统建构研究上，将数据挖掘的思路主线梳理为描述分析—相关分析—预测解释—分类分析—系统建构五个层次。

3. 构建了数据分析报告撰写的基本流程

基于市、县具体实际，从客观立场出发，在现场测试和数据分析挖掘后，我们开展数据分析报告撰写工作。在现状分析客观性、问题诊断聚焦性、行动改进针对性原则基础上，探索了一套温州式的数据分析报告撰写流程（见图1）。近年来，共撰写了近20份市级质量监测分析报告和上百份县级质量监测分析报告。

（四）如何用：加强结果运用，凸显教育质量综合评价的诊断与改进功能

1. 创造了"市县联动、逐县指导"的教育质量分析反馈范式

反馈内容上，重点通过结果呈现、问题分析、改进措施等方面深入精准分析，寻找省、市、县各级各类监测考试项目县域存在的主要问题及成因，并提出下一步具体、可操作的改进措施。

在反馈形式上，先由县级层面自我分析反馈各监测考试项目的县域情况，再由市教研院、市评估院就县域情况进一步分析和指导，并将分析反馈送到每一个县(市、区)。

在反馈对象上，市、县两级教育局局长，分管局长，业务处室负责人，教研

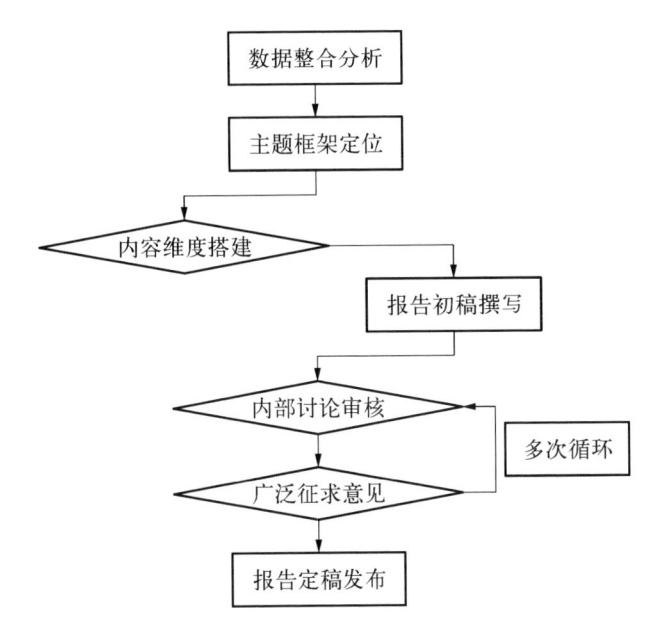

```
        数据整合分析
             ↓
        主题框架定位
             ↓
        内容维度搭建
             ↓
        报告初稿撰写
             ↓
        内部讨论审核 ← 多次循环
             ↓
        广泛征求意见
             ↓
        报告定稿发布
```

图1　温州式的数据分析报告撰写流程

员、师训员、评价员,各中小学校长、分管校长均参加反馈会。

2. 构建了基于数据驱动教育教学改进的行动路径

在上述反馈基础上,为进一步推进基于数据的诊断与改进行动,我们以"是什么,为什么,怎么做"的系统思路,构建了数据驱动教育教学改进的行动路径,即基于数据寻找"真问题"—拓宽思路开展"真研究"—综合判断实施"真改进"。

一是以异常数据作为发现问题的突破口,以异常性的判断作为校验机制,寻找"真问题";二是关注问题的核心要素,然后再分析核心要素有哪些相关的影响因素,来开展"真研究";三是要对改进计划做全盘综合判断,考虑计划的利弊和所需参与的主体,实施"真改进"。

3. 加强了对改进行动的跟进与反馈机制

在改进实施过程中,教育行政部门、教研师训部门、学校需要对改进行为做及时的跟进与反馈,这样才能保证改进行为的持续深入开展,同时也对改进的效果做进一步校验,以适时调整改进的方向和策略,以确保改进的针对性和有效性。为此,将"加强教育质量监测数据的运用改进功能"纳入2016年、

2017年市教育局对县(市、区)教育局年度工作目标考核指标之中,其中"是否对所反馈问题的整改改进工作,开展过程性的调研指导和督查"是考核要点之一。

四、实　践　成　效

通过本课题研究,一是构建了区域中小学教育质量综合评价改革的实施路径;二是转变了依赖经验的工作方式,逐渐形成基于实证的常态工作机制;三是改良了区域落后的教育生态,有效提升了区域教育教学质量;四是形成了可推广借鉴的典型经验和样例,呈现辐射和引领作用。

"区域教育质量评价实施路径的探索与实践"是省级教育评价改革试点项目,其中学校教育质量评价机制建设、基于四维评价体系的初中绿色增值评价和完善学校发展性评估等工作项目被列为省级重点推进的评价改革内容;《未来教育家》《基础教育课程杂志》《温州教育》等杂志均以专栏形式对本课题内容做了全面报道和介绍。课题相关负责人多次受邀在国家级、省级相关会议上做专题发言,多家兄弟单位慕名前来学习考察。首批教育评价改革试点学校的10多篇文章在《未来教育家》《基础教育课程》等刊物上发表,有近10所学校在国家级、省级会议上发言介绍经验;汇编了首批市级教育评价改革试点学校成果的《我们期待什么样的教育评价》,试点校成果计划于2017年底结集出版。

作者:赵桂芳、王光秋(执笔)、陈荣荣、方文跃、王旭东(温州市教育评估院)

(本文获2016年浙江省教育科学研究优秀成果一等奖)

区域初中绿色增值评价体系构建与实施研究

一、研究的背景与意义

(一) 探索增值评价是我国教育评价改革发展的战略主题

《深化新时代教育评价改革总体方案》(以下简称《方案》)提出,改进结果评价、强化过程评价、探索增值评价、健全综合评价,是从根本上解决教育评价指挥棒问题的重大举措,为新时代基础教育评价改革指明了方向。探索增值评价的研究是推进新时代教育评价管理体系的本质要求,是落实《方案》的重要内容之一。

(二) 探索增值评价是我国基础教育评价改革的必然选择

美国教育评价专家布卢姆曾经指出:对于一所学校而言,教育必须日益关心所有学生根据其起点水平所可能取得的进步。[①] 而目前我们往往只关注一次性结果的鉴定,用一次考试成绩对学校进行横向的常模参照比较,还不太关注学校、学生相对于自己过去的进步程度的变化,即基于学生进步幅度的评价。

(三) 探索增值评价是区域科学评价学校教育质量的现实需求

目前,温州市有初中学校 360 多所,学生总数约占全省的 1/6。从近几年

---

① 马晓强.增值评价:学校评价的新视角[M].北京:北京师范大学出版社,2012:45.

省测和中考数据来看,区域初中综合教育质量处于全省后位,表现在:一方面学生学业成绩相对落后,学生的兴趣爱好、心理健康、学习品质等发展方面因素也都相对偏弱;另一方面,影响学生发展的学校、教师和家庭环境等因素也相对薄弱,区域内部整体水平差异较为严重。为此,基于我市初中体量大、不均衡、质量低下的现状,亟需构建科学公正的中小学教育质量综合评价体系来引导区域教育的内涵发展。

二、研究设计

(一) 概念界定

张亮等认为,"增值性评价是指学生在'学力''生活与职业''情感''社会性发展'等方面,在通过接受一定阶段教育后,在各自起点或基础上进步、发展、成长、转化的'幅度',并依此对学生个体发展和学校效能进行价值判断的评价模式。"[①]

本课题所指的绿色增值评价是依据上述增值评价的概念,结合区域"四维评价"指标体系,在充分考虑学生的基础因素(学习基础、家庭教育环境等)的前提下,对接受过一定阶段教育之后的学生的品德发展、学业水平、身心健康和学习生活幸福感等方面的增加程度进行价值判断。评价内容不仅关注学生学业水平的增值,也关注非学业方面的相关影响因素的增值,旨在引导学生在各自的起点或基础上均衡和谐的、高质量的、可持续的"绿色发展"。

(二) 研究目标与内容

本课题研究目标旨在基于区域"四维评价"指标体系,进一步拓展与完善我市中小学教育质量评价模式,关注评价的起点和过程,切实解决因起跑线不同带来的评价偏差,探索构建科学规范、具有可操作性的区域本土化初中绿色增值评价系统,充分发挥评价的正确导向作用,助推我市教育教学质量提升。本课题具体研究内容主要有四个方面(见图1)。

---

① 张亮,张振鸿.学校"增值"评价的内涵与实施原则[J].当代教育科学,2010,(10):7-8.

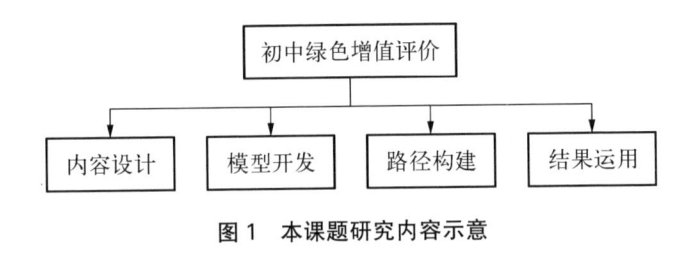

```
                    初中绿色增值评价
        ┌───────┬───────┼───────┬───────┐
     内容设计  模型开发  路径构建  结果运用
```

图 1 本课题研究内容示意

三、主要成果内容

（一）指标设计：基于区域"四维评价"体系开发初中绿色增值评价内容

2013 年温州市出台了《温州市中小学教育质量评价实施方案》，构建了由学生的品德发展、学业水平、身心健康和学习幸福感 4 个维度 18 条指标的指标框架，即"四维评价"指标体系。

根据本课题界定的绿色增值评价概念，基于上述区域"四维评价"指标体系开发设计初中绿色增值评价内容。

1. 设计绿色增值评价内容要素

一是品德发展的增值。主要评价学生在行为习惯、公民素养、人格品质与理想信念等方面的发展状况，旨在引导学生拥有更稳定、良好的道德品质。

二是学业水平的增值。主要评价学生根据课程标准在思想品德、语文、数学、外语、科学、历史与社会等文化学科领域的学习进步情况，旨在引导学生在知识与技能，过程与方法，情感、态度与价值观等方面更好地发展。

三是身心健康方面的增值。主要评价学生在身体素质、心理品质、审美情趣和健康生活方面的成长状况，旨在引导学生拥有更健全的身体与心理素质，以及良好的生活方式。

四是学习生活品质的增值。主要评价学生在学习环境、学习习惯、学习负担和学习心理等方面的发展状况，旨在引导学生更愿意学、更加会学和学得更有意义。

2. 构建绿色增值评价考查要点

绿色增值评价是以区域初中基于"四维评价"的相关监测和中考等数据为

基础,采用追踪测验的研究范式,跟踪记录学生在品德发展、学业水平、身心健康和学习生活品质等方面的成长过程。其考查要点是在区域"四维评价"指标体系框架下,以绿色增值评价指标内容为指向,根据科学性和可测性原则,建构绿色增值评价指标考查要点(见表1)。

表1　温州市绿色增值评价指标考查要点

一级指标	二级指标	指标考查要点	备注说明
品德发展	行为习惯	学生在文明礼貌、勤俭节约、热爱劳动、爱护环境等方面的认知和表现情况	测评结果能形成指数
	人际互动	学生在友善同学、友伴互动团结合作、的认知和表现情况	
	助人利他	学生在慷慨、珍爱生命、公益劳动、谦让合作、乐于助人等方面的认知和表现情况	
学业水平	知识技能	考察学生在基础知识、基本技能方面所达到的水平,还包括时代发展所要求的中小学所必备的搜集处理信息、自主获取知识、分析与解决问题、交流与合作、创新精神与实践能力等核心要素	
	实践能力		
	创新意识		
身心健康	体质健康	按照现行《国家学生体质健康测试标准》执行	
	心理品质	学生在合理自我评价、乐观进取、奋发向上的认知和表现情况	测评结果能形成指数
学习生活品质	学习兴趣	学生由学习活动所引发的积极情绪反应	测评结果能形成指数
	学习环境	学生的师生、同伴和亲子之间的人际关系,对教师的教育教学方法和行为的认同感,对校园环境和校园文化的归属感等	
	学习负担	学生的客观学习负担和主观学习感受,包括学习时间、睡眠时间、补课时间、作业量与难度等	

(二)模型开发:构建区域本土化的初中绿色增值评价模型

增值评价模型大多采用多层线性技术(Hierarchical Linear Models,HLM),这种技术有其先进一面,如提高了公平的程度,但该模型结构复杂,专业术语不易被广大实践人员理解,最重要的是计算出的数据结果背后的教育过程因素很难得到解释。即使在美国中小学,使用者也为数不多[①]。因此,温州市在开展初中增值评价研究过程中,考虑增值模型既要有一定的科学性和公平性,又要能让一线的学校、教师认可、理解和可操作,结合区域实际,构建区域本土化的初中绿色增值评价模型。

1. 学业增值评价模型

采用线性回归评价模型。参照英国学者卡坦斯的学校效能评价模式[②],结合区域实际,将学生入口学业总分数据作为自变量,出口学业总分数据[③]作为因变量,控制家庭社会经济地位,建立多元线性回归方程,构建区域初中学业增值评价模型。

即 $Y_i = \beta_0 + \beta_1 X_{1i} + \beta_2 X_{2i} + \mu_i (i=1, 2, \cdots, n)$ 其中 β_0,β_1,β_2 为回归系数,μ_i 为残差。该模型前提假设是学生的学业成绩受学生家庭社会经济地位和入口成绩所影响,某一学生的学业增值即为这个学生的家庭社会经济地位和个人入口成绩得到校正后所得到的成绩与预测成绩比较后的差异。具体计算办法如下:

学生增值分计算办法:将学生的入口总分数据放入学业增值评价模型,便可观察到排除家庭社会经济地位影响后学生的学业预期情况。然后将学生出口总分数据减去预期值,得到学生增值分(即学生增值分=出口总分值-预期值,见图2)。

学校增值分计算办法:学校增值分是该学校学生增值分的平均数,即学校增值分=该校学生增值分总和÷该校相对应的学生数。

2. 非学业增值评价模型

采用相关指数增值的效应量大小评价模型。非学业增值评价,是以初

---

① 张亮.普通高中学生增值评价研究[D].山东:山东师范大学,2010.
② 英国学者彼得·卡坦斯(P. Cuttance)在对学校效能评价中提出的学校层面输入校正模式和学生层面输入校正模式,获得了比较广泛的应用。彼得·卡坦斯认为在英国对学生学业水平产生的重要影响因素是学生家庭经济状况。彼得·卡坦斯是用学生家庭经济状况作自变量,学生的学业水平作因变量,建立一元线性回归方程。某一学校的效能即为这个学校的学生家庭背景因素和个人入学成绩得到校正后所得到的成绩与平均预测成绩比较后的差异。
③ 考虑入口和出口学业总分数据分属不同量尺,为统一量尺,对两次数据分别进行标准化处理,建立入口与出口的正态化标准分。

图2 学业增值评价模型示意

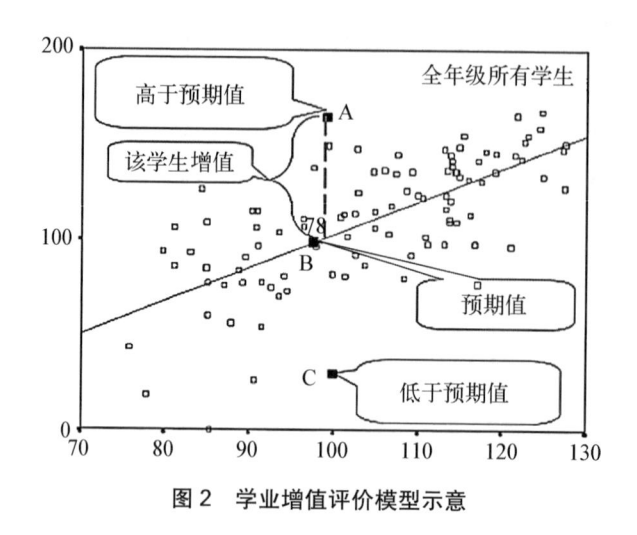

中期间采集的学生问卷中的非学业相关指数的增值幅度为依据,了解学生在这一时期内非学业方面的发展情况,并以此来评量学校对学生非学业的教育效能。考虑到问卷数据采集的真实性、客观性和差异性等,非学业增值评价办法采用相关指数增值的效应量大小来进行描述。效应量计算公式为 $E=(M1-M2)/S$,其中 E 表示效应量,$M1$ 和 $M2$ 分别表示学校和区域某一指数的平均增值,S 表示区域相应指数增值的标准差。

根据相关指数增值的效应量大小,将非学业增值分为五个水平(见表2),来刻画各所学校非学业因素的相对增值情况。

表2 相关指数增值等级划分

相关指数增值的效应量大小	对应相关指数增值情况	星级标定
效应量<-0.5	增值为显著低于区域平均水平	一颗星"★"
-0.5<效应量<-0.2	增值为低于区域平均水平	二颗星"★★"
-0.2<效应量<0.2	增值为与区域平均相当	三颗星"★★★"
0.2<效应量<0.5	增值高于区域平均水平	四颗星"★★★★"
效应量>0.5	增值为显著高于区域平均水平	五颗星"★★★★★"

（三）路径构建：基于学生发展数据链构建具有可操作性的实施路径

初中绿色增值评价是在收集学生三年间的学业数据及相关问卷数据基础上，通过数据匹配、学校分类和统计分析，来描述和刻画相关区域、学校初中阶段教育质量增值情况。

1. 匹配学生入口与出口综合数据

以六年级教育质量综合测评数据（学科与问卷数据）作为七年级的入口数据，以八年级第一学期监测数据（学科与问卷数据）为过程数据，以九年级监测数据（中考数据与问卷数据）为出口数据，利用学籍系统、小升初招生信息数据和学生身份证号码信息进行匹配，构建初中三年学生发展的数据链。

2. 学校分类别进行增值评价

因历史和现实的原因，初中学校在生源状况、办学条件、师资队伍、办学特色等方面存在较大的差异，这些差异决定了各学校间的教学效能存在差异。要客观评价学生增值必须综合考虑影响学生发展的学校相关要素。因此，开展增值评价前，先结合学校办学条件和学校特点对区域初中进行分类，尽可能控制学校硬件设施、师资配备和学校规模等影响因素，使对学生增值的测量尽量成为在扣除了家庭社会经济地位、学校硬件设施、师资配备和起点成绩等影响之外的学校教育教学"净影响"。

3. 相关数据的统计与分析

由于入口与出口成绩分属不同量尺，为统一量尺，需对两次数据分别进行标准化处理，转换成平均分为 0，标准差为 1 的标准分，在此基础上再线性转化为 T 标准分（$T=70+Z\times 15$）。将匹配好学生入口总分 T 分为自变量，相对应的出口总分 T 分为因变量，控制 SES（社会经济地位）建立多元线性回归方程。通过对回归系数的显著性检验、对斜率、截距的检验，确认是否满足建立多元线性回归方程的要求之后，根据增值评价模型，计算获得增值的量化结果。

（四）结果运用：形成区域初中绿色增值评价的分析视角

通过区域初中绿色增值评价实践研究发现：绿色增值评价不仅关注学校和学生的学业进步情况，也关注学业背后的相关影响因素，能更好地引导学校树立科学的教育质量观,遵循教育规律,促进学生健康可持续发展。

1. 引导学校关注学生的学习进步幅度

绿色增值评价不是以学生考试成绩的绝对量作为评价学校的唯一标准,而是更多地关注学生、学校的进步幅度和努力程度。如表3,以S校、E校和H校三所学校学业方面的比较为例,从横向比较来看(即从中考结果的绝对量来看),不管从原始分均值还是T标准分均值,三所学校中E校的优势较为明显,S校相对较差。但从增值情况来看,从七年级入口数据到九年级出口数据的纵向比较,我们可以发现,E校增值表现为"0",与预期相当;而H校增值表现为"+",高于预期;S校增值表现为"—",低于预期。

表3　2019年7月市局直属部分初中学业增值情况汇总

学校名称	原始分均值 入口	原始分均值 出口	T分均值 入口	T分均值 出口	7—9年级 增值分	增值分的95%置信区间 下限	增值分的95%置信区间 上限	显著性(p)	增值表现
S校	348.0	471.6	69.09	66.63	−2.50	−3.71	−1.29	0.00	−
E校	358.7	516.7	73.13	73.82	0.92	−0.07	1.91	0.07	0
H校	352.5	508.2	70.79	72.47	1.89	0.80	2.98	0.00	+

2. 引导学校关注学生学习质量形成的过程与成本

绿色增值评价不仅仅关注学生学业的发展变化,还关注学生质量形成的过程与成本。如表4,N学校学业成绩为正增值,相关影响因素增量均好于区域平均,也就是说N学校学生不仅学业方面增值好于预期,且学业增值背后显示的学习成本是低负担、高质量的,应是区域初中学校绿色发展的典型。对于Y学校学业增值好于预期;但相关的影响因素增量低于区域平均,学校应更多地关注学生的相关影响因素,如何在提升学业质量的同时来促进学生绿色发展。而从X学校情况来看,则反映出该校不仅学业增值低于预期,相关影响因素增量也显著低于区域平均水平,因此,学校以及教育行政部门、教研部门应特别关注,深入分析挖掘,寻找学校教育质量低于预期的深层次原因。

表4 2019年7月市局直属部分初中学业和非学业增值情况汇总

学校名称	学业方面				非学业方面			
	增值分	增值分的95%置信区间 下限	增值分的95%置信区间 上限	显著性(p)	增值表现	学校归属感	学习兴趣	学习压力	师生关系
N校	0.86	0.05	1.67	0.04	＋	★★★★★	★★★★★	★★★★★	★★★★
Y校	2.25	0.04	4.47	0.05	＋	★★	★	★★	★★★
X校	−1.93	−2.91	−0.95	0.00	−	★	★	★★	★★

注：星级越高，表示情况越好①。

3. 引导学校更好地关注"质量"与"均衡"

根据初中绿色增值评价模型分析，我们还可以得出区域各学校的多元线性回归方程，并计算出不同的"截距"和"斜率"。斜率是反映学校教学对哪一类学生发展的适应程度，截距是反映学校总体相对水平高低的程度。将各校回归方程中的截距与区域截距进行比较，就会出现高于区域的和低于区域的学校，这说明各学校之间存在差异。

如图3所示，学校1和区域的比较结果是：学校1的截距大于区域的，说明学校1这门学科（或总分）的"整体学习水平"高于区域；学校1的斜率小于区域，说明学校1在教学中，各种学习水平不同学生提高的均衡性比区域好。

由此我们可以推论：如果学校截距大于区域，且其斜率小于区域，则反映该学校在区域教育教学中，相对质量较高，且各类学生的发展较为均衡；如果学校截距小于区域均值，则我们期望学校斜率大于区域，这样就会有部分学生能达到或超过区域的平均水平。

---

① "★"表示显著低于市直平均水平；"★★"表示低于市直平均水平；"★★★"表示和市直平均水平相当；"★★★★"表示高于市直平均水平；"★★★★★"表示显著高于市直平均水平。但在学习压力一项中，"★"表示学习压力增量显著高于市直平均水平；"★★"表示学习压力增量高于市直平均水平；"★★★"表示学习压力增量和市直平均水平相当；"★★★★"表示学习压力增量低于市直平均水平；"★★★★★"表示学习压力增量显著低于市直平均水平。

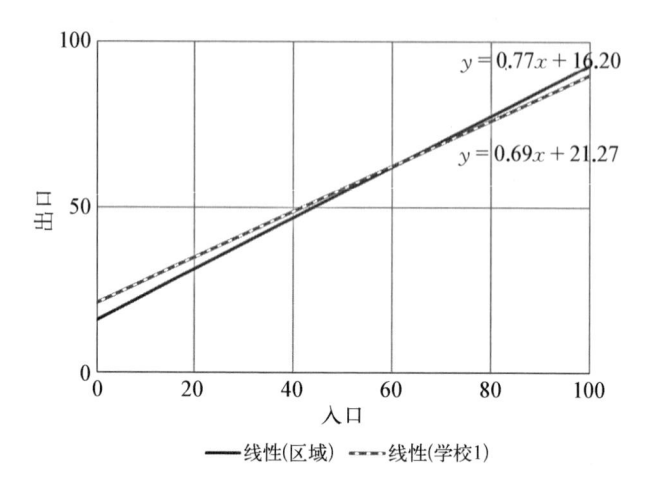

[图表：纵轴"出口"，横轴"入口"，两条线 $y=0.77x+16.20$ 和 $y=0.69x+21.27$，图例：线性(区域)、线性(学校1)]

图3　2019届市局直属初中7—9年级学校学业增值效益示意

4. 形成学校"健康体检"的象限

通过学业与非学业增值评价模型,得出相应的学业增值和非学业因素增值数据,借助相关分析,可以得出如下结论:学校归属感和学习兴趣的增值量与学生学业增值呈显著正相关(皮尔逊相关系数分别为0.452、0.502),而学习压力的增值与学业增值相关性不显著[①]。

如图4所示:分布在第一象限的学校,学业是正增值,其学校归属感(学习兴趣)也是正增值;分布在第二象限的学校,学业是正增值,但学校归属感(学习兴趣)是负增值,需关注学业成绩提高的同时,特别要关注学生的非学业状况;分布在第三象限的学校,学业是负增值,其学校归属感(学习兴趣)也是负增值,需特别关注,为什么学校的教育教学效益均低于区域预期发展;分布在第四象限的学校,学业是负增值,但学校归属感(学习兴趣)是正增值,需关注学生非学业状况的同时,特别要关注学生的学业发展。

基于图4中学校分布的象限分析,不仅有助于学校自身进行"健康体检",也有助于引导学校往第一象限努力和发展,促进学校绿色发展和全面发展。

---

① 此处显著性结论,是基于统计推断。在0.05水平上显著。

区域初中绿色增值评价体系构建与实施研究 / 75

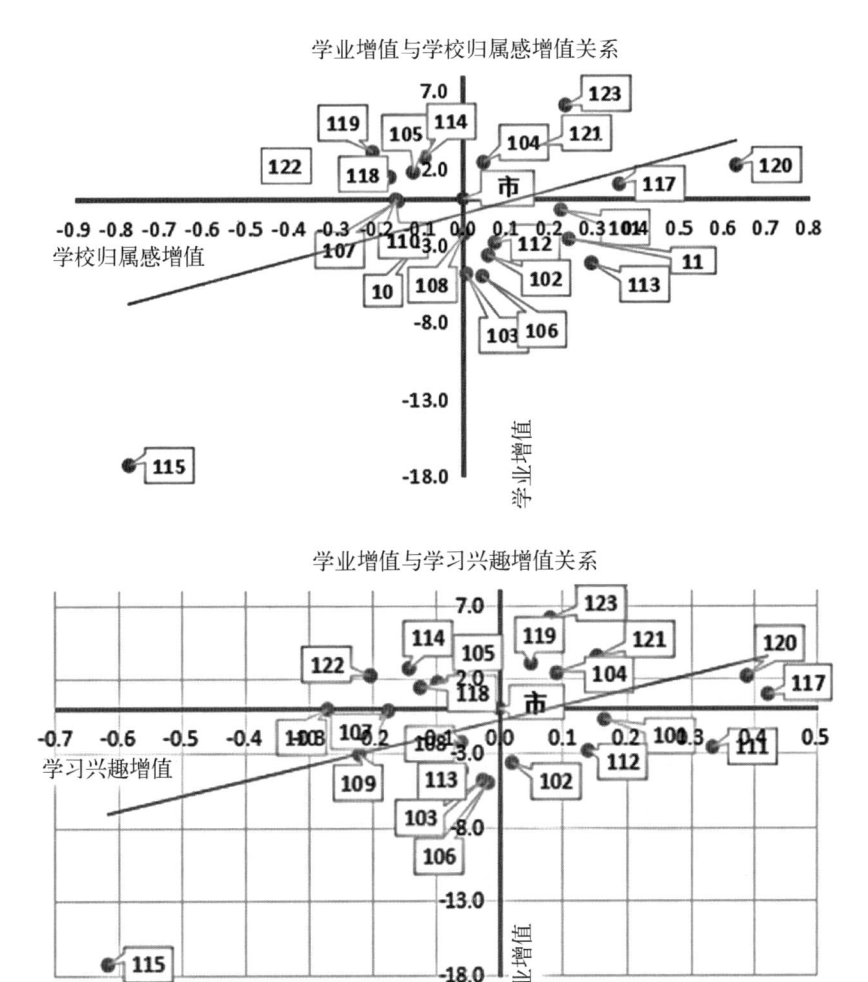

图 4 2019 届市局直属初中 7—8 年级学业增值与非学业因素的散点图

四、实　践　成　效

通过区域初中绿色增值评价体系构建与实施研究,在评价观念转变、评价模型构建和评价操作实施等方面产生了较好的实践影响,一是践行科学的评价理念,促进全面教育质量观的落地;二是创新评价内容,构建了学业增值和非学业增值的评价模型;三是简明评价路径,为区域学校教师提供省时便捷的评价范例。

区域初中绿色增值评价实施三年多来，产生了较好的辐射和引领作用，吸引了上海、江苏、安徽及省内多地同行前来交流学习；《人民教育》《中国教育报》《浙江教育报》等报刊也对我市的初中绿色增值评价做法予以肯定；论文《基于区域四维评价体系的初中绿色增值评价》在《教育测量与评价》2018年第3期发表，论文《绿色增值评价：助推区域初中学校全面绿色发展》获2019年长三角基于大数据的区域教育评价变革征文一等奖，论文《区域初中绿色增值评价的实践与思考》获2018年浙江省教学论文评比一等奖，课题"基于四维评价体系的初中绿色增值评价研究"获2017年度温州市教育改革发展专项课题一等奖。

【参考文献】

边玉芳，林志红.增值评价：一种绿色升学率理念下的学校评价模式[J].北京师范大学学报（社会科学版），2007,(6)：11-18.
辛涛，张文静，李雪燕.增值性评价的回顾与前瞻[J].中国教育学刊，2009,(4)：40-43.
徐丹，朱月蕾.教育增值评价先行者——美国田纳西州教育增值评价模式解析[J].教育科学，2012,28(1)：83-87.
许志勇.运用增值评价，促进教育均衡发展——以某省招生考试院的实践为例[J].教育测量与评价，2011,(4)：8-12.
袁振国.教育评价与测量[M].北京：教育科学出版社，2002.
赵彤璐，许志勇，钟君.利用大规模考试数据开展学业增值评价的实践初探[J].中国轻工教育，2014,(4)：47-50.

作者：王光秋、王辛酉、陈荣荣、顾士伟（温州市教育评估院）
周伟力（温州市乐清市教育研究培训院）
赵桂芳（温州市教育考试院）
（本文获2020年浙江省第九届教研课题成果二等奖）

综合评价篇

发现与成全：为每一个孩子的成长助力

——温州市实验小学"三维六项四评价"的"小脚丫"综合评价探索与实践

综合性评价是学校高质量发展的引擎，是学生成长的助力器，是"未来学校"立校之本。如何发挥好评价的教育功能，发现并助力学生实现全面而有个性的发展，成为更好的自己，是当前学校最为关注的一项课题，也是学校综合性评价改革研究团队攻坚的项目之一。近二十年来，温州市实验小学锚定"创适合每一个孩子发展的教育"的办学核心理念，以评价撬动学校整体教育教学生态建设，指向"有光、有爱、有情怀，会学、会玩、会创造"的育人目标，历经小学生综合性评价1.0、2.0版本的实践，逐渐更新迭代，走向一条"三维六项四评价"的"小脚丫"综合评价3.0探索之路。

一、思考：基于"评价即学习"的未来教育理念引领

当代教育评价的根本指向，已从原有"对学习的评价"，逐渐转向对"为了学习的评价"，也就是提倡"评价即学习"的观念。而评价从功能上看，可以是为了衡量结果、评判过程和确定方向，而基于"评价即学习"的理念，评价还有一个更重要的功能，那就是助力成长。

评价已经全面进入了我们的教育教学场景，但在操作上，仍少不了许多问

号,比如"没有了分数,我们到底用什么测评学习?评价怎么落地到课堂?除了学业评价,学习素养和品德行为能否进入其中?有没有一些方法工具可以借鉴使用?"等等。

落实"评价即学习"的观念,解决以上问题,我们需从以下几个方面进行思考。一是价值观。怎样评价,持有怎样的教育教学价值观。二是方式。探寻多元化、多维度、多方法、多种可能。三是全过程。评价如何在教育教学日常的细节之中体现。四是全要素。评价要素是否涵盖德智体美劳,能多层面成长画像。五是新技术。可否借助信息技术手段,支撑新的评价理念。六是多主体。评价绝不是教师一个人的事等。

评价驱动学习,评价即是学习。它可以是学科学习的课堂反馈,也可以是对学生的行为习惯观察;可以是一次课堂的交流与对话,也可以是一份作业或试题的测评,要找到正确的方法论,需科学综合以上的评价思考。

二、链接:基于"教育即成长"办学思想的追求

当下温州市实验小学是一方教育热土,我们在实践立体式办学,真正意义上办三所学校:"小脚丫"(学生)成长学校、"实谦员"(教职员工)成长学校、"大拇指"(家长)成长学校,多年来,温州市实验小学基于儿童需要、儿童视角,让"实谦员"携手"大拇指"共同促进"小脚丫"健康成长的同时来成长自己,实现全员育人,全员成长,形成了"教育即成长"办学思想。

在温州市实验小学,"成长教育"在育人目标上,"有光、有爱、有情怀"意味着充满正能量、身心健康,具有国际视野和家国情怀;"会学、会玩、会创造"则体现究事物原理、学会学习,重过程体验,创新实践。围绕育人目标,学校确立了"身心健康、品行端正、学会学习、创新实践、家国情怀"学生五大核心素养。并以面向每一个孩子的差异发展,协力共促素养提升的"三大成长行动、六大学习新学规、新五讲四美"为突破口,创新推进"成长教育",发展学生核心素养。

学校独特而鲜明的文化基因无不显示:教育,是为每一位学子找到最适合自我的发展路径,发现自我,"发现"与"成全"是学校"成长教育"办学思想的价值追求。

三、重构：基于成长视角建构"小脚丫"综合评价体系

基于以上对"评价即学习"的思考,和"教育即成长"办学思想的追求,我们一路探索前行,迭代、重构起基于成长视角的"三维六项四评价"的"小脚丫"综合评价体系框架(见图1)。

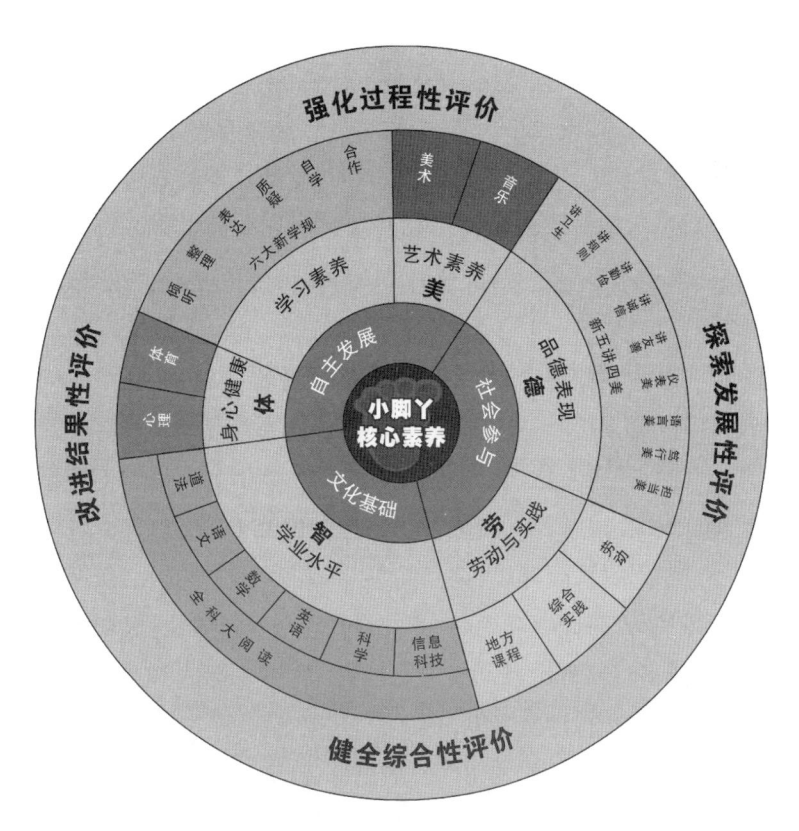

图1 "三维六项四评价"的"小脚丫"综合评价体系框架

围绕"小脚丫"核心素养的育人目标,指向国家学生发展核心素养的三个维度：文化基础、自主发展、社会参与,再派生出体现"德、智、体、美、劳"五育以及在五育学习过程中体现出的学习素养,这样组成"三维六项"评价内容。其中自主发展维度体现在身心健康、学习素养和艺术素养三项上,艺术素养指

向美术、音乐课程,身心健康指向心理和体育课程,学习素养指向温州市实验小学独具特色的"六新学规"在所有课程学习过程中的养成;社会参与维度体现在品德表现和劳动实践上,劳动实践指向劳动课程、综合实践和地方课程,品德表现指向另一个实小独具特色的"新五讲四美",通过融合五育在学校学习和社会实践中的养成;文化基础维度体现在学业水平这一项上,指向道德与法治、语数英科、信息,以及融合所有学科的校本课程,即全科大阅读。在这些课程上,我们着力推进分项等级评价。

然后这综合评价图在课程的最外圈流动着四个评价:改进结果评价,改进总结性评价方式及其结果使用;强化过程评价,促进评价过程和学习过程的融合;探索发展评价,探索进步,关注学生努力程度以及进步空间,用动态的眼光看待学生的学习变化;健全综合评价,温州市实验小学综合评价体现在五育并举全面发展,更体现在五育融合培养跨领域的综合性人才。这四个评价一直伴随着我们孩子学习全过程,让全体老师明晰评价是为了激励孩子更好的学习。

在推进"三维六项四评价"的"小脚丫"综合评价实施过程中,我们对整体框架进行了调整(见图2)。从下往上看,以"小脚丫"课程为学生成长评价支架,通过信息收集,进行多维、多元、多场景、多形式的学生评价,对应涵盖六项目,指向三维度,构建以获评三级荣誉的综合评价荣誉体系:其中一级荣誉偶像(最高荣誉)就是乐娃"暖洋洋、亮晶晶"一等奖学金获得者;二级荣誉偶像就是三小乐娃"乐子衿、乐鹿鸣和乐归心"二等奖学金获得者;三级荣誉含有9大类单项荣誉。设奖是评价激励的手段,让孩子的努力都能得到肯定!实现孩子们的想法,把学习积极性给激发出来。

温州市实验小学打造"实谦园","谦"出自曹操《短歌行》的"契阔谈䜩",取意广募贤才,开怀谈论。《短歌行》中:"青青子衿",子衿指有才识的人,所以"乐子衿"指向学业优秀的乐娃;"呦呦鹿鸣",麋鹿欢快地鸣叫,所以"乐鹿鸣"指向素养发展好的乐娃;"天下归心":天下人心皆归一统,为国家服务,所以"乐归心"指向有责任担当的乐娃。当孩子集齐了"乐子衿、乐鹿鸣、乐归心"三乐娃,就可以得到最高荣誉"暖洋洋、亮晶晶"一等奖学金了。人人都可以努力,从而促进孩子全面发展。

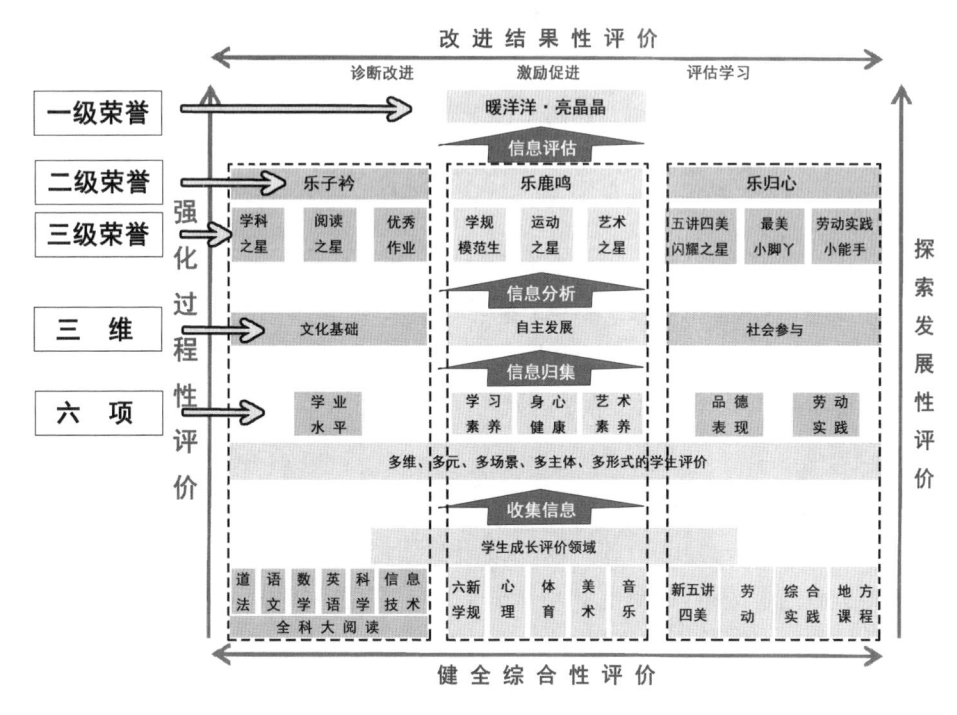

图 2 "三维六项四评价"的"小脚丫"综合评价实施过程框架图

四、成效：基于成长研制和落实综合评价形成三种特色

在以上"三维六项四评价"综合评价体系指引下，在省、区评价、教研主管部门推出的报告单的基础上，结合校情，温州市实验小学研制出独具一格的3.0版的"小脚丫"综合评价报告单和一系列相应的评价指标以及相应的师生评价手册。

报告单分为六项内容，其中品德表现的"新五讲四美"：以行为表现来评价，激励孩子行规养成、品德进步和社会性成长；学习素养的"六新学规"：以素养表现来评价；另外四项各学科评价，充分考虑学科特性，进行合理分项，以等第来评价。温州市实验小学实行分项评价已经多年，在实践中不断完善。

尤其在实施过程，我们逐渐形成了温州市实验小学综合评价三个特色：其一，"筑品行之基"；其二，"夯会学之底"；其三，教学评研一体化。

其一，筑品行之基。国家新修订的课标精髓是"回归育人"，落实新课标，教师要超越"教书"走向"育人"。温州市实验小学之所以实施"新五讲四美"评价，就是奔着全员育人去的。我们通过新五讲四美月标兵、闪耀之星、"最美小脚丫"和劳动实践小能手等评价手段，都是为激励孩子成为品行端正的"小乐娃"去的！

其次，"夯会学之底"。学习本该就是孩子自己的事情，会学习的好习惯和好素养形成了，孩子成才的根基就夯实了。因此"学会倾听、学会整理、学会表达、学会质疑、学会自学、学会合作"六大新学规才是学会学习的真谛！然后通过学规进步生、学规模范生、学规达标班、学规示范班等的评价跟进，为促进孩子学会学习。

再次，教学评研一体化。温州市实验小学让分项等级评价落地的精髓，就是做到教学评研一体化。我们不是为了评价而评价，而是通过校本教研，利用评价推进教与学改革，以更有利于孩子成长。① 强调即时评价，激励和改进同步。课堂即时的肯定欣赏很重要，会让孩子们对学习更有信心。② 基于评价证据，促进教与学。在学习过程中，我们让教师教的、学生学的、师生评的，共同指向同一目标，利用评价工具实时监测，通过班级优化大师、乐学评等平台在教与学推进过程有了评价证据，从而促进教与学更加高效。

总之，教育的目标是发展人，指向促进人的全面而有个性的发展，这也是未来学校教育评价的根基所在。探索小学综合性评价目的不是为对学习过程和结果的判定，而是通过评价发现并助力每一个孩子成长为更好的自己。

作者：谢作长（温州市实验小学）

"慧"说话的"六小家"

——景山小学"六小家"评价的设计与实施

一、项目概况

瓯海区景山小学开展的"六小家"评价项目,是以学校万花筒课程建设中目标指向的"小标兵、小健将、小艺术家、小当家、小科学家、小博士"这六个维度为分类标准而开展的学生综合素质评价方式。它通过学生获卡、扫码后录入数字化系统,建立学生全面发展的大数据,结合校币"多彩币"的激励、个体精准化的评价与分析,为每一个孩子的个性化发展采用针对性的举措,使得"人人有才,个个出彩"的办学理念得到落地,而"六小家"评价的目标导向则从学校的培养目标出发。

开展"六小家"评价的背景是基于问题意识,即学校原有的星卡评价没有从学生发展的素养上进行有效提炼,评价指向性不够明确。在具体实施过程中,过程性评价依然不够,如何让学校、家长、学生及时跟进评价情况就成了亟待解决的问题,特别是评价的改进功能发挥得还不够。随着学校课程改革的不断深化、互联网+教育的发展,学生核心素养培养指向性的明确。这些都需要重新审视、改进学生评价机制,升级建立一套符合现阶段学生全面发展的评价体系。所以学校当时在"六小家"评价内容设计的初心就是:

一是建立健全一套景山小学"六小家"评价体系。把学生在校学习、活动、生活等各个方面纳入评价体系之中,并细化小标兵、小健将、小艺术家、小科学家、小博士、小当家这"六小家"的评价操作要点。

二是搭建数字化评价平台,探索"六小家"评价的实施策略。开发数字化评价平台,收集学生发展的过程性数据。

三是建立学生素质综合评价分析模型。在收集的大数据基础上,建立各项学生综合素养评价分析模型,将学生素质发展的成长轨迹以信息化手段向教师、家长、学生反馈,有效建立家校互动的综合素质评价体系。

四是充分发挥"六小家"评价对学生核心素养培育的激励与改进作用。通过评价数据能发现学生全面发展的优缺点,为个性化学习提供技术支撑,从而达到有效学习、精准学习。

正是在这初心的指引下,学校制定了"六小家"评价体系,开发设计"六小家"评价数字化平台,探索评价实施的流程实践策略,建立学生全面发展的大数据,以实现评价的精准诊断、精细反馈和指向性改进。

二、研究过程

(一) 设计"六小家"评价体系

1. 聚焦六小家评价的目标

根据"过多彩烂漫的学习生活"的学校课程理念,确定了"培养'文举止、端品行,善学习、乐探究、爱家乡、有梦想'的多彩儿童"的育人目标,并描绘多彩儿童的外在形象特征,即身心健康、品行端雅、好学乐探、家国情怀,同时制定了可测评的具体评价指标——"掌握一项体育特长、有一项艺术特长、写一手漂亮汉字、拿到一份6级阅读证书、会说一门外语、独立完成一套科学探究、掌握一系列家政技能、养成一生好习惯"。"六小家"评价的基础是要让课程的实施成为发现和发挥每一个学生专长和潜能的机会,所以首先系统思考"六小家"评价如何在评价内容与标准在学生发展的核心素养上进行有效提炼,解决评价指向性不够明确的问题,也就有了"六小家"评价重点领域与学校育人目标的对应(见表1)。

表1 "六小家"与学校育人目标、关键评价内容的对应

培养目标	关键评价项目
文举止、端品行	快乐生活,养成良好习惯;遵守规则,具备社会美德;勤恳做事,诚心关爱他人;乐观向上,拥有健康身心。

续表

培养目标	关键评价项目
善学习、乐探究	学会学习,激发求知欲望;博学多才,散发书香气质;善于合作,学会与人分享;乐于探究,具有创新精神。
爱家乡、有梦想	寄情景山,拥抱人文自然;立足温州,涵养家国情怀;放眼世界,树立远大志向;自信自立,展现个人特长。

2. 构建"六小家"评价的内容

基于"六小家"评价的目标导向,根据万花筒课程"646"的课程结构,学校从课程的目标指向的六个维度,即小标兵、小健将、小艺术家、小当家、小科学家、小博士六个方面进行评价内容的构建。

每一个类别的评价卡均有对应的课程学习内容(项目),不同课程(项目)颁发不同类别的评价卡。

3. 设计"六小家"评价的载体

(1) 精心设计每一张评价卡片

学校采用学生喜闻乐见的评价卡的形式来开展学生综合素质评价,同时评价卡又与学校的校币——多彩币结合。每一张评价卡的正面有学校办学理念、校园吉祥物、该卡的类别以及对应的多彩币数量,背面有一个二维码与该类别所对应的学习课程项目名称。

(2) 方便快捷每一次数据采集

为解决评价过程数据采集难题,实物卡印有二维码,学生获得评价卡之后,刷校园一卡通登录评价系统个人账户,再扫一扫卡的二维码,系统自动生成相应一张六小家卡,扫完后把卡放进回收口,循环使用。同时可以直接以电子卡形式,由数字化评价系统直接发放。在录入一张卡时,评价系统自动发送一条短信息告知家长,同时个人账户将增加1元多彩币。此外学校也在积极探索电子手环、电子班牌等方式采集相关数据。

(3) 准确把控每一项升级阈值

根据学生获取的某一单色卡数量,评比单项奖,根据2017年评价大数据测算结果,按照前30%学生确定为A档学生比例给予升级,最终确定升级各小"家"的标准分别为：小科学家卡5张，小博士卡20张，小艺术家卡6张，小健将卡5张，小当家卡4张。根据学生获取的不同单色卡情况，集满一套，换卡升级为雏鹰银章奖；连续2次荣获雏鹰银章奖的升级评为雏鹰金章奖。整个评价体系指向儿童，点亮他们的成长。

（4）闯关升级每一关积币游戏

针对部分学生某一领域特长发展，而部分领域发展比较短板使得想要取得"六小家"与雏鹰银章金章则比较困难，为了激发这部分学生学习积极性，学校设计了根据学生获得的多彩币数量进行闯关升级，从"入门新手"到"王者"，一共14关，学生可以看到自己当前已经闯到哪一关，这样大大激发了学生争卡的积极性。

（二）研发"六小家"评价数字化平台

1. 开发基于互联网+的数字化评价平台

根据"六小家"评价体系的目标与内容，要达成快速便捷的升级游戏与分析功能，需要借助互联网+的教育技术，开发数字化评价平台。学校在信息技术人员帮助下研发了"六小家"评价数字化平台，学生发展的大数据分析、评测系统平台，将线下测评的六小家卡与数字化平台相整合，从而实现测评工具的在线实时操作。基于搜集到的数据，形成可持续性、全方位的学生发展的追踪数据库。

针对不同使用对象的使用特点，学校开发了教师端、学生端与家长端，可以方便在移动手机上操作使用。为了尽可能实现评价平台的人机交互功能，方便师生家长借助手机实现学生校园学习与生活数据的录入与查询，从2018年3月开始学校又建立了人机交互式的智慧电子班牌。

2. 开辟图像化的多维数据分析路径

基于大数据的"六小家"评价，其最为显著的特色就是为每一个孩子的发展建立数字化评价数据，利用发挥数据的价值，帮助教师与家长分析班级、学生不同维度的发展状况，寻找每一个孩子的长处与短处，为后续精准教学提供依据。

系统设置老师、学生、家长、学校查询入口，家长可以通过手机端查询孩子六个维度的即时性评价情况，以班级平均水平为参照常模进行比较，生成"六小家"评价雷达图,可以横向反馈出该学生六个领域的学习发展情况。

(三) 探索"六小家"评价的操作策略

1. 分类实施"六小家"评价项目

学校出台了《"六小家"评价操作细则》及评价操作流程图(见图1),从学科课程、行为习惯、活动课程与家务劳动等方面进行分项目开展"六小家"评价。

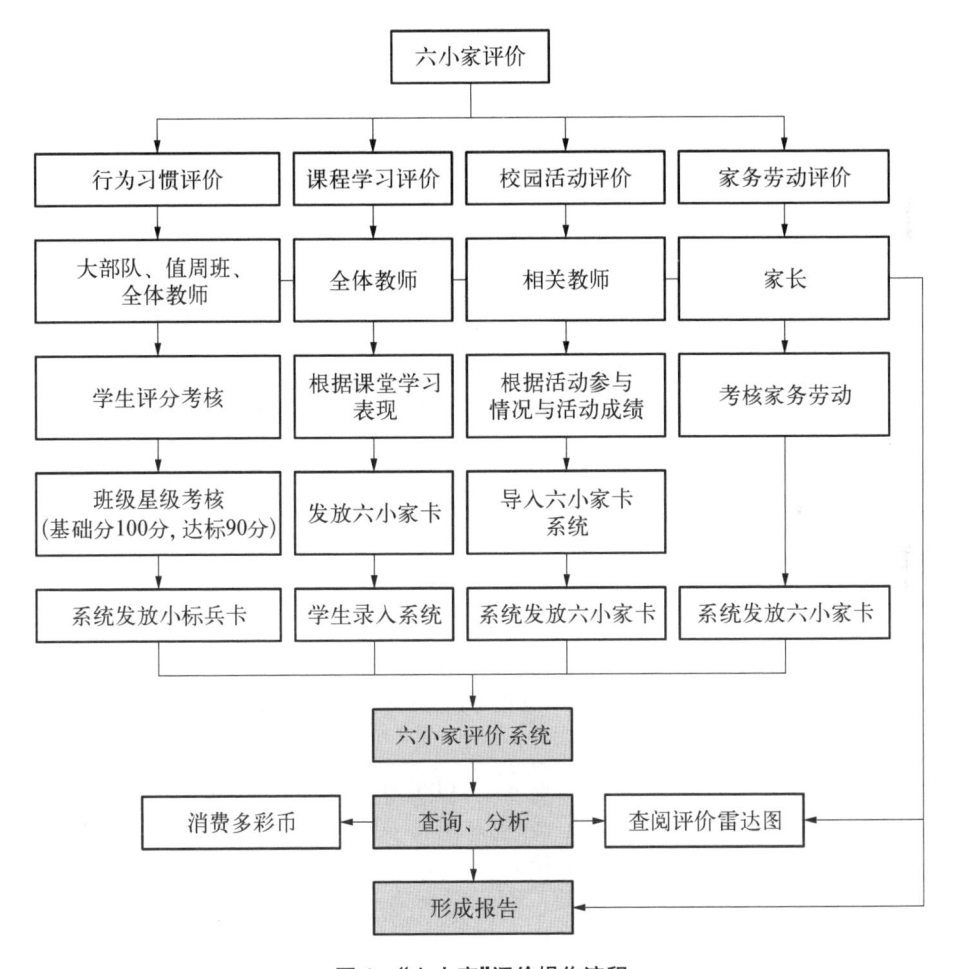

图1 "六小家"评价操作流程

(1) 细化"学科课程"评价体系

学校推出了《学科课程(含选课走班学习的拓展性课程)"六小家"卡发放方案》,每位教师一学期拿到周工作量×50张(不同学科对应不同的六小家卡)

的六小家卡,在教学过程中从课堂表现、作业评价、其他等方面进行评价,各教师结合学科特点进行细化,制定适合本学科学生学习发展的要求的操作办法。

教师根据学生的课堂表现发放60%左右的小博士卡,作业评价发放30%左右的小博士卡,其他活动表现发放10%左右的小博士卡。

(2) 开创了"家务劳动"评价举措

"六小家"评价中的"小当家卡"就是有序引导学生参加劳动实践。其中一项工作就是家务劳动采取细化的分级分类目标,为此学校制定了"'六小家'评价家务活动一览表"(见表2),并通过家长手机端发放评价卡。

表2 "六小家"评价家务活动一览表

年级	自己的事情自己做	争当家务劳动小能手	家政理财,健康生活
一年级	会穿衣服;会洗脸;早晚刷牙;会剪手指甲、脚趾甲;会系鞋带;系红领巾	浇花;会擦餐桌;把洗干净碗碟收进碗柜	
二年级	自备学习用具;会洗发、洗澡;会包书皮	收拾碗筷;收衣服;洗牙杯;会刷马桶	购买学习用品;把买回来的食物放在相应地方
三年级	整理自己的用具;清理自己书桌	洗碗筷;把自己的衣服挂在壁橱里;整理自己房间;会用电饭锅烧饭;给宠物喂食	帮忙父母买东西;给父母泡一杯茶
四年级	整理书包;自己乘公共汽车	会做比较简单饭菜;换床单;叠衣服;扫地;打扫卫生间	健康饮食不挑食;不玩手机游戏
五年级	会打结;会钉纽扣	洗袜子与红领巾;叠被子;会烧西红柿蛋汤;拖地;修剪花木	早睡早起;不玩手机游戏
六年级	路途近的事情可以自己出门去办	整理衣橱;用洗衣机洗衣服;会煮一碗面;清理厨房	过一次有意义的生日;不玩手机游戏;会记家庭日常收支账目

2. 推广"双轨制"多彩币兑换

学生获得一张"六小家"卡的同时也获得了1元"多彩币"。学校建立"多彩币银行"进行管理，"多彩币"可以在校园里消费，也可存在银行获取利息，同时建立诚信制度，允许学生限额贷款提前消费，在规定期限内通过相关活动与奖励赚取多彩币偿还。学校通过多彩币的实践很好地培养了学生财商思维能力。

（1）创新与社会接轨模式，增加兑换及时性

学校与校外文具店签订协议，由文具店提供多种商品，学生凭校园一卡通用"多彩币"可随时兑换相应价值商品，文具店隔一段时间上架一批新商品，激发学生兑换热情。

（2）开启与活动接轨领域，增加兑换吸引力

学校"多彩币"兑换与学校活动接轨，设计了许多兑换权益（见表3）。

表3 "多彩币"兑换权益一览表

大转盘抽奖	允许带玩具	热门选修课旁听	夏令营参加券	大队部助理
出旗手	免作业一天	网站推送个人作品	与校长共进午餐	选修课优先
升旗手	音乐会入场券	作品上学校文化廊	红领巾广播站点歌	颁奖礼仪生

学生通过微信公众号推送活动扫二维码、登录"六小家"平台等方式，促进家校联动。尤其是选修课优先选、夏/冬令营热门名额的发放让学生深刻体验到拥有"多彩币"相当于在学校里拥有优先选择权，鼓励学生以更大的积极性投入学习活动之中。从2017学年开始，校园选修课程与社团活动创作的学生创意作品也上架，深受学生喜欢。从"六小家"评价数字化平台的后台数据可以发现，学生对"多彩币"的使用并不局限于兑换物质奖励，他们也喜欢权益类的兑换，如优先选课权、夏令营入场券、与校长共进午餐等，说明活动激发了他们发自内心的学习动力，这正是"六小家"评价的价值追求之一。小小的"多彩币"兑换平台，让评价变成了可持续发展的动力。

3. 尝试探索学生增值评价分析

在实施六小家评价时，我们尝试引进"增值评价"的理念去分析学生在前后两个时间段内综合素质发生的增值变化。

（1）适时调取个体数据，进行精准分析

教师与家长、学生可以利用数字化平台查询到学生个体的"六小家"卡的

获得情况,同时还可从雷达图中更加直观地看到学生个人与班级平均水平的比较。

(2) 随机抽取群体数据,进行调研分析

将全班同学数据进行分析,可以看出班级学生在某一门课程学习行为的状况。如校园活动课程的"行为规范活动"项目中,教师可以调出一个月或者一个学期的数据进行分析。通过这些群体数据,教师评估班级学生行为的整体状况,进而对自己教育管理行为进行反思,思考改进的路径。

4. 挖掘大数据背后的教育价值

(1) 形成学生发展体检报告

借助"六小家"评价的大数据,可全景呈现学生学期内所有课程学习活动轨迹,参照班级平均水平,可以准确反馈出不同学生发展的状况。让学有余力、有一定特长的孩子参加学生篮球队、铜管乐队、舞蹈队等相关拓展性课程学习活动,让有特长的孩子的长项更加突出。同时关注某些项目较薄弱的学生,及时采取措施干预,尽可能帮助他们达到或者超过班级平均水平,实现保底的目标要求。

(2) 拓宽家长了解孩子渠道

有了大数据后,家长可以直接通过微信端直接查询学生学习行为与学习评价结果,了解自己孩子的各方面发展情况,特别是可以发现孩子的学习优势与薄弱点,从而采取更具针对性举措来培养孩子。

(3) 持续优化学校治理体系

"六小家"评价不仅涉及学校课程建设、智慧校园建设与大数据分析,更触及了学校内部管理体制的现代化发展。我们以学生评价为抓手,有机整合教学科研处、学生工作处与信息技术处的工作,打通学科教研组与班主任的不同工作空间,围绕人的发展,重建了学校治理体系,不断促进学校治理现代化。

三、实 践 成 效

近两年来,学校以多彩教育为统整点,通过构建"六小家"评价体系,助力学生多维发展,成就智慧教师,携手理性家长,取得了以下成效。

（一）极大激发了学生学习的兴趣

"六小家"评价通过六小家卡—六小家—雏鹰银章—雏鹰金章的升级游戏，以及多彩币的价值功能，使得孩子集卡的动力大大增强，并把这种动力转化为学习的动力。而且"六小家"评价制度，改变了原来只注重学业成绩的弊端，把学生的发展提升到全面发展的层面，让每一个孩子都有机会获得教师的评价奖励，让原来学习成绩不理想，但在科技、体育、艺术等方面有一定特长的孩子增强了学习的自信。

（二）课堂学习的效率大大提高

课堂学习评价 APP 的使用，一方面很好地维护了课堂教学秩序，另一方面把课堂学习的关注点指向到"学习品质"这一重要维度上，同时通过家长层面的联动，让课堂学习变得可视化。通过向光荣榜上靠前的同学发卡奖励（扣除相应的点赞数），后面同学就有机会上升名次，这样也给了一些学习能力相对薄弱学生得卡的机会，因此课堂上，大家积极参与、认真回答、思维始终处于积极活跃的状态，学习的效率大大提高。

（三）家校联动变得更为频繁

不管是课堂学习的评价、学生获卡扫入评价系统，还是学生行为习惯的考核，家长均会收到相关的反馈信息，实现了对学生在校学习生活的全景式把握。家长可以非常方便地登录学校微信公众号评价平台，查阅孩子的评价数据与雷达图分析，可以迅速把握孩子的学习发展状态。特别是学校把家务劳动项目交给家长去评价考核，向学生发放小当家卡，让家长也真正参与到评价的过程之中，转变了家长重文化成绩轻实践的观念。

（四）学生分析变得更加精准

通过"六小家"评价建立的大数据，实现对每一个孩子的全面分析与诊断，为学校实现个性化、个别化的教学提供依据。从对学生学习的模糊印象、经验判断慢慢转移到准确诊断、靶向性管理上。下一步学校将为每一个孩子配制处方式课程、班本式课程，进一步挖掘数据的教育价值。

(五)学生行为习惯更加良好

学生日常五项常规竞赛,通过值周班进行考核,实现班级考核与个人考核的结合。当班级周达标后,没有扣分的学生将获得一张小标兵卡。如果班级周不达标,所有孩子不能获得小标兵卡。将学生的行为习惯与班级荣誉、其他同学荣誉挂钩,不仅增强了班级集体主义荣誉感,也实现同学间相互监督、共同提高的目的。学校自改革班级周星级评比以来,校园环境卫生更整洁了,校园更文明了,大课间锻炼更积极规范了……

四、推广价值

"六小家"评价从学校课程的视角切入学生评价改革,通过"小标兵、小健将、小艺术家、小当家、小科学家、小博士"这六个维度的评价分类,积极借助"智慧校园"技术手段,通过评价平台、移动端口、电子班牌等不同载体间实现的数据互通互融,对学生行为习惯、课堂学习、活动课程学习等校园生活全方位进行评价覆盖,建立了学生综合素养发展的"大数据"。解决了学校各个信息化平台"数据孤岛"的现象。形成学生评价即时反馈的数据模型和雷达图,使得每一个孩子的每一个评价指标的发展程度"可视化",使得评价实现个性化、精准性,可以发现学生潜能,进而开发个性化课程让特长更"长",对"短腿"学科也采取相应干预手段达到保底要求。"六小家"评价通过发卡、自主录入评价系统、生成"多彩币"、自动升级"多彩币"兑换,激发了学生参与评价的积极性与自主性。

这种基于课程学习,借助数字化评价平台,将学业学习与日常活动有效结合起来,实现评价的多维发展与动态生成的"六小家"评价管理模式,值得借鉴与推广。

五、反思改进

当然,鉴于项目研究的时间不长,学生评价数据库还不够大,学生评价的准确性有待进一步提高,课堂学习评价的精准性需要进一步提高,特别是在以下两个方面需要突破：

（一）构建学生增值评价的发展模型

基于大数据的评价工作的核心是建立增值评价模型，学校下一步的研究方向，一是形成个性化的学习推送方案，借助大数据，适时把握学生的认知状态，分析学生的学习特征，评估学生的优势潜能和最佳学习方式，设计个性化的学习推送方案，供学生与家长选择使用。二是形成电子化综合素质报告册。根据评价指标体系设计评语样本采集表，代入运算公式，得出评价结果，最后还须对所得到的评价结果进行检验，以判定结果是否可信，形成基于大数据的电子化综合素质评价册，全景式反映学生一个学期里学业学习、参与活动、体艺发展、体质健康、习惯与品德发展等多维状况，发现其优点及努力方向。

（二）构建指向学习品质的课堂评价

如何在课堂这个主阵地，借助大数据的手段，形成定性与定量结合的评价模式是接下来要突破的方向。在"六小家"评价的基础上，我们需要聚焦学生全面发展核心素养要求，研制不同课堂的学习评价量表，着力于高阶思维能力培养，为教学改进提供科学依据。

作者：柯高益（执笔）、黄小螺、陈妙双、凌渌笑（温州市瓯海区景山小学）

（本文获温州市 2018 年教育科学规划课题优秀成果评比三等奖、获温州市 2019 年中小学教育评价改革案例评选一等奖）

悦纳百川,蕴蓄精彩
——"悦纳百川"学生综合素质评价电子平台的实践与研究

一、项 目 概 况

(一) 项目背景

1. 课改背景

当前的学生素质评价受到观念影响和条件限制,不管过程如何操作,基本上还是以一张成绩素质报告单完成对学生的整体评价,存在着单一性和片面性。所以学生综合素质评价是基础教育课程改革的一个重要项目,如何立足基础教育课程改革现状,加快教育评价改革,建构新课程背景下的教育评价体系,已成为新课程推进与实施的关键环节。

为了顺应时代和学校发展的要求,在课改政策的指导下,根据《温州市及鹿城区中小学生综合素质评价指导意见》文件精神,温州市少年游泳学校借助前期学校教学评价初步改革打下的坚实基础,以温州市第二批综合素质评价改革试点校落地为契机,设计开发"悦纳百川"学生综合素质评价电子平台。课题组便以此为契机,对这一课题进行进一步全方位的应用研究。

2. 学校需求

本综合素质评价电子平台名为"悦纳百川",源自温州市少年游泳学校"善水·涵泳"的核心办学理念。"悦纳",闻过则喜,教师和家长以及学生以平和的心情接纳所有的进步与不足。"百川",百川到海,小溪流汇成江河湖泽,最终汇入汪洋,海纳百川。学生入学开始校园生活,就如同涓涓细流,汇入大海;待到毕业,六年小学生涯的点点滴滴,经由信息技术已经妥善完整地保存下来。

通过综合素质电子评价所呈现的各类数据,发现学生潜能,发挥学生特长,帮助学生认识自我,促使学生进步和提高,呈现学生比较完整的七彩童年生活,以达到学校教育的培养目标。学校的综合素质评价通过信息技术的手段,强调多元主体共同参与,关注学生的个体差异。同时,电子平台的使用贯穿于日常的教育教学活动中,让家校联系也更为密切。

3. 师生需求

学生综合素质评价工作是学生评价制度的改革,是基础教育新课程改革的重要组成部分,其根本目的是更好地提高学生的综合素质以及教师的教育教学能力和管理水平,为学校实施素质教育提供保障。

学生需要一套与时俱进的综合素质评价体系,能让他们全方位展现自身的优势,发现自己的短板。教师则需要一个容易操作、直观呈现各类统计数据的评价电子平台。两者结合之下,学校设计并应用的"悦纳百川"学生综合素质评价电子平台应运而生。

(二) 目标与愿景

"悦纳百川"综合素质评价电子平台的目标,是将信息技术与综合素质评价有效整合,把学生素质综合评价、德育评价、学生成长记录、学生在校活动、开心瞬间、教师评语等整合在一起,是一次学生综合素质评价的改革。这也使得本课题具有了十分重要的研究意义与应用价值。

"悦纳百川"综合素质评价电子平台项目最终要呈现给学生的是一份看得见的成长礼物,它并不会随时间的流逝而遗失或被遗忘。"悦纳百川"综合素质评价项目也饱含了学校留住学生七彩童年的美好愿望。

二、研究过程

评价电子平台作为学校评价辅助手段,共有三个功能:激励卡发放、学情动态发布、综合素质报告单。

（一）全面·便捷·数字化：电子评价操作系统介绍

1. 激励卡发放：全面、全体、全科

激励卡发放功能，将平时教师颁发纸质奖励的贴纸、"大拇哥"等，转化成电子卡的形式，在评价电子平台上发放。这些激励卡形式多样，覆盖所有科目、活动，直接面向全体学生。

2. 学情动态发布：互动、直观、宽泛

学情动态发布主要是教师将学生表现、学生作品、学生获奖情况等，以图片或视频的形式，发布动态。教师可以选择本条动态是哪些受众可见。发布动态的同时，可以直接发卡奖励。例如，发布学生独唱视频，并马上奖励"五节参与"卡。而发布的动态可以师生互评、生生互评、跨班跨段互评，达到树立榜样的目的。

3. 综合素质报告单：数据化、简洁化、立体化

综合素质报告单有两种呈现形式，一种是手机端客户视角下的报告单，另一种则是电脑输入端视角下的报告单。由于受众不同，所以设立两种呈现形式。

报告单上的条目除了需要输入的成绩等级、学生评语、父母评价、获奖情况之外，主要是电子平台直接统计生成的数据，立体化展现学生一个学期的各个方面成长。

（二）悦纳百川：电子评价在实践中的蜕变

1. 初见成效，摸索中稳步前进

2016年，学校经鹿城区推荐，申报成为温州市第二批评价改革试点学校。凭借东风，学校在市教育评估院和重庆专家的引领之下，一直在评价的改革创新道路上摸索着。

（1）考虑学生的进步

学生是评价的最终受体，学校在设计评价项目时，就立下了"德育、学业、综合活动"三条主线不变。在一次又一次的研讨和求助过程中，学校增加了"游泳""拓展课程"和"阅读"作为学校特色活动的评价条目。这一改变，让电子评价平台更具有了为学生全面发展考虑的目的。

(2) 考虑教师的操作

教师是最主要的评价实施者,学校考虑到教师的评价需求、工作情绪、任务多寡等具体因素,也从简洁、便捷、快速、可逆性等几个方面去全盘考虑。广泛听取了教师们的意见,也现场参观了温州市景山小学的电子评价系统与实施。综合这些经验和意见,有了大致的操作界面设计意向。

(3) 考虑家长的参与

评价的受众,除了学生,还有最为关注学生在校表现的家长群体。在操作简单的条件下,家长完全可以自主查看电子评价平台上的信息,随时了解学生在校收到的评价。学校在初期,便充分考虑到保证家长的参与感。平日的评价,家长不用参与,不给家长增加负担。期末输入综合素质报告单时,则需要家长辅助,录入学生的一系列在家表现情况、社会活动及获奖情况等。

2. 百川汇聚,"善水少年"横空出世

(1) 让教师的评价有个方向

2018年5月,在电子评价投入使用的第一学年结束,学校评价研发组的领导和成员们,都敏锐地发现了学校教师评价缺乏一个统一的方向。

2018年6月,学校课题组开始深入探讨评价的第二次改革问题。经过细致的研讨,大家认为评价应该为学校的办学理念、办学目标服务,要有的放矢去评价,而非随意发卡、发动态。在整理了学校的"水立方"课程之后,评价方向这条线逐渐明朗清晰,教师的评价也开始有了质的变化。

(2) 让学生的努力有个目标

以往学校每学期期末都要评选优秀学生,每个班级根据学生该学期表现,评出"银牌少年"和"金牌少年"。不过,评选的标准都是由各个班主任自行制定,每个班评价标准不同,全校的"银牌少年"和"金牌少年"也都是来自班级推荐。这样的评价让许多在某一方面有特长或者突出表现的学生,退出了争优评先的队伍。

实施了"悦纳百川"电子评价项目之后,学生们不仅能看到自己的优点与不足,还可以实时与同年级甚至跨年级的同伴对比评价数据。

(3) 让特长学生有个奔头

学校顺势利导,推出了"善水少年"新榜样。之前的"金牌少年"和"银牌少年"由代表着"善者、智者、强者、雅者"的六大"善水少年"全面取代,某一方面特别突出的学生也不会被埋没。

（三）蕴蓄精彩：电子评价的特色与优势

1. 评价方式简洁化

和传统的评价方式不同，"悦纳百川"综合素质评价电子平台的评价显得更加简单。无论是学校教师和家长，均可在手机端、电脑端操作。评价电子平台和学校微信公众号关联，入口就在微信公众号。当今社会，微信已经成为最常使用的手机软件之一。所以，学校的评价平台就利用了这种便捷操作，将评价融入日常手机操作中，不让复杂难操作的系统成为评价的绊脚石。

2. 评价内容多元化

作为学校的一整套学生综合素质评价系统，评价内容涉及学生个体发展的方方面面。从"善者、智者、强者、雅者"这四个发展维度，围绕六大核心素养，展开八个评价设定，最终评出六大"善水少年"："品水少年""敬水少年""赏水少年""吟水少年""悟水少年""触水少年"。

例如，"遇见阅读"评价设定，下分四个具体指标："日积月累"，考察的是学生诵读经典，积累语言文字；市"爱阅读"项目，考察的是学生是否积极参加"爱阅读"系列活动；"图书借阅"，则是考察学生到校图书馆借阅图书的情况；"亲子阅读"，则是考察学生在家和大人一起读课外书的情况。从中不难发现，四个细指标，分别从四个不同的阅读领域和方式，引导学生诵读经典，借阅课外书，积极参加各项阅读活动，以及在家不忘阅读，帮助学生慢慢形成阅读好习惯。

3. 评价过程可视化

传统评价方式中，教师给学生奖励卡、盖章、加分，过程都是省略记录的，因为一没有时间精力，二没有记录的载体。信息化时代来临让这个难题得以攻克。综合素质评价电子平台可以实现每一张卡都能体现发卡时间、发卡缘由，还有教师短评。这样，评价有了一个完整的过程体现，无论是孩子还是家长，都可以清楚明白地知道发生了什么，得到了什么。

更大的意义在于，对于低年级学生而言，过程清晰、原因明确的评价对他们起到了强烈的引导作用。例如，"品德行规"这一项中的"文明篇"，学生收到行规卡的同时，可以查看到发卡评语是"遇见老师、客人，主动打招呼、问好。"

他一查便知道,主动与人打招呼问好,是一种值得鼓励的行为。为了获得更多的鼓励,他下一次还会继续与人打招呼问好,这样的良性循环,促成学生养成文明行为的好习惯。

无论是家长还是教师,都可以把孩子日常行为、作业、作品等,以照片或视频的方式,在评价电子平台上发布动态。发布动态之前,平台设定了两次筛选功能。刚接触的教师会认为这增加了教师的评价工作量,但其实这并不是设计上的缺陷,而是为了确保网络安全和保护学生隐私。

举例来说,家长想要发布亲子阅读的视频动态,他选择视频点击发送后就可以了。评价电子平台系统将以短信通知相关教师,教师在浏览内容后,确认无误,方可同意发布动态。这是第一次筛选,目的是确保网络发布安全。第二次筛选,则是教师在同意发布动态后,平台将有三个选项提供给教师选择:"全校可见""全班可见""个人可见",教师可根据家长提交的动态内容来确定。最后,教师发布动态,马上可以跳转到发卡页面,直接进行动态的评价。

4. 评价结果精细化

评价结果的统计,评价电子平台有比较精细的体现。除了基本的各种类型卡片的数量之外,还有直观图示可以比对结果。

(1) 雷达图:纵向比较

评价电子平台会根据学生获得的卡片种类和数量,随时形成雷达图。雷达图可以直观地让查看者知道自己获得卡片的具体数量和类型。而且通过雷达图,查看者能够清楚地知道自己哪一方面是强项,哪一方面是弱项,从而作出相应的调整。

(2) 折线图:横向比较

折线图有四个变量:总量、年级段、班级、个人。四个指标形成四条折线,可以体现特定时间段中个人和其他三个变量的差距。

在大数据时代,数据的统计和分析是极为重要的,评价电子平台可以自动实现对数据的统计和分析,并用雷达图、折线图等形式直观地呈现结果,方便学校、老师、学生和家长查阅。

5. 评价效果持久化

综合素质评价的最终目的,是激励学生养成各种良好的习惯并巩固。电子平台上的评价,不会随着学期的结束而清零。平台永久记录着学生从一年级到毕业,六年十二个学期的所有数据。家长和孩子可以通过筛选功能,查看学生某一个学期某一项指标的收卡数量和动态内容。如六年级学生可以设定查看当初一年级时"学业水平—语文—汉语拼音"评价项内曾经获得过多少张卡片,曾经发布过多少相关动态。学生六年十二个学期的综合素质报告单,也都可以在电子评价平台上查阅和下载,十分方便。这样的评价电子平台,比单纯的学生成长档案功能还要全面和强大。

三、实 践 成 效

学校于2017年年初开始设计"悦纳百川"学生综合素质评价电子平台,接洽网络设计公司,制作电子平台。2017学年第一学期,在一年级段率先开放手机端评价平台,进行第一模块"收发卡"功能的使用。2017年第二学期,"收发卡""动态"和"综合素质报告单"三个模块,在全校师生和家长手机端投入使用。

(一)综合素质评价护航学校课程体系

学校设计学生综合素质评价电子平台的初衷在于打造符合自己学校学情和办学理念的学生综合素质评价体系,最终的目标是护航学校的课程体系,打造学校"善水少年"(见表1)。

表1 温州市少年游泳学校"善水少年"六类细分表

领域	社会与生活	体育与健康	艺术与审美	语言与文学	数学与科技	实践与创新
国家课程	道德与法治班队	体育 我爱游泳	音乐 美术	语文 英语	数学 科学	信息技术
拓展课程	修身课程	体育节 营养节 心理健康	艺术节 啦啦操	校园戏剧 读书节 英语节	数学节 科技节 STEAM	创客基地
水立方课程	品水之德	敬水之韧	赏水之灵	吟水之韵	悟水之智	触水之润
评价设置	品水少年	敬水少年	赏水少年	吟水少年	悟水少年	触水少年

（二）学校首创的评价电子平台日趋完善

作为温州市第一家将"收发卡""动态"和"综合素质报告单"三合一，放到一个评价电子平台的学校，我们开发的"悦纳百川"学生综合素质电子评价平台独具特色，目前运行良好，各项功能也在不断完善中。

（三）建立全面的综合个人电子档案

评价的目的是引导学生养成习惯，评价电子平台不仅将完成这一目标，更在评价的过程中收集动态资料和数据，包括每学期的综合素质报告单，为学生建立全面的个人电子档案。家长不仅仅可以拿到学生成绩、教师学期总评语、激励卡数据等，更是能够掌握学生小学阶段所有被电子平台记录的证书、活动照片、比赛视频、阅读奖励等资料。

评价电子平台提供了真正意义上的学生成长档案。比如，学生从一年级到六年级，每一学期的跳绳视频都记录在动态中，经过筛选，几秒钟就能够找到六年来的十二个跳绳视频，而这些视频则完全可以呈现此学生学习跳绳从不会到会、从会到精的过程。这是纸质的成长档案所不具备的功能。

（四）平台助推，树立榜样

评价电子平台的设立，让越来越多具有某方面特长的学生，有平台展示自己。在折线图走势中，学生的持卡数可以与学校、年级段和班级数量进行对比，从而知道自己的水平。而学校也不仅仅只评出综合素质最高的学生给予荣誉称号，也可以从中发现某一种类型的卡数特别多的学生，进而树立单项榜样。而动态功能，让有一技之长的学生，有机会在全校、全班范围内成为最受关注的榜样。例如，魔方高手将自己的视频发动态，就可以引领一股魔方之风。再例如，某一个家庭一直坚持参加社会实践，他们的动态照片也可以引领学校公益之风。

目前，本项目研究的两年期间学校共有72位学生荣获"善水少年"称号，并有720人次（有重复获奖）的学生获得"善水少年"下细分的"品水少年""敬水少年"等称号。

四、推广价值

学校在以本评价项目作为创建区新优质学校的主体项目，在多个场合中向教育局领导与兄弟学校介绍项目的实施与研究，得到了一致好评。学校老师围绕本评价项目所撰写的论文、案例、课题纷纷获奖。

从全面评价和便捷评价层面看，本项目取代了传统书面评价记录与口头评价，不仅让评价可视化，而且利用电子平台生成了许多传统评价无法替代的新功能。

在大数据环境下的今天，教育评价、综合素质评价都在发生翻天覆地的变化。学校的评价电子平台项目，便是顺应时代的产物。无论何时何地，只要打开端口，就能呈现学生各个方面的具体数据，精准地指导教师和家长的教育教学。

五、反思改进

（一）评价电子平台的改良

目前，"收发卡"功能、"动态"功能和"综合素质报告单"电子版已经在全校投入使用。全体教师、学生和家长，在使用过程中提供反馈，不断提高数据的时效性和针对性，学校也和开发商一起，不断对电子平台进行改良和改进。

随着"思政小课堂，社会大课堂"的推进和落实，学校将继续开发思政学科的评价内容。除了保留原本就有的思政课评价要素之外，还着力增加学生和班级参与"社会实践活动""志愿者活动"等校外项目的评价。

（二）打造学校评价品牌

作为温州市首创"三合一"评价电子平台的学校，温州市少年游泳学校将继续观察和研究其中的教育因素，将其作为学校新优质项目，持续进行一定范围内的推广。学校对"悦纳百川"学生综合素质评价电子平台的内涵、革新、效果，都要有意识地进行梳理和整理，将其和学校课程、学校文化的顶层设计相挂钩,打造成学校的一块评价金品牌。

【参考文献】

刘爱国.让孩子在评价中幸福成长[J].教育家,2016,(34):20-21.

陆军.按教育规律办学,做最本色的教育——新登镇中心小学"多元评价 优化评价方法"的探索[J].华夏教师,2014,(11):6-7.

王倩.关爱童心欣赏童趣——浅谈小学生综合素质评价[J].学周刊,2014,(07):164.

王自伏.《综合素质评价手册——我的成长记录》探究[J].教育教学论坛,2015,(24):12-13.

朱志平,杨文娟,蔡军,曹兴跃.让中小学生综合素质评价"平安落地"——基于江苏省常州市中小学综合素质评价个案的思考[J].中小学管理,2014,(10):9-12.

作者:杨建飞、张驰(温州市少年游泳学校)

"积分制"推进"文杏少年"综合评价校本化实践

华东师范大学李政涛教授指出:"评价改革是教育改革的最后一公里,也是教育改革最初的一公里。评价改革引领教育改革,从冷冰冰的分,走向活生生的人。"乐清市虹桥镇第九小学地处"杏庄",以"杏园"作为学校核心主题文化表达,自2014年开始推进评价改革,至今经历十年探索与实践。学校坚持"评价为促进学生全面发展","评价即学习"的理念,逐步形成"积分制"推进"文杏少年"综合评价校本化实践模式。

一、案 例 背 景

(一) 国家政策的导向

2020年,《深化新时代教育评价改革总体方案》指出,"教育评价事关教育发展方向,有什么样的评价指挥棒,就有什么样的办学导向"。2021年,"双减"政策出台,通过"减作业""减补课"两个小切口,推动了教育的系统性变革。2022年7月,浙江省教育厅印发《关于小学生综合评价改革的指导意见》(以下简称《指导意见》),要求全省小学在2023年秋季学期开始,全面推进小学生综合评价改革。基于落实国家"双减"政策,深化课程改革,结合新课程标准,根据《指导意见》,乐清市虹桥镇第九小学围绕综合评价开启新一轮改革和探索之路。

（二）深化课改的挑战

学校自 2015 年根据《浙江省关于深化义务教育课程改革的指导意见》实施课程改革以来，聚焦规划课程规划、研发精品课程、实施课堂变革、推进评价改革四个方面，现正进入综合评价改革的深水区。学校面临评价改革的四个挑战：首先是如何构建一个既能支撑学校培养目标（课程目标）又能得到家长认可的综合评价体系。其次是怎样建立一套简单易操作，能全程反映学生成长轨迹，并能长期坚持的评价方式。再次是评价体系的反馈是否能科学有效地诊断学生的成长状况。最后是这样的评价体系是否能激励与引导学生健康成长。这既是深化课改的挑战，也是学校发展的机遇，更是高质量办学的方向。

（三）学校十年的孕育

学校评价改革历经十年探索，聚焦改革重点，历经项目游考、核心素养评价体系构建、评价工具研发、综合评价实施四个阶段。十年孕育，为综合评价的校本化实践，打下坚实基础。

二、解决问题的路径与办法

学校开展综合评价改革，以"积分制"推进"文杏少年"综合评价为核心，通过评价体系迭代、"文杏少年"五育并举综合评价、智慧校园工具和平台赋能、教师合力推进四条路径，开展校本化实践。

（一）体系迭代：构建"杏园特质"的综合评价体系 2.0

学校在原有评价体系——"杏园"学生核心素养评价体系的基础上，构建了具备"杏园特质"的学生综合评价体系 2.0（见图 1）。

（二）五育并举："积分制"推进"文杏少年"校本化实践

对比传统以纸笔测试和分数为依据的评价方式，综合评价校本化实践注重"评价即学习"，轻"对学习的评价"，重"为学习的评价"。学校针对"五育"的

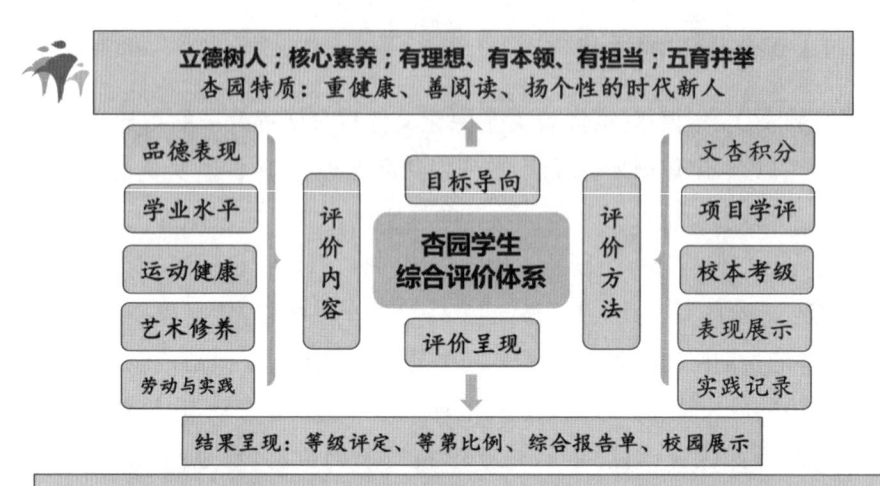

图1 "杏园特质"学生综合评价体系2.0

不同特点,以"积分制"推进"文杏少年"综合评价为核心,德育通过争章积分,评选"美德杏娃";智育实施学科分项评价,评选"书香杏娃""智慧杏娃""创新杏娃";体育实施校本分项考级,评选"健康杏娃";美育通过表现展示,评选"才艺杏娃";劳育通过实践记录,评选"劳动杏娃"。各类"杏娃"积分汇总,最终评选"文杏少年"。

1. 开展"文杏少年"评价,关注学生的全面发展

学校制定《"文杏少年"综合评价积分操作办法》。通过争章、积分、评选、兑奖等方式,在学科表现、学业成绩、实践测评和校园各类活动中,引导学生德智体美劳全面成长,激发学生学习动力。

每学期依据"智慧校园"评价系统的争章积分情况,统计评选"美好杏娃"和"文杏少年",举行颁奖仪式,并展示于校园荣誉墙,学生还可以通过"文杏超市"积分兑换相应的奖励。

2. 实施学科分项评价,关注学生的学习水平

以语文学科学业水平分项评价为例,将原先评价分项中的写字、识字、背诵积累、朗读、阅读(课外阅读、整本书阅读、全科阅读等)、习作、口语表达、素养作业、学业质量等方面整合为识字与写字、阅读与鉴赏、表达与交流、梳理与探索四项,开展分项评价。评价主要由任课教师负责完成,在学期末《综合评

价报告单》中评定结果分 A、B、C 三个等级,并针对学生在学习过程中的习惯、进步、效果展示等方面颁发"书香章"。"书香章"积分评选"书香杏娃",纳入"文杏少年"综合评价。

3. 丰富表现性实践评价,关注学生个性发展

学校通过"五大节""学科周""项目周""项目学评""素养作业"等多途径开展表现性评价。学生在表现性实践测评中,获取"文杏积分"纳入"文杏少年"综合评价。

(三) 平台赋能:依托"智慧校园"研发评价工具

1. 评价工具优化迭代

"文杏少年"依托"智慧校园"数字平台记录、反馈学生的评价过程。从《杏娃成长手册》《学生综合素养报告单》到数字平台,是一个纸质记录到数字呈现的迭代过程。

2. 数字平台赋能评价

学校借助"钉钉智慧校园平台"和"麦芽多元评价 APP"两个数字平台,对学生开展综合评价和精准评价。"钉钉智慧校园学生评价"通过评价一体化和手机应用,结合文杏章争章,实现评价及时呈现、积累成长数据,家校协同跟进、反馈诊断改进。"麦芽多元评价 APP"是根据学校精准评价需求,开展表现性评价的评价工具。通过主题学习、命题研究、建设资源、精准诊断、应用学评。在项目学评中,由学生当小考官,对同伴进行表现性评价,并将测评结果纳入"文杏少年"积分体系。

借助数字平台的习惯养成、课前导学、班级探究、活动广场、课后练习、智能检测及课堂使用互动授课光荣榜等功能,教师可以随时随地用手机端对学生的各项学习活动实施评价,智能生成的评价数据,提高评价效率。教师还可以结合教学需求灵活增减设置评价指标。

3. 数字评价工具衍生

"智慧校园"的评价工具让评价过程清晰反映学生成长过程,同时借助数据诊断学生状况,也能使家长参与其中,实现家校协同参与评价。在原有评价工具和数字平台的基础上,未来还能进一步衍生新的评价工具,如学生发展指数雷达图、评价数据大脑、学生发展数字报告单等,可以不断助力综合评价改

革的推进。

(四) 科研驱动：形成"教师合力"的推进模式

综合评价改革工作的推进，教师是关键。综合评价实施的对象是学生，教师是实施评价的主体之一。为了让更多的教师投入综合评价改革，激发科研活力，学校构建"科研驱动"的教师合力推进模式，多角度、多团队、多途径推动教师参与综合评价改革。

1. 多角度参与课题研究

学校以课题申报为契机，聚焦综合评价，组织教师分别从体系构建、德育、体育、美育、劳育、学科评价、工具研发等角度为切入口，申报课题立项，以"课题群"的形式推动教师参与(见表1)。

表1　学校综合评价类"课题群"

课　题　名　称	负责人	研究方向
"杏园特质·五育并举"学生综合评价体系构建与实施	校长	体系构建
"项目学评"：综合评价背景下校本工具的研发与应用	副校长	智育、工具
"美德杏娃"：德育综合评价校本化实践研究	副校长	德育
"美好午间"：学生"午餐＋午休"表现性评价实践研究	副校长	德育
基于"任务串"的美育表现性评价实践研究	教研组长	美育
基于"项目考级"的学生体质健康校本化实施研究	教研组长	体育
基于"素养作业"的学生假期跨学科主题实践研究	教导主任	劳动教育
"大单元"视野下小学英语高段"画作业"评价实施研究	学科教师	学科评价

2. 多团队推进评价实施

建立多支综合评价研究团队，聚焦一个切入口，推进综合评价实施。德育团队负责"文杏少年"评价，借助数字平台开展过程性评价；教学团队负责"项目学评"，让学生实践表现中学习；体育团队负责"校本考级"评价，以过关达标的方式激励学生不断挑战提升；美育团队负责"表现测评"，通过才艺表演、作品展示等途径，让学生在情境"任务串"中表现自我；劳育团队负责"实践记录"，关注学生的劳动实践。

3. 多途径提炼科研成果

围绕综合评价，学校借助课题研究、论文案例撰写、教育叙事、教研汇报等形式，多途径推动教师参与综合评价，提炼科研成果。

三、实践成效与影响

（一）为学生"画像"——以评促学，促成学生主动学习

数字平台将学生的每一项重要表现都转化成了相应的数据。当各方面的数据汇聚在一起时，学生的"画像"就成形了。当学校通过综合评价为学生"画像"时，学生也在参与学校的评价活动中为自己"画像"。学生通过评价反馈可以发现自身成长轨迹，他们关心的不再只有分数，而是更多好玩的有趣的事情，从而去制定属于自己的成长规划，促成了学生主动学习的发生，学校教育也实现了从"育分"走向"育人"。

（二）为教师指路——以评促教，激发教师科研活力

教师在评价实践中，形成了"评价即学习""为学习评价"的理念，学会遵循学生学习的特点和评价的路径来构建教学，在不同学习场景中，设计学生的学习方式。根据评价导向，助推教与学方式的变革。教师依据评价反馈的数据对学生进行分析诊断，使教学开展更加精准。同时，随着综合评价改革的深入，教师通过教育科研，不断形成研究成果，极大地激发了自身参与科研的活力，让教师们得到成长，让教学更加精准，与学生贴得更近。

（三）为学校提质——以评促创，提升学校办学品质

近年来，乐清市虹桥镇第九小学聚焦评价改革，不断优化迭代，在区域内产生了积极影响。学校6次被确定为市、县级评价改革试点学校；学校科研成果入编《我们期待什么样的教育评价》由浙江人民出版社出版；项目组成员6次在市、县级评价会议上作专题发言；1个省级课题结题，1个市级课题结题，1

个市级课题获温州市三等奖；评价类论文案例在市、县级评比中多次获奖，多篇论文在各级刊物上发表。学校综合评价改革的经验，为学校树立了良好的品牌形象，为教育评价改革区域推进提供了可借鉴、易操作、接地气的良好样本。

作者：吴小山（乐清市虹桥镇第九小学）

（本文获温州市2023年中小学教育评价改革案例评选一等奖）

大数据赋能"五育融合"综合评价

——温州市教育教学研究院附属学校教育集团
基于大数据的"五育融合"学校实践新样态

一、实施背景

（一）基于市级评价试点校的底蕴

温州市教育教学研究院附属学校教育集团（以下简称"集团校"）作为温州市中小学评价试点校从 2015 年就开始基于大数据的"五育融合"评价改革教育教学实验工作。学校通过了温州市级评价试点验收，并被评为 2023 年浙江省"五育融合"项目化学习典型学校案例，验收成果发表在《人民教育》，以及被温州市教育评估院《我们期待什么样的教育评价》一书收录。其中一所分校被评为温州市中小学教育质量综合评价优秀试点学校，受邀在省市评价会议上多次作典型经验介绍，在省、市、区三级评价案例评比中多次获奖，发挥了积极的示范辐射作用。集团校的评价改革缘起于雄厚的评价底蕴。

（二）基于大数据的强大技术支持

随着大数据和教育信息化的发展，学校需要借助教育大数据赋能教育教学评价，提高教育教学评价的客观性和直观性，让数据为科学评价提供技术支持，让评价可视化。集团校作为全国未来学校实验单位与浙江省首批精准教学试点学校，立足自身优势与特色，选择开展基于未来学校的数据赋能评价的教育教学管理学校实践新样态，让技术赋能教育教学工作，让数据走进校园的每一个角落、每一个领域。

(三) 基于立德树人的根本目标

2018年9月,习近平总书记在全国教育大会上明确指出,要深化教育体制改革,健全立德树人的落实机制,扭转不科学的教育评价导向,坚决克服唯分数、唯升学、唯文凭、唯论文、唯帽子的旧疾,从根本上解决教育评价的指挥棒问题。[①] 集团校的评价改革旨在健全立德树人的落实机制,促进学生德智体美劳的五育融合全面发展。集团校作为温州市首批中小学评价试点校,一直探究基于数据赋能评价的教育教学管理学校实践新样态。跟原来的评价成果相比,新的评价改革实践新样态凸显了大数据赋能学校"五育"评价的特色,让技术支持而非驱动评价改革。目前,集团校已经完成项目推广实施和项目提炼总结工作。当然,集团校接下来仍会不断努力完善和改进技术数据驱动的教育教学改进方式,让大数据赋能教育教学评价工作。

二、实施路径

(一) 建构评价体系,数据赋能教育

集团校评价改革的"大数据支持下的'五育融合'评价体系"(见图1),包括三个维度,形成"生长力""学习力"和"创想力"的成长积分"大数据",融合"德智体美劳"等"五育"元素,让数据赋能教育。

(二) 建设榕园智脑,形成评价生态

为适应全国未来学校发展的新需求,集团校的"榕园智脑"以建成"1库1平台1屏N应用"为总体目标,形成基于人工智能技术的全新数据评价管理生态,全面构建教育数据汇聚新模式,对全校教育管理评价数据、师生行为评价数据等大数据进行挖掘与分析,以辅助教育管理者做出更加精准的教育评价治理决策,实现教师的个性化教学以及学生的个性化学习。

[①] 见新华社2018年9月10发表的通讯《习近平出席全国教育大会并发表重要讲话》,https://www.gov.cn/xinwen/2018-09/10/content_5320835.htm.

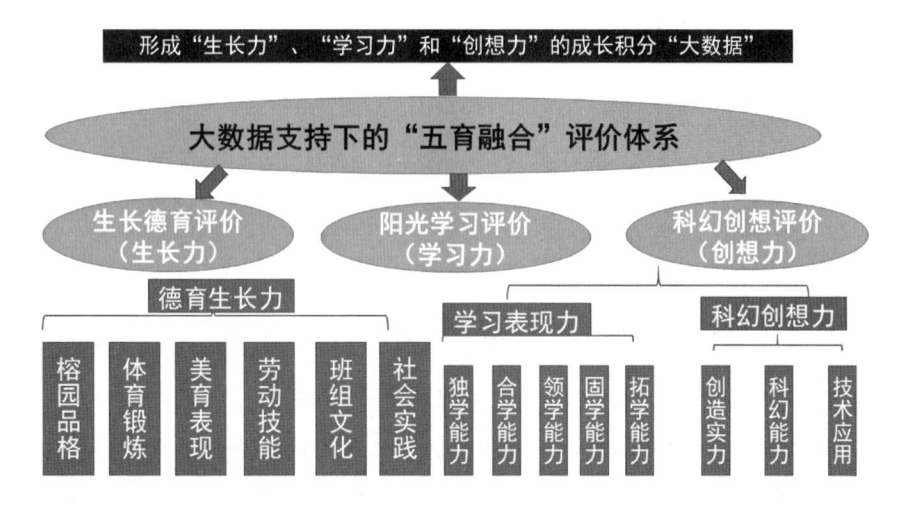

图1 集团校"大数据支持下的'五育融合'评价体系"

"1库"即建设一个教育基础库,具体包括学生基础数据、教师基础数据、教学数据等。"1平台"即建设"榕园智脑"平台,与鹿城区教育大数据平台互联互通,具体包含资源目录管理平台、AI智能助教平台等。"1屏"即画屏建设,包括决策驾驶舱、智脑驾驶舱、学生画像、教师画像、党员画像、班级画像等评价数字资源。"N应用"包含学校现有的数据应用系统和未来打算接入的其他应用系统,如教学成绩报告、分层教学研讨、精准教学推送、生本作业资源、项目化学习库、五育生长指数等。

(三)实施学习评价,打造"生·动课堂"

为了对学子的学习力作出全面客观的评价,集团校立足校情和学情,依据"金字塔学习理论",实施了阳光学习力评价体系。集团校全面完善基于小组合作模式的"生·动课堂"评价体系,总结出《"生·动课堂"的构建19步》《班组文化构建22步》《生·动课堂五大体系操作手册》《小组合作制操作手册》等成果,建立了学校宏观模式和学科灵活模式。

学生学习状态在改变。"生·动课堂"是开心的课堂,灵动的课堂;是学生主动表达、合作、展示的课堂;是师生教学相长的课堂。集团校的课堂评价项目,统一设计在各班的黑板上,最后所有的分数由课代表及时统计在班级记分册里。最高分为6分,第二高分为5分,以此类推。这样的评价能够避免小组之间拉开太大差距,有利于学生为了集体荣誉积极参与小组合作学习,提高学习效益。

"生·动课堂"的教学评价模式具有评价有落实、操作责任有落实、责任主体分工明确和操作环节可操作性强等特点,它让学生从个体学习走向小组合作学习,激发了学生的集体荣誉感和学习积极性,挖掘了学生的学习和创新的潜能。

(四)数据赋能教学,探索精准评价

大数据赋能教育创新,必须依托强大的计算力支持。集团校与科大讯飞合作,引入智学网,探索即时评价和精准教学。利用网络平台的大数据思维分析学生在校的学习力发展情况,从学生个体特性出发,开发学生的自适应学习能力,对学子的学习力进行科学、全面的评价。基于大数据的精准教学评价让每位学生都享有教育信息化带来的教育公平,也让教育者能更好地走进每一个学生的真实世界。

集团校构建基于自适应的学习测评体系,通过"自适应学习热榜"采集数据、分析数据、构建模型,关注学生的学习过程,对学生因材施教,进行激励性评价。

集团校通过智学网和好分数平台,能更精准地发现学生的薄弱点,使得大数据成为平时课堂教学中不可或缺的教学辅助手段。集团校充分依托核心场景的针对性教与学的应用,做好大数据研究和应用的支撑,关注增量评价的激励作用,让学生用最少的付出获得最优的学习效果,实现精准高效学习。

(五)构建生长评价,促进德育发展

集团校榕园生长力评价体系以培养英才学子为目标,立足于立德树人为核心。班级层面主要以"星级魅力班级"评价为抓手。学生个体层面则以"个人积分"为评价主线,贯穿学生德智体美劳各个方面。"星级魅力班级"和"个人积分"最终将成为班级及个人评优评先的重要依据,也和学生综合素质评价密切相关。

1. 创建英才成长积分电子档案,为学子未雨绸缪,规划生涯

集团校对育人理念和目标进行梳理,把德育序列活动和现有德育评价机

制有效整合,科学设计学生三年成长菜单,对学生进行科学评价,有利于形成和谐向上的校园氛围。

2. 完善榕园星级魅力评价制度,让榕园学子的生命精彩绽放

在个人评价方面,集团校融合榕园成长积分和小组评价机制,将集团校阳光少年、风采少年、优秀学生及优秀学生干部等有效整合,形成星级魅力少年晋级评价机制。团队评价方面则包含星级魅力小组和星级魅力班级评价。

3. 实施多元化的生长力评价,让榕园学子更加生动多彩

集团校采取多元化的生长积分制来实现评价方式的多元化。学校将学生三年的德育活动和德育要求以分模块、分要素、分项目的方式呈现,根据学生的"行规文明、工作能力、特长爱好、实践服务、个人整理、小组建设"等项目,科学设计学生三年成长菜单,最终形成电子与纸质的榕园生长档案,通过网络和实物记录本的方式发放给每个学生。积分还可以用于每月一次的积分超市的兑换。

4. 开展阳光风采少年评选,促进榕园学子健康成长

集团校阳光风采少年为荣誉性称号。每个学期积分达标者即可申报阳光风采少年,学生根据自己的学习生活特点自主选择申报项目,所有申报学生必须制作自我展示的PPT,先后经过班主任筛选、班级汇报、班级投票,最终评选出班级阳光风采少年。

(六) 建构创想评价,挖掘创新潜能

1. 进行基于"5C"能力的表现性评价

集团校将评价主体划分为团队自评、团队互评和教师点评,将学生的创新、劳动、美育、体育的学习成果和所有反映学习过程的材料连同创造力积分一同记录到学生的电子成长档案平台上。

2. 开展基于职业认证的综合性评价

集团校每年开展科创节活动,学生个人或团队每年可以通过积累创造力积分分别参加初级职业、高级职业、科创精英团队等不同等级的等级评选,"科创小院士"从精英团队的成员中评选。

三、实 施 成 效

（一）让每个学子生命都得以精彩绽放

通过评价改革，集团校有效引导、规范学生的各种行为，激发了他们的各种潜能，促进了他们良好的行为规范和学习习惯的养成，促进了学生全面、生动、健康、和谐发展。

1. 自我意识显著增强

使用问卷，集团校对学生的展示能力、信心、责任心指数进行跟踪调查，发现学生的自我认同度明显提高，自信心明显增强。学生表现欲望增强，精神面貌变得阳光健康。

2. 积分评价激励榕园学子积极向上

在大数据的背后，学生们可以看见积分数据的积累过程。学校通过数据的直观可视、动态呈现来鼓励学生向优秀榜样学习，做最好的自己。

3. 校园认同感与日俱增

学生对校园生活的认可度普遍提高，更加热爱校园生活。校园不文明现象显著减少，正能量成为校园的主流。学生的学业成绩不断进步。2020年集团校获鹿城区教育教学质量优质奖。

4. 学生学习能力明显

集团校学生近年中考各项指标均有明显提高，学生的学习能力提升，赢得了社会、家长和学生的普遍赞誉。

5. 人格品质不断完善

集团校对学生进行问卷调查，发现学生"不懂礼貌"与"是否充满抱怨"两项指标都下降到10%以下，责任感指标也显著提升。

（二）促进了教师的专业化发展

1. 更新了教育教学理念

教师的教育理念与思维发生较大转变，更加注重落实"以生为本"的理念。教师成为有思想的行动者，更加关注如何通过技术手段提高评价的效益，促进教育教学质量的有效提升。

2. 促进了教科研能力发展

评价改革促进了教师的教育教学思考和教育教学实践的改进,教师的课改积极性明显提高,教育教学艺术水平逐渐提高。此外,教师的教育科研能力也有一定的提高,教师评价课改的论文和课题获市级立项和获奖的情况明显增加。

(三) 促进了学校的可持续发展

1. 学校教育效果颇受好评

评价改革强有力地促进了学校各方面工作的顺利开展。集团校在未来课堂、精准化教学和科技科创等方面都产生了积极的社会影响,先后被省市教育部门评为中国未来学校实验学校、浙江省"五育融合"项目化学校实践典型案例、浙江省精准教学试点学校、温州市精准教学试点学校和市评价试点学校等。

2. 学校的美誉度不断提升

家长、社区对集团校的满意度日趋提高,对集团校学生培养及学校课程的满意度由67%提高到83%。86%的家长认为集团校这两年在不断进步。

3. 校园文化日趋和谐

集团校的学生更加阳光自信,师生、家长、社会对集团校的认同度不断提升,校园氛围更加和谐、美好,新闻媒体多次对此进行了积极的报道。

四、反思展望

(一) 评价反思

1. 需要技术支持

从技术上讲,集团校借助信息技术和大数据进行评价改革,让评价具有了生成性、客观性和多元性的特点,但是如何借助信息技术让评价动态化,还缺少一定的技术支持,目前许多地方有待改进。

2. 需要精简评价

从工作量上讲,集团校的评价体系对于录入者,尤其是对班主任来说工作量较大,给工作带来了一定的困难。集团校还需要完善评价体系,简化评价操作模式,尽可能地做到评价精简化。

3. 需要创新完善

我们还需要从机制、形式、内容等方面不断创新和完善现有的评价体系,以保持评价体系的可持续性发展,保证师生对评价改革的热情。如何通过评价提升学生对自我发展的主观意愿,是学校要重点思考的问题。

(二)后期展望

1. 评价是一种期待

设计学生评价指标和细则,其实质是一种教育期待,引领孩子生命成长。评价体系实质上是管理体系,评价到哪里,管理就到哪里,教育就到哪里,引领就到哪里,成长就会到哪里。

2. 评价是一种挑战

评价的改革对于任何学校来说都是一种挑战,需要我们与时俱进,勇于面对挑战,让技术赋能评价,让数据支持评价,需要提升学校的技术管理水平和数据管控能力,加大技术投入和对评价工作的支持。

3. 评价是一门专业

评价是一门专业,不仅需要我们具有改革的勇气和热情,更需要借助评价专家的专业引领,以深化评价改革,提高教育教学质量,办好人民满意的教育。

作者:沈永铭、白炳烛(温州市教育教学研究院附属学校教育集团)
(本文获温州市2023年中小学教育评价改革案例评选一等奖)

"三维三阶"：基于大数据的校本化综合素养评价制度构建与实践研究

一、项目概况

(一) 项目背景

初中学生综合素养评价是对初中学生全面发展状况的观察、记录、分析，是发现和培育学生良好个性的重要手段，是素质教育的灵魂，以课程学习过程性成长记录和学习结果实证材料为依据。

构建包括基础性课程和拓展性课程的学校课程体系是新一轮深化课程改革的重要内容，温州市南浦实验中学通过几年的研究和实践已经建立起了针对学生核心素养、体现学生需求、具有学校特色的"博览善达"课程体系。学校为学生开设了包括："言趣睿智""文趣致知""匠趣格物""情趣笃俗"四类课程，课程的设置基本能体现核心素养的要求，课程实施中也设计了包括参与度、能力增长在内的评价内容，但是存在一些问题，包括评价主体单一，仅有教师评价；评价方式简单，缺乏对学习过程的监控；评价内容简单，与个人核心素养的提升关系不清晰；评价结果模糊，学生不能从评价中获得个人成长的指导。为更好地落实学校课程的育人价值，需要建立一整套能引领学生素养提升、适应学生发展需求、激励学生学习的评价制度。

(二) 项目目标

现阶段同类初中拓展课程构建过程中不同程度地存在着一些问题，如重视课程的设置而不重视评价制度建设,重视对课程本身价值的研究而不重视对课程价值如何得以实现的研究,重视对课程最终目标的研究而不重视对课程实施过程中激励评价的研究。本研究希望通过建立目标明确、参与多元、途径便利、结果清晰、能引领并激励学生发展,涵盖基础性课程、拓展性课程在内的包含学生所有在校活动的整体性评价制度,完善本校课程设置,更好地发挥课程的育人价值。

现代社会已经进入大数据时代,大数据可以记录学生校园生活的方方面面,全方位展示学生综合素养。同时信息技术手段给评价数据的收集、处理、分析带来了极大的便利,运用信息技术手段,学生、教师都能够依据一定的规则将校园生活的全过程记录下来,建立"电子成长记录袋"。

(三) 项目概念界定

"三维三阶"是指将学生在校活动的所有可评价内容依据中国学生核心素养的三个维度(文化底蕴、自主发展、社会责任)分类,为每个活动内容赋予定性、定量的素养增长值,每个维度的素养分三个等级,达到一定的要求可以升级,达到第三级将获得证书认定,三个维度都达到第三级将获得一个综合性荣誉称号。"三维三阶"评价体系结构见图1。

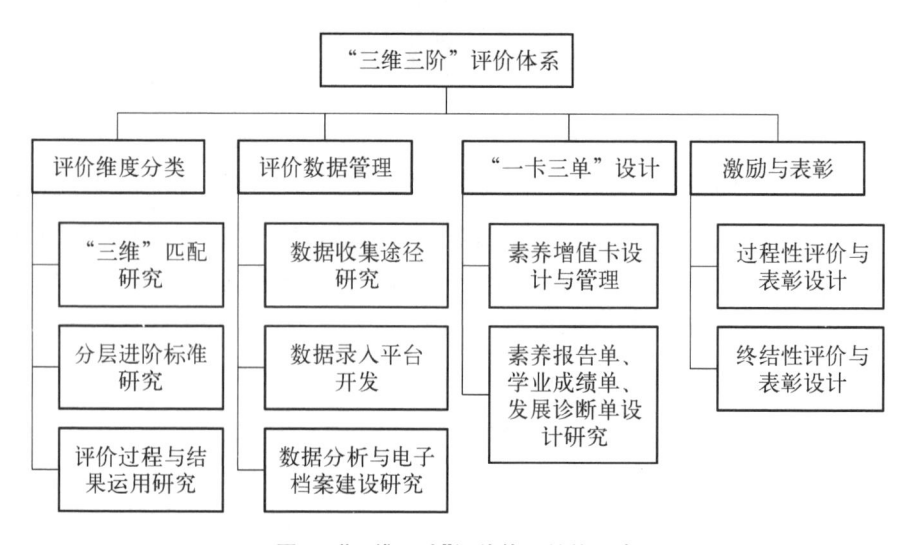

图1 "三维三阶"评价体系结构示意

(四) 项目研究过程

1. 确立评价价值取向

价值是教育评价的生长点,也是学生综合素质评价的生长点。立足于人之生命存在的意义是学生综合素质评价价值取向的重要基础,学生综合素质评价的基本逻辑是"以评价促发展",依据评价标准对学生各项素质的优势与不足,对其生命发展做出价值判断,及时诊断发展问题与困难,精准预测其发展潜力与空间,真正促进学生生命成长。

基于此价值取向,我们确定的评价方案体现的评价标准是:人人达标的基础性要求和满足个性特长的发展性评价相结合,引导学生走合格加特长的综合素质发展之路。

2. 明确评价项目分类

整体性发展是学生综合素质评价的内在要求,在实践操作上将学生的各方面发展看作一个整体,在方法论与方法层面确立整体性思维与整体性原则,整体把握学生综合素质发展的不同阶段、重点内容、关键支撑与有效评价,按照学生发展的整体规律去引领与完善,真正满足学生主体发展的需要。

综合素养评价涉及的内容涵盖了学生学习生活的各个方面,不仅仅强调对学生的发展结果的客观再现,还特别关注评价过程给学生带来其他的促进作用,实现过程赋值与结果增值——既包括学生学业水平的进步,也包括学生学习方法、学习习惯、学习行为等各方面的改善;既包括认知上的进步,也包括非认知上的发展;既包括学生共性素质的发展,也包括学生个性素质的发展。

3. 丰富评价方式手段

学校原有的评价存在形式单一和缺乏整体性的特点,运用大数据能有效地记录学生在校学习活动的全过程,丰富教师的评价手段和方式。

大数据为评价从原来依据教师"简单记录+印象"的过程评价和终结性考核的评价向多元化、多样化的考核转变提供了有利条件。一是将过程性评价与终结性评价相结合。教师在综合考虑日常观察记录等表现性评价和审核学生提交的实证材料的基础上,做出客观的评价。二是引入增量测试,强调主体增值的"以学生为中心"的评价。评价标准的表述从明确具体的要求到概括性、模糊性的要求,并呈现主要经历、典型行为与关键事件;评价结果从重"输出"到重"增量",主要考查学生在过程中所取得的进步与变化、所获得的成绩与成就;评价角度从"针孔式评价"到"全域式评价",学生在日常学习与生活中的任何一个事件、行为都可能成为评价要点;评价主体从"单主体"到"多主体融合",学生既是评价对象,又是评价主体,不仅可以深入了解他人是如何学习、如何发展的,还可以反思自己的缺陷与不足,增强自主发展的意识与能力。

4. 创建电子档案袋

过程性评价、档案袋式的写实记录评价实施的最大困难就是日常表现的记录,大数据的电子档案不仅可以储存海量的数据,还有便于查询、适合长期保存的特点。

大数据使得学生综合素质评价的数据来源广泛、类型多样、客观真实,对发展的过程与轨迹、各项素质的表现与变化都能进行实时的记录;可展现学生的每个课堂、每门课程、每个学期的过程表现数据;便于处理多个评价主体深度参与和多种评价方法的深度融合的情况,有效解决评价主体"只是形式上参与而实质上应付"和评价方法"各自为阵"的问题;可以横向关联与纵向挖掘各类数据,明确学生发展状况与发展水平。

5. 拓展评价表彰形式

评价结果的运用是评价实施中的重要问题,大多数综合素质评价都是以简单地划分等级,而区域性实施的以升学为目的的评价则是换算为一定的升学要求和标准,注重评价的结果而较少关注评价对学生的引领和激励作用。在大数据的加持下,我们将阶段性表彰与终结性表彰相结合、集体表彰与个性化表彰相结合,通过表彰来增强学生对自我发展的关注。

二、研究成果

(一)构建完成"三维三阶"学生综合素养评价体系

评价体系的构建基于中国学生核心素养,包括文化基础、自主发展、社会参与三个维度。我们把学生在校期间参与的学习活动按照这三个维度进行分类,每个维度的考核内容既有国家课程也有校本课程,既有基础性课程也有拓展型课程。这样的系统构建覆盖面广,体现综合素养,关注全人发展的要求;

具有可操作性,实现了与学校课程和办学特色充分融合;具有开放性,为今后丰富评价内容提供了条件。

各维度评价内容分达标项目与自主发展项目两类。达标项目是每个学生必须达到的基本要求,体现评价的基本理念,引领学生必备素养和关键能力的发展。自主发展类评价突出学生的个性特长,充分尊重学生特点,体现了学校"让每个孩子的发展都成为精彩的故事"的办学理念。三个维度都设置了从七年级到九年级的"合格+特长"的评价阶梯,用评价为学生提供成长的阶梯,起到引领学生发展的作用。

(二) 编制完成了"三维三阶"学生综合素养评价细则

评价细则是评价得以实施的基础,我们针对达标项目和自主发展的评价目标和要求的差异制定了不同的评价细则,有利于引导学生的发展,同时也便于实施和管理。

达标项目以表现性评价为主要评价方式,自主发展项目以参与、增值、成效为评价内容。

细则对每项考核给予具体、明确的标准帮助学生依据标准引领自己的行为,起到评价促进发展的作用。

每个学期三个维度分别评选博学之星、自主之星、实践之星,并给予表彰。九年级时将学生各个学期的评定成绩作为"初中生综合素养"评定的结果用于毕业评定,达标项目全部合格、星级积分位于学校前10位的学生将被授予"璞石少年"称号。

(三) 开发了"三维三阶"学生综合素养评价平台

在校园网设立专门的登录通道,为每位学生、教师开通账号。相关数据的录入渠道主要有三个:教务处系统管理人员、任课教师或活动负责人、学生自己。系统管理员主要负责全体学生参与的活动项目的评价录入,教师主要负责其主持的项目的评价,学生可自主录入比赛后获得的包含二维码和密码的素养增值卡。

平台设置多元查询和分析功能,可以自动生成每位学生的素质报告,学生和家长可以通过报告了解学生现有发展水平和还需努力的方向,起到引领发展的作用。

班主任老师可以看到本班级个性评价的基本数据以及与全年级平均值的差异，了解本班级学生的发展水平和存在的问题，了解每个学生在不同维度、不同项目上的发展现状，及时为学生的发展提供指导。

学校管理部门可以了解全校学生评价状况，及时发现班级发展状况的差异以及课程与活动设置上存在的问题并及时做出调整。

（四）设计了"一卡三单"评价报告单

"一卡三单"即"素养增值卡""综合素质发展报告单""学生学习情况反馈单"和"综合素养发展记录单"，分别用来对学生课程参与、学业成绩、综合素养进行评定。通过"一卡三单"将学校原有的评价体系融为一体。

"素养增值卡"是印有学校风景、学生活动、优秀学生代表的明信片，每张"素养增值卡"都被赋予一定的意义。学生在获得"素养增值卡"后，可登录平台输入相应的序列号和密码，生成一条评价记录，同时也可以通过附件的方式输入获得奖励的作品或者是参加活动的记录，形成电子档案。"素养增值卡"解决了大量数据录入的问题，为评价提供了丰富的原始记录，同时也是学校宣传的一个窗口。

在原有的成绩报告单和学业考试诊断单的基础上修改形成"综合素质发展报告单"和"学生学习情况反馈单"，分别反映学生参与课程情况和学业水平。针对"三维三阶"评价设计的"综合素养发展记录单"，主要反映学生本学期在各项素养考核中的表现。通过"三单"可以反映学生在校各项成绩、素养的发展变化等学习生活的全貌。

（五）建立了菜单式奖励机制

菜单式奖励机制针对学生发展的差异，为学生提供可选择的奖励机制。学校综合素质评价本着精神奖励为主的原则，在不同维度和不同阶段设置不同的荣誉称号。为了更好地引导学生发展，为每个称号设立可选择的奖励方式，如参与校内指定活动的特权、优先选择校本课程等。相关的奖励方式由学生提议，学校审核，极大地调动了学生的积极性。

三、研究的主要成效

(一) 改变了老师的评价行为

长期以来单一的评价模式使得广大教师对评价的认识单一,运用评价引领、促进学生发展的意识和行为都不够到位。学校构建"三维三阶"评价体系,教师们也经历了从抵触到观望,再到认可的转变。在评价系统全面实施过程中,学生学习态度的转变、对每项活动的热情的提升,使教师进一步认识到评价制度的价值,最终积极参与到许多评价活动中来。

(二) 增强了学生参与学校活动的积极性

对学校各项活动的认同感是影响学生参与热情的重要因素。"三维三阶"评价体系让每个孩子在各项活动中有了一个完整的记录,"合格+特长"的评价理念让每个孩子都有可能通过自己的努力成为某一领域的佼佼者,获得各项进步奖。充分考虑学生差异的奖励设置,让每个孩子实现自己的价值成为可能,并引领他们的行为。

(三) 有助于学校及时了解各班级发展状况

大数据平台的建立让学校管理者能及时了解各个班级的状况,及时做出干预和指导,让学校各个班级的发展既均衡又各具特色。

(四) 有助于家长全面了解学生在校状况

过去,家长主要依靠考试成绩、家校联系本、家长会等形式了解孩子在校发展的状况,比较片面。通过查询大数据平台,家长可以较为全面地了解孩子在校情况。另外,大数据平台为每个孩子提供了发展记录的同时也提供了诊断,这对家长了解孩子并及时帮助孩子的成长有积极的作用。

作者:屈小武、蔡永(执笔)、杨卫国、刘荃、陈波(温州市南浦实验中学)

评价的力量：建构学生可持续发展的动力系统

浙江省温州市实验中学教育集团基于"促进每一个学生生命成长"的理念，探索构建评价与成长同频共振的网格化评价体系。学校不断改进评价内容，从关注学业转向全面发展；围绕学业发展，从关注评定转向诊断反馈。同时进一步优化评价方式，通过"捕捉每一点、每一刻、每一步的微光"的散点性评价引导学生实现自我突破，走向自主成长。

教育评价是学校高质量发展的"牛鼻子"，是学生成长的助力器。如何发挥好评价的教育功能，助力学生实现全面而有个性的发展，成为更好的自己，是当前中小学校普遍关注的一个关键性问题。近二十年来，浙江省温州市实验中学教育集团锚定"让每个孩子的青春都明媚起来"的育人目标，开展学生发展性评价探索和实践，以评价撬动学校整体教育生态建设，使学校走上高质量、可持续发展之路，并向"促进每一个学生生命成长"的教育目标不断迈进。

一、构建评价体系：给每一个学生可持续发展的动力

1. 明确价值追求：促进每一个学生生命成长

其一，学生评价的目的不是为了分出三六九等，而是促进人的成长和完善。因此，学生评价要坚守正确的价值观，即立足育人的原点促进学生德智体美劳全面发展，杜绝"成绩第一，其他次要"的不良生态。

其二，学生评价的目的不是比较与竞争，更不是"内卷"，所以评价的结果

不是价值所在。要让评价成为学生成长的动力系统，要关注学生当前的发展，更要关注学生未来发展的潜力和可能性。

其三，评价要看见每一个学生。我们要聚焦每个孩子，相信每个孩子都具备潜在的天赋，所以一个都不能少；要承认每个孩子的天赋是不同的，所以评价要充分尊重个性；要认识到每个孩子都有一套自我认识世界的方式，每个人都拥有不同的学习路径与节奏，所以教育需要选择与等待。

其四，教育最大的挑战是如何实现与社会发展的高度契合。我们培养的学生必须拥有适应未来时代的核心素养，学生评价同样要聚焦"为未来、向未来、创未来"的素养导向，以主动作为的"前瞻"积极应对未来发展的"多变"。

2. 确立评价原则：以评价连接学生的成长路线

其一，淡化测量，强化驱动功能。我们淡化评价的测量功能，强化其驱动生长的功能，将评价从测量学生的成绩转变为学生的学习指南。在此基础上，我们明确了形成性评价的三个关键过程：清楚学习者当下在哪里、确定学习者要去哪里、决定如何去那里，把评价的过程转变成学生自我认知、自我发现、自主选择、自我管理的学习过程，从而促进学生自主成长。

其二，淡化一次性评价，强化全过程评价。我们提出要将评价融入每一个教育现场，强调全过程评价。基于此，我们针对不同阶段的学习设置不同的评价量表，学生能够根据评价标准进行自我诊断，并确定下一阶段需要改进的目标，实施自我调控策略；同时教师可以根据学生各阶段的评价反馈，及时调整、确定新的评价要求。

其三，淡化教师权威，强化学生自我评价。我们提出要聚焦核心素养，实现师生共同评价，淡化权威、淡化竞争，将面对面的评价变为自主生长的肩并肩的评价，教师和学生成为评价量规的共同制定者，师生、生生交互成为学习的合作者。现有的元认知和动机研究表明，激活学生、让学生做自己学习的主人是推动其有效学习并且持续进取的有效方式。只有让学生在自我成长内驱力的召唤下建构起自我的内在评价体系，真正意识到是"我在成长、我要成长"，而非和别人比较，才是真正的可持续发展。

3. 建设评价体系：以网格化排布覆盖全方位全过程成长

我校在多年的评价改革实践中，形成了可见型、网格化的学生评价体系，其中包括学业评价、综合素质评价、学习力生长评价等，内容涵盖学生的综合素养、社会情感、学业成绩和学习能力等方面,覆盖全体学生的全过程成长,关注正确价值观、必备品格和关键能力的全面发展。在评价中,既有学生作为主体的自我评价,也有教师、同学、家长等的互动参与。与此同时,为了让评价促进每一个学生的生命成长,我们将"改进结果评价、强化过程评价、探索增值评价、健全综合评价"作为学生评价实施与深化的策略,构建了深化学生评价的具体推进路径。

二、改进评价内容:描画学生自主成长的个性化路径

1. 素养导向:从关注学业转向全面发展

(1) 在评优中淡化学业成绩

2004年,学校将以学业成绩为主要衡量指标的"三好学生"评价变革为"阳光少年""风采少年"两项综合性素质的评选,重点关注学生的品行和素养。"阳光少年"的评选对象是综合性人才,要求具有健康的心理素质,有诚实守信、助人为乐、无私奉献的优良品质,有较强的与人合作能力,能为班级、学校和社会做出一定贡献。"风采少年"的评选对象是学生干部,要求有较强的组织能力和活动能力,能正确处理好学习和工作的关系,有正义感,不计个人得失等。

(2) 在个性成长中引导全面发展

为鼓励学生发展个性优势、建立自信,我们创造性地开发了由学生结合自己个性特长自主申报的单项奖系列评选活动。无论是学习、工作、生活、文体、兴趣等任何一方面,只要是值得鼓励的,学生都可以通过自荐、推荐和作品展示等方式参与单项奖的评选,甚至奖项的名称也可以自主拟定。

自主评价呈现如下一些特点。首先是学生依照评选流程自主定制成长路径。评价分设申报、实施、评估三个阶段,学期初由学生根据评价标准自主申报,继而在整个学期中根据目标坚持实施,最后进行评估。其次是家长参与过程见证。在评价过程中学生邀请家长全程参与,让父母成为其"成长合伙人"与"梦想助力者"。再次是表彰形式引领全面发展。我们将学生自主申报的单项奖归为五大类别:品行类、艺术类、体育类、学习类、工作类,让学生每个学

期都有自己不同的目标,避免学生重复申报某奖项而带来的兴趣缺失及资源分布不均。不同类别的奖项对应不同颜色的奖章,五个奖章正好拼成完整的校标图形。如果要集齐五个奖章,学生就要向全面发展努力。

(3) 在目标导向上注重品格完善

在项目类评价体系中,我们根据学生不同年龄层次设计了不同的评价维度和目标要求,学生比对评价标准便能了解自己在该项目中的完成(提高)情况,从而明确努力方向。例如,学校在设计学生义工活动评价维度表时,突出了不同年级段的目标变化,要求学生从参与情况、参与态度和交流合作三个维度进行自我评价和改进。在"参与态度"维度,七年级强调"能主动参加社会义工活动,能按时完成指定任务,保证服务质量";八年级则在"主动参加社会义工活动"之外,强调能具备吃苦耐劳、奉献自我的志愿者精神,保证服务质量,即使遇到艰苦环境或恶劣天气,也能努力克服困难,圆满完成任务;九年级更重视将吃苦耐劳、乐于奉献的志愿者精神不断内化,成为自己学习和生活的一种常态。这样的分层设计维度更侧重过程中的引导和促进,也能让评价唤醒学生内心的自觉,成为进取的力量。

2. 学业发展:从关注评定转向诊断反馈

针对学生学业评价,我们借用大数据、技术工具等,对整体进行系统分析,对个体进行精准研判,为教师改进教学、学生学会学习提供有力支撑。

(1) 对整体成绩进行数据化诊断

我们从 2010 年开始研究纸笔测试,发现纸笔测试的功能被窄化,其评定功能被放大而诊断反馈的功能被忽视,评定过程欠科学,多以教师经验代替实证研究。于是我们启动课题"基于数据的学习分析、诊断与指导策略的研究",通过对纸笔测试进行数据采集、数据建模、数据解释,形成面向六类不同主体对象的学情报告单,包括行政学情报告、学科学情报告、教师学情报告、班级学情报告、学生学情报告、试卷质量报告,从而让教与学的行为可视化,为教与学的诊断、改进、指导提供精准的依据。数据诊断与分析运用范围包括学校管理、学科教学、教师备课、班级管理、学生学习、命题考查等,各类主体在此基础上开展实证研究,实施增值评价、异常点分析、补偿性教学等改进举措,促进教学质量的提升。例如,学科组长或学科教师可以基于学科学情报告中对学科的宏观分析和精细分析,对全组的教学成效进行反馈,锁定各知识模块达成度高的班级;行政部门可以通过行政学情报告了解学科动态变化趋势,分析班级发展状态、学校教学质量发展趋势,重点关注特殊群体,进而反思管理措施的有效性。

(2) 对个体成绩进行技术性研判

一般学校处理纸笔测试数据所呈现的总分、平均分、及格率、优秀率等数据,是一种站在教师立场的群体综合分析,让教师把一群学生当作一个学生教。我们认为,面对个体间的巨大差异,需要对每个学生精准把脉,进而实现个性化的诊断与指导。为此,我们开发了立足每个学生的系统性分析工具:一是全科雷达图,让学生明晰自己每一个阶段学习的短板学科;二是学习动态图,学生能清晰地看到自己一段时间内各个重要节点的变化趋势;三是学情"诊断书",代替传统的分数成绩单,关注学情研判的具体薄弱点和行为改进点,从关注昨天学习成效的评价转为指向明天的学习发展策略;四是学习特点分析及指导手册,针对不同类型学生的学习特点给出具体的建议,如"刻苦型"学生的理科学习特点是学习态度认真,变通能力不强,思维容易混乱,给出的学习方法是侧重提炼(提炼方法、提炼基本图形、有间隔地重新做同一题直到悟透),借助网络(微信、学校网络平台智慧课堂)运用说题学习法。

(3) 对学习能力进行课程化支撑

聚焦学习要素与学习效果关联性分析,我们发现影响学习的因素是多维的,包括学习行为、学习习惯、学习品质等非智力的内隐品质。于是我们着手开发指向学习力提升的"学会学习课程",形成校本化的学习诊断和指导模式。该课程聚焦学会学习内驱力、规划力、自控力三大核心素养,构建了以评价为抓手的五条推进路径。

一是以高阶整理能力为抓手,以学生整理汇编知识体系等为任务,通过学习、反思、实践、复盘、评价实现能力的螺旋上升;二是成立学生学习力研究委员会,以开发"学会学习一百问"平台为抓手,以学会学习为出发点,通过同伴互助互评的方式汇总、解答学生的真实疑问;三是开设"学会学习门诊",开发学生学习流程图,学习力导师通过对学习流程图、学会学习个人成长档案的综合评价,给予针对性指导和后续跟踪反馈;四是以日常作业为载体,利用导师制落实基于目标达成的个性化作业指导与评价;五是从学生个体的自我评价入手,对标学会学习三大核心素养的阶段性自我提升目标,制定个体成长规划,明确个性化成长路径,实现个性化自我评价。同时将学会学习课程纳入学生综合素质评价,以保证其实施的科学性、有效性。

三、优化评价方式:以"深度看见"开启每个学生的动力系统

在实施学生评价时,每一种评价方式都有其"所见"和"所不见",也没有一种评价方式能解决所有问题,即便在相对成熟的网格式评价体系里,依旧存在评价中的空白点,不能满足所有孩子被看见的需求。为此,我们通过"捕捉每一点、每一刻、每一步的微光"的散点性评价填充网格间隙,深度看见学生的闪光点,由此启动学生的动力系统,引导他们突破自我的每一步。

第一,看见学生的每一点。为了发现学生身上尚未被发现的品质和优点,班主任设计了班级"点赞评价",通过主题点赞、花样点赞、不同主体点赞,挖掘学生自身未曾觉察的美,借助外力打开学生的自我认知和行动系统。因为被鼓励和被看见,所以使得学生处于不断改进的状态;因为去鼓励和去看见,所以使得学生自己也处于一种积极开放的状态,这两种交相呼应的状态让生命向上的潜能得以唤醒和激发。"看见每一点"的散点评价补足了自我发现类评价的缺失。

第二,看见学生的每一刻。有的学生可以在短时间内努力,却缺乏持续的韧性。"看见每一刻"的散点评价便是捕捉学生偶然绽放的高光时刻,让短暂的、不经意的闪光也能被看见,从而激励学生持续努力。例如,为了激发学生的学习热情,学校特地购置了两个扭蛋机,制定了"扭蛋机公约",以微评价对学习效果进行即时反馈。即任课教师、班主任每月各获得 5 枚"乾坤币",教师可以根据学生的课堂积极参与、作业优秀或进步、自主有效学习、有效质疑、突破自我局限等具有典型正能量的行为表现,即时发放"乾坤币"奖励学生,让学生通过小小的努力获得惊喜。

第三,看见学生的每一步。能在学业上时时获得正向反馈的毕竟是少数学生。对于那些在学习上有困难的学生,最大的进步是自我突破。"看见每一步"的散点评价是引导学生针对学业上的空白点,换个角度看自己的成功。我们设置了"成功挑战者"评价机制,鼓励学生设定行为层面的小目标,如坚持每

天完成作业、每周做一次知识点梳理等,只要达到一个节点就是挑战成功。这样相当于降低任务难度、化繁为简,教师会针对学生到达的每一步进行奖励,学生坚持的时间越长,奖励越丰厚,从而让每个孩子都可以看见自己学业上的成功。

作者:黄慧(温州市实验中学教育集团)

(本文发表于《中小学管理》2022年第11期)

基于校本课程的高中生综合素质评价

——以温州市第十四高级中学为例

一、缘起：不忘初心，高中生综合素质评价的困局与破局

2013年，在温州市推行初高中分设办学体制改革背景下，温州市第十四高级中学（以下简称"十四高"）由两所普高（原温州十四中和原温州市一中）合并成立。两校融合虽带来一些优势，但同时也带来了很多问题与困难，让十四高在市直中学中处于弱势地位。2012年浙江省推进深化课改，2014年又开始实施新高考改革，给还处于初高中分设改革阵痛期的十四高带来巨大挑战。"三大改革"一度使学校陷入迷茫境地。

教育的初心和根本任务是什么？习近平总书记强调，教育要牢牢把握"立德树人"根本任务，紧紧围绕"培养什么人、怎样培养人、为谁培养人"这一教育根本问题，树立正确的人才观和质量观。普通高中育人模式要多样化，促进学生全面有个性成长，从思想品德、学业水平、身心健康、艺术素养、社会实践五个方面对高中生进行综合素质评价[①]。

然而，学校和大多数普通高中一样，实施综合素质评价的过程中遇到了前所未有的困局，尤其是在新高考改革背景下，由于高考有11门科目，占用了绝

[①] 见国务院办公厅2019年6月发布的文件《关于新时代推进普通高中育人方式改革的指导意见》，国办发〔2019〕29号。

大部分教学时间。没有时间支持，缺乏课程支撑，高中生综合素质评价成了有名无实、形式大于内容的"包袱"。

如何走出困局？学校认识到唯有视改革为机遇，唯有回归教育初心，唯有面对现实推进改革，才能让学校走出迷茫、走向发展。学校立足校本课程的顶层设计，构建基于校本课程的高中生综合素质评价体系，为学生的综合素质培育和发展提供土壤，以学生的成长促进学校高品质发展。

二、探索：依托课程，构建基于校本课程的综合素质评价体系

（一）做好顶层设计，立足校情构建"德"字课程体系

课程是学生幸福成长的载体，是学校贯彻国家教育方针、实现教育目标的主要工具。为了更好地落实综合素质评价，必须首先基于学情、校情做好校本课程的顶层设计。两校融合为校本课程的开发和建设提供了良好的基础。一是两校的课程叠加使得课程变得丰富，非遗、美术、合唱、生涯规划、科技等课程基础较好，奠定了学校多元特色发展的先天优势；二是两校合并师资结构的互补和丰富，为校本课程的建设提供了良好保证；三是借助社会力量开设课程的经历，丰富和拓展了校本课程的内容。

学校按照《浙江省深化普通高中课程改革方案》等重要文件精神，依照"减总量、调结构、优方法、改评价、创条件"的总体思路，围绕"有教无类、因选施教、爱慧俱佳"的办学理念，构建以"幸福教育"为主题、以"素质教育"为特色、以培养"创造未来幸福生活的优秀公民"为目标的立德树人的"德"字课程体系（见图1），实现以学生的综合素质发展促进学校的高品质发展。

"德"字课程体系中的红"心"奠基课程包括健体课程群、明德课程群和生涯心理课程群，意在培育学生良好公民道德品质、健康身心素养和人生规划能力，具有一颗中国的爱心，为幸福人生打好底色；中央"一"字智慧基础课程，包括所有的文化必修课程，是培养学生的主体文化课程；由艺/体/传媒，生涯面试，大学应用先修课程，韩、日语国际教育等高端课程构成"升空的箭头"，为明

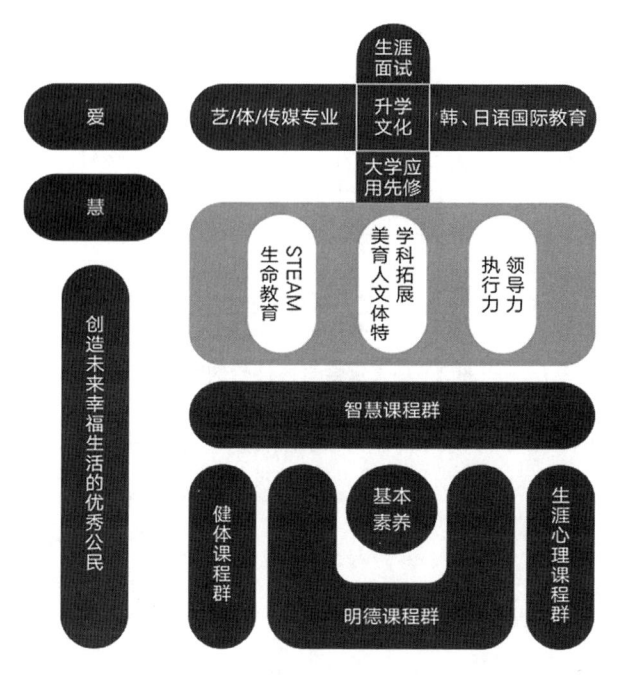

图 1 "德"字课程体系

确未来发展方向的学生提供专业培养,促进学生实现自我绿色发展,为幸福人生指明方向①。

"德"字课程体系涵盖了思想品德、学业水平、身心健康、艺术素养、社会实践五个方面的综合素质,建立了必修课程与选修课程的联系、兴趣培养与专业导向的联系。"德"字自下到上,从身心、智慧基础到个性拓展选修课程,再到高端专业选修课程,层次分明,旨在帮助学生实现在共同基础上的个性发展,最终指向学校办学理念和课程目标——爱慧俱佳,幸福人生。

(二) 基于校本课程群,构建"四位一体"综合素质评价体系

围绕高中生思想品德、学业水平、身心健康、艺术素养、社会实践五个方面的综合素质评价内容,基于学校"德"字课程体系,我们构建了六个基于综合素质评价的课程群(见图2),并据此规划好高中三年的选修课程设置。

---

① 朱益明等. 中国高中阶段教育发展报告(2018). 上海:华东师大大学出版社,2019.

```
┌────────┐ ┌──────────┐ ┌──────────┐ ┌────────┐ ┌────────┐ ┌────────┐
│德育课程│ │创新实验课程│ │心理生涯课程│ │美育课程│ │体特课程│ │创客课程│
└────────┘ └──────────┘ └──────────┘ └────────┘ └────────┘ └────────┘
     ↓          ↓            ↓            ↓          ↓          ↓
┌────────┐ ┌────────┐ ┌────────┐ ┌────────┐ ┌────────┐
│思想品德│ │学业水平│ │身心健康│ │艺术素养│ │社会实践│
└────────┘ └────────┘ └────────┘ └────────┘ └────────┘
                    ↑
           ┌────────────────┐
           │"德"字校本课程  │
           └────────────────┘
```

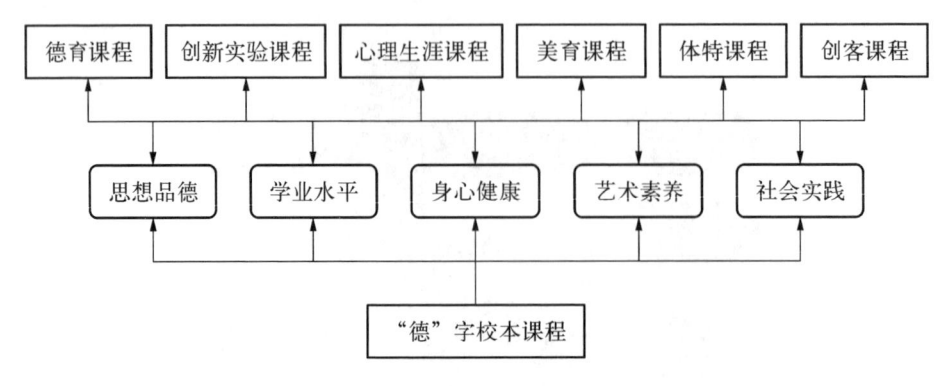

图 2　基于综合素质评价的课程群

学校开发的校本课程群，针对不同层次的学生需求，根据课程的专业化程度，设置从低阶兴趣拓展选修课程，到中阶社团选修课程，再到高阶专业选修课程，形成爱慧育人，以学生素养发展促进学校高质量发展的金字塔式的育人模式（见图3），实现了高中生综合素质评价与校本课程相结合、与学习过程相结合，是学生个性选择、综合素质多元发展的重要平台。

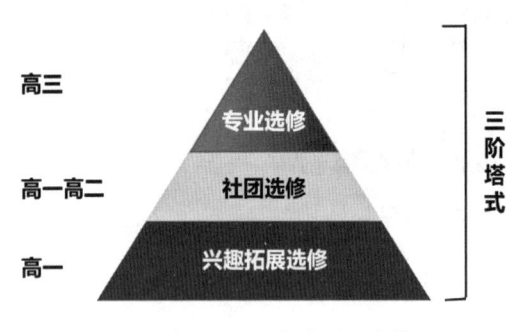

图 3　选修课程金字塔式育人模式

（金字塔：高三—专业选修；高一高二—社团选修；高一—兴趣拓展选修；三阶塔式）

在具体实践过程中，我们反复进行"实验—修改—调整—再实践"的过程，建立起"综合评语评价""项目测评""学业过程性评价""综合实践活动评价"四位一体的综合素质评价体系，初步提供了一种可操作的具体模式（见图4）。

（三）落实素养培育，分类对点建立综合素质评价机制

1. 评之有据，精准发力

（1）制度护航。立足《浙江省教育厅关于学生成长记录与综合素质评价的意见》和学校实际，建章立制，开发校本特色评价量表数十份，并统一按照"评价项目、评价维度、评价要素或权重"构建"四位一体"综合素质项目评价体系，为学生的"全人"成长指明发展方向，引导学生关注、发掘自身潜能与特长，极大促进教学活动规范开展与质量提升。如《温州十四高社会实践和社区服

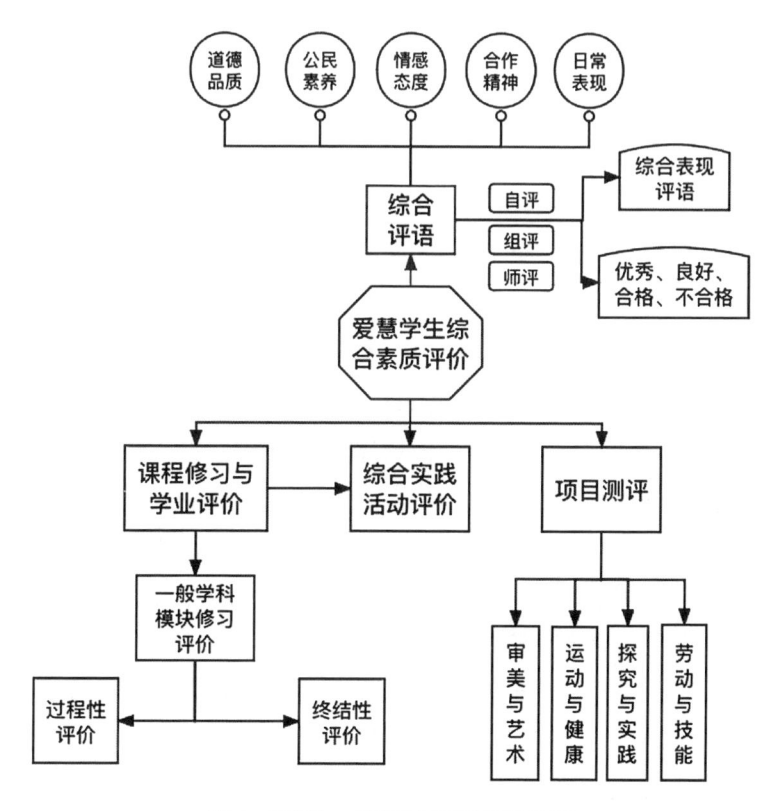

图 4 "四位一体"综合素质评价体系

务学生手册》涵盖社会实践和社区服务的各种要求、目标设计、活动计划、活动记录、评价量表,完整地记录了学生在三年高中学习生活中所参与的社会实践课程,并完整地记录下活动对口单位对学生的评价、社区评价、社会实践和社区活动指导师的评价、班主任评价以及学校的认定评价。

(2) 过程留痕。评价记录是学生发展的见证。我们制定了"温州十四中高中新课程学生综合素质系统输入日程表",分期分批导入学生成长记录,尽可能完整地获取学生成长的信息。《温州十四中高中新课程学科过程性评价手册》围绕学生各学科修习过程中的情感态度、完成作业的情况、参与课堂学习活动情况、从事与修习内容相关的实验和实践活动及阶段性测试成绩展开记录,贯穿学期始终。在"温州十四高学生综合素质'测评项目'情况记录表""温州十四高学生社区服务活动情况记录表"等表中,学生可以记录获奖等级、优秀作业、活动收获等情况,展示自己的成长过程,选择合适的材料提供给测评小组，为项目等第的评估、学分的认定提供可靠有效的原始依据。

2. 评之有法，有序推进

（1）评价内容多元化。立足《浙江省教育厅关于学生成长记录与综合素质评价的意见》和学校实际，学生"综合评语"、新课程学科过程性评价、"项目测评"分别设置了5个、5个和4个维度。"综合实践活动课程评价"包括"研究性学习评价""社区服务评价""社会实践评价"三项，测评结果用A、P、E表示，分别代表"好""合格""须努力"。

（2）评价主体多元化。不同项目有不同的记录主体和评价主体。社区服务（记录服务对象、联系方式、服务时间、服务项目、认定签名、服务体会等）由社区及学生个人提供；学业终结性评价、体质健康测试成绩等由学校教学部门统一提交；校内外各级各类奖项由学生和教师共同提交；研究性学习等各类活动过程性记录表由学生个人直接提交。从课堂教学到社会实践，从单向评价到师生交互，再到多层级评价，不同主体各司其职，优化工作效益的同时，实现阳光评价，增强综合素质评价公信力。

评之有法，依据评价内容多元化，评价主体多元化，构建"四位一体"综合素质评价不同项目多元评价体系，开展基于"德"字校本课程的多元评价。

3. 评之有效，确保落实

（1）着眼"教、学、评"一体化。以"道德品质""公民素养""情感态度""合作精神""日常表现"综合素质评语五大维度为参照点，开展大数据分析，采用质性评价和量化测评相结合的方式，关注不同年级段的水平和特色，关注不同班级的素质模块分布，关注不同学段的学生特点，便于学校有针对性地动态调整管理模式，充分发挥评价育人的功能，并为学生的综合素质"落地"提供重要机制保障。

（2）着眼于学生特殊性和未来发展性。"温州十四高新课程学生综合素质评价——'综合评语'评价量表"着力展示个人多方面的特点，激励学生主动发展自己。基于综合素质测评折射出的学生职业发展倾向，对"德"字课程体系进行不断统整，着力打造"四度"生涯教育长廊，优化创客类课程群，以期学生能在综合素质评价与课程建设的融合中发现学术志趣，确立个人奋斗目标。

面向未来的学校高质量发展一定不会千校一面，面向不同个体、不同潜质的学生，有鲜明特色的学校才有可能成为可持续高质量发展的学校。学校的发展本质上是学生的发展,学生的发展一定是多元、个性化的综合发展。面对新课改、新高考,我们要守住教书育人的底线,不忘"立德树人"的根本任务,基于校情、学情,构建校本课程,以课程为抓手走出高中生综合素质评价难以落地的困局,以学生的综合素质评价促进学生的个性化发展,最终实现学生的综合素质和学校品质的"双发展"。

作者:陈芝飞、陈静碧、潘怡红(温州市第十四高级中学)

(本文获第四届"长三角基于大数据的区域教学评价改革论坛"征文一等奖,发表于《未来教育家》2021年第8期)

区域性中小学劳动教育评价方案的研制与实施建议

——以温州市制定义务教育阶段劳动教育评价方案为例

温州市中小劳动教育指导中心结合温州市劳动教育实际情况,针对当前政策、学校、家庭、学生个体劳动聚焦问题确立了中小学生劳动教育"导向性、发展性、系统性"指导原则,研究中小学生劳动教育评价要围绕"总体目标、评价维度、评价办法、评价程序、结果使用、组织保障"等中小学劳育评价关键性内容,进行评价方案的制定。项目组受市教育局的委托,现已经基本完成《温州市义务教育阶段劳动教育评价方案》"三论证+修改"工作,计划2023年正式发文全市推进。此项研究对加强温州市中小学劳动教育专业指导具有深远意义。

一、针对问题

(一) 从行政角度而言

政策要求中小学劳动教育与评价要同步并行。随着《温州市中小学劳动教育行动方案》等文件的逐级下达,结合"好学温州"教育品牌打造,学校应积极探索完善"家庭-学校-社会"三位一体的劳动教育评价机制,努力构建中小学德智体美劳"五育并举"的人才培养体系,持续在区域劳动教育的"内涵、特色、价值"上发力。

（二）从学校角度而言

部分学校缺乏"五育并举"教育语境下对劳动教育的正确认知。有些学校甚至将劳动教育与"劳动改造"画等号：学生迟到、早退罚扫地一周，作业未及时完成罚劳动等怪相屡见不鲜。

（三）从家长角度而言

部分家长没有认识到"五育并举"育人体系中劳动教育的重要价值。误以为劳动耽误孩子的学习时间，孩子只要文化课成绩好，其余均为次要。部分家长还常常拿孩子不努力学习，将来就当环卫工、农民工的陈词滥调来变相"教育"孩子，扭曲了劳动的真正价值内涵。

（四）从中小学生个体角度而言

大部分中小学生缺乏充分全面的劳动环境体验。面对学习压力，部分学生习惯于接受书本知识和符号的灌输，缺少真实劳动体验的机会。

二、制定中小学劳动教育评价方案

（一）确定中小学生劳动教育评价内容

根据《温州市中小学劳动教育行动方案》的要求，结合劳动新形态、产业新业态，有目的、有计划组织中小学生参加以适度体力劳动为主的日常生活劳动和部分服务型劳动。日常生活劳动的评价侧重于卫生习惯、生活能力和自理、自立、自强意识等评价。服务性劳动的评价侧重于服务意识、社会责任感等的评价，可灵活使用多种方法进行评价。

根据学生年龄特点，中小学以参与日常生活劳动，主动分担家务，学会日常生活自理，适当参加校内外公益劳动为主。针对中小学不同学段、不同类型的劳动内容，评价的侧重点也有所不同。例如，1—2年级应鼓励学生使用劳动绘本、劳动日志、星级自评、贴小红花等方式体现劳动过程和劳动感受；3—6年级可以让学生用过程叙事、劳动作品展示等方式记录劳动过程。

(二)明晰劳动教育评价目标

劳动教育要培养学生的劳动素养,主要是指学生在学习与劳动实践过程中逐步形成的适应个人终身发展和社会发展需要的正确价值观、必备品格和关键能力,是劳动育人价值的集中体现,主要包括劳动观念、劳动能力、劳动习惯和品质、劳动精神。

(三)评价办法

中小学生劳动教育评价要紧扣课程内容和劳动素养要求,客观、准确地反映学生在真实情境下劳动素养的表现水平,构建"家庭-学校-社会"劳动教育评价体系,分为平时表现性评价、阶段性评价和综合评价三级评定,侧重劳动教育过程性评价,评定结果以等级加评语方式呈现。

1. 平时表现性评价(一学期80分)

学生劳动教育评价以平时表现性评价为主,从家庭、学校和社会三个层面分别以劳动清单制、劳动任务单制和劳动电子档案袋汇集制等三项评价方式进行公正客观的评价。

(1)家庭劳动教育评价(占30%,一学期24分)

家庭是实施劳动教育的重要场所之一。各地、各校要根据温州市中小学生日常生活劳动清单,落实家庭劳动教育要求,围绕衣食住行用等家务劳动方面,进一步完善"温州市中小学生日常生活劳动项目清单评价表",鼓励完善"日常生活劳动引导项目清单",其中小学生、初中生每学期必会项目1项,推行日常生活劳动项目清单评价。

(2)学校劳动教育评价(占50%,一学期40分)

学校是劳动教育的实施主体。各中小学要按规定的课程计划全面开设劳动教育必修课程,以亲历实践、项目探索和价值澄清为主要学习特征,每周不少于1课时,亦可多周次课时合并一次使用,开展活动策划、技能指导、练习实践和总结交流等系列教学活动。可采用"温州市中小学生劳动任务单评价表"予以评价。

(3)社会劳动教育评价(占20%,一学期16分)

社会是实施劳动教育的重要保障。各中小学要充分利用"少年瓯越行"劳动教育平台,记录学生劳动项目参与、劳动技能掌握、劳动习惯养成等情况,并完成评价。其中小学低年级不做社会评价要求,按满分计。

社会劳动实践原则上应在教育部门认定的各类劳动研学基地开展,基地赋分资格认定由各地教育主管部门确定,报温州市教育局主管部门备案。

学校统一在温州"少年瓯越行"劳动教育平台申报组织的,学生参加1次可得16分;学生个人通过平台报名参加的社会劳动实践,参加1次可得16分;学校确需前往其他符合劳动实践教育需求的场所开展劳动实践的,须由学校提交实践活动方案,通过平台提前申报,按照利用平台自动赋分的功能予以评价,学生参加1次可得16分。

2. 阶段性评价(一学期20分)

学生劳动教育阶段性评价是以学期结束时进行的一次综合评价,反映学生劳动课程学习的水平和核心素养的阶段性达成情况,可采用"温州市中小学生劳动教育学期阶段性评价表"予以评价。

3. 综合评价

评价信息化平台在学期结束时对学生的平时表现性评价、阶段性评价情况进行综合评价,其评定结果确定其 A、B、C、D 四个等第,学生劳动教育学期综合得分86分以上为A等,70分至85分为B等,60分至69分为C等,59分及以下为D等,记录在"温州市中小学生劳动教育综合评价汇总表"。

(四) 评价程序

1. 评价平台

以温州市中小学生"少年瓯越行"劳动教育平台为基础,进一步完善温州市中小学生劳动教育评价功能,以学校为记录主体,采用客观数据录入学生所提交的实证材料,客观记录学生的劳动教育经历。

各校需设立专、兼职劳动教育教师或指定专人负责劳动教育评价工作,适时指导、监督家长和学生在"少年瓯越行"劳动教育平台上及时、如实录入学生所参加的各类劳动教育情况等。

2. 组织评定

各地各校要结合各评价维度、各评价项目制定校本化劳动教育评价办法,采用平时表现性评价、阶段性评价等方式对学生的劳动观念、劳动能力、劳动习惯和品质、劳动精神等方面进行客观评价。

平时表现性评价。家长对学生平时参加日常生活劳动情况进行评价，每学期评价一次；教师利用学生劳动任务单记录某项劳动任务的方案设计、劳动过程、劳动成果、劳动体会等情况进行评价，每学期评价一次；教师对学生参加校外研学劳动基地及其他社会基地志愿服务劳动所记录劳动项目参与、劳动技能掌握、劳动习惯养成等情况进行评价。在学期评价中家庭劳动教育评价占30%，学校劳动教育评价占50%，社会劳动教育评价占20%。

阶段性评价。学校组织任课教师依据劳动教育课程标准、"一校一案制"学年劳动教育计划，每学期对学生参与情况进行阶段性评价，确定为优秀、良好、合格、不合格四个等第，分别赋予20分、16分、12分、0分。

综合评价。评价平台以学期为单位，根据学生个体劳动的平时表现性评价、阶段性评价情况进行综合评价，其评定结果确定为A、B、C、D四个等第，学生劳动教育学期综合得分86分以上为A等，70分至85分为B等，60分至69分为C等，59分及以下为D等。

（五）结果使用

纳入学生综合素质评价体系。学生劳动教育每学期综合评价结果纳入学生综合素质评价档案。中小学各年级各类学年度评先评优活动中，劳动教育学期综合评价必须达到1A1B及以上。

作为优秀毕业生评选的必备条件。从2023级新生起，初中优秀毕业生劳动教育学期综合评价须达到4A2B及以上，小学优秀毕业生劳动教育学期综合评价须达到8A4B及以上。

作为高中招生录取的重要依据。从2023级新生起，初中毕业生劳动教育评价结果作为高中招生的前置条件。普、职高中录取，初中生在校三年劳动教育学期综合评价须达到6C及以上；省一级特色示范普通高中录取，初中在校三年劳动教育学期综合评价须达到4A2B及以上。

三、实施中小学劳动教育评价方案策略

(一) 重考核

劳动教育评价是全面推进中小学劳动教育，深化教育评价改革的重要举措。温州市教育局成立以分管副局长为组长的中小学生劳动教育评价工作领导小组。各县(市、区)教育局要根据本方案，结合实际，制定县域《中小学生劳动教育评价实施方案》。市教育局将劳动教育工作列入年度县级教育行政部门工作业绩考核指标，县(市、区)教育局把劳动教育工作列入对各学校年度发展性考核目标，并作为督导评估依据。

(二) 整平台

有机整合学生劳动教育评价内容，优化"少年瓯越行"劳动教育平台，以学校为记录主体，采用客观数据录入学生所提交实证材料，客观记录学生的劳动教育经历。充分利用大数据、云平台、物联网等数字化手段，并链接温州市中小学综合素质评价系统，实现基于数据的过程性、发展性、精准化的劳动教育评价体系，形成"一生一户一电子档案"劳动教育评价数据化新格局。

(三) 明过程

各县(市、区)积极组织参加国家2023年开始的劳动教育质量监测工作。各学校要根据县(市、区)教育局制定的《中小学生劳动教育评价实施方案》，制订学校劳动教育评价实施细则。各地要及时开展试点、提炼经验，有效推广、整体提升。并提前将学生劳动教育评价的内容、标准、方法、程序和有关制度等向社会公布，广泛征求师生和家长的意见，保证学生劳动教育评价工作公开、公正、公平。

(四) 广宣传

各县(市、区)教育局和学校要加强学生劳动教育评价的宣传工作，积极争取广大师生、家长和社会各界对学生劳动教育评价工作的理解与支持。重视

加强学校劳动教育评价人员培训,确保评价工作的公正性和可信度。要建立、健全劳动教育评价工作的监督、检查制度和责任追究制度,对在评价中弄虚作假行为按有关规定予以严肃处理。

【参考文献】

教育部.国家中长期教育改革和发展规划纲要(2010—2020年)[EB/OL].[2022-07-15]. http://www.gov.cn/jrzg/2010-07/29/content_1667143.htm.

王少非,促进学习的课堂评价[M].上海:华东师范大学出版社,2018:55-70.

新华社.中共中央 国务院关于全面加强新时代大中小学劳动教育的意见[EB/OL].(2020-03-20)[2022-11-12].https://www.gov.cn/zhengce/2020-03/26/content_5495977.htm.

新华社.中共中央 国务院印发《深化新时代教育评价改革总体方案》[EB/OL].(2020-10-13)[2022-10-08].https://www.gov.cn/gongbao/content/2020/content_5554488.htm.

作者:周晓远、叶超程(温州市学生实践学校)

(本文获2023年温州市评价与监测论文一等奖)

"三维三阶"：综合评价报告单革新下的校本美育课程分项等第评价

未来教育新理念需要学校基于儿童立场转变教育思维,不断提升教师评价能力,借力新评价改变课程新样态、改进教学新策略,借势造势倒逼学校教、学、评一致,实现学生综合素养的全面发展。

一、实施背景

2022年7月,浙江省教育厅下发《关于推进小学生综合评价改革的指导意见》(以下简称《指导意见》)指导学校重在过程表现的学生综合评价机制,锚定"核心素养""全面发展""过程评价""校本化"等关键信息。温州市墨池小学是一所有着145年办学历史的百年老校,恪守"墨缘",坚持"人文立校 特色育人",作为少年书法特色学校,自1998年确立书法特色以来,学校不断深化国学经典,串联诗书画,形成国学特色的校本课程。

于是,坚持立德树人,坚持问题导向,以"5C"核心素养为关键,依据《指导意见》,结合校情,学校开展"综合评价报告单革新下的校本美育课程分项等第评价实践探究"课题研究。以"融·向往 墨·成长"学生综合评价报告单革新为抓手,以校本美育课程评价体系的循序架构为支点,撬动课程改革和课堂变革,打通课程学习新空间,以科学性、全覆盖、多元化的过程性评价实现评价多维功能,促进学生全面发展。

二、实施路径和方法

（一）紧扣校本，由外及内植入美育，借"单"传墨承艺

学校坐落于温州市区古巷，传承清正古雅的"温州书风"，恪守"墨缘"，紧扣国学，在设计"融·向往 墨·成长"综合评价报告单时，一是强调报告单版面构图独特的墨文化，增强辨识度；二是注重评价内容设计五育融合的全面性，突出校本味。

学校以中国传统水墨颜色草绿、藤黄、花青定调，将报告单分为低、中、高"三阶三色三版"。封面封底的背景图采用学生的钢笔速写。其中，封面为校园正门图，含校训墙和校史长廊两部分；封底是以艺文堂为背景的传统入学礼"开蒙启智"掠影。

内页由七个部分组成，对应德智体美劳"争章秀场""墨池书院""身心驿站""艺文学堂""劳动乐园""荣誉金榜""成长瞬间"（"师长寄语"）板块。每个板块取名都有内在意蕴，以"艺文学堂"为例，就源自学校办学历史——清光绪四年（公元 1878 年）英国牛津大学汉学教授苏慧廉设立"艺文学堂"，为学校前身。同时也意在勉励每位学子，不忘校史，艺文兼修。

评价项目	学习常规	学业水平	评价项目	学科	学业水平	学科	学业水平
音乐			诗书画校本课程	校本书法		校本诵读	
美术				三月（ ）四月（ ）五月（ ）六月（ ）			
选修课程				诗书画综合实践（ ）		活动表现（ ）	

图 1　温州市墨池小学学生综合评价报告单之美育评价板块

（二）依托校本，以内养外深化美育，以"评"激励生长

锁定美育，"艺文学堂"主要侧重对学生艺术修养的评价，包括音乐、美术、素养选修课程及校本诗书画课程等内容。2022 年，学校聚焦"重构一套校本化的系统性、整体性、协同性的学科评价新体系"评价理念，构建指向学科核心素

养的"三维三阶"校本美育课程分项等第评价体系。将诗、书、画校本美育课程,诗词、习字月考和期末诗、书、画综合活动整合,以表现性评价为抓手,融入项目学习的评价单,逐一破解"校本美育课程评价量规如何科学建构""指向学科核心素养的分项评价单如何设置""过程评价实践如何有效操作""评价量规如何倒逼美育教学一致"等疑难,强化过程诊断激励,突出校本美育功能,借美育促进德智体美劳全面发展未来学生的培育,实现有效综合评价的全过程、全方位、全覆盖。

1. 自上而下,顶层规划校本课程驱动支架

复盘原结构,保留诗文、书法、国画三科关联模式,打破课程单一化、分散式的结构,顶层设计"三科·三化·三同"诗书画校本美育课程支架,为评价量规及分科评价单的科学性与有效性研制做好引导。

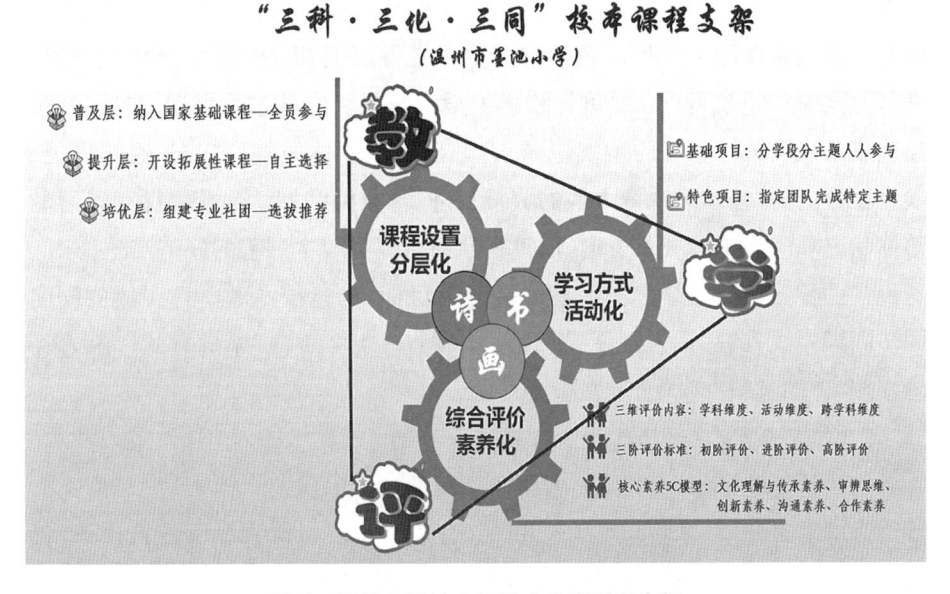

图2 温州市墨池小学校本美育课程支架

"三科"是指遵循学校国学特色,融合诗文、书法、国画的三类学科。

"三化"是指向学科素养的课程设置分层化、学习方式活动化、综合评价素养化。

课程设置分层化:结合校本国学特色,依据学生自主发展需要,具体分为

全员参与的普及层、自主选择的提升层、选拔推荐的培优层。2022年，学校破解原《最美诗、书、画》校本教材"内容没有分层、标准没有分级、评价没有分项"等局限，完善低年级段活动性课程教材，以引导低年级段学生在活动中完成课程实施，加入了更能调动学生活动的跨学科项目学习，厘清3—6各年级内容分层设置、标准分级设计、评价分项设定，最后按年级汇编六册2.0版《最美诗、书、画》国学校本教材，为诗书画校本美育课程有效落实提供学习资源支撑。

学习方式活动化：以诗书画学科元素为前提，依托项目载体，三个学段不同学科老师集结探究活动化学习方式，引导学生团队合作，学会提出问题、分析问题、解决问题，以跨学科整合帮助学生提升艺术素养、增进文化理解，以超学科理念设计艺术活动，激发学生创新思维。同时，在基础项目之上为学有余力的学生搭建平台，设置特色项目，展开高阶思维活动化学习。

综合评价素养化：以文化理解与传承、审辨思维、创新、沟通、合作等"5C"素养为核心，紧扣《指导意见》，关联分层化课程、项目学习和艺术活动对学生展开过程表现性综合评价。教师按学生思维发展的初、中、高三个阶段，通过学科、跨学科、超学科三个维度评价学生学习与成长中的过程表现、素质发展、经历成果以及关键事件的写实记录，客观反映学生体质健康状况、兴趣发展、项目学习能力、艺术表现等方面的成长与进步，全面掌握学生校本课程学习的整体状况和学生素养提升方向，以过程性评价促进校本课程的规范实施。

"三同"是以促进学生艺术素养提升为目标，构建校本教学评一体的同向同步同频模式，课程设置聚焦"教的内容"，学习主体关注"学的方式"，综合评价强调"评的过程"。

2. 自下而上，系统构建校本课程评价量规

（1）以实现美育为靶心，明晰研究路径，循标定规

瞄准美育靶心，学校以"方案设计—分层分项—过程评估—反思优化"循环上行的行动研究路径来设计校本美育课程分项等第评价量规。评价设计骨干教师团队以教学评一体化理念为指导，比对新课标具体要求梳理出网格式"5C"、三维、三阶分项等第评价的内容指向、评价标准、评价方式、评价时间、评价主体、评价结果等具体指标，指导校本美育课程能循规同评。

其中，方案设计是基于儿童立场，对标《指导意见》，重点梳理"三维三阶"纵横脉络，"三维"是指依据学科内容单列或整合等模式归类为单学科维度、跨

学科维度、超学科维度。单学科维度具指诗文、书法、国画三科；跨学科维度主要指向项目学习；超学科维度即艺术活动。"三阶"是指以学生发展水平为依据，分别制定三个学段初阶、进阶、高阶评价标准。分层分项是根据学情设计分项等第评价框架，比对新课标具体要求梳理出网格式"5C"、三维、三阶分项等第评价的内容指向、评价标准、评价方式、评价时间、评价主体、评价结果等具体指标，指导校本课程能循规同评。过程评估是关联实践，改进过程评价策略，同步设计评价命题库范式，调整校本课程"教"与"学"并预设学生等第达成的现场性评定和再试后评定，强调过程表现，强调诊断激励。反思优化是团队于专家引领把脉中研究细化评价指标的具体设计，形成系统"三维三阶"诗书画校本美育课程分项等第评价量规。

（2）以学科素养为核心，解锁关键问题，依规立单

评价是指挥棒，设计分项等第评价的关键是解锁"为什么评？""评什么？""如何评？"等问题。基于学生全面发展的需求，学校要紧扣学科素养核心，依规立单。评价研制团队以"剥笋式"操作由表及里展开评价量规及评价单的科学设计。

第一层，聚焦"为什么评"。评价是为了激发学生内驱力，帮助学生实现全面发展。学校以学生为中心，锚定美育靶心，研读《新课标》，明确以"文化理解、艺术表现、文化自信、艺术创造"校本美育课程总核心素养，再对标梳理归纳出诗文"文化理解、文化自信"、书法和国画"文化理解、艺术表现、文化自信"学科核心素养，以及跨学科维度"艺术创造、文化自信"的项目学习和超学科维度"审辩思维、艺术创造"的艺术活动核心素养，并以表现性评价为主要方式帮助学生实现综合发展。

第二层，梳理"评什么"。围绕学科核心素养，以"三维三阶"诗、书、画校本课程分项等第评价量规为指导基础，设置艺术素养、活动表现、学习品质等评价内容，依规设计三个维度分项评价单。评价单主要指向学生学习过程表现、学习能力技术、学习态度思维、同伴交流合作等方面的分项评价。以单学科书法评价为例，评价单分项为学习品质、书写技能、赏析评述和作品表现，再细化评价标准、评价内容、评价手段、评价主体等，综合评价学生书法技艺和艺术鉴赏水平。师生可以根据操作建议结合学生表现现场给出评价等第，学生也可依据现场评价等第提出申请二次评定争取进步。

第三层,设计"如何评"。以跨学科项目学习评价单为例,评价分项以"合作探究"和"成果表达"为主,在一个主题项目学习周期中以表现性评价＋成果性评价为主要评价方式,注重学生项目学习的跨学科思维、综合能力、学习品质等诊断与记录。同时,依托数据平台,依据评价操作建议分"日常"和"阶段"予以等第评定,再对标评价量规将评价单进行归类,统计评价结果进行累积换算,按比例分 ABCD 四个等第,并逐项记录在期末学生综合评价报告单"美育"分项中,实现评价过程与结果的统一。

3. 双线并驱,多维展示激励内驱五育并举

强调评价结果可视化,诗、书、画校本美育课程注重成果多维呈现,线上线下并行,借力多元主体表现性评价方法发挥诊断激励功能,推进美育,实现五育并举。

线上,借助公众号专栏向学生及家长进行教材介绍与作品欣赏,推送学生优秀作品,实施综合评价。同时,鼓励班级让学有余力的学生自主线上过关打卡,增进艺术素养。

线下,一方面举办常态化书法月考、诗词考级、画作展示、诗词大会等,另一方面融合校内外活动呈现学生诗、书、画学习成效,凸显表现性评价,并定期组织全校学生分主题、分板块、分形式进行校本美育课程成果展。

三、实施成效

"三维三阶"校本美育课程分项等第评价有效促进了学生的全面发展。2022 年学校及师生获市、区级奖项百余项,尤其是在书写比赛(含集体和个人)中屡创佳绩;同时教师科研水平进步明显,2022 年省市区级教育行政部门获奖 50 余项,2023 年初教师科研增量明显,仅 3 月参与论文评比 12 篇、课题立项 4 个、项目作业 3 篇,参与人数 17 人,占全校在编教师 44.7%;学校纳入区中小学生综合评价改革试点校,经验分享 4 次,校本教材《最美诗书画》迭代升级,为美育课程深化助力。

四、反思展望

解锁基于儿童立场的学生综合素养评价单设计,聚焦素质报告单革新下

的校本美育课程分项等第评价研制,能点亮综合评价新思维、撬动课堂教学新模式、打通课程学习新空间。同时,学校又有了新的思考:指向学科核心素养,如何运用表现性评价试题技术,组建基于学科核心素养的诗、书、画校本课程命题库,包括命题流程、学科命题考查点等关键问题,为有效表现性评价做资源准备,提高评价精确度和指向性。

校本美育课程的深化革新,未来困阻可以预见,但在评价改革的路上,温州市墨池小学必将积极提升教师专业素养,促进学生德智体美劳全面发展,温暖而坚定地前行!

【参考文献】

教育部. 义务教育课程方案 2022 年版[M]. 北京:北京师范大学出版社. 2022.
王旭东,陈艳. 基于"新课标+双减"的义务教育 学科评价体系重构[J]. 教学与管理. 2022(26):5-8.
王旭东. 评价改革的学校行动策略[N]中国教师报,2020-11-11.
王旭东. 小学表现性评价的行为分类及其评价要点[J]. 教学管理. 2020(7):70-72.
浙江省教育厅. 关于推进小学生综合评价改革的指导意见[EB/OL]. (2022-07-25)[2022-10-19]. https://jyt.zj.gov.cn/art/2022/7/25/art_1229106823_2412662.html.
中共中央办公厅国务院办公厅印发《关于进一步减轻义务教育阶段学生作业负担和校外培训负担的意见》[EB/OL]. (2021-07-24)[2022-08-19]. http://www.moe.gov.cn/jyb_xxgk/moe_1777/moe_1778/202107/t20210724_546576.html.
中共中央国务院出台深化新时代教育评价改革总体方案[EB/OL]. (2020-10-13)[2022-05-13]. http://www.gov.cn/zhengce/2020-10/13/content_5551032.htm.

作者:王冰(温州市墨池小学)

(本文获温州市 2023 年中小学教育评价改革案例评选一等奖)

"O·T·D成长账户"：为个性成长储备能量

一、引言

《中国学生发展核心素养》中提道："作为基础教育的小学阶段，更要关注学生在发展过程中的各种奠基品质和能力，促进学生的持续发展。""核心素养"是可教的，也是可评的。现如今，局限于"选拔"和"甄别"的"考分"评价开始备受诟病，成为推进课程改革的绊脚石和拦路虎。而"开放视野""合作沟通""独立自主"等必备品格和关键能力正逐渐成为学生评价的"关键词"。为此，温州市蒲州育英学校结合财商教育特色，设计"O·T·D成长账户"学生综合素养评价模式，从"个性""合作""规划"三个角度出发，以期用评价助推学生综合素养和未来能力的发展。

二、桎梏：传统评价面临发展瓶颈

学生的综合素养评价，早已不是新鲜事物。从最简单的"课堂奖惩"和"学业分数"，到以"雏鹰争章"形式开展的过程点评，再到结合"教师评语""学业成绩""同伴寄语"等模块的"成绩单评价"。对于学生来说，评价不再仅仅是衡量学习效果的工具，更是素养能力成长的风向标。

那么，当前小学生综合素养评价的现状和效果又是怎样的呢？我们不妨从以下几个角度进行反思。

(一)评价主体的单一——忽视了教育主体的能动性

当前学校的学生综合评价,仍然以教师为主体,如教师在课堂上对学生进行表现点评,通过期末测验进行总结打分,借由比赛活动进行过程考核……显然,单一的评价主体,不利于学生自我管理能力的提升,不利于其社会性能力的发展,也不利于家、校、社协同育人的开展。同时,当前学校开展的小组互评和期末互评,多流于形式;家长和社会的参与,更是学生成长评价长期面临的难点。

实际上,从学生的年龄特点来看,让他们在学习总结阶段对同伴进行总结性评价颇具难度,评价结果容易趋同;而对于家长和社会来说,脱离过程的评价不够精准,脱离评价的育人过程也失去了目标指向性。为此,如何变单一主体为多元主体,变"被评"为"去评",让儿童成为自身成长的管理者,让家社成为教育的协力者,是当下学生评价面临的重要挑战。

(二)评价维度的局限——忽视了学生的个性成长

21世纪呼唤具备"5C"关键能力的未来人才。其中,"沟通交流""团队合作"这两大能力都凸显了团队精神和合作能力在学生未来发展过程中的必要性,"职业能力"更是对孩子的人生道路有直接影响。反观当下学校主要评价维度,仍然集中在评价学业成绩和日常行规达成情况——如学科成绩、课堂表现、作业完成、卫生参与、文明礼貌等,这样的维度分布显然不够充分:不聚焦核心素养和关键能力的评价,考察的仅仅是学生外显的学习状态,却忽视了学生的个性化发展潜力。

(三)评价形式的匮乏——影响了评价持续激励性

评价是否能持续激励学生?这是衡量评价是否具有生命力的标准之一。现行的评价,主要包括口头评价、纸笔评价、网络系统评价,以及从班级竞赛分、雏鹰争章等形式中衍生出的多种积分评价形式。然而,随着评价机制的不断实践,会出现以下几种现象:一是不同学生的积分差额逐渐变大,高分者习以为常,低分者追分无望,评价的激励效果逐渐消失;二是相较低年级学生,积分竞赛对高年级学生缺少吸引力;三是评价制度逐年改变,积分无法反映学生的成长轨迹。因此,丰富评价的内涵和形式,使评价成为孩子整个小学阶段的"成长财富",便显得至关重要了。

三、破局:创新评价探寻成长路径

基于以上小学生综合素养评价过程中出现的短板,可以发现:创新主体多元、维度丰富、形式新颖的评价体系,指向核心素养的形成和关键能力的培养,正是破局的关键所在。温州市蒲州育英学校在校币评价模式的基础上进一步研究,开发了立足于"个人成长""团队发展""梦想点燃"三个维度的"O·T·D成长账户"评价模式,该模式具有更强的时代性和更明确的目标指向,有利于引导学生发展个性潜能,成长为适应未来社会的世界公民。

(一)创设成长账户,推进个性生长

"O·T·D成长账户"学生综合素养评价模式立足未来学生发展的核心素养和关键能力,确定"完善自我""悦纳团队""规划未来"三大培养目标,分别与自我、团队、梦想三大成长账户对应。"O账户"即"自我(Oneself)成长账户",是指对学生扬长避短、自我完善行为的评价,让学生为自己的成长"充值"。"T账户"即"团队(Teamwork)发展账户",是指对学生团队精神、责任担当等团队能力的评价,评价的主体是同伴和团队。"D账户"即为"梦想(Dream)点燃账户",是指对学生自我规划、劳动实践能力的评价,评价的主体是家长和同伴。

引入"成长账户"这一概念,主要是为了淡化学校与社会之间的差异,激发学生社会性素养的成长,以账户余额积少成多的形式,让儿童从自我完善,走向悦纳团队,再学会成长规划,实现从"个体走向集体",从"当下走向未来",聚焦于核心素养的培养和关键能力的养成。

"O·T·D成长账户"学生综合素养评价模式的创建,明确了多元的评价主体和发展维度,也进一步创新了"后评价阶段"学生的主要任务,形成螺旋式上升的评价循环,激励孩子终生学习,不断进步,为每个孩子的个性、自信成长保驾护航。

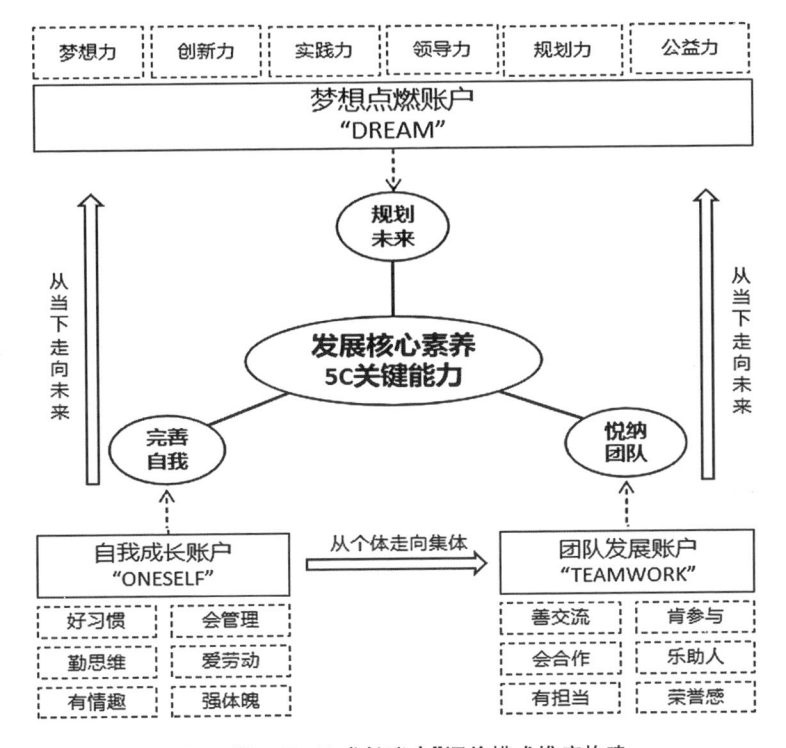

图1 "O·T·D成长账户"评价模式维度构建

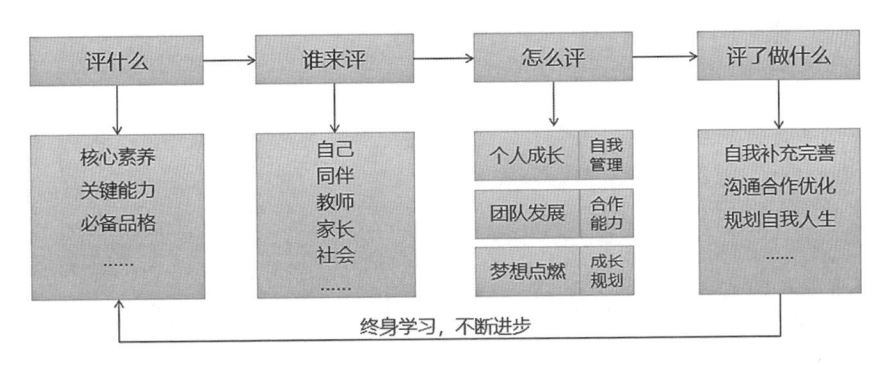

图2 "O·T·D成长账户"评价模式流程

（二）创新操作体系，实践高效评价

创新"O·T·D成长账户"操作体系，主要从优化评价工具、丰富评价场景、激活评价内驱力三个方面入手，实现评价的高效性、趣味性和激励性。通过财商课程的浸润、校园环境的烘托、家校互通的支持,校园评价体系的操作模式,按照规定流程有序进行:一是设立账户;二是即时评价;三是扫码储值;四是自主兑换;五是自我规划。

1. 电子账户:"O·T·D成长账户"的线上平台

在大数据时代背景下,利用信息技术来辅助学生评价已经成为教育评价的发展趋势。如果将电子评价技术与社会化财商进行整合,实现与真实生活的对接,将保证评价的精准和持续。为此,学校与银行合作,为每个学生开通银行卡,绑定O、T、D三个成长账户。这张银行卡除了具备存储和消费功能外,还记录着学生每一次的成长数据。

如学生A参加社会实践"五元生存体验"时,担任实践队队长尽职尽责,带领小组出色完成任务,教师评价该学生"有能力有担当"。于是,教师将"有担当"积分二维码奖励给学生A。学生A回家后,家长通过扫二维码,即可直接为孩子T账户内储加奖励分,同时直接更新"成长档案",同步到系统云端。

不难发现,以上的电子评价具备明显的优点:一是大幅度降低评价的时间成本。二是让学生收获了成熟感。扫码录分的过程,让家长更加清晰孩子的每一次变化和成长,也让学生在父母面前收获了成就感。三是高效生成了个性化的成长档案。电子账户评价,可以即时生成孩子各方面素养的变化曲线,凸显出每个孩子的亮点和进步,便于孩子找到发展的目标,明确进步的方向。

2. 趣味空间:"O·T·D成长账户"的使用场景

以"成长账户"来定义学生综合素养评价,除了"为成长储备财富"这一意义以外,还有将评价与场景课程进行整合,以评价撬动学生社会化能力的作用。首先,每个班级配备有绑定电子评价系统的数字班牌,学生可以随时自主查询积分余额,也方便了学生在校内进行小组评价和同伴评价,实现了评价的自主性;同时,通过仿照社会中的机构设置,在校园内开设银行、超市、拍卖行、志愿者服务站等,让成长账户的"存款"成为校内流通的"货币",在校园内流通起来。

如学校开展成长服务站志愿者招聘,学生B通过演讲、实习,最终竞聘上岗。根据学生B在学校实践的表现情况,场馆负责教师分发积分作为"薪水"(实践评价),向B的T账户和D账户充值。再如,学生C通过日常学习和劳动实践,其成长账户内储蓄了300积分。他可以通过以下途径来使用自己的积分:一是将成长账户内的积分储存至爱心小银行,根据一定的利率让自己的可用积分增值;二是将成长积分按照比例提现,用于购买学校超市、拍卖行内的商品和奖励。

表1 特色场馆"自己挣,开心花"

场馆名称	主要功能	评价维度
成长服务站	校园里的工作"中介所",通过完成指定任务来赚取积分	勤劳乐助　个性成长 乐于合作　沟通交流 实践创新　责任担当 体验实践　学涯规划
爱心小银行	校园中的微型银行,提供储蓄、微贷款等功能,是二维码积分校币的发行银行	
开心超市	可以兑换物质奖励和精神奖励	
童心拍卖行	提供物物交换和特色商品拍卖	
小时珍百草园	种植中草药 中草药成品制取 中草药装饰销售	

校园特色机构与"O·T·D成长账户"评价体系相整合,让孩子在校园里时时有目标,刻刻在进步,在自我评价和同伴互评中收获体验,在体验中激活成长动力。

(三) 项目评价,激励自我驱动

评价是否可持续,取决于其与学校教育教学活动的契合程度。其每个指标维度的合理程度,以及其是否适应不同年级学生真实学习成长的需要。只有立足于儿童真实的成长过程,才能让评价保持长期的生命力。系统地设计与评价相对应的主题项目活动,是实现评价效能最大化的一种方式。如在"O账户"下:开展"30天习惯养成计划"德育实践活动,鼓舞学生利用30天的活动周期,为自己养成一个好习惯,并根据目标的达成情况,给予学生个性评价和积分奖励。

案例1:"30天习惯养成计划"

项目周期分为:开始阶段(2天),养成阶段(14天),巩固阶段(14天)。项目伊始,每一个学生从7个子维度下,选择最想养成的行为习惯,作为自己的"成长项目";接着,每通过制定目标,选择同伴,开始14天习惯养成;在习惯养成后,还要通过巩固阶段,才能获取自我成长积分。

在"T账户"下,让学生自主选择项目式学习主题,以团队的形式完成项目,并形成实践成果,通过展示评比获取积分评价。

案例2:"一元生存体验"

一元钱在城市生存一天,需要小组会分工、会合作、会交流,也需要具有领导力和责任感的组长。项目评价分为方案评价、过程评价和总结评价。方案评价以小组互评的方式进行,最优方案可以获得积分;活动过程由指导师(家长、外聘导师、教师)评价;总结评价由指导师和小组自我评价组成。

"D账户"重在凸显评价面向未来的能力,以及家庭、社会在学生成长过程中的参与度。学生参与职业体验项目、与父母合作进行家庭实验项目、研学后制定学涯规划等,都可以为梦想账户储备财富。

不难发现,契合评价的项目式学习活动,可以让评价过程可视化、评价维度精细化、评价情境真实化。在评价与项目整合的基础上,学生不仅获得了成长账户中的财富,还实现了自我的完善和提升。

四、反思:深化评价促进"三力"发展

"三力"指的是学生的"学习力""生活力"和"公益力",对应学生自我完善、适应社会、实现价值的未来必备三大能力。随着"O·T·D成长账户"评价模式的开展和深化,学生的变化和发展是显而易见的,以学校五年级某班为例:

一是学习习惯提升,班级呈现良好的学习氛围。在成长账户的激励下,班级每周人均得分15分,同学们上课发言、互动、小组合作的热情高涨;学生组

成了项目小队,平均每学期参与 2 次校级学习活动;部分学生开始为自己制订成长规划。

二是生活能力提升,人人参与社会体验实践。全班 85.3% 的学生参加了社会研学,并形成了研学报告,在学校进行展示;70% 的学生在爱心小银行中开通了储蓄账户,尝试管理财富。

三是公益自觉提升。所有学生都参与到公益行动中去,全班有 23 名学生把成长账户内的校币兑换成爱心基金,存入学校的爱心账户;"自己赚校币,自觉献爱心"成为班级公益的主旋律。

目前,随着"O·T·D成长账户"评价体系的深化开展,我们有了更多的思考:

(一) 促进课程整合联动发展,提升评价体系科学性

根据学生发展核心素养目标,进一步优化"成长账户"的评价维度,改进学校课程设置,针对性地开发课程,实现素养—课程—评价的有序统整,实现评价有载体,课程有导向。

(二) 针对评价实施项目学习,确保评价载体多样性

进一步开发项目式学习活动,进而丰富评价的载体和途径,使评价与学习、生活、社会进行无缝衔接,让学生不断成长,实现评价的正向激励作用。

(三) 借力技术优化管理系统,达成评价操作的高效性

进一步探索"互联网+"评价系统的优化升级,以慕课、反转课堂、共享空间、大数据学习等新兴网络技术为契机,进一步达成评价操作系统的高效性。

五、结　　语

基于中国学生发展核心素养的评价体系构建,是一个反复实践和迭代创生的过程。"O·T·D成长账户"评价体系的规范和落实,需要学校、教师、学生、家长等主体的积极参与,更需要经历长期的探索和重复的检验。

【参考文献】

廖荣.关于小学教育评价改革的初探[J].课程教育研究,2013,8:41.

沙玉海,马汉兰."校园明星"评价:让每一个学生都获得发展[J].宁夏教育科研,2008,95:43-44.

王文广,陈丽萍.农村小学教育评价激励机制探索——漫谈小学生成长储蓄银行[J].现代中小学教育,2011,8:67-69.

赵振安.国外小学教育评价模式的价值取向研究[J].青少年日记·教育教学研究,2016,7:122-123.

周菲,王宁."四动"共振:核心素养背景下小学"分项等级"测评的探究[J].教师,2019,7:27-29.

作者:王远(温州市蒲州育英学校)

(本文获温州市2020年中小学教师优秀教育教学论文评选一等奖)

监测结果应用篇

数据背景下：教育质量评价数据的挖掘思路与应用路径

大数据时代，以数据驱动教育教学改进，是大势所趋。教育质量评价作为教育教学中一个非常重要的环节，积累了大量数据，数据背后隐藏着众多的规律与问题，亟待我们挖掘与应用。那何为数据挖掘？通过各种数学手段，在大量的数据里找到其中潜在的一些规律的做法，就是数据挖掘。[①]

维克托·迈尔-舍恩伯格在《大数据时代》中提到，大数据价值链的三大构成，即数据本身、技能和思维[②]。从笔者角度来理解，数据本身即用于大数据分析的各种信息数据，也包括数据的来源、数据的质量、数据的管理等问题；技能即是用于分析数据、获得数据背后潜在信息与价值的技术；思维即是洞察到大数据背后潜在的规律与价值，运用大数据来帮助决策的意识与行为。笔者将从这三个角度来分析当下教育质量评价数据挖掘与应用存在的问题。

一、数据挖掘与应用的问题分析

（一）数据本身质量不高，缺乏系统化、结构化的数据库

评价是基于证据的判断，证据的科学性决定了评价的有效性。数据作为教育评价的重要证据，是分析挖掘所要解决的首要问题。当前各地各校所开

---

① 王众托.教育数据挖掘与知识发现[J].基础教育课程，2013,(Z1)：13-16.
② 维克托·迈尔-舍恩伯格.大数据时代[M].浙江：浙江人民出版社,2013：160.

展的各类质量评价工作,缺乏高质量的数据,缺乏系统化、结构化的数据库,其深层次的原因有以下两个方面。一是数据来源问题,即监测工具的科学性问题。教育评价工具的开发专业性非常强,需要涉及教育管理、学科教学、心理测量、信息技术等多种专业知识,需要经历框架制定、项目设计、试测访谈、修改讨论等多个环节,需要极大的人力物力。而当前各地各校因为各方面因素的限制,在质量评价工具开发方面投入有限,往往由一两位老师,在几天内完成。这样的工具开发,缺乏系统流程和管理保障,从而造成数据的科学性在一定程度上受影响。二是各地各校开展的教育质量评价,缺乏顶层设计,对于评价内容、评价方法、评价结果的运用缺乏整体思考与设计,从而造成后期获得的数据相对孤立、无序,难以开展系统性的挖掘分析。因此,数据空有"大",但未充分体现"值"。

(二)数据挖掘方法单一,尚停留在数据描述分析阶段

教育评价是人们通过质的描述和量的统计,对某类教育对象(机构或活动),进行价值判断的过程。为此,教育质量的评价,在借助质的描述和量的统计的基础上,应当对教育质量有一个系统的分析。从横向来看,不仅分析教育质量的现状,也要分析影响教育质量的相关因素;从纵向来看,不仅分析教育质量的现状,也要分析其形成过程,预测未来发展方向。这样的分析,才能全面、全程、全方位地了解教育质量,才能发挥大数据的价值。而当前各地各校所开展的教育质量评价,其数据结果还是局限于对某个单一指标的描述性分析,呈现不出大数据的规律性,体现不出大数据的价值。如开展学业质量评价,往往是对学业成绩本身进行了相应指标的分析,如平均分、标准差、各类水平比例等。这样的分析,得到的只是孤立的数据,反映的只是问题的表象,难以从教育的起点和教育的过程角度来分析问题的原因,难以预测可能的发展动态,从而削弱了质量评价的诊断与改进功能,在一定程度上导致以数据"一叶障目"的现象。

(三)数据挖掘与应用的意识淡薄,主要停留在结果公布阶段

不管是评价主体(教育行政部门或教研部门),还是被评价对象(学校或教师或学生),对评价结果的解读与运用,主要存在着两方面的问题。一是对已有结果的解读存在偏差,往往只看数字大小,不看数字的相对意义;只看相对

排名,不关心数字的绝对含义;只看数字的变化,不关心变化的真实意义;分分计较,忽视了测量误差是无法消除的客观存在;用原始分总分做决策,忽视了不同科目具有不同单位和参照点的事实。[①] 二是大数据意识淡薄,质量评价工作往往以结果的公布作为终点,忽视数据的进一步挖掘与应用。教育行政部门、学校还未充分运用教育质量大数据,对学校、教育行政部门的教育教学管理进行更加精准的诊断分析,进而帮助决策;学校、教师也未充分运用教育质量大数据对学生学习过程与结果进行全方位、全程式、多元化的跟踪与评价。因此,当前教育教学决策的制定,仍是拘囿于个案的经验性判断或是感性的偏好,缺乏基于大数据分析后的理性判断与全局决策。

二、数据挖掘的基本思路与方法

从教育质量评价庞杂的大数据中,发现数据背后的稳定规律和潜在问题,是教育质量评价的价值所在。但面对浩如烟海的数据,我们往往望而却步,不知道从何入手。笔者结合自己多年评价工作的经历与经验,依据评价数据的复杂性,从单变量到多变量,从单一层面到多个层面,从结果的描述分析到系统建构,将数据挖掘的思路主线梳理为描述分析、相关分析、预测解释、分类分析、系统构建五个层次。

(一) 描述分析

就单一对象的相关统计指标进行描述分析,旨在告诉用户"结果是什么"。对单一数据的统计描述大致有4类:集中趋势(如平均数)、离散趋势(如标准差)、分布情况(如偏度、峰度)、相对位置(如百分位、标准分)等。相对应的指标一般都可以由操作软件自带的统计功能直接生成。在此基础上,可以进行更精细化的描述分析,对某个具体指标分类别进行描述分析。如分析不同性别学生的学业成绩,不同学校类别的学业成绩、不同职业的父母所对应的孩子的学业成绩等。描述分析是当前质量评价中首要的分析步骤。

---

① 杨志明. 考试分数的正确解读与恰当使用——以《以中国青少年学能发展量表》为例[J]. 教育测量与评价,2016,(7):4-5.

（二）相关分析

在质量评价的数据分析中，除了要了解单个变量的结果之外，也常常需要研究教育中两类现象或是行为的相互关系，了解一类行为（或是变量）对另一类行为（或是变量）的影响方向和影响程度。因此，常用到相关分析，用以研究两个变量之间是否存在某种依存关系，并对具体有依存关系的变量进一步分析其相关方向以及相关程度。如研究师生关系和学生学业成绩的相关关系，研究教师的职业倦怠感与教师职业认同感的相关关系，研究校长的课程领导力与学校学业成绩的相关关系等。

（三）预测解释

在质量评价的数据分析中，除了用描述分析来描述结果，用相关分析来测定变量之间的关系密切程度外，也常常需要研究两个变量的数量变化规律，更加具体地刻画一个变量对另一个变量的影响程度及方式，从而作出预测与解释。分析的方法通常有：回归分析、方差分析等。比如，根据学生的初中入学成绩预测学生的初中毕业成绩，对教育质量评价中的多个变量的相互影响进行解释。

（四）分类分析

在质量评价的数据分析中，当样本量很大，或是分析的变量比较多时，常常需要对样本进行分类（或是对变量进行分类），以便更有针对性地对群体开展分析。分析的通常方法有：聚类分析和判别分析。比如，根据全市教育质量监测数据，对各个区县的学科成绩进行聚类分析，可以了解每个区县在全市大概处于哪个梯队。

（五）系统建构

以上的分析思路和方法主要是基于单个变量的结果研究，或是多个变量相互间影响的研究。在质量评价的数据分析中，涉及的数据变量常常是不同层次、不同类别的，相互间的影响也错综复杂。为此，我们需要借助数据，对质量评价的模型或是体系做一个系统的建构与解读。如国际上大型的教育评价项目TIMSS和PISA受"输入—过程—输出"模型的影响，不仅利用纸笔测试调查学生学业情况,还利用问卷收集影响学生学习的背景信息,了解教育系统的投入和过程,力图对学生学业成绩的差异作出说明和解释[①]。

国内大型的教育评价项目,如中国基础教育质量监测协同创新中心所开展的区域教育质量监测项目,上海市开展的绿色指标评价项目,其理论模型与TIMSS、PISA 也有类似之处,不仅了解教育质量的核心内容,也通过各类问卷和相关背景信息,对教育质量的核心内容,及相关影响因素作出系统的解读与建构。这就需要整合各类横向和纵向的数据,所采用的分析方法相对综合(如多水平分析、方差分析、回归分析、T 检验等)。以温州市 2009 年参加教育部课程教材中心"中小学生学业质量分析反馈指导系统"项目为例,温州在教育部课程中心反馈报告的基础上,开展了后续数据的挖掘与分析,对温州市义务教育学业质量做了系统化、立体式的分析与解读。

当然,数据挖掘的方法非常多,远不止文本中所提到的几种。以上介绍的只是一个数据挖掘的思路主线,其他的方法也可以融入相应的层次中。依据这个主线,数据挖掘工作有了更为清晰的定位和认识,得以循序渐渐、"步步为营",避免毫无头绪、杂乱无章。

三、数据驱动教育教学改进的基本路径

上述主要讨论如何开展数据的挖掘分析,接下来主要讨论如何在数据挖掘分析的基础上,进行教育教学的行动改进。我们以"是什么,为什么,怎么做"的系统思路,构建了数据驱动教育教学改进的行动路径,即基于数据寻找"真问题"—拓宽思路开展"真研究"—"综合判断实施真改进"。

(一) 基于数据,寻找"真问题"

数据提供的只是一种视角,数据并不代表事实本身。数据只能帮助我们去发现问题,而不是甄别优劣的简单依据。为此,我们需要牵着数据之线,发现数据背后的"真实问题"。从察觉到问题到明确问题,一般要经历以下三个

[①] 鲁毓婷.全球化背景下的学生学业成就比较研究——TIMSS 和 PISA[J].考试研究,2007,3(3):81-82.

程序：关注异常数据、判断异常性、阐明具体问题。问题的发现一般始于观测到异常数据，但异常数据到底是属于个案，还是有稳定的规律，需要结合经验、结合多样化的数据来进一步判断，最后再明确具体问题。所以，可以以异常数据作为发现问题的突破口，以异常性的判断作为校验机制，最后以具体问题的阐明为落脚点。

案例：有关温州市教育局某直属学校在教育质量综合测评中科学学科相对薄弱的问题诊断与改进行动

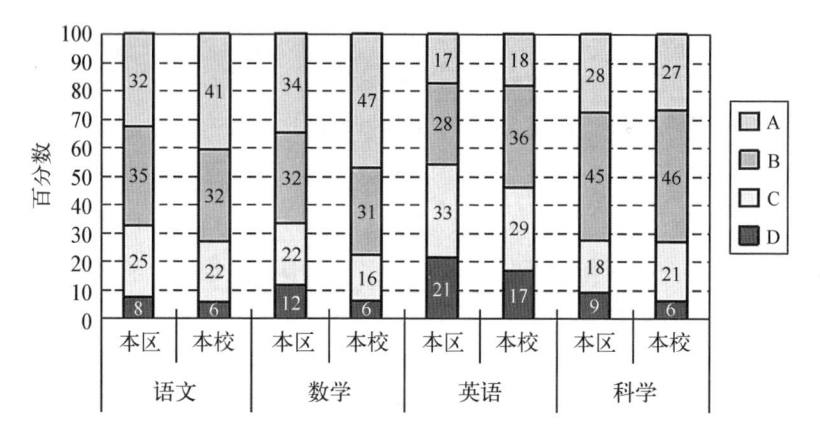

图1 温州市某校八年级学生部分科目成绩与区总体水平的比较

从图1可以看出，该学校八年级语文、数学均优于该区总体（A代表优秀、B良好、C基本达标、D不达标），但科学与英语相对较弱（与语文、数学相比），尤其A水平段，基本与该区总体持平。从数据结果初步判断，该校在语文、数学、英语和科学学科上的发展水平不太均衡；科学和英语学科的学业表现属于异常现象（学校在该区属于优质学校，语文和数学的学业水平高于全区属于正常现象，但英语和科学的学业表现似乎有些异常）。结合测评情况来看，该校是全体九年级学生全部参与（共529人），样本足够，不存在因小样本问题而导致数据异常的现象；测评工具是国家层面研制，工具的科学性也有保障。为此，初步判定这样的异常数据不是个案，而是存在潜在的问题，即该校的英语、科学学业成绩相对薄弱。以下以科学学科为例，开展进一步的诊断分析。

(二) 拓宽思路,开展"真研究"

对问题达成初步一致后,需要对问题背后的原因展开研究。为此,首先需要关注问题的核心要素,然后再分析核心要素有哪些相关的影响因素,最后确定采用哪些方式来了解这些影响因素。如上述案例中,该校科学学业质量薄弱的问题(相对语文、数学而言),其核心要素是科学学业质量,影响科学学业质量的因素有校外因素、学校因素、教师因素和学生因素。鉴于校外因素和学生因素对四门学科的影响是一样的,既然学科学业成绩存在差异,需要关注学校和教师因素。为此,我们通过问卷数据、访谈从学校、教师角度来开展进一步的分析。

回到案例,我们结合学生问卷、教师访谈和校长访谈,从教师队伍、学科教学等方面进行了进一步的研究,为问题的诊断提供了更加充实的证据,具体情况如下:

一是从教师队伍的角度来分析,该校科学相对较弱原因有两个:一方面该校科学教研组缺乏学科领军人物作为校本教研的核心,科学教师之间缺乏有效的互助合作与专业引领;二是该校四位领导虽然有三位是科学教师,但其中两位领导不兼课,而且作为科学教师的领导因事务繁忙很少参与科学教研组的教研活动,同时占据了学校科学教师的人事编制,造成队伍的长期固定,没有新鲜力量的加入。

二是从学科教学方式的角度分析,发现该校科学老师的教学方法存在不足(具体见表1)。

表1 学生问卷中有关学科教学的问题

学生问卷中有关学科教学的问题	非常同意% 本校	非常同意% 全区	比较同意% 本校	比较同意% 全区
科学老师鼓励我们发现问题、提出问题	40	49	22	21
科学老师鼓励我们推测各种现象背后的原因	35	41	25	26
科学老师鼓励我们设计实验方案	32	40	22	22
科学老师鼓励我们动手做实验	32	40	22	22

续表

学生问卷中有关学科教学的问题	非常同意%		比较同意%	
	本校	全区	本校	全区
科学老师鼓励我们将所学的知识与日常生活联系起来	38	42	25	24
科学老师让我们背诵概念和定律	41	38	21	23

另外,该校还有一个特殊情况:这届学生初中一二年级时正逢学校教学楼改建,一直以腾空的实验室来代替教室上课,分组实验和演示实验均难以按规定开展,这也是学生对科学教师实验方面评价较低的客观原因之一。

(三) 综合判断,实施"真改进"

"真改进"要基于上述的"真问题"和"真研究"。倘若忽视上述的问题和研究,那改进行动便是无源之水,缺乏针对性和一致性难以开展。教育是一个系统工程,每一个改进行为都需要教育行政部门、教研部门、学校以及教师、学生及其家长多方参与。因此,实施改进之前,首先要对改进计划做全盘综合判断,考虑计划的利弊和所需参与的主体;在此基础上要考虑改进行动的可操作性和针对性。改进实施过程中,教育行政部门、教研师训部门、学校需要对改进行为做及时的跟进与反馈,这样才能保证改进行为在正确的方向上有持续深入地开展。

回到案例,在上述分析的基础上,我们从教育行政、学校管理、教师教学等方面提出了如下改进建议:一是建议市教育局及时调整优化该校领导的学科背景结构,并相应调配骨干教师充实科学教研组。二是建议学校加强科学教研组的校本研修,形成核心凝聚力,增进同伴互助。三是建议科学教研组和教师进一步改善师生关系,改进教学方法,特别是加强科学实验环节的工作。

四、建议与展望

我们要重视教育质量评价中的数据挖掘,要最大限度地发挥数据的作用与价值。因此,需要在以下方面得到加强。

(一)加强教育质量评价的顶层设计,完善教育评价数据库的建设

建立教育评价的大数据,需要考虑数据库的广度和深度,即考虑需要哪些数据,如何保证数据的质量。为此,首先需要对教育质量评价做顶层设计,解决评价什么、怎么评价、评价结果怎么用的问题。有了方向性的引导,再具体考虑如何采集数据,如何维护与运用数据。获得科学、客观的数据,是后续分析诊断、行动改进的首要前提。错误、偏差的数据,会影响判断,最终造成错误的决策。为此,需要加强工具开发队伍的专业性,确保工具开发的科学性,提高评价目标、评价工具、评价结果的一致性,确保以客观、公正的依据来进行价值判断。

(二)加强评价人员专业素养的培训,组建教育评价专业团队

从事教育质量评价的人员,需具有教育管理、学科教学、心理测量、信息技术等多学科专业背景。因此,各地应加强教育评价人员专业素养的提升,组建教育评价专业团队。一线学科教学出身的教师,应当加强教育测量、教育统计等专业理论与技术的培训;高校毕业的专业人员应通过挂职锻炼、跟岗学习等途径,加强对于一线学校的了解,增进对教育教学的感性认识。同时,还应加强与国内外各种教育评价专业机构的交流与合作,及时关注教育评价的发展动态,技术革新。

(三)加强基于数据的实证研究,落实以数据驱动教育教学改进的常态机制

证据的全面性、客观性和科学性决定了评价推理的可靠性。为此,我们需要基于数据,结合区域、学校、学生、教师的实际情况开展实证研究,搜集全面、

翔实的证据,来进一步解释与追踪数据背后的深层次原因。教育行政部门、教研部门、学校要在正确质量观的引领下,通过数据采集、分析挖掘、问题诊断、研究细化、反馈改进等路径,将数据驱动教育教学改进行为落实到实践中,并形成常态机制。

作者:陈荣荣(温州市教育评估院)

(本文发表于《上海教育科研》2017年第6期)

"双基"行动下区域学生学习品质培育机制的实践

一、构建区域学生学习品质培育机制的背景

(一) 基于经验教学向实证教学转变的需求

2020年中共中央国务院发布《深化新时代教育评价改革总体方案》,标志着我们从教学改革、课程改革迈向评价改革的新时代。与此同时,大数据促使教育教学由"基于经验"向"数据驱动"转变,这既是教育发展的实然状态,也是教育信息化发展的应然趋向。

(二) 基于学生可持续发展的需求

联合国教科文组织指出:"未来的文盲不是不识字的人,而是不会学习的人","学会学习"被视为21世纪教育的四大支柱之一。《义务教育课程方案(2022年版)》提出的培养目标之一为"有本领":"乐学善学,勤于思考,保持好奇心与求知欲,形成良好的学习习惯,初步掌握适应现代化社会所需要的知识与技能,具有学会学习的能力。"可见,以"学会学习"为核心的教研符合新课标的要求。中小学作为学生成长发展的关键期,应当重视培养学生的学习能力。如何提升学生学习品质,帮助学生学会学习是新时代赋予教育人的重大使命,是落实"未来教育"、培养"未来学生"的关键要点。

(三) 基于监测调研真实问题反馈的需求

省、市两级监测反馈发现温州市鹿城区的学生的主动学习、规划、整理等学会学习的品质表现一般：第一，学习策略使用上，41%的学生会主动自觉在规定时间内完成学习任务（人数不足一半）；43%的孩子可做到认真整理错题并分析原因；52%的孩子能做到回顾整理当天所学的内容——可以看出，整体上，鹿城区学生在灵活积极使用学习策略上有所欠缺。第二，作业管理上，部分学校在学习日给学生布置的学科作业时长严重超过国家作业管理规定。有41.02%的学生（六年级）表示，学习日每天完成学校学科作业的时间在1小时以上。第四，将相关数据与学生的学业成绩进行关联分析，发现学生的学习习惯越好，学业水平越高。

二、"双基"行动的实施探索

学校作为"学习品质"提升的最重要的基地，区域助力引领，需以监测为支点，以监测结果改进行动为杠杆，撬动学校教研范式的变革。以此我们探索区校联动下的实施的"双基"行动，区校联动以"基于全面发展的监测行动"和"基于数据的改进行动"为项目主要实施路径。

(一) 基于全面发展的监测行动

1. 问卷调研

问卷调查是监测问题聚焦后深入研究的一个重要途径。自2021年起，鹿城区启动中小学问卷调研，深入分析和研究省、市两级教育质量监测反馈数据，以问题为导向，开展专项跟踪监测。调研围绕"双减"背景下学校管理、教师教学和学生学习等情况，通过学生问卷、教师问卷及教学管理人员问卷，聚焦学生学习状态、课程实施、作业情况、全面发展情况等问题。调研范围覆盖初中七、八年级，小学四、六年级，并为学校生成一校一报告，为学生学习品质提升和学校教育教学改进提供数据支持。

2. 监测报告解读

鹿城区积极开展基于国测、省测及市学习品质监测的区县和学校问题清单及其改进建议的撰写,扎实推进于监测结果的区、校两级反馈改进工作,深入研究各级各类监测报告,为学生学习品质提升、教师发展和学校教育质量提升改进明晰方向,提供指导策略。

3. 个性化诊断促改进

此外,鹿城区定期召开数据驱动改进的质量分析会,针对部分学校,教研部门带着数据到校调研,依据校情做个性化诊断和个性化问卷调查,全面与专项调研相结合,共性与个性数据同分析,为持续提升学生学习品质提供精准依据,助力学校教育质量提升。

区、校两级需形成"发现问题—析因诊断—改进反思"的循证教研范式。

(二)基于监测数据的改进行动

1. 区层面构建评价体系

2023年2月中国教育部部长怀进鹏在世界数字教育大会上的讲话中强调,"学会学习"与"学会共处、学会做事、学会做人"共同构成数字时代的教育"四大支柱"。作为中国学生发展的六大核心素养之一,培养学生"学会学习"素养的教育教学改革已然成为焦点和重点。

针对市学生品质监测中反馈学生学习策略的问题,鹿城区提出开展指向"学会学习"为主题的教研改进行动,以"学习新常规"的构建迭代"教学新常规",目标是使学校的教育教学管理从教师"教"的视角转向学生"学"的视角,促进学生"四个发展"——发展学生学习规划能力、发展学生自主学习能力、发展学生自我控制能力、发展学生自主整理能力,进一步提升学生学习品质。

从学校创建、课堂变革及数据驱动三位一体的整体化范式开展教研实践,初步形成区层面推进体系。

2. 学校层面开展改进行动

区域协同学校主要从三个路径推进项目研究。

路径一:深入研究报告梳理问题,形成校级整改机制

学校针对各级监测反馈的问题进行校本研究,围绕核心问题开展学习品质培养、课程体系完善、课堂教学优化、教学管理改进、家校协作畅通等方面的研究并进行改进方案制定。同时,区域有针对性地召开基于数据的反馈分析会,协同中小学学科教研员开展基于"一校一报告"的学科数据分析和问卷反馈问题的诊断,助力学校厘清教育教学管理改进方向。由各校分管校长牵头出台解决措施,进行问题跟踪整改,形成了校级问题梳理和整改机制。

路径二:聚焦问题针对视导,激发学校改进行动

为推动监测结果应用与问题真实改进,针对部分学校,多部门(中学部/小学部、评价部、师训部)协同形成视导团队开展由点到面的视导活动。由学校汇报前期基于问题改进的进程、实施成效和推进难点,视导团队以监测数据为依托,以问题为导向,在科学分析的基础上依据校情做个性化诊断和个性化问卷调研,做到全面与专项调研相结合,共性与个性数据同分析,既为持续提升学生学习品质提供精准依据和强力支撑,也为学校寻找真实问题、调整实施策略提出建议,有效地激发并推进学校进行基于数据的教育改进行动。

路径三:依托项目精研方向,开展校本实践研究

当前基于数据驱动的项目研究涵盖八大类问题,分别是学校整体教学管理改进、作业管理优化、课堂精准教学改进、试题数据精细分析、学生表现性评价探索、学会学习体系构建、学生学习品质培养、教师评价方案改良,形成了以大数据支撑为依据、循证改进为方向、真问题解决为宗旨的多样化研究样貌。

区域建立内部联动评价工作机制,健全评价工作团队,积极探索评价改进路径,持续发挥教育质量监测的循证改进功能,一方面督促和指导学校开展校本项目实践研究,搭建平台促进项目成果产出,学校产出了丰富的改进学校教育教学管理的优秀子项目。另一方面,积极促进区域学校在区县间、省内的学习交流,开展项目互促互学活动和教师数据素养提升培训活动。在种子校创建过程中形成了多样态的学校教育教学改进范式。

案例1:学校教育教学管理改进

温州市某中学以促进学生真正的全面发展为基点,借助数据引导学生内生成长,对学校进行系统评价改革。其一,出台一系列作业管理措施,真正让作业成为学生自主学习的过程;其二,落实培养核心素养的课堂教学,关注如何让学生的学习真实发生;其三,优化学校考试管理方案,全面开展基于精细化数据的学生、班级、教师/教研组和学校管理的过程诊断,极具系统性和精准性。

案例2：学生学习品质培养

温州市某小学精研校级监测反馈报告，解读数据规律，培养学生学习品质。监测结果显示，学生学校归属感和学生运动习惯对学生各项指数学及学业成绩提升有显著的正向预测作用。该校具体分析相关数据，分析数据背后原因，实施系统测评和调研，开展艺术节、体育节、科技节等多样化的活动，优化体育作业内容及评价方式，提升学生学校归属感、改善学生运动习惯，以达到培养学生学习品质的目的。

案例3：作业管理优化

温州市某中学基于"双减"背景，聚焦作业变革，开展以数据驱动生态作业设计的实践研究。该校以学生兴趣为前提，以学生需求为基础，以学习力提升为目标，依托数字化平台，着力构建了"基于学情、基于作业有效、基于可持续"的生态作业体系。

案例4：表现性评价探索

温州市某小学进行了小学四年级英语档案袋评价的尝试与实践，该项目重视对学生学习过程而非结果的评价，尊重学生个体差异，重视与家长的互动讨论，也可有效促进教师反思调整。温州市某小学用以评价量规为载体，在一年级期末进行"小香樟游温州"的非纸笔情境化测评实践，探究指向学生核心素养培养为目标的项目式学评方式。

三、构建培育机制的后续思索和建议

（一）要明确区域教研整体推进范式

区域从学校创建、学科深研及数据驱动三个层面立体推进，形成闭环管理，有效推进学会学习的主题教研不断向深入发展，有效改进学校管理。在教研实践中，需梳理形成区域主题教研整体推进的范式，顶层设计，统领项目实施。

（二）用数据赋能精准施策靶向问题解决

要形成基于数据的问题梳理的循证改进闭环，引导学校关注学生的学习力，阶段性开展学习状态的问卷，其中包含学会学习的系列内容。深入分析调研数据，并将教师问卷与学生问卷进行关联分析，从教师的"教"和学生的"学"的角度进一步了解学校学生学习状态和教师的教学现状。数据不是为了证明，而是为了发现、指引和激励，给学校的循证治理提供依据。

（三）建立从实施到评价的系统管理机制

需思考如何开展有效的螺旋式上升的闭环管理。一是创建考核机制，通过数据驱动示范校的创建，以评促建，促进项目实施。二是多部门联动，发挥教研的专业引领作用，以问题为导向、项目为抓手，推进学会学习能力、课堂变革和学校教育质量提升。三是提升数据循证能力，问卷调研要更聚焦、更科学。

【参考文献】

黄光扬. 教育测量与评价[M]. 上海：华东师范大学出版社，2005(34).

新华社. 中共中央国务院印发《深化新时代教育评价改革总体方案》[EB/OL]. (2020-10-13)[2022-11-11]. http://www.gov.cn/zhengce/2020-10/13/content_5551032.htm.

新华社. 中共中央办公厅国务院办公厅印发《关于进一步减轻义务教育阶段学生作业负担和校外培训负担的意见》[EB/OL]. (2021-07-24)[2022-10-09]. http://www.gov.cn/xinwen/2021-07/24/content_5627132.htm.

中华人民共和国教育部. 义务教育课程方案(2022年版)[EB/OL]. (2022-03-25)[2022-10-18]. http://www.moe.gov.cn/srcsite/A26/s8001/202204/W020220420582343217634.pdf.

中华人民共和国教育部办公厅. 关于加强义务教育学校考试管理的通知[EB/OL]. (2021-08-30)[2022-09-13] http://www.moe.gov.cn/srcsite/A06/s3321/202108/t20210830_555640.html.

作者：陈艳（温州市鹿城区教学研究院）

学校教育满意度测评体系的构建与实施

——以温州市为例

"办好人民满意的教育"是"十六大"以来党和政府对教育事业发展提出的目标,是党为人民服务的宗旨在教育领域的具体体现。开展基础教育满意度测评,使目标和承诺可检验,使人民群众获得感可测评,不仅体现了教育的民生属性,同时也是对"努力办好人民满意的教育"的积极回应。从教育服务提供者角度讲,学校教育满意度研究有助于促进各级政府职能转变和管理方式创新,推动教育领域"管、办、评"分离。从教育服务消费者的角度,有助于回应人民群众对教育的心声与期盼,学校教育满意度研究还有助于诊断学校教育的问题和不足,为教育管理决策和教育教学改进提供科学的依据和支持。在此背景下,温州市近几年从区域层面开展了学校教育满意度测评。以下将从测评体系构建、测评实施、结果分析和实践成效四个方面展开具体讨论,为区域层面开展学校教育满意度测评工作提供可借鉴的操作流程和实践经验。

一、构建体现区域特色的学校教育满意度指标体系

(一)确定学生、家长两类对象学校教育满意度主要维度指标

温州已构建的区域教育质量四维评价指标体系,不仅关注学生学业水平,还关注学生品德发展、身心健康和学习生活幸福感;不仅关注教育的结果输

出,还关注教育过程中影响学生学业水平的相关因素。学校教育满意度测评,确定了学生教育满意度和家长教育满意度主要维度指标,丰富了区域中小学教育质量综合评价内容。

(二)确定各维度评价核心内容

在各维度指标的基础上,进一步梳理学校教育满意度测评的主要内容(详见表1),既体现公共性又关注不同学段特点。如普高选课走班的课程设置与组织、中职专业课的实训资源与机会、专业课的设备配置等。

表1　学校教育满意度测评主要内容

指标维度	主　要　内　容
对学校环境设施的满意度	校园绿化、卫生、教室和活动场所布置、学校设施配置、住宿环境(针对普高和中职学校)等
对学校教师的满意度	教师关心爱护学生、公正公平对待学生、帮助指导学生、教育教学态度、教育教学能力等
对学校教学工作的满意度	课程开设、课堂教学、作业布置与批改、课后辅导、考试成绩公布等
对学校德育工作的满意度	校风学风、纪律管理、活动开展、社团组织、安全保障等
对学校后勤服务的满意度	食堂卫生及饭菜提供、后勤人员服务态度、校服、校园超市、住宿管理(主要针对普高和中职学校)等
对学校教育质量的满意度	学生学业成绩、品德行为、身心健康、兴趣特长的培养与发展等
对学校管理的满意度	校风学风、教学管理、德育管理、安全管理、家校沟通等

(三)确定各维度指标权重

考虑不同维度指标在学校总体教育满意度中的占比差异,采用德尔菲法协商确定权重系数。开展三轮专家函询,共向国家级、省级、市级和县级的30多位专家发放"'学校教育满意度'问卷指标权重值德尔菲法专家调查问卷",问卷回收率100%。专家包括教育工作研究人员、行政管理人员、学校校长、教师、家长代表等。

二、开发较为科学、完善的学校教育满意度测评工具

（一）形成满意度测评问卷开发的规范流程

教育行政人员、学校校长、班主任、学科教师及评价监测专业人员共同参与本次调查问卷工具开发，具体流程详见表2。

表2　教育满意度问卷开发流程

流程	具体步骤	开 展 方 式
第一步	界定内涵	通过文献研究，梳理测评内涵
第二步	搭建维度框架	在文献研究的基础上，形成具体维度和指标框架
第三步	确定行为观测点	以头脑风暴、开放式问卷和访谈等方式搜集关键行为观测点
第四步	设计问题及磨题	以行为观测点为载体，设计相应的情境和提问方式，形成具体问题（将在下面着重展开介绍）

（二）明确问卷具体题目设计的技术要领

开展具体问题设计的研究。就问题来源、方式，磨题关注点等方面展开进一步的提炼（详见表3）。

表3　教育满意度问卷设计技术保障

流程	具体步骤	关 键 技 术 解 析
第一步	问题初次设计	访谈、开发多倍问题等途径提高项目初次开发的质量
第二步	小规模试测	为进一步修改问卷提供数据支持，关注问题情境的设置和选项支的设计
第三步	大规模试测	为进一步修改问卷提供更加全面、稳定的数据，关注点如下：群体差异、作答结果、呈现方式、题量、表述等

续表

流程	具体步骤	关 键 技 术 解 析
第四步	专家审题	请教育测量、教育评价、学校管理领域有理论和实践经验的相关学者进行最后的审题,审核的关注点如下:价值导向、核心内容、科学性等

具体问题的设计既结合教育满意度各个维度的核心内容,也体现不同学段、不同类型学校的发展需求和办学特色。最终形成了义务教育、普通高中和中职学校3个版本的学生教育满意度调查问卷和1套家长教育满意度调查问卷。

三、形成全面、客观的满意度调查结果分析

本次学生教育满意度调查共抽样学生12 820人,抽样比例为25.8%,抽样学生问卷作答率为96.2%。家长满意度调查对象为全体在校学生家长,共有31 842名家长参与,作答率达60%。根据德尔菲法协商确定的权重系数,分别形成学生教育满意度和家长教育满意度指数,并最终由以上两个指数合成学校教育满意度指数。

(一)学校教育满意度总体情况分析

学生及家长对学校教育工作总体都比较满意。其中,初中学校教育满意度较高,中职学校教育满意度相对较低。从学生教育满意度来看,初中学生对学校的教育满意度相对较高,中职学生对学校的教育满意度相对较低。从家长教育满意度来看,小学生家长对学校的教育满意度相对较高,中职学生家长对学校的教育满意度相对较低(详见表4)。

表4 区域教育满意度总体情况

	学生教育满意度(%)	家长教育满意度(%)	学校教育满意度(%)
小学	88.7	85.1	87.4
初中	95.5	83.6	91.3

续表

	学生教育满意度(%)	家长教育满意度(%)	学校教育满意度(%)
普高	90.6	82.9	87.9
中职	87.7	81.2	85.4

（二）不同维度教育满意度情况

学生对学校的教育满意度主要关注对学校环境、学校教师、教学工作、德育工作、后勤服务、教育质量六个方面。结果发现，学生对学校教育质量的满意度相对较高，对学校后勤服务和学校环境设施的满意度相对较低。

家长对学校的教育满意度主要从对学校环境、学校教师、学校管理、教育质量四个方面。结果发现，家长对学校教育质量和学校环境设施的满意度相对较低。

（三）表现相对较弱的问题

从结果数据来看，不同学段的学生、家长对教育工作的某些方面的满意度相对较弱，有待进一步提高。

1. 学校环境设施有待进一步提高优化

从表5可以发现，近16%的小学生对校园卫生感到不满意；普高和中职有20%左右的学生对学校活动场所和住宿环境感到不满意，尤其是学校的住宿环境。

表5 学校环境设施典型题目选项百分比

	小学	普高	职高
对学校的校园卫生感到"比较满意"和"非常满意"的学生占比	84.1%	/	/
对学校教室及各类活动场所（如运动场、图书馆、科技活动场所、艺术活动场所）的配置感到"比较满意"和"非常满意"的学生占比	/	86.3%	83.5%
对学校的住宿环境感到"比较满意"和"非常满意"的学生占比	/	78.6%	81.1%

2. 学校教学常规有待进一步加强

调查发现，学校存在挪用体艺、实践活动等课程的情况。学生对体艺、实践活动类课程不被占用、不被挪用，对家庭作业量、作业内容、学校或班级公布考试成绩的办法的满意比例[①]不高，相比较而言，初中学生在这几方面满意度总体较高，小学学生满意度均比较低（详见表6）。

表6　教学常规典型题目选项百分比

	小学	初中	普高	职高
对学校体育、艺术、实践活动等课程不被挪用、不被占用的情况感到"比较满意"和"非常满意"的学生占比	83.1%	94.3%	90.4%	92.5%
对任课老师布置的家庭作业量感到"比较满意"和"非常满意"的学生占比	81.4%	91.2%	84.2%	87.6%
对任课老师布置的家庭作业内容感到"比较满意"和"非常满意"的学生占比	84.2%	93.9%	88.9%	89.7%
对学校或班级公布你们平时考试成绩的办法感到"比较满意"和"非常满意"的学生占比	85.3%	93.3%	86.8%	83.8%

3. 学校在家校沟通方面有待进一步增强

对学校管理的满意度方面，家长对学校管理各个方面的总体满意比例在90%左右，但对学校在家校沟通方面的满意比例相对较低，其中普高家长的满意比例最低（详见表7）。

表7　家校沟通典型题目选项百分比

家　　长	家长对学校在家校沟通方面感到"比较满意"和"非常满意"的占比
小学家长	86.7%
初中家长	86%
普高家长	82.3%
职高家长	89.8%

---

① 本文中，涉及具体作答的满意比例，指的是"比较满意"和"非常满意"比例之和。

4. 学校后勤服务有待进一步提升

学生对学校后勤工作的满意度低于其他维度。尤其对食堂卫生、饭菜种类、口味，校服款式、质量，学校内部超市（或便利店）的物品质量、物品价格，学校住宿管理的满意度相对较低。超过30%的小学学生对食堂饭菜种类感到不满意，超过35%的小学学生对食堂饭菜的口味感到不满意（详见表8）。

表8 后勤服务典型题目选项百分比

	小学	初中	普高	职高
对学校食堂饭菜的种类感到"比较满意"和"非常满意"的学生占比	69.4%	89.7%	84.8%	79.8%
对学校食堂饭菜的口味感到"比较满意"和"非常满意"的学生占比	64.4%	88.9%	83.8%	81.5%
对校服的样式感到"比较满意"和"非常满意"的学生占比	83.2%	90.8%	82.9%	78.5%
对学校内部的小超市或便利店的物品质量感到"比较满意"和"非常满意"的学生占比	/	/	86.2%	82.0%
对学校内部的小超市或便利店的物品价格感到"比较满意"和"非常满意"的学生占比	/	/	82.8%	74.8%
对学校的住宿管理感到"比较满意"和"非常满意"的学生占比	/	/	86.3%	81.2%

四、实 践 成 效

（一）进一步落实"办好人民满意的教育"理念，进一步推动教育"管、办、评"分离改革

学校教育满意度测评工作进一步阐释了学校教育满意度的内涵。指标体系的构建，使学校教育满意度有了更为具体的体现，"办好人民满意的教育"理念得到了进一步落实。同时，教育满意度测评推动了教育事业内部从"以政府为主体的教育行政管理"向"政府、学校、社会等多方主体依法依规共同参与教

育管理"的转型,教育"管、办、评"分离改革得以进一步的推动。

(二)明确教育满意度测评的工作流程和技术保障,提升教育满意度测评的科学性和有效性

在研究过程中明确工作总流程(详见图1),形成了操作指南和手册,规范了满意度测评操作细节。严谨、规范的问卷开发流程,德菲尔协商确定权重系数,科学抽样确定测评对象,结果反馈督促学校诊断及改进,一系列工作均提升了教育满意度测评的科学性和有效性,对于区域层面开展学校教育满意度测评有一定的借鉴意义和推广价值。

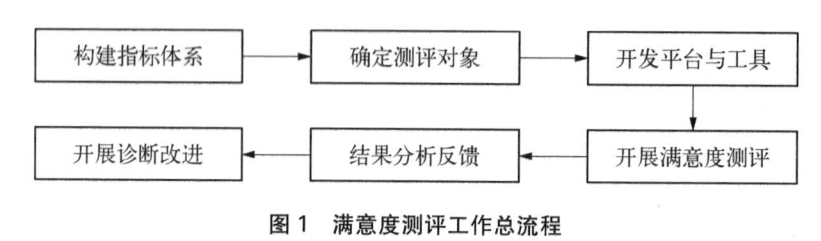

构建指标体系 → 确定测评对象 → 开发平台与工具

开展诊断改进 ← 结果分析反馈 ← 开展满意度测评

图1 满意度测评工作总流程

(三)全面、客观了解学校发展状况,为区域行政决策、教研师训提供实证依据

通过教育满意度测评,区域层面更加全面、客观地了解了学校发展的总体情况,不同学段、不同类型学校的办学差异和薄弱点,以及学生、家长对学校教育的关注点和期盼点。基于对教育满意度测评结果的分析,区域层面可以进一步加强调研,提高行政决策和教研师训的有效性。

案例1:有关普高教学工作满意度测评的结果

本次测评,学生对学校教学工作满意度主要分为课程开设、课堂教学、作业布置与批改、课后辅导、考试成绩公布等方面。对于普高阶段,特别关注了新高考改革背景下,选课走班、选课科目安排等内容。结果发现,普高学生对学校教学工作满意度相对较高,但学校之间差异较大。部分学校学生对学校教学满意度相对较低。通过进一步的了解,可以看到普高学生对高考科目选课走班的组织安排、课程内容的进度安排、选考时

间安排方面的满意度并不高,且不同学校之间差异较大。因此,普高学校在新高考改革背景下的选课走班,亟需行政层面和教研层面给予有针对性的指导。

(四) 帮助学校基于数据开展自我诊断与改进,完善过程性管理,提高学校办学水平

总体而言,参与本次调查的中小学生及家长对学校的教育满意度总体较高,但不同学段的学生对校园环境设施、学业负担、学校后勤服务等方面存在不同程度的不满意,家长对学校在家校联系方面的不满意比例也相对较高。学校层面可借助测评数据,聚焦共性和个性问题,完善过程管理,有针对性的改进教育教学管理方式,提升服务意识,提升学校教育满意度。

案例2:有关小学阶段学校满意度测评的调查结果

本次测评,涉及小学阶段3所学校,其中一所学校的学生和家长的学校满意度较低,和其他两所学校有较大的差距。具体来看,学生对该校环境设施、教师、教学、德育、后勤、教育质量等各方面的满意度均较低,而家长对该校教育满意度与其他学校差异不大。为此,该校在测评数据基础上,可以通过进一步的访谈、调查,关注学生的身心特点,关注学生的需求与发展,完善学校课程建设,改进教学方式与方法,提升教师综合素质,提高学校综合办学水平。

作者:王辛酉(温州市教育评估院)
(本文获2020年浙江省中小学教学评价论文评比一等奖)

小学生学习动机现状、影响因素及提升对策

——基于温州市小学生学习品质监测结果

近年来,关于学习品质、教育效能的研究逐步引起社会各界的关注,学者们也纷纷采用严谨的计量统计方法探讨学校、教师、家庭等层面对学生发展的影响。温州市2020年开展了小学生学习品质监测旨在监测学生学习品质各个维度的发展以及揭示学生学业成就背后的影响因素。其中学习动机作为学习品质的维度之一,是学生学习能力和身心健康的关键因素,具有十分重要的研究价值。

一、问题缘起

在提倡让学生学会学习的国际大背景下,人们逐步重视起学生的学习动机。20世纪90年代初,美国教育学家宾特里奇等人编制了学习动机问卷,测量学生的学习动力[1]学生。近年来,英国的"构建有效终身学习指标"项目也调查了学习动力[2]。20世纪末期以来,我国开始重视学习动力的工具编制和调查研究。1993年,刘志华、郭占基对初中生成就动机、学习策略与学习成绩的关系进行了调查研究[3]。张亚玲、杨善禄调查了中学生的学习动机与学习策

---

[1] 陈琦,刘儒德.当代教育心理学[M].北京:北京师范大学出版社,2007:226.
[2] 任凯."学习能量"测量工具及其在改善中学生"成绩缺憾"方面的应用实验设计[J].当代教师教育,2012,5(1):35-41.
[3] 刘志华,郭占基.初中生的学业成就动机、学习策略与学习成绩的关系研究[J].心理科学,1993,16(4):198-204.

略[①]。以上研究一致认为，培养、激发学生的学习动机能够促进其学业发展，也是教师有效教学、高质量教学的关键要素，是教育工作的重中之重。学习动机可以激励学生，但也可能会给学生带来不稳定的影响，这取决于学习动机的倾向。温州市小学生学习品质监测依据动机来源将学习动机分为个人动机、情境动机和社会动机，个人动机主要指向内在兴趣，是由于个体认识到学习的意义或者对学习本身感兴趣进行学习的动机。个人动机是激发学生学习行为的内驱力，能维持学生学习的兴趣与热情，并使学生达成一定的学业目标。本研究中的学习动机主要侧重于个人动机。

学习动机对学生的发展以及指导教师教学具有重要的意义和影响。温州市小学生学习品质监测包含对学习动机的调查，为深入探讨学习动机的影响因素提供了很好的数据基础。本研究将通过展示温州市小学生学习动机状况，分析小学生学习动机的影响因素，探讨提升学生学习动机的有效策略，为学生的健康发展提供帮助，为教师高效高质量教学提供可参考性建议。

二、研究方法

（一）监测对象

本研究使用温州市小学生学习品质监测的数据，监测对象为28 987名2020年9月升入五年级的学生、857位上一年任教四年级语文、科学的教师和28 671位参加测量学生的家长。本次监测的样本涉及不同性别、区域、学校类型的学生与教师，在一定程度上保证了样本的代表性和多样性，可以更加科学地呈现小学生学习动机的整体状况。

（二）监测工具

本研究采用温州市小学生学习品质监测的学生问卷。学生问卷调查的内容包括学生基本情况、学习动机、学习策略、习惯方法、学习归属感、亲子关系、教师教学热忱、教师支持、师生关系等内容。其中学习动机包括个人动机、情境动机、社会动机。本调查问卷同时借鉴了 PISA、TALIS 等国际相关调查题目，问卷的信度、效度及其他关键指标达到统计与测量学要求。

[①] 张亚玲,杨善禄. 中学生学习动机与学习策略的研究[J]. 心理发展与教育,1999,(4):35-39.

(三) 数据分析方法

本研究主要采用数据分析法中的描述性统计分析、线性回归分析和多元线性回归分析,所使用的统计软件为 Excel 与 SPSS22.0。描述性统计分析部分主要计算温州市不同学生群体的学习动机不同水平分布,呈现温州市小学生学习动机的状况。线性回归分析主要使用多变量的回归分析方法,将学习动机作为自变量,性别、家庭社会经济地位为控制变量,学业成绩为因变量,探索学习动机与学业成绩两者是否存在线性关系;多元线性回归分析采取多变量对学习动机单一因变量进行分析,探讨学习动机的相关影响因素。

三、研究结果与结论

(一) 学生学习动机的总体状况

本研究中的学习动机侧重于个人动机,以学习动机指数来表征,该指数由个人动机指数换算而来,以百分制形式呈现,指数越大,表示学生学习动机越强。同时,本研究根据学习动机指数的高低将学生的学习动机划分为"一般""较高""高"三种水平。

温州市小学生学习动机指数为 77.7,学习动机水平高与学习动机水平一般的人数比例相当,均占全市小学生的 40% 左右,温州市小学生学习动机水平状况呈现出"两头突出中间扁平"的样态。

不同群体的学生学习动机状况表现不一。从区域性质来看,城市学生学习动机水平高的人数比例较高,达 45.9%;农村学生学习动机水平一般的人数比例较高,达 47.8%。从学校性质来看,一般民办学校学生学习动机水平高的人数比例较高,达 47.7%;民办民工学校学生学习动机水平一般的人数比例较高,达 44.7%。从学校规模来看,大规模和中等规模学校学生学习动机水平高的人数比例较高,达 41.4%;小规模学校学生学习动机水平一般的人数比例较高,达 46.6%。从性别来看,女生学习动机水平高的人数比例略高于男生,达 41.9%;男生学习动机水平一般的人数比例略高于女生。

(二) 学习动机对学业成绩的影响

将学生的学习动机作为自变量,性别、家庭社会经济地位为控制变量,学生学业成绩为因变量,建立线性回归模型,探讨学习动机与学业成绩两者的关系。结果表明,女生的学业成绩显著高于男生的学业成绩;家庭社会经济地位对学业成绩有显著的正向影响,家庭社会经济地位越高,学生的学业成绩越好。在控制了性别、家庭社会经济地位两个控制变量后,学习动机指数对学业成绩有显著的正向预测作用,学习动机指数越高,学生学业成绩越好,学习动机指数每提高1,学生的学业成绩可提高0.751分(见表1)。

表1 学生学习动机指数对学业成绩的回归分析结果

模型		标准化系数	标准误	T	R^2
1	(常数)	494.989	1.733	285.606	
	学生性别(1=男生,2=女生)	5.755	1.139	5.053***	0.146
	家庭社会经济地位	12.375	0.189	65.459***	
2	(常数)	437.843	2.799	156.428	
	学生性别(1=男生,2=女生)	4.788	1.125	4.248***	0.022
	家庭社会经济地位	11.947	0.187	63.768***	
	学习动机指数	0.751	0.029	25.796***	

注:因变量为学业成绩,*表示结果在0.05的水平上显著,**表示结果在0.01的水平上显著,***表示结果在0.001的水平上显著,下同。

(三) 学习动机的影响因素

学习动机对学生学业成绩具有显著的正向预测作用,因此找出学习动机的影响因素,对提升学生学业成绩以及区域教育质量具有重要意义。学习动机的影响因素诸多,本研究主要探讨家庭层面、学生层面以及教师层面的影响因素。

1. 家庭层面影响因素分析

家庭层面影响学生学习品质的因素主要包括家长参与、亲子关系和家庭教养方式等。家长参与,指家长在孩子成长过程中,对与孩子有关的一切事物进行的一种有规律的陪伴和指导的行为。亲子关系,主要包括亲子沟通、父母对孩子的理解与支持、亲密与陪伴等内容。家长教养方式是指父母在抚养子女的家庭生活中围绕着亲子关系表现出来对待子女的相对固定的行为模式和行为倾向[①]。本次监测的家庭教养方式主要分为专制型、信任型、情感温暖型、溺爱型、忽视型和混合型六种类型。本次监测形成了家长参与和亲子关系两个指数。

表2 家庭层面影响因素的多元回归分析结果[②]

	标准化系数	T	R^2
（常数）		181.638	
家庭社会经济地位	0.020	3.531***	0.242
家长参与	0.019	3.321**	
亲子关系	0.492	87.466***	

注：因变量为学习动机，下同。

多元回归分析结果（见表2）表明，家庭层面的家庭社会经济地位、家长参与、亲子关系对学生的学习动机指数均具有显著正向的预测作用。控制了家庭社会经济地位变量后，亲子关系对学生学习动机指数的正向影响相对更大，亲子关系指数每提高1，学习动机指数提高0.492。那些"喜欢与父母分享在学校发生的事"、"心情不好时，父母能及时给予关注与帮助"的学生学习动机指数更高。家庭层面影响因素对学习动机指数的解释率为24.2%。

表3 不同家庭教养方式的多元回归分析结果

	标准化系数	T	R^2
（常数）		90.939	
专制型	0.003	0.316	
信任型	0.041	5.744***	
情感温暖型	0.053	7.474***	0.064

---

① 龚艺华.父母教养方式问卷的初步编制[D].重庆：西南师范大学，2005.
② 采用标准化回归模型，加入学生个体的家庭社会经济地位作为控制变量，下同。

续表

	标准化系数	T	R^2
溺爱型	−0.056	−7.170***	
忽视型	−0.182	−22.695***	

从表3可知，不同的家庭教养方式对学生的学习动机有不同的影响。专制型父母对学生的学习动机没有显著影响；信任型、情感温暖型父母均对学生的学习动机具有显著的正向影响；溺爱型、忽视型父母对学生的学习动机具有显著的负向影响。家庭教养方式对学习动机指数的解释率为6.4%。

2. 学生层面影响因素分析

学生层面主要关注学校归属感对学习动机的影响。学校归属感是指学生对自己所就读的学校在思想上、感情上和心理上的认同和投入，愿意承担作为学校一员的责任和义务，并乐于参与学校活动[1]。本次监测将学生学校归属感分为"一般""较高""高"三种水平。在控制了家庭社会经济地位变量后，学生学校归属感对学习动机指数有显著的正向预测作用，学校归属感对学习动机指数的解释率为43.6%。

3. 教师层面影响因素分析

教师层面主要侧重教师教学热忱、师生关系、学习品质培养策略等方面的影响因素。教师教学热忱，主要指教师在学科或教学中获得的快乐，强调教师在教学中的愉悦、激情和体验[2]。师生关系，指教师和学生在共同的教育和教学互动中，通过互相的认知、情感和交往形成的人际关系[3]。学习品质培养策略，主要关注教师对学生学习品质培养方面的认识与认同以及所采取的教育教学方法。

---

[1] 杜渐,杨秋莉,杜丽红,杨邻,张杰,孔军辉.中医学生学校归属感与心理健康的关系[J].中医教育,2012,31(04):15-18.

[2] 贾瑜,张佳慧.PISA2018解读：中国四省市教师课堂教学现状分析——基于中国四省市PISA2018数据的分析与国际比较[J].中小学管理,2020(01):16-20.

[3] 李瑾瑜.关于师生关系本质的认识[J].教育评论,1998(04):36-38.

表 4　教师层面影响因素的多元回归分析结果

	标准化系数	T	R^2
（常数）		42.339	
师生关系	0.217	26.261***	
教师教学热忱	0.407	49.249***	0.349
学习品质培养策略	0.015	2.964**	

多元线性结果说明，教师层面的师生关系、教师教学热忱、学习品质培养策略对学生的学习动机指数均具有显著正向的预测作用，其中师生关系和教师教学热忱对学生学习动机指数的影响相对较大。师生关系指数每提高 1，学生的学习动机指数提升 0.217；教师教学热忱指数每提高 1，学习动机指数提升 0.407。教师层面三项影响因素对学生学习动机指数的解释率为 34.9%。

四、提升对策及建议

学习动机是学习品质的核心要素，也是学生取得良好学业成就的重要因素，积极的学习动机可以帮助学生保持学习的热情和兴趣，提高学习效率，克服学业困难。从以上的数据分析中我们知道家长、学生、教师层面对学习动机指数的解释率都较高，其中亲子关系、家庭教养方式、学校归属感、师生关系、教师教学热忱对学习动机有相对较大的正向的预测作用，因此我们从家长、学生、教师三个层面五个因素入手探讨有效提升学习动机的对策。

（一）营造良好的亲子关系，选择恰当的家庭教养方式

轻松良好的亲子关系对学生的学习动机具有关键的作用，家长的理解、鼓励和支持能够激发学生的学习动机。监测发现，父母经常与孩子沟通交流，多多关注孩子的不良情绪，一起承担家务，可以提高孩子的学习动机指数。因此，家长要为学生营造轻松愉快的家庭环境，与学生建立良好的亲子沟通，让学生能够身心愉悦，充满动力快乐学习。

家庭教养方式不同,学生的学习动机也呈现出一定的差别。专制型父母常常表现出强势、严厉的特征,会有"责骂孩子,窥探孩子隐私"等行为,这种类型的教养方式对学习动机没有显著性影响。信任型父母表现出独立、善于倾听的特征,会有"鼓励孩子独立完成事情,不断进步"等行为,这种类型的教养方式对学习动机具有显著的正向影响。情感温暖型父母表现出温柔、善于理解的特征,会有"在孩子不顺心时安慰孩子,对孩子的突出表现由衷的感到骄傲"等行为,这种类型的教养方式对学生的学习动机具有显著的正向影响。溺爱型与忽视型的父母表现出过度溺爱或忽视的特征,会有"把孩子的错误归咎于别人"或"从不参加孩子的活动"等行为,这两种类型的教养方式均对学生的学习动机有显著的负向影响。家长在日常与孩子的相处过程中,要选择恰当的信任型、情感温暖型的教养方式,避免专制型、溺爱型、忽视型的教养方式与行为。

(二)积极参与集体活动,提升学校归属感

通过分析发现,学生学校归属感越高,其学习动机指数也越高。就提升学生的学校归属感来说,学校层面要搭建平台,优化学校教学和生活环境,强化校园环境管理,塑造校本文化。比如建设文化长廊、校史馆、文化广场等,让学校的一草一木都能提升学生的归属感,充分发挥环境育人的作用。学校要针对学生的特长与兴趣爱好,开展一些有针对性的集体活动,增强集体的凝聚力。学生个体也要主动积极参与集体活动,在团队合作中与同伴为同一个目标共同奋斗,在遇到问题与困难时,要敞开心扉和老师、同学多沟通交流,增加自身的积极情绪体验,提升学校归属感,进而提高自我学习动机。

(三)建立和谐的师生关系,保有教学热忱

通过探讨教师层面对学习动机的影响因素,可以发现,师生关系以及教师教学热忱对学生的学习动机具有相对较大的影响。建立相互尊重、相互信任的师生关系,有利于提升学生的学习动机。教师通过提供学习支持和情感支持与学生建立和谐的师生关系。一方面,教师要具备系统的知识素养,具备精深的专业知识,在教学中关注学生的学习状态,为学生提供学业帮助,这是建立和谐良好的师生关系的前提。另一方面,教师要热爱学生,对学生有责任

感,相信、尊重学生,为学生提供强大的情感支持,使学生具有愉快的心理体验,从而调动学生的积极性和能动性,激发他们的学习动机。

监测结果发现,教师喜欢教学工作,多用教学热情激励学生有利于提升学学生的学习动机。因此,教师不仅需要具备高尚的职业道德情操、专业的学科文化素养与丰富的知识储备等综合教育教学资质与素质,还要在教育教学过程中寻找机会激发学生的内在学习动机,帮助其确立适合的目标、发现其潜力和兴趣所在,保有教学热情,在学科或教学中具备积极的情感体验,让学生感受到教师在教学中的热爱、愉悦、激情。学校层面要加强对教师职业发展规划的指导与平台构建,减轻教师的工作负担,减少非教学类的工作任务,创造条件激发与保持教师的教学热忱。教育行政层面要从提高教师薪酬待遇、畅通教师晋升渠道、优化教师评价制度等方面入手,提高教师岗位的成就感与满意度。

作者:赵金玉(瑞安市教育发展研究院)

(本文获温州市中小学教师优秀教育教学论文评审一等奖、浙江省2022年教学评价与考试教学论文评审三等奖)

每一位乡村教师都应该成为家庭教育指导师

——基于浙江省温州市108所乡村小规模学校的全样本调查研究[①]

一、调查的背景

2018年国务院出台《关于全面加强乡村小规模学校和乡镇寄宿制学校建设的指导意见》,各省市相继出台配套政策,2019年温州市人民政府出台了《关于加强乡村小规模学校建设的实施意见》。2021年4月,第十三届全国人民代表大会常务委员会第二十八次会议通过了《中华人民共和国乡村振兴促进法》。振兴乡村小规模学校教育,补齐农村教育短板,是义务教育均衡发展的难点,是乡村振兴的重点,也是政府和社会关注的焦点。

温州市、县两级政府已经开始投入巨资建设"小而优"的乡村小规模学校。为了科学有效推进乡村小规模学校的建设,2020年10月22日,温州市教育评估院开展温州市小学生学习品质监测,同时开展了温州市乡村小规模学校教育质量监测工作。温州市将乡村小规模学校定义为全学段学生数在200人以下的乡村学校,由市教育局认定,共有108所。

家庭教育是我们整个教育链的基础的基础,关键的关键。孩子的成长,需

[①] 本文为温州市教育评估院主持的"2020年温州市小学生学习品质监测暨温州市乡村小规模学校教育质量监测"项目成果之一。

要学校和家庭的配合,离不开家长和教师的合作,家庭教育和学校教育要有机衔接,相互支持与配合,才能共同完成教育的使命。

本次家长问卷调查的内容包括家庭社会经济地位、父母教育期望、亲子关系家长参与和家庭教养方式等,对象为2020年9月升入五年级的乡村小规模学校全体学生,共有2 092位;有2 041位家长参与了家长问卷调查。

二、调查的结果

(一) 家庭社会经济地位及父母教育期望

1. 乡村小规模学校学生和父母同住者少,隔代抚养现象严重

乡村小规模学校49.8%的学生与父母亲住在一起,比全市总体水平低28.3个百分点;和爷爷奶奶(或外公外婆)住的占33.1%,比全市总体水平高出23.1个百分点;只和母亲或父亲住的占12.2%,高出全市总体水平4.1个百分点。

2. 乡村小规模学校学生家长低学历现象严重,家庭藏书量很少

乡村小规模学校孩子的父亲有3.0%没有上过学,比全市总体水平高2.3个百分点;孩子母亲有4.2%没有上过学,比全市总体水平高2.7个百分点。孩子父亲、母亲小学毕业的分别占35.8%和32.5%,分别比全市总体水平高出20.1个百分点和16.8个百分点。孩子父亲、母亲初中毕业的分别占45.6%和44.5%,分别高出全市总体水平6.8个百分点和8.5个百分点。高中毕业及以上的家长约只占23.4%,比全市总体水平低22.3个百分点。乡村小规模学校学生家庭藏书(不包括杂志、报纸,也不包括课本和作业本)25本以下的占52.2%,比全市总体水平高30.3个百分点。

3. 乡村小规模学校大部分学生家长从事低收入职业,以农民和工人为主

乡村小规模学校孩子的父亲有27.4%一直在农村种地,比全市总体水平高19.3个百分点;孩子母亲有27.7%一直在农村种地,比全市总体水平高20.5个百分点。孩子父亲是工人的占34.5%,高出全市总体水平9.6个百分点,孩子母亲是工人的占30.3%,高出全市总体水平10.9个百分点。还有25%左右的家长从事个体经营、商业服务。

4. 乡村小规模学校学生家长对孩子的教育期望较高,但学生行为习惯的关注不够

乡村小规模学校有 26.9% 的家长期望孩子上学到研究生,46.1% 的家长期望孩子上学到大学本科,5.5% 的家长期望孩子上学到大专,也有 15.2% 的家长还没有考虑过这个问题。乡村小规模学校学生家长对孩子的教育期望数据接近全市平均水平。

乡村小规模学校有 86% 以上的家长表示关注孩子的身体健康,75% 以上的家长表示关注孩子的学习情况,71% 以上的家长关注孩子人身安全,64% 以上的家长表示关注孩子的道德品质。这些数据比较接近全市平均数。61.1% 的孩子父亲关注学生日常行为习惯,比全市总体水平低 14.0 个百分点;53% 的孩子母亲关注学生日常行为习惯,比全市总体水平低 11.0 个百分点。在孩子学习方面,66.0% 的家长关注学生的学习态度,比全市总体水平低 10.0 个百分点;50.3% 的家长关注学生的学习习惯,比全市总体水平低 10.7 个百分点。

(二) 亲子关系

1. 乡村小规模学校学生家庭亲子关系较差,亲子沟通程度不高

乡村小规模学校学生家庭亲子关系指数 58.2,比全市总体水平低 4.6 个百分点。只有 47.7% 学生表示"喜欢和父母分享在学校发生的事情",比全市总体水平低 10.4 个百分点;只有 40.1% 学生表示"家里一些重要决定,父母会征求我的意见",比全市总体水平低 6.9 个百分点;只有 55.8% 学生表示"我心情不好时,父母会及时关注并给予帮助",比全市总体水平低 6.9 个百分点。这些数据说明乡村小规模学校亲子在分享、协商、关注等方面均明显低于全市总体水平,表明亲子沟通程度不高。

2. 改善亲子关系有助于提升学生的学业成绩、高层次能力和学习品质

根据非标准分系数回归分析发现,亲子关系与学业成绩、高层次能力、学习品质以及学习品质的二级指标学习动机、学习策略、学习体验、学习维持之间均存在显著的正相关。优化亲子关系,会促进学生的学习品质、高层次能力和学业成绩的提升。

（三）家长参与及家庭教养方式

1. 乡村小规模学校家长参与指数较低，陪伴时间少

乡村小规模学校家长参与指数 63.8，比全市总体水平低 9.2，表明乡村小规模学校家长参与比较少，与全市总体水平相差较大。有 37.6% 的父亲、30.2% 的母亲表示"每天没有或几乎没有时间陪伴孩子"，分别比全市总体水平低 18.4 个百分点，即 20.1%。只有 36.4% 的母亲表示"每天陪伴 3 小时及以上"，比全市总体水平低 14.9 个百分点。40.0% 的家长"每天或几乎每天与孩子聊聊学习的事情"，比全市总体水平低 14.9 个百分点。27.0% 的家长表示"每天或几乎每天与孩子谈论孩子感兴趣的话题"，比全市总体水平低 8.1 个百分点。乡村小规模学校家长陪伴孩子、和孩子交流的时间不多，显著低于总体水平。

2. 乡村小规模学校家长重视学生作业指导，但是缺乏指导能力和监督力度

乡村小规模学校有 82.6% 家长每周至少一次"提醒孩子做作业"，比全市总体水平低 2.8 个百分点；只有 55.3% 家长"辅导孩子学习做作业"的次数在每周 1 次及以上，比全市总体水平低 15.8 个百分点；只有 49.3% 家长"批改孩子家庭作业并督促修改"的次数在每周 1 次及以上，比全市总体水平低 21.9 个百分点。表明乡村小规模学校家长对孩子学业还是关注的，但作业指导频次比较低。结合乡村小规模学校家长的职业、文化程度、陪伴时间等情况，可以推测出小规模学校家长缺乏指导能力和监督力度。

3. 乡村小规模学校学生家庭教养方式以信任型和情感温暖型为主，也有少数忽视型和溺爱型

家庭教养方式，指在家庭生活中以亲子关系为中心的，父母在抚养子女的日常活动中所表现出来的一种对待子女的固定的行为模式和行为倾向。本次调查将家庭教养方式分为专制型、信任鼓励型、情感温暖型、溺爱型、忽视型混合型六种类型。

乡村小规模学校学生家庭教养方式中信任型占 47%，情感温暖型占 32.2%，明显高出忽视型、溺爱型、专制型，总体情况与全市差不多。数据还发现，31.6% 的乡村小规模学校家长对孩子控制性较强；当孩子没达到家长的要

求时,20.8%的家长会责骂孩子;以上数据与全市总体水平差不多。乡村小规模学校86.7%的家长会鼓励孩子独立去完成有些事情,69.0%的家长与孩子容易沟通,以上数据与全市总体水平差不多。当孩子碰到不顺心的事时,乡村小规模学校84.4%的家长会安慰孩子;65.5%的家长认为"孩子能从他们的言谈举止中感受到对他(她)的爱"。

乡村小规模学校家长对孩子的控制和要求比较高,关注和鼓励比较少,沟通和表达的方式很直接有点粗暴,情感交流的意识不强。19.7%的乡村小规模学校学生家长常常"把孩子的错误归咎于别人",高于全市总体水平;51.7%的家长表示"大多数时候帮孩子做决定",与全市总体水平差不多。

忽视型和溺爱型家庭教养方式占5.5%,高于全市总体水平2.4个百分点,需要引起高度重视。39.1%的家长"从不知道孩子在做什么",高于全市总体水平15.1个百分点;51.8%家长"从不知道孩子在想什么",高于全市总体水平14.5个百分点。

4. 乡村小规模学校家校沟通有困难

关于"教师与家长沟通遇到的困难",乡村小规模学校84.7%的教师认为是"家长认为教育孩子主要是学校和老师的责任",高于全市总体水平10.0个百分点。71.2%的教师认为是"家长参与沟通的积极性不高",高于全市总体水平10.5个百分点。62.8%的教师认为是"家长忙,联系不上或没有时间沟通",高于全市总体水平7.6个百分点。35.8%的教师认为是"与家长教育理念不一致"。乡村小规模学校在家校沟通方面,普遍存在家长工作忙,沟通积极性不高,以及教育观念偏差造成沟通困难。

5. 家长参与有助于提升学生的学业成绩、高层次能力和学习品质

根据非标准分系数回归分析发现,乡村小规模学校的家长参与与学生学业成绩、高层次能力、学习品质以及学习品质的二级指标学习动机、学习策略、学习体验、学习维持都具有显著正相关。优化乡村小规模学校的家长参与,有助于提升学生的学习品质、高层次能力和学业成绩。

三、思考与建议

（一）政府全面落实《乡村振兴促进法》，提高乡村学生家庭的社会经济地位

根据国际 PISA 和国内大规模中小学教育质量监测的数据，家庭社会经济地位（SES）高的家庭更有可能高质量地参与学生的学习，从而有助于提高学生学业成绩。乡村小规模学校孩子学业成绩较低，其主要原因与其家庭社会经济地位有关。地方政府要全面落实《乡村振兴促进法》，加快加大力度振兴乡村，开展美丽乡村建设，提高农村家庭的经济收入，缩小城乡差距，促进共同富裕，让家长有时间、有机会、有能力参与到家校共育的队伍中。

（二）教育行政研训部门要政策倾斜，专项支援乡村小规模学校"家校共育"

义务教育的短板在于乡村小规模学校，乡村小规模学校短板在于家校共育。限于家庭社会经济条件及落后的教育理念，大部分乡村小规模学校的家长对参与家校共育工作感到心有余而力不足。乡村小规模学校教师普遍存在低职称、低教龄，多岗位兼职、跨学段跨学科教学、工作负担重的现象，而且家庭教育经验普遍不足。所以说家校共育工作是乡村小规模学校的难点，家校共育能力是乡村小规模学校教师的专业短板。

建议区域教育行政部门设置乡村小规模学校家校共育专项经费，大力支援乡村小规模学校家校共育工作，提高乡村小规模学校教师家校共育的主动性和有效性。研训部门要针对乡村小规模学校的学生家庭的特点，开展乡村小规模学校家校共育专项培训和教研活动，专门培训乡村小规模学校教师家校共育能力。

（三）乡村小规模学校要创新家校共育机制，主动地常态化引领家庭教育

面对乡村小规模学校的家长群体的特殊性，乡村小规模学校要转变传统

家校共育思路，发挥主角的作用，主动补齐家庭教育短板。家庭教育要以亲缘和情感为纽带，培养孩子正确的伦理道德观、审美观、劳动观和良好的心理素质等。学校是对学生进行知识和素质教育的主体，要遵循教育规律和学生身心发展规律，对学生进行系统的教育和培养，使他们得到全面健康成长。学校必须以自身为主体，强化家校协同，充分发挥各自优势，真正形成育人合力。

乡村小规模学校要建立家校共育工作新机制，拓宽家校共育范围和方式。设立家长学校，创新家长会内容，分年级段开展系列化、规范化、适切化的家庭教育指导课程，进行家庭教育知识普及，转变家长的家庭教育理念，引导家长改善亲子关系和教育参与，助力学生身心健康成长。通过家委会制度、班级平台等让更多家长积极主动参与到家校共育的工作中，引导家长挤出更多时间关注子女的学校学习生活。要利用网络技术平台，采取线上线下相结合的方式，指导家长掌握亲子沟通、功课辅导、家庭监督，以及为孩子提供情感支持的技巧，提高家校共育的个性化及针对性。在合适时间开展家长开放日等有益的亲子活动，在活动中渗透先进的教育理念、融入学校的教育要求，让家长为学校教育提供助力。要建立家校共育常态化工作机制，至少每月家校联系一次，保证家校共育的持续性，提高家校共育的实效性。

（四）乡村小规模学校教师都要成为家庭教育指导师，提高家庭教育的科学性和有效性

家庭教育已成为世界性的课题，在美国平均每 80 个家庭就有一个家庭教育指导师；在欧美发达国家，每 300—500 人就拥有一名家庭教育指导师。家庭教育指导师通过教育学、应用心理学、家庭社会学的理论知识，帮助家庭建立良好的教育环境，通过改变孩子的生活、学习习惯，帮助其建立起正确的道德观和责任感。家庭教育指导师的指导对象主要是家长，帮助家长提升教育的能力，纠正不恰当的教育方法。基于乡村小规模学校的校情，我们的教师理应义不容辞地担负起家庭教育指导的重要责任，人人都要成为家庭教育指导师。要主动学习家庭教育知识，掌握家庭教育方法，把家庭教育指导工作落实到细微之处。

引导家长采用科学的家庭教养方式，营造温暖、鼓励、信任的家庭氛围，减少忽视型、溺爱型和专制型行为。引导家长通过日常观察、网络视频、电话等手段，及时了解学生思想、心理和行为变化动态；在家庭教育中不能过分溺爱孩子，不能让孩子一直生活在家长的"保护伞"下；尝试建立规则，并在适当时机给予孩子一定的信任，让孩子感受自己独立尝试取得成果的积极心理体验。引导家长更多地创造民主和谐的成长环境，改变过去经常"命令"式的方式，多使用鼓励，让孩子自己表达想法，尊重孩子意愿和选择，尝试给孩子一定自主空间。

引导家长积极参与孩子成长的过程，了解儿童在特定发展阶段的需要和规律，在和孩子的互动与交流中，和孩子建立紧密的连接，让孩子在成长的道路上拥有一道天然的心理屏障，避免孩子出现心理问题。引导家长花时间陪伴，让孩子收获成长中最不可或缺的安全感和归属感。父母的陪伴的本质就是一种教育，是学生成长的最好的营养剂。引导家长高质量陪伴。多一些时间与孩子沟通，了解孩子所思所想；多一些时间陪伴孩子就餐、阅读、运动、思考等，在陪伴的同时，给予孩子多一些正向鼓励和肯定。

引导家长积极参与孩子的学习。指导家长科学有效地支持孩子的学习，理解、体谅孩子在学习中遇到的困难，同时提供积极帮助。引导家长重视学生日常学习习惯和行为习惯养成，例如多购买一些优秀的课外读物，帮助学生养成阅读的习惯。指导家长慎重对待家庭教育中出现的问题，如孩子厌学、不做作业、成绩退步、网络成瘾、师生矛盾、同学矛盾、亲子沟通不畅等，并给予家长合理的建议。

乡村小规模学校教育的特殊性在于家校共育，要优化家校共育的效益，关键在于一线教师。每一位乡村小规模学校的教师，都应该成为家庭教育指导师，才能弥补乡村小规模学校教育的短板，助力更多学生健康、快乐成长。

作者：王旭东（温州市教育评估院）
　　　王晓君（鹿城区教育研究院）
（本文发表于《未来教育家》2021 年第 5 期，被人民大学书报资料中心《中小学学校管理》2021 年第 11 期全文转载）

数据驱动：归属感视角下学生运动习惯的培养

一、研究的缘由与背景

（一）低学习品质——路在何方？

温州市2020年小学生学习品质监测报告中的数据表明，温州市仰义第一小学参与测评的四年级学生学习品质的效应量低于鹿城区及温州市平均水平；学习成就效应量与温州市平均水平持平，稍低于鹿城区平均水平；学习积极情感体验与学习意志显著低于温州市与鹿城区平均水平。如何提升学习品质？题海战术显然不是"双减"背景下提升学生核心素养的有效途径，因此找到合适的切入点迫在眉睫，而学习品质监测通过数据给我们打开了一个新的教育管理视角。

（二）数据新视角——柳暗花明

根据温州市的学习品质测试数据显示，学生的学校归属感和学生运动习惯对学习品质各项指数以及学业成绩均有显著的正向预测作用，两者均对学习品质中的学习动机、学习策略、学习积极情感体验、学习专注、学习意志影响相对较大。

（三）低学校归属感——如何突破？

温州市仰义第一小学学生的学校归属感指数效应量低于温州市及鹿城区

平均水平。反思学生低归属感的原因,有两点值得我们的关注:

1. 高频次的学生流动

2022年9月,温州市仰义第一小学共有学生1001人,当月就转入15人,转出22人。以四年级某班为例,四年更换了近30%的学生。高频次的同伴的变更,阻碍了学生归属感的建立。

2. 成就感和参与感的缺乏

在学习品质监测中,面对学校归属感的三个典型问题"我会积极参与班集体活动,为班集体做事","我会自觉遵守班纪、班规,并提供自己的建议和想法""在学校里,除了学习成绩之外,我从其他方面也能获得成就感",本校学生选择"非常同意"的比例都低于鹿城区县和温州市平均水平,特别是在"我会自觉遵守班纪、班规,并提供自己的建议和想法"问题上,选择"非常同意"的学生比例几乎是温州市和鹿城区选择该项学生比例的50%。

(四) 弱运动习惯——如何提升?

温州市仰义第一小学学生运动习惯指数"一般"的人数>"好"的人数>"较好"的人数,与温州市和鹿城区的整体趋势一致,但运动习惯指数为"好"的学生比例要低于温州市和鹿城区县。而分析原因,"不擅长运动"高居榜首,高于"没有喜欢的运动项目""没有运动场地、时间、设备"等。说明学生希望得到高质量的体育运动指导,提升运动的兴趣,提高对自己体育运动能力的自信。

二、研究的主题与内容

结合学生的流动频率和特性,研究如何将学校归属感的建构作为学校教育教学活动的中心,并相应调整学校的办学理念等顶层设计。

发挥已有的体育特色,研究如何在学校归属感的主题下推动学生运动习惯的改善,将学校办学理念落到实处。

三、数据的收集与分析

（一）对学校归属感的测评

学校归属感量表（Psychological Sense of School Membership Scale）由 Goodenow 于 1993 年编制，包含 18 个条目，采用 Liker 五点计分，从"1"至"5"代表"完全不正确"到"完全正确"。结合温州市学习品质检测的归属感典型体验的答案划分细则，我们选择更适合学生理解的语言，依次用"1"代表"从来没有"，"2"代表"有的时候"，"3"代表"经常"，"4"代表"很经常"，"5"代表"总是这样"。每题设置为 1—5 分，总分为 90 分，分数越高，表明学生的学校归属感越高。

同时，我们还在量表中增加了"你最喜欢的学校活动及理由"的简答题，对温州市仰义第一小学 632 名三至六年级的学生采用独立作答形式进行学校归属感的测评。测评结果显示，学生年级越高，对学校的归属感也越高，但提高幅度不大。数据显示，三年级是学生学校归属感建立的关键期，非常值得重视；学生最喜欢的活动是学校的美食义卖和篮球嘉年华，主要的理由是"能买到自己喜欢吃的零食"和"自己可以参加不同的比赛项目"。

（二）对运动习惯的测评

对运动习惯的测评题目是由学校结合温州市学习品质检测关于运动习惯的典型样题自行编制的，采用选择和简答两种形式对学生的运动时间、运动项目偏好等进行测评。测评对象为同样的 632 名三至六年级的学生。

四、改进的路径与措施

（一）以学校归属感统领教育教学活动管理

1. 学校办学理念的顶层设计

学校通过行政领导、师生访谈、专家引领，对办学理念和育人目标进行梳理,将"仰善重义 启智明理"作为办学理念,意在期望全体师生都能崇仰善良,乐于助人;知情明理、诚信待人;以阅读增长知识、丰厚底蕴;以体艺强健体魄,美化身心。学校注重以温暖的氛围鼓励学生的善意,激发学生的学校的归属感。围绕学校的育人目标"温暖世界 拥抱未来",校训"温润自己 暖和他人",校风"自强求善 温馨和谐",学风"自主求知 温润和乐",教风"自省求真 温情和美"打造和谐友爱的校园风气,使学生能成为内心强大、言行温和的"温暖少年"。

2. 学校教育教学活动的统筹管理

学校的科技节、艺术节、体育节等学校传统活动与培养学生的归属感结合起来,如让六年级的孩子当幼小衔接志愿者带领幼儿园的小朋友和一年级的新生认识校园;五年级的孩子拍摄以"我和校园"为主题的短视频;四年级的孩子撰写《我的校园》短文;三年级的孩子制作校园棋盘;二年级的孩子绘制"校园十景"明信片;一年级的孩子参加"校园定向运动赛"。学生每参与一次活动,对自己的学校的了解和感情都又多了一分。

3. 将学校归属感与运动习惯的结合

我们想以篮球为载体,让篮球成为孩子的学校记忆中最亮丽的一道风景线。比如,我们的"篮球三部曲":(1)入学篮球式:开学第一天,分发礼物,寓意新的开始。(2)篮球伴成长:每天开展"篮球操"活动,每月开展"篮球吉尼斯"活动,每年开展"篮球嘉年华"活动。(3)毕业篮球礼:毕业离校日,投篮入筐,寓意顺利毕业。期望六年的浸润能达到以球育德、以球启智、以球强体的目标。

(二)以体育作业促进学生运动习惯的培养

温州市仰义第一小学以"篮球+X",作为体育作业的切入点,从校本课程篮球课内作业延伸到大课间的篮球操和篮球动作练习、"篮球嘉年华"的技能比拼等,贯穿校园内的体育活动,同时从校内延展到校外,以体育作业的"三新"促进学生的"三增"。校内的体育作业包括体育课程和两次体育大课间活动的总和,而校外的体育作业按学生休息的时间分为学习日、双休日和假期体育作业。

1. "一新":零星单点以作业关联成网——校园体育"三位一体"的构建

(1) 学练评联结新形式

学生的学习、练习、评价以篮球为核心,使大课间有主题,篮球体育课课后有延展,"篮球嘉年华"等既有课程的支持又有课后练习的补充。"X"的体能训练能进一步训练学生的身体素质,帮助学生将体育课、运动会、体育大课间中的学习内容通过充足的练习得到巩固。以三年级的花式篮球动作"大风车"为例,它同时是学生篮球课上的训练项目,校外的篮球打卡作业内容,"篮球嘉年华"的比赛项目,"篮球吉尼斯"的挑战项目,在不同的学、练、评中项目保持一致。

(2)体育作业评价新标准

温州市仰义第一小学在以体质健康测试标准及体育课程标准要求的基础上,根据"篮球+X"作业的特点,设置了体育锻炼积极性、身体素养指标、体育活动运动量的三维评价指标,结合"篮球嘉年华"、体育大课间、运动会等校内外的运动比赛和活动,实行更加全面体现"知情意行"多角度的评价标准。

对体育锻炼积极性的评价指学生对体育作业的态度,由问卷测量身体素养的指标通过体质健康测试、篮球技能测评、体育课程测评三个指标进行评价;体育活动运动量通过校内和校外体育作业完成量两个指标进行评价,如表1所示。

表1 "篮球+X"体育作业评价载体和形式

维　度	评　价　载　体	评　价　形　式
体育锻炼积极性	学生问卷	"运动小达人""篮球小达人""篮球小健将"称号评选,作为评选学校"温暖少年"的主要指标之一
身体素养的指标	体质健康测试、"篮球嘉年华"、体育运动会、"校园吉尼斯"	
体育活动运动量	校内体育大课间、校外体育作业	

一年一度的"篮球嘉年华"就是对学生篮球技能进行评价的好时机。而校园的"体育吉尼斯"则作为一种排行榜,促使学生在完成体育作业的过程中更加有目标性,激发学生练习的积极性和兴趣。

身体素养评价

身体素养评价包括了体质健康检测和篮球技能测评两块部分,温州市仰义第一小学的篮球技能测评标准,如表2所示。

表 2　篮球技能 1—3 级测评标准

项目		考核办法	评价标准		
			1 级	2 级	3 级
跳跃	原地摸高	测试站立摸高和原地起跳单手摸高、计算起跳高度	大于 15 厘米	大于 20 厘米	大于 25 厘米
力量	原地站姿传球	原地任意姿势站立，双手传球。球落地前双脚保持不动	大于 5 米	大于 7 米	大于 9 米
控球	单手原地运球	原地双脚平行站立：左右手各 1 分钟内完成相应次数单手运球，中途不能中断，双脚不能移动，球在最高点时需高于膝盖	各 50 次	各 80 次	各 100 次
传球	双手交替运球	原地双脚平行站立。2 分钟内完成相应次数。双手体前交换运球。球左右运动幅度大于肩宽。中途不能中断，双脚不能移动	大于 50 次	大于 80 次	大于 120 次
	双手胸前击地传球	双手胸前击地传球击中 5 米外的标志物(标志物高 1 米)，共测试 10 次	命中不少于 4 次	命中不少于 6 次	命中不少于 8 次
	双手胸前平传球	双手胸前平传球击中 5 米外的标志物(标志物高 1 米)，共测试 10 次	命中不少于 4 次	命中不少于 6 次	命中不少于 8 次
投篮	任意位置投篮	在任意位置投篮 10 次，需 2 分钟内完成	命中不少于 4 次	命中不少于 6 次	命中不少于 8 次
	3 米位置原地投篮	在距离篮筐投影点 3 米的距离完成 10 次投篮，需在 3 分钟内完成	命中不少于 2 次	命中不少于 4 次	命中不少于 6 次
篮球操		完成本校第三套篮球操	基本完成篮球操的动作	连贯地完成篮球操动作	有节奏、准确完成篮球操动作

评价锻炼积极性

对学生锻炼积极性的评价主要是对学生参与体育大课间，"篮球嘉年华""篮球吉尼斯"，运动会等体育活动的积极性进行评价。

评价体育运动量

主要包括对学生体育课内、体育大课间和课间运动量以及校外的运动量进行评价。以三年级某班学生的体育素质报告单为例，基于体育作业呈现了该学生校内校外的体育活动的所有评价，如表3所示。

表3　温州市仰义第一小学学生体育素质报告单（三年级）

班级　　姓名　　性别

身体素养指标	体质健康检测总评	项目	体重指数	肺活量	50米跑	1分钟仰卧起坐	坐位体前屈	1分钟跳绳
		成绩						
	篮球技能测评总评	项目	运球、传球		篮球操		自选花式篮球动作
		成绩						
锻炼积极性	参与活动总评	项目	体育大课间		篮球嘉年华		篮球吉尼斯	运动会
		成绩						
体育活动运动量	校内体育作业总评	项目	课内练习		大课间练习		课间练习
		成绩						
	校外体育作业总评	项目	1分钟仰卧起坐	坐位体前屈	1分钟跳绳		打地鼠	篮球操
		成绩						

2."二新"：一课一练到全盘考虑——体育锻炼氛围的养成

（1）体育作业实施新措施

有了体育作业的延伸支持，教师在教学时注重引导学生深刻理解运动技术的内在逻辑，学生则是通过体育作业进行反复身体练习，不断内化直至熟练掌握动作，达到提高身体素质的目的。

（2）校内体育活动新扩展

温州市仰义第一小学除了规定的体育课程，设置了每天至少半小时的体育大课间和下午半小时的体育课外活动，还根据天气和学生的身体素养设计了3个版本的体育作业套餐。同时，学校也会根据学生体质健康检测和体育作业数据的反馈,对体育大课间的作业形式进行相应调整,以符合学生的需求。

(3) 校外体育活动新延伸

校外体育作业的设计如表 4 所示,主要分为篮球基本技能和体质健康检测内容,以年级段进行划分,面向绝大部分的学生。参与花式篮球社团、篮球社团、田径队,以及部分体质较弱的学生的体育作业则更有针对性。

表 4 学习日体育作业的设置

年级	项目	内容	标准
一年级	原地运球+跳绳(体能)	原地运球 50 个×3 组,1 分钟跳绳×2 组	要求每组运球掉球不超过 2 次
二年级	原地运双球+跳绳(体能)	原地运双球 50 个×3 组,1 分钟跳绳×2 组	要求每组运双球掉球,不超过 3 次
三年级	直线运球+仰卧起坐(体能)	直线运球 25 米×3 组,1 分钟仰卧起坐×2 组	运球动作熟练,在 7 秒内不掉球的情况下完成直线运球
四年级	曲线运球+仰卧起坐(体能)	曲线运球 25 米×3 组,1 分钟仰卧起坐×2 组	运球动作熟练,运球速度快,掉球不超过 1 次
五年级	定点投篮+平板支撑(体能)	投 10 球一组×3 组,40 秒平板支撑×3 组	一组投篮中至少投中 5 个
六年级	行进间 V 字上篮+平板支撑(体能)	行进间 V 字上篮 3 次,60 秒平板支撑×3 组	运球过程中不掉球,30 秒内顺利完成 2 次中篮,最多补篮 1 次

双休日和节假日的体育作业以每天运动时间达到 60 分钟为标准,具体项目、内容和标准如表 5 所示,和学习日的作业设计相比增加了跑步和自选体育运动项目,充分考虑了学生不同的发展需求。

表 5 双休日、节假日体育作业设计

年级	项目	内容	标准
一年级	篮球操+跳绳+跑步+自选运动项目	1. 篮球操 2. 三组 1 分钟跳绳 3. 慢跑 4. 自选运动项目	1. 基本掌握篮球操动作 2. 每分钟跳绳 100 个以上 3. 慢跑 15 分钟以上

续表

年级	项 目	内 容	标 准
二年级	篮球操＋跳绳＋跑步＋自选运动项目	1. 篮球操 2. 三组1分钟跳绳 3. 慢跑 4. 自选运动项目	1. 熟练掌握篮球操动作 2. 每分钟跳绳120个以上 3. 慢跑15分钟以上
三年级	花式篮球基本动作＋仰卧起坐＋跑步＋自选运动项目	1. 花式篮球 2. 三组1分钟仰卧起坐 3. 慢跑 4. 自选运动项目	1. 掌握基础花式篮球动作 2. 每分钟仰卧起坐25个以上 3. 慢跑15分钟以上
四年级	花式篮球基本动作＋仰卧起坐＋跑步＋自选运动项目	1. 花式篮球 2. 三组1分钟仰卧起坐 3. 慢跑 4. 自选运动项目	1. 掌握基础花式篮球动作 2. 每分钟仰卧起坐25个以上 3. 慢跑20分钟以上
五年级	花式篮球进阶动作＋平板支撑＋跑步＋自选运动项目	1. 花式篮球 2. 三组40秒平板支撑 3. 慢跑 4. 自选运动项目	1. 掌握进阶花式篮球动作 2. 三组40秒平板支撑 3. 慢跑20分钟以上 4. 自选体育项目半小时
六年级	花式篮球进阶动作＋平板支撑＋跑步＋自选运动项目	1. 花式篮球 2. 三组50秒平板支撑 3. 慢跑 4. 自选运动项目	1. 掌握进阶花式篮球动作 2. 三组50秒平板支撑 3. 慢跑20分钟以上 4. 自选体育项目半小时

同时，为了解决学生自主完成体育作业过程中缺乏动作指导的困扰，温州市仰义第一小学还通过公众号推送篮球操、花式篮球、自选体育运动推荐清单等为学生提供指导。

作业反馈的形式包括电子打卡和纸质打卡。三年级2班的体育老师在某健康运动APP上发布了以三年级体质健康检测项目为主的体育打卡任务，包括三个部分：一是三年级体质健康检测的必测项目坐位体前屈、跳绳、仰卧起坐。二是温州市仰义第一小学的篮球特色作业——花式篮球动作的训练。三是学生自行选择的趣味性体育游戏，例如打地鼠等。学生可以拍摄自己完成作业的过程，上传APP，方便教师对学生的体育作业进行个性化的评价。

3. "三新"：从一刀切到差异个性——体育作业资源库的自主选择

根据学生的年龄和自身特点，设计具有个性化的体育作业，让学生"跳一跳够得到"，形成较为丰富的体育资源库。

（1）个性化作业集新设计

设计分层篮球技能的练习，根据不同学生的特点可以对篮球操、花式篮球、基本篮球技能、竞技篮球技能等不同发展方向有所侧重。同时辅以不同的体能训练的项目，促进学生身体素质的全面提升。

（2）差异化资源库新完善

形成包含不同篮球技能和体能训练项目的作业设计资源库，为学生提供相应的训练视频，在学生完成体育作业的过程中随时随地给予支持。

五、成效的反思与改进："三新"体育作业促"三增"

（一）学生的"三增"

1. 梦寐以"球"——增强锻炼积极性

在实施"篮球＋X"体育作业之前，温州市仰义第一小学以每次1分钟，每天3分钟的跳绳作为体育打卡作业，2020年1个学期923名学生打卡记录显示，接近半数的学生打卡天数为一个学期总天数的30%以下，而"篮球＋X"体育作业实施后的2022年，学生打卡天数明显增加，打卡天数超过一个学期总天数30%的同学占86.7%，一半以上的同学打卡天数超过一学期总天数的50%。

对三、四、五年级共110名同学的两次问卷调查。数据表明，在学校实施一系列的"篮球＋X"体育作业和各项体育活动之后，喜欢和特别喜欢体育活动的学生人数明显上升，不喜欢体育活动的学生人数显著减少。

2. 孜孜以"球"——增加体育活动时间

"篮球＋X"体育作业为学生每天在校锻炼1小时提供了明确的锻炼项目，并以花式篮球的趣味性和篮球分项比赛的竞技性激发了学生锻炼意愿，使学生在校外自主进行体育锻炼的时间有明显的提升。"篮球＋X"的体育作业成功压缩了孩子们玩手机等电子设备游戏的时间。

3. 精益"球"精——增强身体素质

温州市仰义第一小学实施"篮球+X"项目的两年来,从学生的体质健康测试中也发现了篮球活动给学生体质健康带来的变化。

表6 我学校2020年与2022年体质健康测试数据

年度	样本数	优秀率	良好率	及格率	不及格率	合格率	优良率	平均分
2020	939	23.00%	31.52%	44.73%	0.75%	99.25%	54.53%	82.38
2022	998	25.55%	37.27%	36.07%	1.10%	98.90%	62.83%	83.88

全校近视率从2020年的39.34%下降到2022年的31.23%。如表6所示,与2020年体质健康测试相比,2022年的优良率、平均分均有提升,说明学生的身体素质在稳步提升。学校的"篮球+X"减负提质素养作业成为温州市小学第三轮课堂变革项目;校篮球队参加鹿城区2021年小学男子篮球比赛荣获第四名,城西学区第一名的成绩;校田径队参加鹿城区2021年第三十七届中小学田径运动会荣获小学乙组第五名的佳绩。

作者:徐跃华、林迪(温州市仰义第一小学)

(本文获温州市2023年中小学教育评价改革案例评选一等奖)

学生幸福感：现状、影响因素及启示
——基于温州市初中学生学习品质监测数据的分析

一、问题提出

教育的"原点"是育人。使每个孩子都能快乐成长是教育的一个基础性目标。对于正处身心发展重要阶段的初中学生而言，幸福感是其未来全面发展的必要基础。PISA测验的设计者认为，考察学生的幸福感至少有三个重要意义：第一，它是一个国家或地区能够保证全体公民幸福感的重要组成部分；第二，它是成年人幸福感的重要的决定性因素之一；第三，它是学校教育成果本质上的驱动力。

从温州市2021年初中学生学习品质监测结果可知，全市初中学生的平均幸福感指数为69.9，强幸福感的学生占比为26.2%，弱幸福感的学生占比为26.0%，总体学生幸福感处于中等水平。因此，想要提升学生幸福感，了解和分析全市初中学生幸福感的总体情况，探究学生幸福感的影响因素就显得尤为重要。

二、研究设计

（一）研究对象

研究对象为温州市94所学校的27 297名初中八年级学生。为完善研究设计,丰富数据结果,在数据采集过程中也收集了全市 27 127 名学生家长的问卷作答数据。

(二) 研究目的

了解全市不同群体的初中学生幸福感现状;探究初中学生幸福感的影响因素。

(三) 数据来源与分析方法

1. 数据来源

问卷数据主要来源于 2021 年初中学生学习品质监测项目学生和家长两类问卷。本研究将学生生活满意度作为衡量学生幸福感的指标。学业成绩指数以量尺分数呈现,其余指数均以百分制形式呈现,指数越高,表明情况越好。

2. 分析方法

本研究将利用 SPSS22.0 和 Excel 等分析工具进行定量分析。分析方法主要涉及描述性统计分析、差异检验、回归分析等。本研究中所有推断性统计分析均已将家庭社会经济地位指数(SES)作为控制变量。

三、研究结果

(一) 全市不同群体学生幸福感情况

全市学生的平均幸福感指数为 69.89,强幸福感的学生占比为 26.2%,弱幸福感的学生占比为 26.0%。从不同群体情况来看,城市学生、男生、非留守学生、独生子女和家庭社会经济地位高水平的学生的幸福感指数均显著高于全市平均值,弱幸福感的学生占比也均低于全市平均值;女生、留守学生和家庭社会经济地位低水平的学生的幸福感指数均显著低于全市平均值,弱幸福感的学生占比也均高于全市平均值。

218 / 探寻教育评价的力量

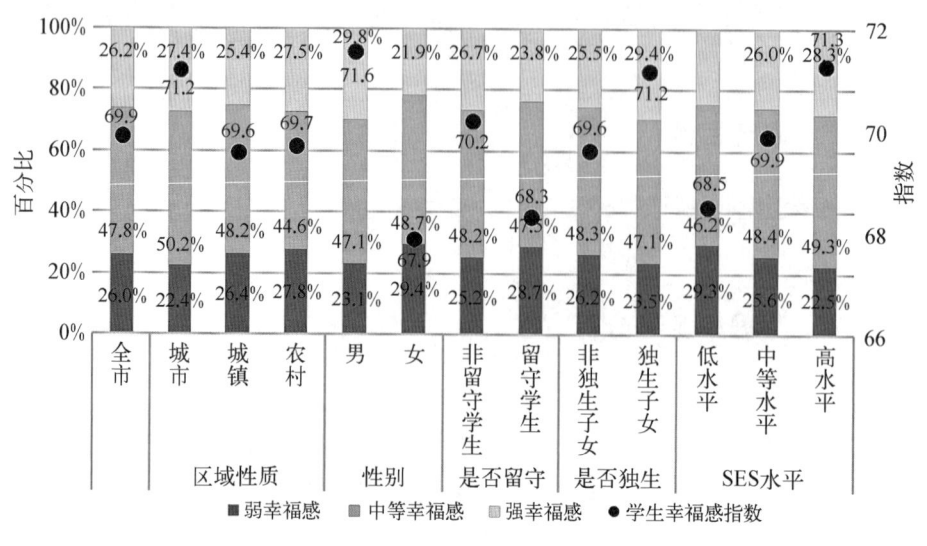

图 1　全市不同群体初中学生幸福感水平分布

（二）学生幸福感的影响因素探究

1. 学生个体层面

表 1 呈现了学生个体层面的学业成绩、学习动机和学习与考试焦虑三项指数对学生幸福感指数的预测分析结果。结果表明，在控制了 SES 后，学生的学业成绩对其幸福感并不具有显著的预测作用，而学习动机和学习与考试焦虑指数均对学生幸福感指数具有显著的正向预测作用。

表 1　学生个体层面因素对学生幸福感指数的回归分析

学生个体层面因素	标准化回归系数	t	p	R^2
学业成绩	0.006	0.991	0.322	
学习动机	0.342	57.713	0.000	0.167
学习与考试焦虑	0.176	30.871	0.000	

在控制了 SES 后，学业前后 10% 的学生的幸福感指数均差为 6.79（$p<0.001$，偏 $\eta^2=0.016$）。由此可知，学优生与后进生之间的幸福感虽存在差异，

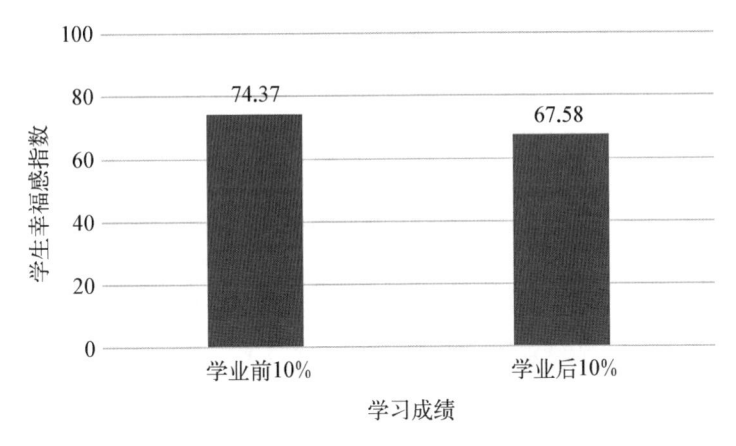

图 2 "学优生"和"后进生"的幸福感指数情况

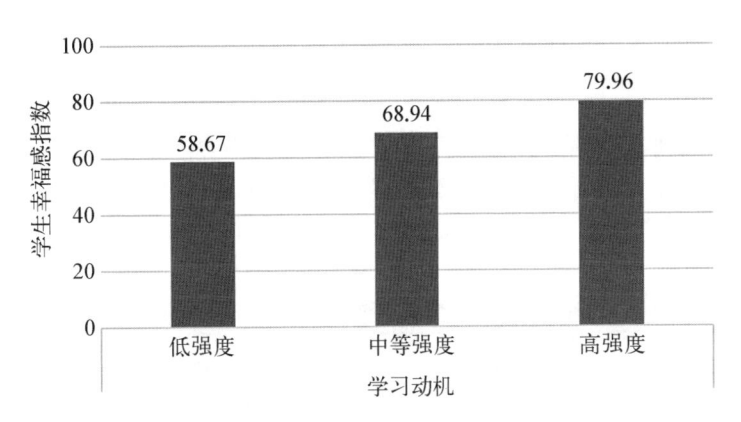

图 3 不同学习动机强度下的学生幸福感指数情况

但差异并不明显。结合回归分析表明,学业成绩好,并不一定会拥有较高的幸福感。

在控制了 SES 后,不同学习动机强度的学生的幸福感指数存在显著差异($p<0.001$,偏 $\eta^2=0.115$)。结合回归分析的结果,再一次表明,学习动机强度越高,学生幸福感指数也相对越高。激发学生的学习动机,有助于提升学生的幸福感。

在控制了 SES 后,不同学习与考试焦虑程度的学生的幸福感指数存在显著差异($p<0.001$,偏 $\eta^2=0.041$)。结合回归分析的结果可知,学习与考试焦虑程度越低,学生幸福感指数就相对越高。缓解学生的学习与考试焦虑,有助于提升学生幸福感。

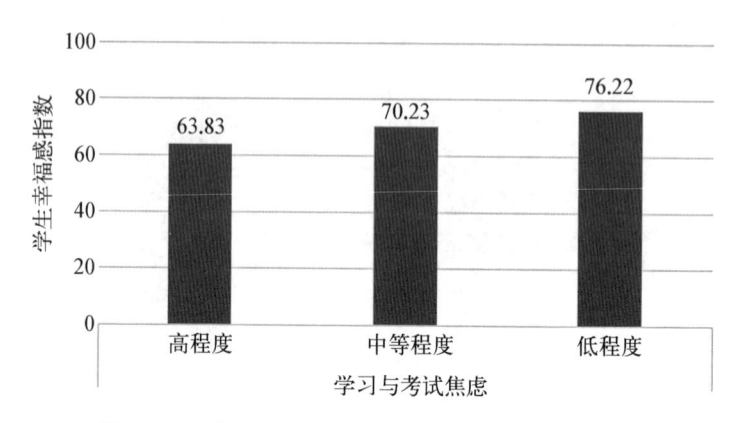

图4 不同学习与考试焦虑程度下学生幸福感指数情况

2. 校内情感支持层面

表2呈现了校内情感支持层面的学校归属感、同伴关系、师生关系三项指数对学生幸福感指数的预测分析结果。结果表明,在控制了SES后,学生的学校归属感、同伴关系、师生关系三项指数均对学生幸福感指数有显著的正向预测作用。

表2 校内情感支持层面因素对学生幸福感指数的回归分析

校内情感支持层面因素	标准化回归系数	t	p	R^2
学校归属感	0.203	26.302	0.000	
同伴关系	0.163	23.255	0.000	0.276
师生关系	0.259	40.330	0.000	

进一步分析可知,在控制了SES后,不同学校归属感水平的学生的幸福感指数存在显著差异($p<0.001$,偏$\eta^2=0.168$);不同同伴关系水平的学生的幸福感指数存在显著差异($p<0.001$,偏$\eta^2=0.129$);不同师生关系水平的学生的幸福感指数也存在显著差异($p<0.001$,偏$\eta^2=0.161$)。结合回归分析的结果,再一次表明,学校归属感水平、同伴关系水平、师生关系水平越高,学生幸福感指数也相对越高。因此,增强学生学校归属感、优化学生的同伴关系、增进学生与教师之间的师生关系,均有助于提升学生的幸福感。

学生幸福感：现状、影响因素及启示 / 221

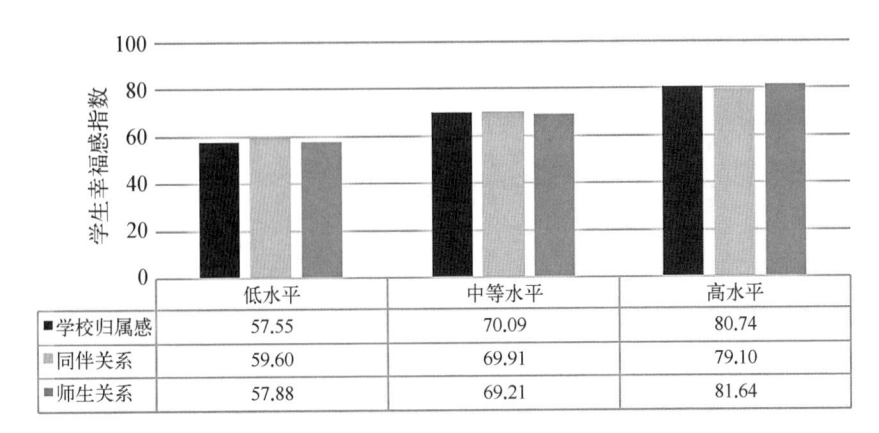

	低水平	中等水平	高水平
学校归属感	57.55	70.09	80.74
同伴关系	59.60	69.91	79.10
师生关系	57.88	69.21	81.64

图5　不同学校归属感、同伴关系和师生关系水平下学生幸福感指数情况

3. 家庭情感支持层面

表3呈现了家庭情感支持层面的家长参与和亲子关系两项指数对学生幸福感指数的预测分析结果。结果表明，在控制了SES后，学生的家长参与和亲子关系指数均对学生幸福感指数有显著的正向预测作用。

表3　家庭情感支持层面因素对学生幸福感指数的回归分析

家庭情感支持层面因素	标准化回归系数	t	p	R^2
家长参与	0.105	15.503	0.000	0.257
亲子关系	0.439	65.768	0.000	

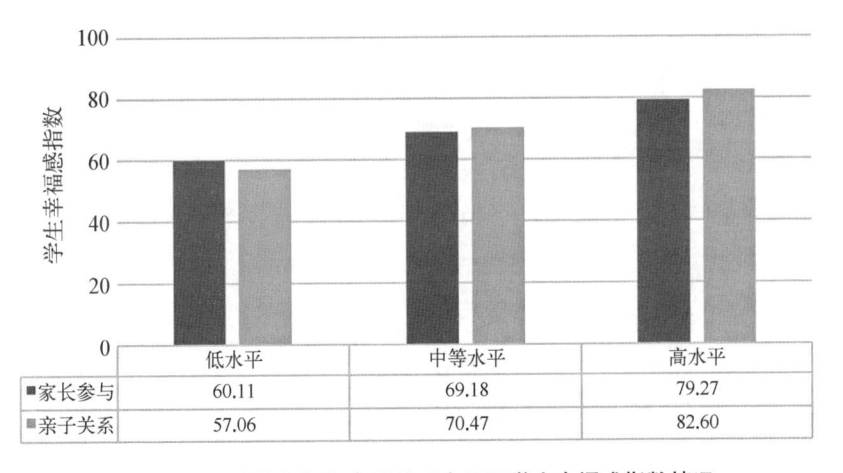

	低水平	中等水平	高水平
家长参与	60.11	69.18	79.27
亲子关系	57.06	70.47	82.60

图6　不同家长参与和亲子关系水平下学生幸福感指数情况

222 / 探寻教育评价的力量

在控制了 SES 后,不同家长参与水平的学生的幸福感指数存在显著差异($p<0.001$,偏 $\eta^2=0.11$),不同亲子关系水平的学生的幸福感指数也存在显著差异($p<0.001$,偏 $\eta^2=0.204$)。结合回归分析的结果,再次表明,家长参与和亲子关系水平越高,学生幸福感指数也相对越高。提高家长的参与程度和改善家长与学生之间的亲子关系,均有助于提升学生的幸福感。

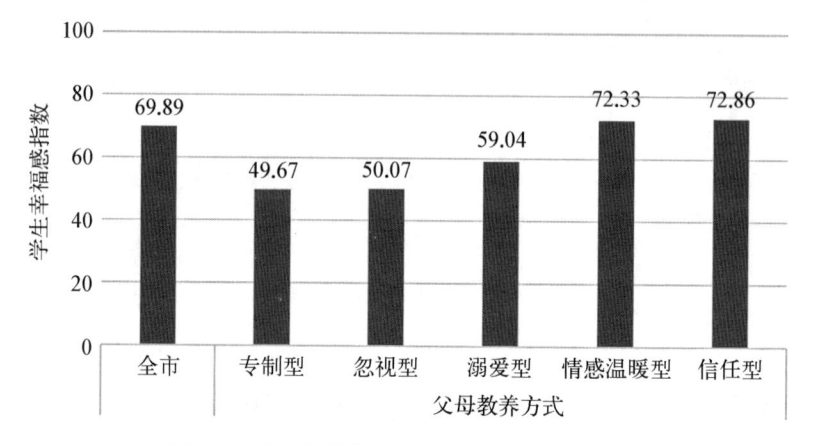

图7 不同父母教养方式下学生幸福感指数情况

在控制了 SES 后,不同父母教养方式下的学生的幸福感指数存在显著差异($p<0.001$,偏 $\eta^2=0.156$)。在专制型、忽视型和溺爱型的教养方式下成长的学生,其幸福感指数相对较低;在情感温暖型和信任型的教养方式下成长的学生,其幸福感指数相对较高。正向且良好的父母教养方式,对培养学生的幸

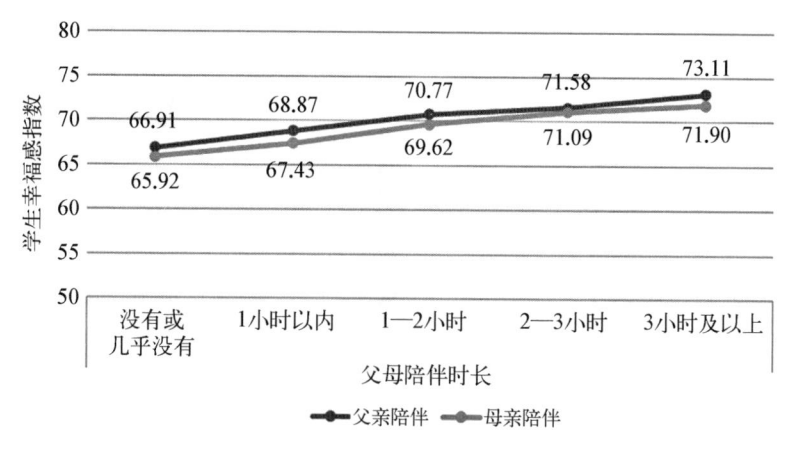

图8 不同父母陪伴时间下学生幸福感指数情况

福感有一定的促进作用。

将父亲与母亲每天陪伴孩子的时长进行对比发现,在控制了 SES 后,父母每天陪伴学生的时间越长,学生的幸福感指数也就越高。与母亲的陪伴效果对比来看,父亲陪伴下的学生幸福感指数相对高些。

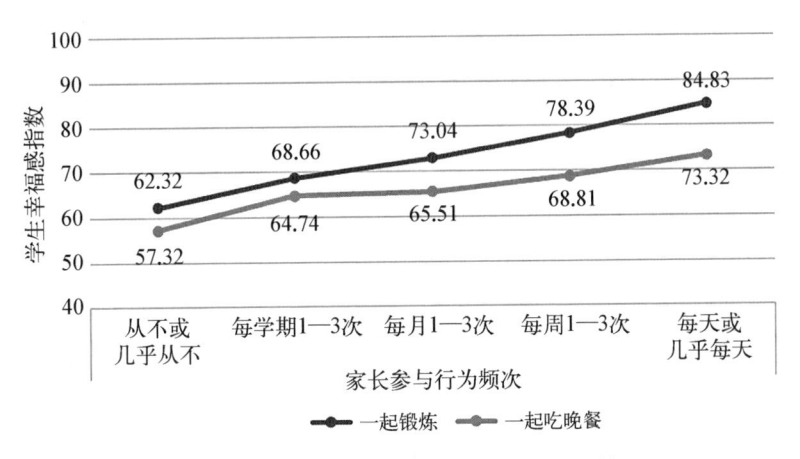

图 9　不同父母参与行为下学生幸福感指数情况

对父母参与行为下学生的幸福感指数进行对比发现,在控制了 SES 后,随着父母与孩子一起锻炼、一起吃晚餐的频次的增加,孩子的幸福感指数也会产生一定幅度的提升。锻炼时间和晚餐时间能够为父母和孩子提供一个非正式的谈话空间,并且坚持锻炼和按时吃晚饭也是对孩子良好生活习惯的培养。

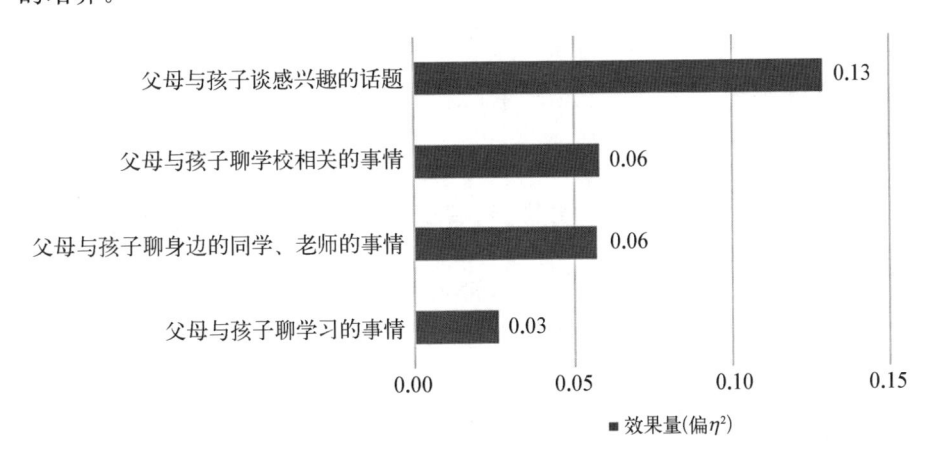

图 10　父母与孩子不同交流内容的频次间差异对比

在父母与孩子交流的内容方面,本研究进一步分析不同交流内容出现的频次间差异,在控制了 SES 后,"父母与孩子谈论感兴趣的话题"这一行为出现的频次高低,对学生的幸福感指数影响较大;而"父母与孩子聊学习的事情"这一行为出现的频次高低,基本不影响学生的幸福感指数。

四、启示与建议

学生幸福感是重要的教育结果之一,是青少年全面发展的重要指标。我们在关注学生素养发展的同时,也需要关注学生身心健康的发展,以思考引发行动,创建良好的教育生态环境,从而帮助提升学生幸福感。

(一)重视学生的群体差异,精准关怀幸福感较弱学生

家庭社会经济地位和群体差异对青少年发展的影响不容忽视。有研究表明,家庭贫困的学生、留守学生和非独生子女在家庭环境中大多缺乏父母足够的照顾与交流,更易成为校园欺凌对象。女生的情绪感受力大多强于男生,因此正向或负向的情绪波动也会更多。本研究表明,家庭社会经济水平低的学生、女生、留守学生和非独生子女的幸福感相对较弱。因此,在提升学生的幸福感方面,应给予他们更多关注。

学校作为学生学习和生活的重要场所,要加强校园文化建设,营造良好和谐的校园氛围,对学生在物质和心理健康上要给予相应关注。教师要加强对家庭贫困生、女生、留守和非独生子女的心理疏导和心理韧性的训练,关注其生活与学习状态,与学生建立良好的师生关系,帮助弱化家庭背景和群体特征所带来的幸福感差异。

(二)重视学生的学习体验,引导学生建立正向的成就目标

学习的目的是获得新知识和新技能,但如果教育教学过程中不重视学生的学习体验,只关注学业成绩,那么学生就会以此为目标,花更多的时间在避免失误与赢得成功上,而忽视对知识本身的探索。长此以往,对学生来说,学习就成了考试的代名词,这无疑会增加学生的焦虑情绪,带来负面的学习体验,从而降低幸福感。因此,在教育教学中,要重视缓解学生的学习压力,关注

他们的学习体验,引导学生在学习过程中享受乐趣。

一方面,要帮助学生正确看待学业成绩。要让学生认识到,学业成绩是学习效果的"体检仪",通过考试可以发现和分析学习中的问题与薄弱之处,但它并非学习效果的"疗效药"。如果把学业成绩视为证明自己的工具,一心想要超越别人,不落于人后,这不仅不能使学生获得幸福感,还会增加学生遭受挫折与失败的风险,影响学生良好的心理发展。

另一方面,要引导学生设定正向的学习目标。要把学习目标定位成自我提升和自我完善,从而激发学生的内部学习动机,在学习过程中保持对未知领域的好奇与兴趣,积极展开探索性行为,享受学习所带来的乐趣与成就感,才能让知识回报和情感回报双丰收。

(三) 重视学生的情感需求,家校齐力共助解锁"快乐学生"

学校和家庭是学生的重要成长环境,关注学生在校内外良好关系的建立与发展,为学生提供良好的情感支持是"快乐学生"的解锁密码。

一方面,要为学生提供必要的家庭情感支持。家庭是学生成长的第一环境,在青少年时期,父母是学生连接社会最核心的纽带。父母要满足学生必要的物质需求,更要满足学生心理上的情感需求。本研究表明,父母陪伴子女的时间越长、与子女交流感兴趣的话题越频繁,越有利于提升孩子的幸福感。同时,信任、温暖型的父母教养方式也同样能够助力孩子幸福感的提升。情感支持是必要的,但是在孩子成长的过程中,父母也要给予孩子足够的自我空间,要能够理解和接纳孩子有不同的行为与情绪表达,用宽容和耐心进行积极正确的引导与调节。

另一方面,要为学生提供优化的校内情感支持。学校对于学生来说,不仅是学习的场所,更是社会环境的缩影。在众多关系中,同伴关系在青少年发展中具有成年人无法替代的重要作用。要引导学生去建立和发展和谐的同伴关系,杜绝校园欺凌等现象,要让同伴交往成为幸福感提升的助力剂。此外,学校要创设良好的人文环境,关注培养学生的集体意识,让学生认识到自己是班级中的一员,增强学生对班级和学校的认同感与归属感。教师作为学生成长阶段中必不可少的角色,也要意识到良好的师生关系是提高学生幸福感的重要因素。教师不仅要为学生提供必要的学业和情感支持,还要促进情感的双向流动,师生间彼此尊重和坦诚以待,也能为学生幸福感的提升助力。

【参考文献】

贾瑜.学生幸福感:现状、影响因素及启示——基于PISA2018中国四省市数据的分析[J].教育发展研究,2020(6):36-42.

李天然.成绩好一定会感到幸福吗?——学生学业表现与幸福感的关系探讨[J].基础教育课程,2020(1):60-66.

徐瑾劼.影响学生幸福感的最重要因素是什么?[N].文汇报,2017-06-09(7).

严奕峰,李欣.学生幸福感从何而来——PISA 2015的调查数据及启示[J].外国中小学教育,2019(8):17-27.

张佳慧,辛涛.15岁学生幸福感的影响机制探讨——来自中国四省市PISA2018的证据[J].清华大学教育研究,2020,41(5):11-19.

作者:顾士伟(温州市教育评估院)

(本文获浙江省2022年教学评价与考试教学论文评审三等奖)

温州市初中生校园欺凌报告：
现状、特征与防治

一、调研缘起

(一) 防治校园欺凌是落实德育为先理念的重要手段

育人为本，德育为先。初中阶段学生，正面临着青春期带来的种种心理变化，尤其需要精心的引导与培育。防治校园欺凌的过程，就是健全学生人格、提升道德修养的过程，也是落实《义务教育道德与法治课程标准（2022年版）》中"遵守基本的社交礼仪，理性维护社会公德""团结同学，宽容友爱""能够自主调控自身的情绪波动""主动建立良好的人际关系"等课程目标的过程。

(二) 防治校园欺凌是维护学生身心健康的重要方式

校园欺凌扭曲了学校教育的本义，危害了校园安全，更对学生的身心健康带来了严重负面影响。对于遭受校园欺凌的学生来说，会因受到生理和心理上的伤害，而产生焦虑、抑郁、厌学的情绪，甚至出现自杀意念或行为；对于实施校园欺凌的学生来说，会因为欺凌行为的得逞，逐渐强化自己的错误认知，形成扭曲的价值观；对于旁观校园欺凌的学生来说，会因没有揭发和阻止欺凌行为，而产生恐惧感、愧疚感和无力感。

（三）防治校园欺凌是建设儿童友好城市的重要途径

儿童友好城市建设已被写入温州"十四五"规划、党代会和市政府工作报告。学校作为城市重要的公共配套设施，是儿童经常进行学习、活动的场所。学校能否做到有效防治校园欺凌，保障学生权益，维护学生身心健康，对儿童友好城市建设至关重要。联合国儿童基金会《儿童友好型城市倡议行动框架》的五大目标领域（成果）之一，就包含"每个儿童和青年都有权生活在安全、可靠的环境中，包括免受剥削、暴力和虐待"。

二、研究设计

（一）概念界定

本研究中的校园欺凌采用了更为广义的界定，不局限于单纯的肢体暴力行为，在上学期遭受过以下任一欺凌行为的学生都被视为遭受过校园欺凌：(1) 肢体性欺凌，以殴打、脚踢、掌掴、抓咬、推撞、拉扯等方式侵犯他人身体或者恐吓威胁他人；(2) 言语欺凌，以辱骂、讥讽、嘲弄、挖苦、起侮辱性绰号等方式侵犯他人人格尊严；(3) 财务损失欺凌，抢夺、强拿硬要或者故意毁坏他人财物；(4) 关系欺凌，恶意排斥、孤立他人，影响他人参加学校活动或者社会交往；(5) 网络欺凌，通过网络或者其他信息传播方式捏造事实诽谤他人、散布谣言或者错误信息诋毁他人、恶意传播他人隐私。

（二）调查对象

本研究依托温州市初中生学习品质监测项目，开展校园欺凌专项调查。采用概率比例规模抽样（PPS）进行抽样，共抽取 27 297 名八年级学生填写了学生问卷，并参加了相关学科测试；27 126 名抽样学生家长参加了家长问卷调查。

（三）调查内容与工具

基于对校园欺凌的概念界定和文献梳理结果，本次调查的内容主要包括：(1) 学生基本信息，包含学生的性别、家庭社会经济地位等；(2) 校园欺凌情况,包含遭受肢体性欺凌、言语欺凌、财务损失欺凌、关系欺凌、网络欺凌等;(3) 校园欺凌相关影响因素,包含师生关系、同伴关系、亲子关系等;(4) 学业成绩,包含数学学业成绩、英语学业成绩。

根据调查内容,研究团队自编了校园欺凌调查问卷、家庭社会经济地位量表、师生关系量表、同伴关系量表、亲子关系量表等工具,形成相关指数,并组建学科专家团队命制了数学和英语试卷。经统计分析,各问卷量表的信度、效度、区分度及其他关键指标达到了测量学要求。

三、结果分析与结论

(一) 温州市校园欺凌现状

温州市校园欺凌发生率为 35.2%,相比其他地区,发生率较低。由图 1 可知,温州市有 35.2%的学生报告自己遭受过校园欺凌,与国际学生评估项目(PISA2018)的结果相比,这一比例要低于北京、上海、江苏、浙江(48.6%)、中国香港(54.8%)、中国澳门(58.2%),也低于 OECD 国家平均水平(52.4%),但略高于中国台湾的校园欺凌发生率。

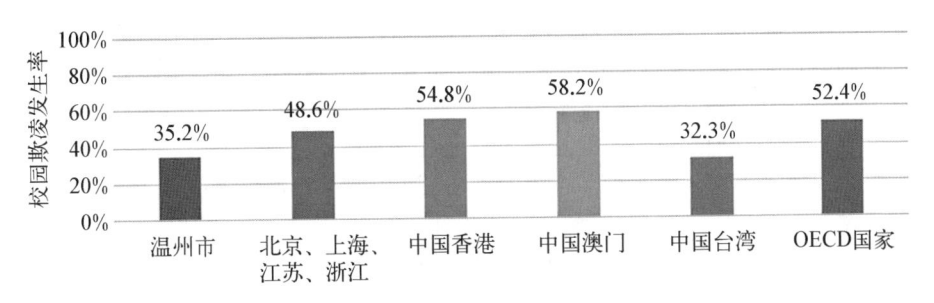

图 1 温州市及其他地区校园欺凌发生率[①]

分区县来看,温州市各区县校园欺凌发生率在 29.6%—41.1%。由图 2 可知,校园欺凌发生率较低的有区县 12、区县 15、区县 18、区县 19;校区欺凌发生率较高的有区县 13、区县 17、区县 21。

---

① 其他地区数据来源于 PISA2018, https://www.oecd.org/pisa/data/2018database/。需要注意的是,PISA 的测试对象为 15 岁青少年,本研究的调查对象为初中二年级学生,两者范围不尽相同。

230 / 探寻教育评价的力量

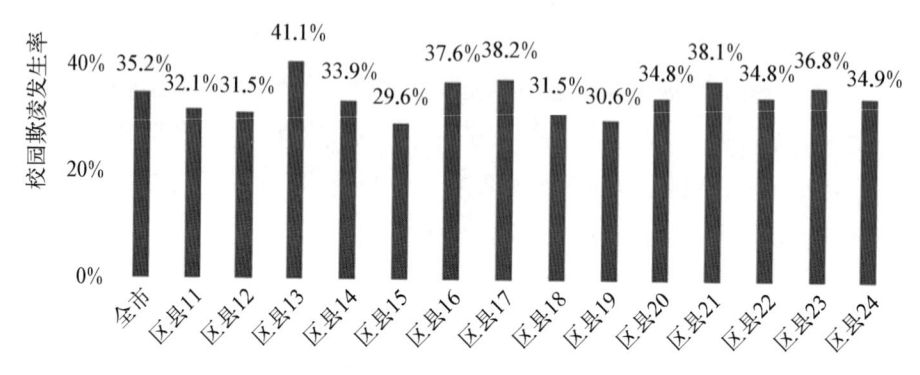

图2 温州市各县(市、区)校园欺凌发生率

分欺凌形式来看,言语欺凌发生率较高。由图3可知,25.6%的学生表示上学期自己遭受过言语欺凌,14.2%和11.6%的学生表示遭受过财务损失欺凌和关系欺凌,9.4%的学生遭受过网络欺凌,7.3%的学生遭受过直接的肢体性欺凌。

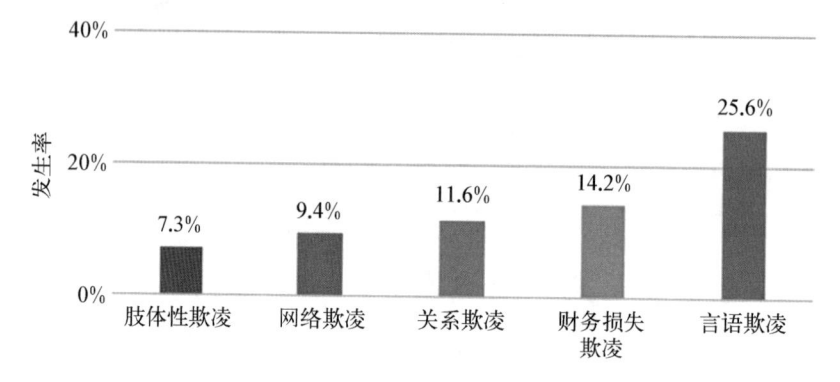

图3 不同形式校园欺凌的发生率

(二)受欺凌者典型特征

1. 受欺凌者的家庭特征

留守家庭儿童[①]更易遭受校园欺凌。数据发现,38.3%的留守儿童报告自己曾遭受过校园欺凌,而非留守儿童报告遭受校园欺凌的比例为35.0%。父

---

① 本研究中的留守儿童是指平时不与父亲或母亲住在一起的学生。

母角色的缺席,容易使留守儿童面对同伴不友好行为时缺乏应有的监控与指导。留守儿童因对同伴关系过于依恋而迷失自我,在面对过分的"玩笑打闹"时,往往无法向同伴正确表达自己的感受并反抗,从而使得过分的"玩笑打闹"进一步转化为校园欺凌。

低家庭社会经济地位(SES)学生更易遭受校园欺凌。由图4可知,SES后5%的学生中,有近41.5%的学生报告自己遭受过校园欺凌,而其他SES水平的学生遭受校园欺凌的比例在35%左右。

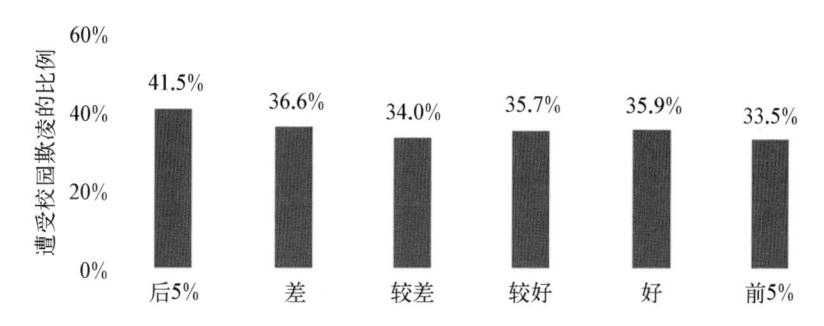

图4 不同SES水平的学生遭受校园欺凌的比例

2. 受欺凌者的个体特征

男生更易遭受直接性欺凌,女生更易遭受间接性欺凌。总体来看,男生遭受校园欺凌的比例高于女生,37.8%的男生报告遭受过校园欺凌,而只有32.3%的女生报告遭受过校园欺凌。分欺凌形式来看(图5),男生在言语欺凌、财务损失欺凌、肢体性欺凌这些直接冲突型的校园欺凌方面,发生率要高于女生;而女生在关系欺凌、通过网络散播谣言这类间接冲突型的校园欺凌方面,发生率更高。

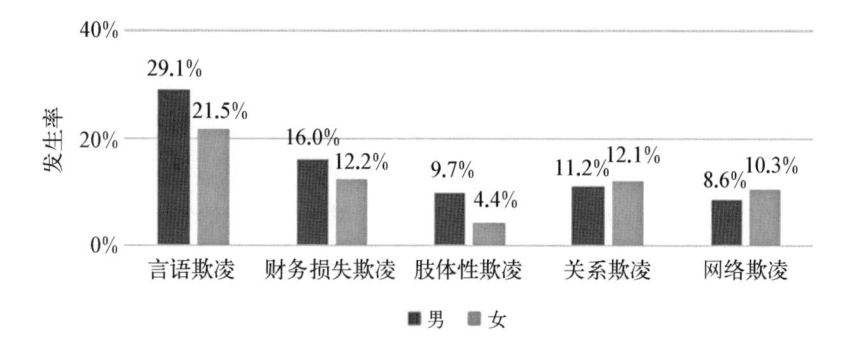

图5 不同性别的学生遭受不同形式校园欺凌的比例

学业成绩较差的学生更易遭受校园欺凌。由图 6 可知,学生学业成绩越低,其遭受校园欺凌的比例越高。对于学业成绩 E 等级(学业成绩后 20%)的学生来说,高达 43.3% 的 E 等级学生报告自己上学期曾遭受过校园欺凌。

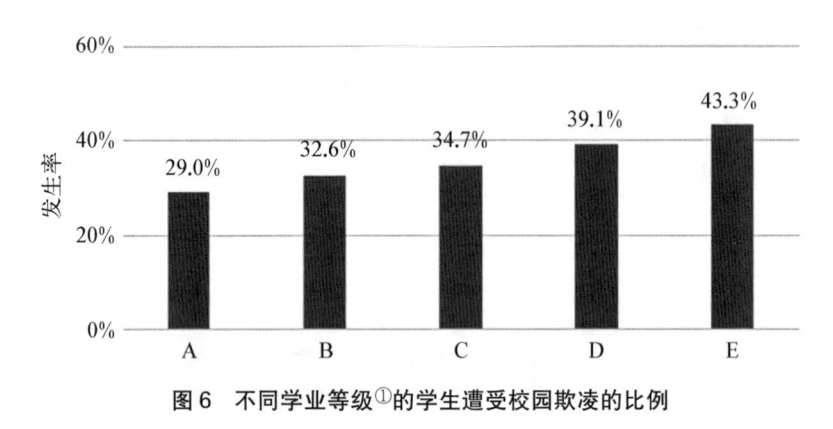

图 6　不同学业等级[①]的学生遭受校园欺凌的比例

(三) 如何有效降低校园欺凌的发生风险

基于 Logistic 回归,研究从亲子关系、师生关系和同伴关系三个方面探讨初中学生校园欺凌的影响因素,并考察这些因素是否可以有效降低校园欺凌的发生风险。

具体而言,模型的被解释变量为是否遭受校园欺凌;自变量为学生的师生关系指数、亲子关系指数、同伴关系指数;控制变量为上述已证实的,能够影响校园欺凌发生率,但又难以短期内进行干预的家庭个体层面因素,包括是否留守儿童、SES 是否为后 5%、性别、学业成绩。

1. 融洽的师生关系能够有效降低校园欺凌的发生风险

由表 1 可知,师生关系越好,学生遭受校园欺凌的概率越低,师生关系每提高一个单位,遭受欺凌的风险比则乘以 0.996 9。良好的师生关系能够显著降低学生遭受校园欺凌的风险($\beta=-0.0031, p<0.001$)。

调查结果也显示,那些能够关心每一个学生的老师,他们的学生遭受校园欺凌的比例仅为 25.7%;而那些不能做到关心每一位学生的老师,他们的学生

[①] A 指学业成绩位列前 20%,B 指学业成绩位列前 20%—40%,C 指学业成绩位列前 40%—60%,D 指学业成绩位列前 60%—80%,E 指学业成绩位列后 20%。

遭受校园欺凌的比例高达59.9%。

表1 校园欺凌的影响因素

变 量	β	风险比(被欺凌的概率/没有被欺凌的概率)	p
(Intercept)	1.0900	2.9743	<0.001
是否为留守儿童(是=1,否=0)	0.0196	1.0198	<0.05
是否SES后5%(是=1,否=0)	0.0097	1.0097	0.491
性别(男=1,女=0)	0.0523	1.0537	<0.001
学业成绩	−0.0002	0.9998	<0.001
师生关系	−0.0031	0.9969	<0.001
亲子关系	−0.0006	0.9994	<0.001
同伴关系	−0.0062	0.9938	<0.001

那些能够公平处理事情的老师，他们的学生遭受校园欺凌的比例仅为21.3%；而那些不能做到处事公平的老师，他们的学生遭受校园欺凌的比例高达58.1%。

2. 紧密的亲子关系能够有效降低校园欺凌的发生风险

由表1可知，亲子关系越好，学生遭受校园欺凌的概率越低，亲子关系每提高一个单位，遭受欺凌的风险比则乘以0.9994。良好的亲子关系能够显著降低学生遭受校园欺凌的风险（$\beta=-0.0006, p<0.001$）。

调查结果也显示，那些愿意与父母分享学校事情的学生，他们遭受校园欺凌的比例仅为27.8%；而那些不愿与父母分享学校事情的学生，他们遭受校园欺凌的比例高达48.8%。

那些能够及时关注到孩子心情的父母，他们的孩子遭受校园欺凌的比例仅为24.9%；而那些不能及时关注到孩子心情的父母，他们的孩子遭受校园欺凌的比例高达53.3%。

3. 友爱的同伴关系能够有效降低校园欺凌的发生风险

由表1可知，同伴关系越好，学生遭受校园欺凌的概率越低，同伴关系每提高一个单位,遭受欺凌的风险比则乘以 0.993 8。良好的同伴关系能够显著降低学生遭受校园欺凌的风险($\beta=-0.006\,2, p<0.001$)。

调查结果也显示,那些身边同学会给予帮助的学生,遭受校园欺凌的比例仅为 21.5%;而那些身边同学不会给予帮助的学生,遭受校园欺凌的比例高达 71.8%。

那些在学校不会感到孤独的学生,遭受校园欺凌的比例仅为 21.0%;而那些在学校总是感到孤独的学生,遭受校园欺凌的比例高达 68.5%。

四、对策与建议

(一) 学校支持:建立融洽的师生关系,营造反欺凌校园氛围

教师是学生在学校的第一依赖人和保护者。在校园中是否有关心学生的老师,老师能否做到耐心倾听、处事公平,与欺凌现象的发生直接相关。关心学生、耐心倾听、处事公平是学生对教师产生信任,构建融洽师生关系的基础。欺凌往往发生在隐蔽的角落,只有学生对教师足够信任、师生有着良好的关系,他才会及时寻求教师的保护,教师才能够及时介入并有效降低校园欺凌的发生。

因此,教师要注重和学生的日常交流,特别关注那些来自弱势家庭、性格内向或学业成绩不佳的学生,通过学生反映的信息及早了解班级内是否有人遭受欺凌,采取必要的措施。学校要营造友爱、包容和团结的校园氛围,通过主题班会、心理健康课等方式对学生进行反欺凌教育及应对方式的教育。学校还要长期开展学生心理健康教育和心理咨询,特别是对欺凌行为实施者要进行指导,引导他们解决情绪失控问题,帮助他们健全人格、控制自我。

(二) 家庭支持:建立亲密的亲子关系,给予孩子充分情感支持

家庭应该是青少年最温暖的港湾,在家庭生活中,父母能否做到积极关注、良好沟通,与欺凌现象的发生直接相关。在良好的亲子关系下,父母能够给予孩子充分的情感支持,也能够在孩子人际交往遇到困难时,及时给予建议和帮助,从而使孩子具备面对问题的勇气与健康人格,免于遭受来自同学的

欺凌。

因此,父母要加强与孩子的交流,细致观察孩子行为、情绪的变化,多与孩子聊聊在学校的人际交往情况,并及时与学校教师进行沟通,了解孩子在学校是否受到欺凌,尽早发现并请老师介入予以制止。孩子遭受校园欺凌后,父母应以爱的方式给予他心灵的庇护,帮助孩子消解负面情绪,逐渐恢复自尊和自信,引导其重新认知校园、同学与朋友。

(三)同伴支持:建立友好的同伴关系,筑造同伴间支持系统

良好的同伴支持系统能够有效减少校园欺凌的发生,在发现校园欺凌时,如果其余同伴能够敢于面对欺凌者,支持被欺凌者,采取合理的方式进行调节与干预,那么欺凌现象就会减少发生。

因此,要通过社会、学校、家庭多种途径,引导学生树立反欺凌意识,强化学生反欺凌的态度,增加其对弱势群体的同情心,使其充分发挥旁观者的作用,面对欺凌现象时,不再做沉默的羔羊。通过同伴间的相互支持,来减少校园欺凌的发生。

【参考文献】

胡咏梅,李佳哲. 谁在受欺凌?——中学生校园欺凌影响因素研究[J]. 首都师范大学学报(社会科学版),2018(6):171-185.

康嘉璐. 校园欺凌中的消极旁观者及学校干预策略研究[J]. 教学与管理,2023(9):38-41.

联合国儿童基金会. 构建儿童友好型城市和社区手册[EB/OL]. (2019-05-01). https://www.unicef.cn/reports/cfci-handbook.

刘京翠,赵福江. 学生个体因素对校园欺凌的影响研究——基于我国十五省(市)的调查和实验学校的访谈数据[J]. 中国教育学刊,2021(12):28-34.

石芳,韩震. 打牢铸魂育人根基 落实核心素养培养——《义务教育道德与法治课程标准(2022年版)》解读[J]. 教师教育学报,2022(3):112-117.

孙晓冰,柳海民. 理性认知校园霸凌:从校园暴力到校园霸凌[J]. 教育理论与实践,2015(31):26-29.

王玉香. 农村留守青少年校园欺凌问题的质性研究[J]. 中国青年研究,2016(12):63-68.

温州市教育评估院. 温州市2021年初中学生学习品质监测综合报告[R]. 温州:温州市教育局,2022.

温州市人民政府. 温州市建设儿童友好城市三年行动方案(2022—2024年)[Z].

吴方文,宋映泉,黄晓婷. 校园欺凌:让农村寄宿生更"受伤"——基于17 841名农村寄宿制学校学生的实证研究[J]. 中小学管理,2016(8):8-11.

夏婕妤,林婵. 儿童友好,让温州拥有柔软的力量[N]. 温州日报,2022-05-17(3).

中华人民共和国教育部. 义务教育道德与法治课程标准(2022年版)[S]. 北京：北京师范大学出版社,2022.
Rappleye J, Komatsu H. Is Bullying and Suicide a Problem for East Asia's Schools? Evidence from TIMSS and PISA[J]. Discourse: Studies in the Cultural Politics of Education, 2020(2): 310 - 331.
Schleicher A. PISA 2018: Insights and Interpretations[M]. OECD Publishing, 2019.
UNICEF Innocenti Research Centre. Building Child Friendly Cities: A Framework for Action[EB/OL]. (2004 - 03 - 15). https://www.unicef-irc.org/publications/pdf/cfc-framework-eng.pdf.
Zhang Qian. Performance Analysis and Future Prospect of China's Anti-bullying Policy and Practice: Evidence from PISA 2015 and PISA 2018[J]. Frontiers of Education in China, 2022(2): 231 - 256.

作者：刘舒畅（温州市教育评估院）
［本文获温州市2022年度中小学（幼儿园）"微调研"报告评选一等奖］

如何减轻初中生学习与考试焦虑？

——基于2021年温州市学习品质监测数据

一、问 题 提 出

2022年3月,北京一名小学生确诊新冠,据传流调信息显示,该生一周内跑了23个培训班,消息一出,各大媒体纷纷转载报道。虽然这个消息最后被辟谣,网传23个培训班的截图是该生所在班级学生参加的培训班数总和,但是这则新闻还是引起了广大网友的共鸣——"双减没改变中产阶级父母的鸡娃执念"。小学阶段尚且如此,何况需要面对中考的初中学生——"学生不是在学习,就是在去学习的路上"。

焦虑是个人对即将来临的、可能会造成危险或威胁的情境所产生的紧张、不安、忧虑等不愉快的复杂情绪状态(黄希庭,2004)。初中生学习任务重、压力大,高强度学习环境下,容易产生学习与考试焦虑。调查结果显示,69.8%的学生即使为考试做了充分的准备,考试前还是会感到非常焦虑。45.1%的学生在学校遇到不会解决的学习任务时,会感觉到紧张。[1] 虽然一定程度的焦虑是正常生活的构成部分,但当它出现得过于频繁、过于剧烈或者变得难以掌控时,就会影响学生正常的学习生活,危害他们的身心健康。轻者,晚上入睡困难,睡眠质量差;重者,影响学习、生活,社会功能受损,不得不退学;更有甚者,选择极端的方式结束自己的生命。

现有的关注学习与考试焦虑问题的研究常从不同角度切入,有个案分析、

---

[1] 数据来自2021年温州市初中学生学习品质监测。

心理咨询、经验总结、量化研究等。洪明和王洪礼(2002)从家庭教育失误的角度分析了中学生考试焦虑的成因并提出对策。王丽丽和邵思怡(2016)通过文献综述,分析了中学生焦虑的影响因素,并提出解决策略。关京(2019)介绍了焦点解决短期治疗技术在中学生考试焦虑辅导中的应用。就现有研究来看,对学习与考试焦虑影响因素和对策的研究,较少有综合分析,多是从一个方面进行量化的影响因素分析,且小样本的调查、个人经验总结居多。本研究试图从实证大数据入手,探究学生学习与考试焦虑多方面的外部影响因素,以期为改善初中生学习与考试焦虑现状提供参考。

二、研究内容

(一) 研究对象

研究对象为 2021 年 9 月升入八年级的学生,以及任教八年级数学、英语学科的教师和参测学生家长。采用概率比例规模抽样调查法(Probability Proportionate to Size Sampling,PPS),共抽取 27 297 名学生、94 所学校、749 位教师、27 127 位学生家长。

(二) 研究设计与实施

研究通过框架搭建、工具开发、监测实施、数据分析等环节,揭示学习与考试焦虑相关的外部影响因素,并结合数据分析结果,从学生、教师、学校、家长层面给出相应改进建议。

工具开发。近 40 名专家与教师参与学科研究小组与综合工作小组,论证测试框架、修改完善指标体系,开发学习与考试焦虑问卷、影响因素问卷、学科试卷,数据测算结果显示测试工具信效度良好[①]。

监测实施。2021 年 11 月 24 日,组织全市 13 个县(市、区)94 所学校参与监测,于 11 月 30 日完成全部的数据收集工作。

数据分析。通过描述统计,分析全市初中生的学习与考试焦虑现状,并通

---

① 因篇幅限制,且工具信效度不是本文主要探讨内容,故仅呈现工具信效度部分资料。

过关联分析、中介效应检验等方法解析相关影响因素。

三、研究结果

在呈现研究结果前,先对本研究中的学习与考试焦虑指数做出说明:学习与考试焦虑指数以百分制呈现,指数越大,表示学生学习与考试焦虑程度越轻。

监测结果显示,全市初中学生学习与考试焦虑指数为42.9,高焦虑人数占比27.6%。其中,女生高焦虑人数占比31.9%,高于男生。

(一)不同学业水平学生均可能出现学习与考试焦虑

提到学习与考试焦虑,不少人会首先联想到学业成绩。分析结果显示,后进生、中等生、优秀生的学习与考试焦虑指数相差不大,均在42左右,学业水平不同的学生中均有一定的高焦虑人数占比。因此,需要明确的是,不同学业水平的学生都有可能出现学习与考试焦虑。

但是,不同学业水平学生压力来源不同。学业成绩弱的学生,压力来源"自身学习成绩差"占比较高;学业成绩好的学生,压力来源"同学之间竞争大"占比较高。可见,学业成绩弱的学生更多感受到的是自我发展压力,学业成绩好的学生更多感受到的是竞争压力。

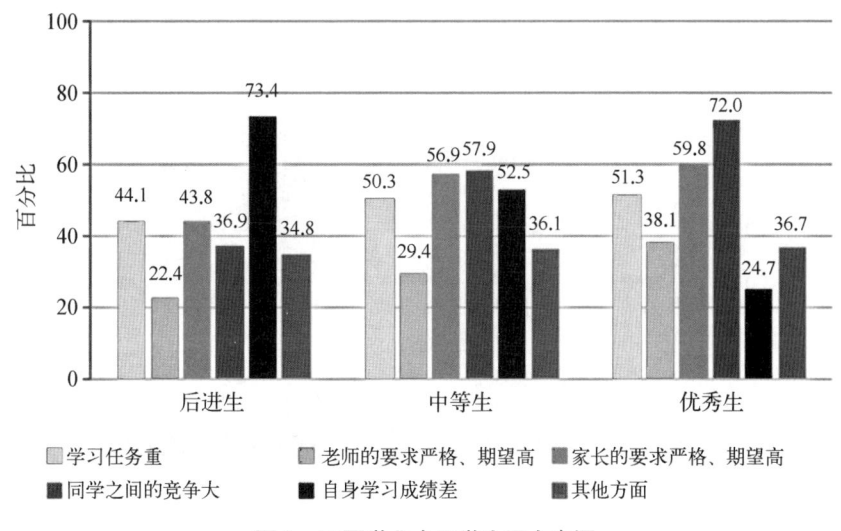

图1 不同学业水平学生压力来源

（二）运动时间、睡眠时间影响学生学习与考试焦虑

随着校内运动时间的增加，学生学习与考试焦虑指数呈现上升的趋势，学生学业成绩先上升后下降。在校内运动时间为 1—1.5 小时/天的情况下，学生的学习与考试焦虑、学业成绩均能达到一个相对理想的状态，这个标准也与中共中央国务院印发的《"健康中国 2030"规划纲要》要求相符①。

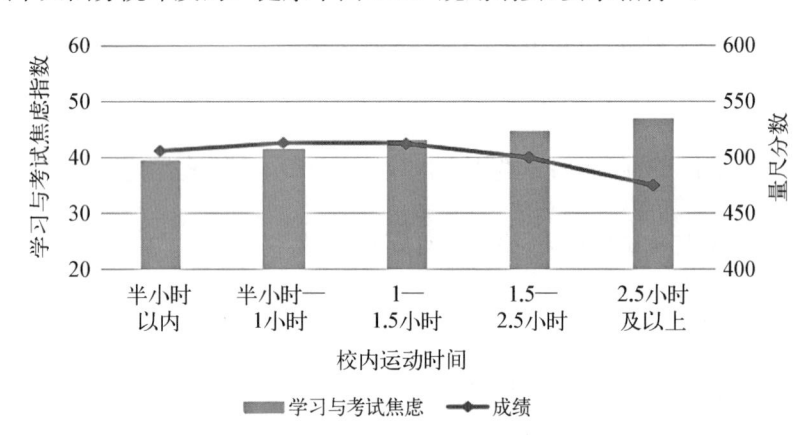

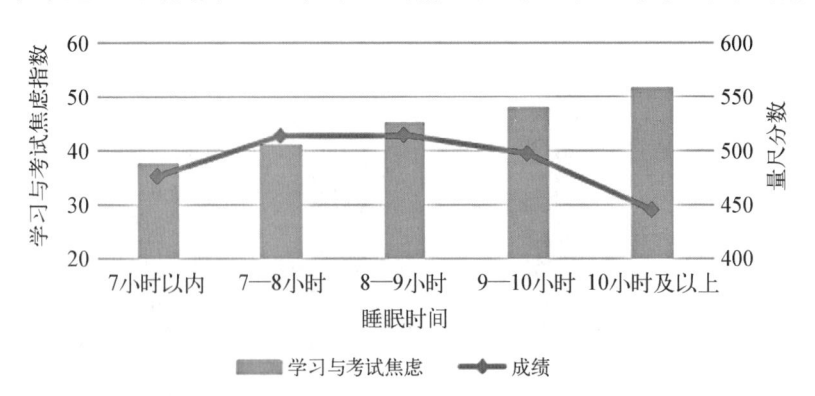

图 2　不同校内运动时间下，学生学习与考试焦虑指数和学业成绩表现

此外，数据还表明，学生睡眠时间也和学习与考试焦虑相关。随着睡眠时间的增加，学生学习与考试焦虑指数也随之增加，学生学业成绩先上升后下降。在学生睡眠时间为 8—9 小时/天的情况下，学生学习与考试焦虑指数、学

图 3　不同睡眠时间下，学生学习与考试焦虑指数和学业成绩表现

---

① http://www.gov.cn/xinwen/2016-10/25/content_5124174.htm.

业成绩均能达到一个相对理想的状态。教育部办公厅《关于进一步加强中小学生睡眠管理工作的通知》中也提到,初中生睡眠时间应达到9小时。①

(三) 师生关系和教师行为影响学生学习与考试焦虑

本次监测中,把"师生关系"划分为3个水平,把"教师关注并帮助学生缓解学习压力"的行为频率划分为4个等级。数据分析结果显示,师生关系水平高的情况下,学生学习与考试焦虑程度较师生关系水平一般或较高时轻。并且,在师生关系水平高时,随着教师行为频率增加,学生学习与考试焦虑指数也随之增加;当师生关系水平一般或较高时,随着教师行为频率的增加,学生学习与考试焦虑指数变化不大。可见,良好的师生关系和教师对学生的关注、引导行为对减轻学生学习与考试焦虑很重要。

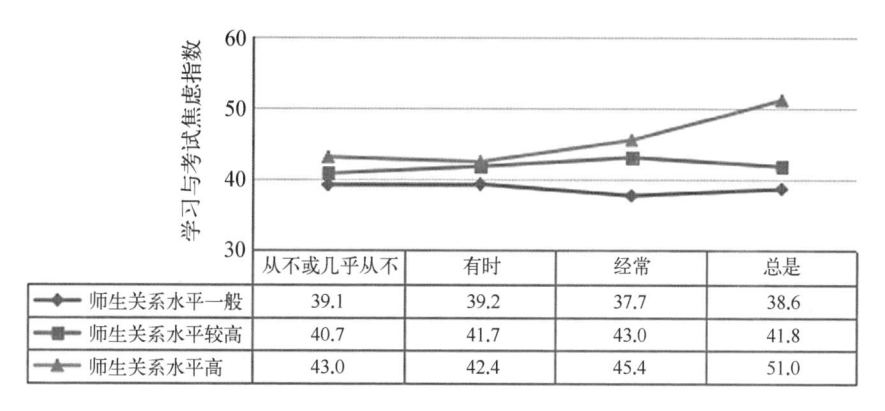

	从不或几乎从不	有时	经常	总是
师生关系水平一般	39.1	39.2	37.7	38.6
师生关系水平较高	40.7	41.7	43.0	41.8
师生关系水平高	43.0	42.4	45.4	51.0

图4 师生关系、教师行为对学生学习与考试焦虑的影响

(四) 学校归属感水平越高,学生学习与考试焦虑程度越轻

数据分析结果揭示,随着学生学校归属感水平的提高,其学习与考试焦虑指数增加。也就是说,学生学习与考试焦虑随着学校归属感水平的提升而减轻。

进一步分析发现,对不同规模学校而言,学校归属感在改善学生学习与考试焦虑上的作用存在差别。学校规模越大,学校归属感作用越明显,随着学生

---

① http://www.moe.gov.cn/srcsite/A06/s3321/202104/t20210401_523901.html.

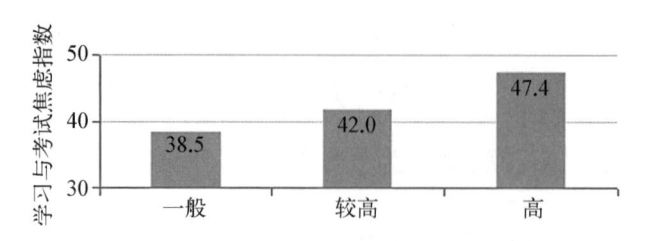

图 5　不同学校归属感水平学生的学习与考试焦虑指数

学校归属感水平的提高,大规模学校的学生学习与考试焦虑减轻最为明显,微规模学校的学生学习与考试焦虑程度变化不大。

	学校归属感水平一般	学校归属感水平较高	学校归属感水平高
大规模	38.1	41.9	47.8
中规模	39.4	42.0	46.8
小规模	40.9	42.4	45.7
微规模	40.2	42.5	41.5

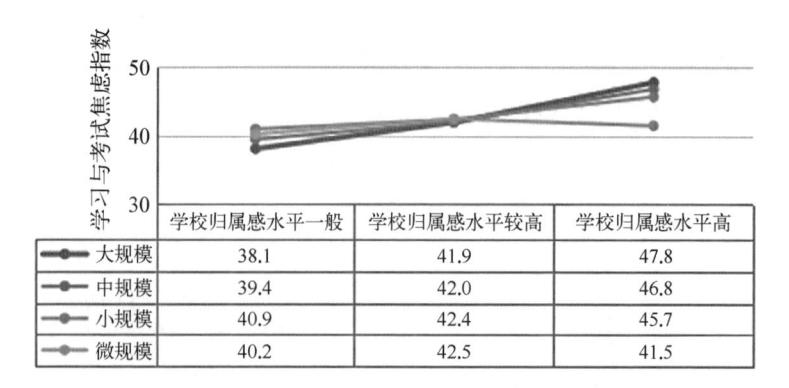

图 6　不同学校规模和学校归属感水平下学生学习与考试焦虑指数①

(五) 家长参与行为类型、亲子关系影响学生学习与考试焦虑

数据分析结果显示,父母随着"与孩子谈论孩子感兴趣的话题""与孩子一起锻炼身体"行为频率的增加,学生学习与考试焦虑指数增加,即学习与焦虑程度减轻。

中介效应检验结果显示,上述两种家长生活参与行为不仅能够直接影响学生的学习与考试焦虑,而且会通过影响亲子关系,间接影响学生的学习与考试焦虑。也就是说,父母多些"与孩子谈论孩子感兴趣的话题""与孩子一起锻炼身体"行为,能够改善亲子关系,进而减轻学生学习与考试焦虑。

---

① 学校规模根据八年级在校学生数进行划分,八年级学生数在 300 人及以上为大规模学校,100—299 人为中规模学校,50—99 人为小规模学校,49 人及以下为微规模学校。

	父母与孩子谈论孩子感兴趣的话题	父母与孩子一起锻炼身体
■从不或几乎从不	39.6	40.2
□每学期1—3次	40.5	40.6
▤每月1—3次	42.4	43.2
▪每周1—3次	44.2	46.1
▨每天或几乎每天	47.1	51.1

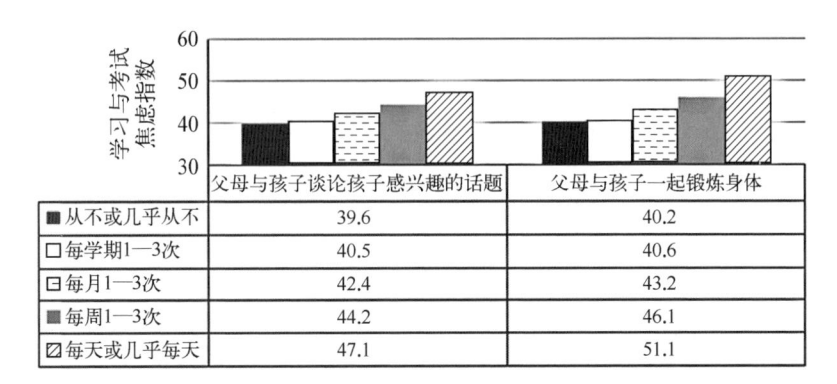

图7 家长生活参与和学生学习与考试焦虑指数[①]

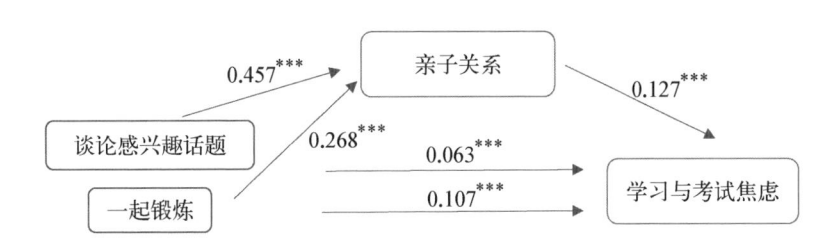

图8 亲子关系在家长生活参与对学习与考试焦虑影响中的中介作用(标准化)

但并不是所有家长参与行为都能够减轻学生学习与考试焦虑。数据分析结果显示,"父母与孩子聊学习""父母提醒孩子做作业"对学生学习与考试焦虑有负面影响。总体而言,随着上述学习参与行为频率的增加,学生学习与考试焦虑指数降低。

学生学习与考试焦虑受到外部与内部因素的共同影响,外部因素也能够通过影响内部因素进而影响学生学习与考试焦虑,如教师可以通过理性情绪疗法改变学生对考试失误的不正确归因,进而改善学生对考试的恐惧心理。上述结果用数据揭示了运动时间、教师引导、学校归属感、家长参与等外部因素对初中生学习与考试焦虑的影响,并且这些因素都是可操作、可改变的,学生、教师、学校、家长四个相关主体可以从上述因素出发,做一些力所能及的尝试,以减轻初中生学习与考试焦虑。

[①] 家长因素关联分析已控制家庭经济社会地位(SES),下同。

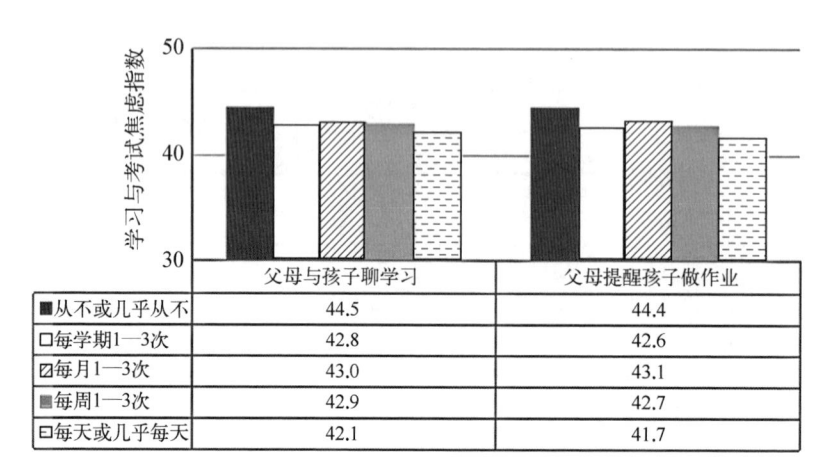

	父母与孩子聊学习	父母提醒孩子做作业
从不或几乎从不	44.5	44.4
每学期1—3次	42.8	42.6
每月1—3次	43.0	43.1
每周1—3次	42.9	42.7
每天或几乎每天	42.1	41.7

图9 家长学习参与和学生学习与考试焦虑指数

四、建 议

(一) 学生：加强锻炼，保证充足睡眠

初中生面对的主要任务之一是学习。长时间坐着学习对腰椎、眼睛等会有不良影响，且长期处于高压的学习环境下，也容易致使学生心理疲劳，产生心理问题。初中生处在身心发展的阶段，我们希望学生们获得好成绩，但不希望以身心健康为代价。并且，关注学习结果的同时，也要关注投入产出比，避免做无用功、"内卷"。研究结果揭示，每天进行适量的运动(1—1.5 小时/天)能帮助学生高效地学习，且能在一定程度上帮助学生缓解焦虑情绪。因此学生要注意劳逸结合，适量运动，这样才能放松身心，更有效率地学习。研究结果也揭示，保证每天充足的睡眠(8—9 小时/天)能促进学习，帮助学生缓解焦虑，这提示学生要做好时间管理，合理规划，保证充足的睡眠。

(二) 教师：建立良好师生关系，分类处理学生焦虑症状

研究结果表明，不同学业水平的初中生都有可能出现学习与考试焦虑。通常来说，教师对成绩好的学生关注较多，对成绩差的学生也会兜底，而对学业成绩中等的学生容易忽略。因此，教师需要打破固有观念，面向全体。本次

研究的数据显示,师生关系水平高时,教师在帮助学生缓解焦虑上作用明显,并且随着关心、引导学生频率的增加,学生学习与考试焦虑程度进一步减轻。初中阶段,教师在日常教学活动中,要与学生建立良好的关系,及时发现问题、解决问题。此外,教师对待不同群体的学生要对症下药。从数据中我们可以看到,不同学业水平的学生其压力来源不同,学业成绩好的学生更多感受到的是竞争压力,学业成绩弱的学生更多感受到的是自我发展压力。教师要引导学生树立科学的学习观与考试观,对于成绩好的学生,教师要让其意识到,学习、考试是一个自我成长、自我审视的过程,引导学生更多关注自身的成长变化;对于成绩弱的学生,教师要引导其发现自己的优点,合理规划,在其取得进步时及时鼓励,激发学生自我成长的力量。

(三)学校:多途径加强学生学校归属感

学校归属感指学生对自己所就读的学校在思想上、情感上和心理上的认同与投入,愿意承担作为学校一员的责任和义务,乐于参加学校活动。[1] 数据分析结果显示,学生学习与考试焦虑和学校归属感相关显著,随着学生学校归属感水平的提高,学生学习与考试焦虑减轻,并且学校规模越大,效果越明显。可见,加强学生学校归属感至关重要。初中学生绝大多数时间是在学校中度过的,良好的学校体验也有助于学生学业成绩的提高。学校可以通过开展多种形式的校内主题文化活动、提高班级凝聚力、营造轻松和谐的学习氛围等途径加强学生学校归属感。

(四)家长:多生活陪伴、少学习干预,和孩子建立良好的关系

此次研究数据表明,学生学习与考试焦虑和家庭社会经济地位(SES)无关,SES 对学习与考试焦虑的解释量只有 0.1%。而家长参与行为种类却能影响学生的学习与考试焦虑,家长"与孩子谈论孩子感兴趣的话题""与孩子一起锻炼身体"等生活参与行为能够减轻学生学习与考试焦虑,这些家长生活参与行为还能通过改善亲子关系进而减轻学生学习与考试焦虑;而家长"与孩子聊学习""提醒孩子做作业"等学习参与行为会加重学生学习与考试焦虑。可见,

---

[1] 包克冰,徐琴美.学校归属感与学生发展的探索研究[J].心理学探新,2006(2):51-54.

家长要有智慧地参与孩子的学习生活,多些生活陪伴行为,少些学习干预行为,成为孩子成长道路上的陪伴者、引领者,而不是指挥者、控制者。

学习与考试焦虑是一个复杂的问题,受各方面因素的影响,减轻学习与考试焦虑需要学生、教师、学校、家长的共同努力。出于研究伦理的考量,对学习与考试焦虑的研究难以通过控制变量的实验方法来揭示因果关系,本研究通过大数据分析初中生学习与考试焦虑的相关因素,为减轻、改善初中生学习与考试焦虑提供可操作的实证参考。

【参考文献】

关京.焦点解决短期治疗技术在中学生考试焦虑辅导中的应用[J].中小学心理健康教育,2019(32):37-40.

洪明,王洪礼.家庭教育失误导致中学生考试焦虑的分析与对策[J].心理科学,2002(6):753-754.

黄希庭.简明心理学辞典[M].合肥:安徽人民出版社,2004.

王丽丽,邵思怡.中学生焦虑的影响因素及对策[J].亚太教育,2016(23):283-284.

作者:徐路明(瓯海区教育研究院)

(本文获温州市2022年中小学教师优秀教育教学论文二等奖)

增值评价篇

基于区域四维评价体系的初中绿色增值评价

目前,浙江省温州市有350所初中,其学生人数约占浙江省初中学生人数的1/6。但是,从近几年浙江省教育质量综合测评和温州市初中毕业生学业考试(简称"中考")数据来看,温州初中的综合教育质量处于浙江省后位,且内部整体水平差异较为严重。因此,2013年10月,温州市教育局出台了《温州市中小学教育质量评价实施方案(试行)》(温教评〔2013〕107号),构建了学生品德发展、学业水平、身心健康和学习生活幸福4个维度18项指标的中小学教育质量四维评价指标体系,并从2014年开始,相继开展了7次市级层面的教育质量综合评价项目。但是,这一项目在实践过程中遇到了如下瓶颈:一是如何解决因起跑线不同带来的评价偏差;二是如何开展基于进步幅度的评价。

针对这些问题,我们基于四维评价体系开展了"初中绿色增值评价研究",从设计增值评价内容、开发增值评价模型和构建增值评价数据追踪系统三个方面来构建区域中小学教育质量增值评价实施路径,以进一步拓展与完善温州市中小学教育质量综合评价模式,引领区域教育全面发展和绿色发展。

一、基于四维评价体系的"绿色增值评价"之内涵定位与构建思路

(一) 内涵定位

为解决区域四维指标体系在具体实施过程中出现的"因起跑线不同带来的评价偏差""如何评价进步幅度"问题,我们引入了增值性评价。"增值性评价是指学生在'学力''生活与职业''情感''社会性发展'等方面,在通过接受一定阶段教育后,在各自起点或基础上进步、发展、成长、转化的'幅度',并依此对学生个体发展和学校效能进行价值判断的评价模式。"(张亮,张振鸿,2010)区域初中绿色增值评价就是依据上述增值评价的概念,结合区域四维评价指标体系而提出的。它是指,在充分考虑学生基础因素(学习基础、家庭教育环境等)的前提下,对接受过一定阶段教育之后的学生的品德发展、学业水平、身心健康和学习生活幸福感等方面的增加程度进行价值判断。在评价内容上,区域初中绿色增值评价不仅关注学生学业水平的增值,也关注学生身心健康在内的全面增值,旨在引导学生在各自的起点或基础上均衡和谐地、高质量地、可持续地"绿色发展"。

(二) 构建思路

区域开展中小学教育质量增值评价,可以切实解决因起跑线不同带来的评价偏差问题。增值评价不仅关注学习过程的最后产出,更看重学习过程所带来的增值;不仅关注学生的学业增值,也关注学生非学业方面的增值。它是区域中小学教育质量四维评价指标体系的重要补充和深化,也是区域推进教育质量综合评价改革的重要内容。我们构建"初中绿色增值评价体系"的思路是:学业方面,侧重开发本土化的增值评价模型,模型既要有一定的科学性和公平性,又要能让一线的学校、教师认可、理解和可操作;非学业方面,侧重基于增值评价的理念与方法来设计评价内容和评价办法,按照"成熟一项开展一项,逐步深入拓展"的工作思路,探索构建非学业方面的增值评价办法。

二、基于四维评价体系的绿色增值评价模型探索

国际上增值评价统计方法往往采用多层线性模型。但该模型结构复杂，对一线学校和教师来说，相关数据采集和对模型本身的理解相对困难。因此，在开展初中增值评价研究的过程中，考虑增值模型既要有一定的科学性和公平性，又要能让一线的学校、教师认可、理解和可操作，最终确定结合区域实际，以卡坦斯学校效能评价模式为基础，探索开发本土化的学业与非学业方面的增值评价模型。

（一）学业方面：构建区域本土化的学业质量增值评价模型

1. 卡坦斯学校效能评价模式

1992年，英国学者彼得·卡坦斯（Peter Cuttance）在对学校效能进行评价时提出了"学校层面输入校正模式"和"学生层面输入校正模式"，之后获得了比较广泛的应用。卡坦斯认为，在英国，对学生学业水平产生重要影响的因素是学生的家庭经济状况。于是，他以学生的家庭经济状况为自变量，以学生的学业水平为因变量，建立了一元线性回归方程（详见图1）。如图所示，某一学校的效能即为这个学校的学生家庭背景因素和个人入学成绩得到校正后所得到的成绩与平均预测成绩比较后的差距。

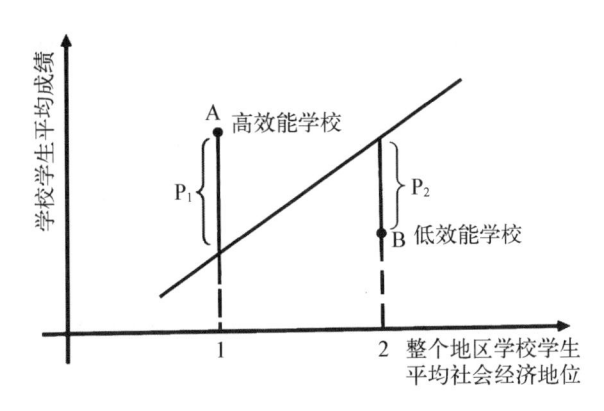

图1 卡坦斯学校效能评价模式

图1中的直线表示本地区所有学生的家庭社会经济背景与学业成绩的正

相关关系，A校学生的平均社会经济地位处于点1的位置，与整个地区学生平均社会经济地位对学业成绩的预测标准相比，学校A的学生取得的学业成绩高出距离为P_1；同理，学校B与其预测成绩相比，学生取得的学业成绩低于其标准P_2距离。该模型认为，P_1和P_2是扣除了家庭因素影响而由学校各因素所独立造成的结果，由于A校学生取得的成绩显著高于相同家庭经济背景学校学生的平均学业成绩，因此A校可以被称为高效能学校，P_1则被认为是A校效能的图示表现。同理，学校B则被认为是低效能学校。

为了进一步完善学校层面校正模式，卡坦斯随后提出了学生层面输入校正模式，它不仅能够比较学校净影响的大小，而且还引进了考察学校效能的"质量"与"均衡"的维度。"质量"代表学校学生的总体成绩水平，而"均衡"则代表学校内不同起点水平的学生得到发展的情况，如果起点成绩低的学生得到较好发展，与高起点学生的成绩差距在减小，便是均衡趋势，如果两者差距在扩大，便呈现不均衡的趋势。

如图2所示，在学生起点（包括起点学业成绩和家庭社会经济背景）相同的情况下，A校和B校学生的学业成绩显著高于C校和D校学生的学业成绩，因此，我们可以认为，A校和B校是高质量学校，在图中表现为A、B直线的截距大于C、D。不过，图中A、C两条直线的斜率比直线B、D的斜率大。斜率越大，直线倾斜程度越大，也就是说，高起点学生和低起点学生获得的学业成绩的差距越来越大，学生间发展越来越不均衡。由图2我们可以推断，A校是高质量、低均衡的学校，B校是高质量、高均衡的学校，C校是低质量、低均衡

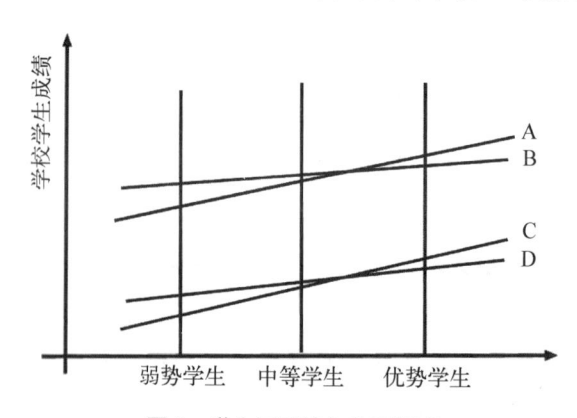

图2　学生层面输入校正模式

的学校的,D校是低质量、高均衡的学校。

2. 区域本土化的增值评价模型

在我国,初中阶段对学生学习质量提高的重要影响因素是学生原有的起点水平。如能扣除这个因素的影响,则对学生学习质量的净影响为学校对学生作用的各种因素,如学校的教育教学、校园文化、校风等等(当然,除了学校的各种因素,还有校外的因素,如家庭、家教等的影响)。

按照增值评价的科学性和可操作性原则,在一线学校和教师所理解和认可的基础上,温州市区域初中参照卡坦斯学校效能评价模式,以区域初中学生入口成绩为自变量,以其出口成绩为因变量,建立一元线性回归方程(详见图3),来构建区域初中阶段学业增值评价模型。将各校的入口成绩与出口成绩放入此模型中进行比较,便可观察到排除生源影响后各校教学效能的高低。

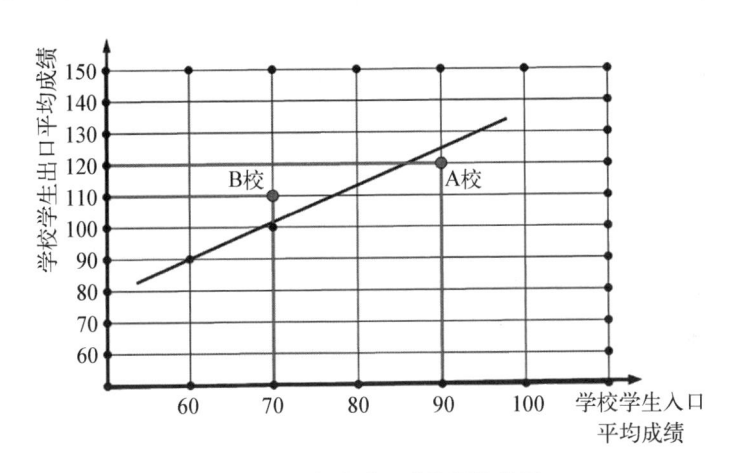

图3 区域初中学业增值评价模型

如图所示,A校学生的入口平均成绩为90分,出口平均成绩为120分,两点垂直距离的交叉点位于区域效能回归线下方,这说明A校为低效能学校;B校学生的入口平均成绩为70分,出口平均成绩为110分,两点垂直距离的交叉点位于区域效能回归线上方,这说明B校为高效能学校。根据区域的效能回归方程,可知A校只有在出口平均成绩达到125分左右,才能达到区域教学效能标准,但现在只有120分,故其教学效能低于区域整体标准。但从出口平均成绩的实际水平上来看,A校(120分)其实比B校(110分)高,如果据此简单判断A校教学效能高于B校,就失之客观了。

3. 引进"质量"与"均衡"评价维度

参照卡坦斯学校效能评价模式，基于区域增值评价模型，以学校为单位，可以得出区域各学校的一元线性回归方程，并计算出不同的"截距"和"斜率"。其中，斜率是反映学校教育教学对不同成绩学生发展的作用。学校回归方程的斜率相对区域较大的，表明该校对高分段学生的作用相对较为明显；学校回归方程的斜率相对区域较小的，则表明该校对高、低分数段学生的作用相对较为一致（回归方程的本质是以学生个体为参照拟合，故学校层面的回归方程斜率与区域层面回归方程斜率相比较，便可以判断该学校教育教学对哪一类学生的发展比较能起作用）。截距则反映学校总体水平的高低。各校回归方程中的截距与区域相比较，总会有高于区域和低于区域的，这说明各校总体水平与区域的总体水平相比较有差异，这是正常的。关键是看斜率的大小（对学生发展的适应程度）。我们期望截距大于区域的学校，其斜率小于区域，这说明该学校的教育教学使各类学生的发展较均衡；而截距小于区域的学校，我们期望其斜率大于区域，因为这代表有部分学生能达到或超过区域的水平。

如图4所示，C校和区域的比较结果是：C校的截距小于区域，这说明C校这门学科（或总分）的"整体学习水平"低于区域；C校的斜率大于区域，这说明C校在教学中，各种学习水平不同的学生提高的"均衡性"比区域"差"。

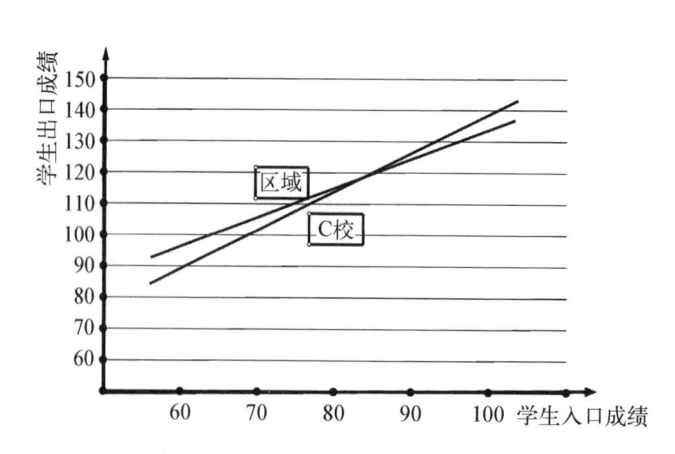

图4 学校层面的"质量"与"均衡"相对区域的比较

4. 学校分类别进行增值评价

不同学校因历史和现实的原因，在生源状况、办学条件、师资队伍、办学特色等方面存在较大差异，这些差异决定了各学校间的教学效能也存在差异。要客观评价各学校的教学效能，就必须从各学校的实际情况出发，综合考虑影响教学效能的各个要素。因此，开展学校增值评价前，评价者要先结合学校办学条件和学校特点对区域学校进行分类，尽可能地控制学校硬件设施和校外因素（如家庭经济状况、家教等）。扣除了家庭因素、学校的硬件设施和起点成绩等因素，学校效能测量的就是学校的"净影响"和学生学业成绩的增值。

5. 对相关数据进行标准化处理

由于入口测评与出口测评分属不同量尺，为统一量尺，我们需要对两类成绩数据分别进行标准化处理。之后，再将关联的和经过标准化整理好的数据，根据区域本土化的增值评价模型，计算获得增值的量化结果。

（二）非学业方面：设计增值评价内容及评价办法

1. 增值评价内容的设计

基于四维评价的实施方案，非学业方面的增值评价内容将视评价工具的开发情况逐步拓展完善。结合近三年区域开展的小学六年级综合监测在非学业方面的考察要点，我们在品德发展、身心健康和学习生活品质方面设计了如下评价内容（详见表1）。

表1 非学业方面增值评价指标体系

一级指标	二级指标	指标考查要点	备注说明
品德发展	行为习惯	学生在文明礼貌、勤俭节约、热爱劳动、爱护环境等方面的认知和表现情况	测评结果合成指数
	人际互动	学生在友善同学、友伴互动、团结合作等方面的认知和表现情况	
	助人利他	学生在均分慷慨、珍爱生命、公益劳动、谦让合作、乐于助人等方面的认知和表现情况	

续表

一级指标	二级指标	指标考查要点	备注说明
身心健康	体质健康	按照现行《国家学生体质健康测试标准》执行	测评结果合成指数
	心理品质	学生在合理自我评价、乐观进取、奋发向上等方面的认知和表现情况	
学习生活品质	学习兴趣	学生对阅读等学习活动积极的情绪反应	测评结果合成指数
	学习动机	学生对学习本身的兴趣所引发的积极参与过程	
	学习负担	学生的客观学习负担和主观学习感受,包括学习时间(课外补习)、睡眠时间、补课时间、作业量与难度等等	

非学业方面的增值评价采用问卷测评,基于上述关键指标内容,结合测评结果的指数合成和典型题目,关注学生相关测评指数的"入口"和"出口"的变化,来反映区域或学校有关学生发展因素和影响学生发展因素的趋势,以此来关注学生的全面发展,关注学生学习质量形成的过程与成本,引导学校树立正确的教育质量观。

2. 增值评价办法的设计

非学业方面的增值评价就是将增值评价的理念与方法运用于非学业方面的测评,即以学生一段时间内的非学业相关指标的增值幅度为依据,来评价学生、学校的教学效能,切实了解每一位学生在一定时期内非学业方面的发展情况。非学业方面的增值评价办法采用方差分析 t 检验法,将学生"入口"和"出口"在相关测评内容的指数进行均值比较,以均值比较的结果作为增值与否的评定标准。t 检验结果如果显著,则表明学生在此测评内容出现了增值,再结合对指数均值差的分析确定增值类型为正增值(出口指数—入口指数>0)、零增值(出口指数与入口指数无显著差异),还是负增值(出口指数—入口指数<0)。

从表 2 可以发现:t 检验表明区域初中三年对学生社会责任的影响不存在显著差异,没有增值;对艺术素养的影响存在显著差异($t=3.51, p<0.001$),出现了较大程度的负增值。

表2 "社会责任"与"艺术素养"在入口年级与出口年级差异比较

指标	年级	平均值	标准差	T值	显著性	均值差	增值类型
社会责任	入口	85.56	13.25	1.44	0.15	0.90	零增值
	出口	84.65	13.41				
艺术素养	入口	71.07	25.41	3.51**	<0.001	3.66	负增值
	出口	67.41	23.96				

三、问题与思考

基于四维评价体系的初中绿色增值评价，不仅提供了相对科学的学业增值评价的操作方案，也探讨了非学业方面的增值评价，尝试构建了非学业方面的增值评价内容和具体操作办法。学业与非学业增值评价相结合，进一步完善了区域中小学教育质量综合评价体系，为区域初中增值评价提供了新的思路和路径。

基于四维评价体系的初中绿色增值评价是一项创新性的教育评价改革工作，但在实践过程中我们也发现了如下问题：如何解决入口与出口阶段监测学科不一致的问题，如何设计非学业方面的评价内容或考察要点以更好地反映学生变化的情况，如何确保非学业方面的增值评价办法的科学性，等等。这些问题还需要我们进行深入的思考与探索突破，从而在实践中不断优化和改进。

【参考文献】

温州市教育局. 温州市中小学教育质量评价实施方案(试行)[Z]. 2013-10-12.
张亮,张振鸿. 学校"增值"评价的内涵与实施原则[J]. 当代教育科学,2010(10)：7-8.
赵树贤. 卡坦斯学校效能评价模式及其拓展研究[J]. 中国教育学刊,2007(6)：27-31.

作者：王光秋(温州市教育评估院)

(本文原载《教育测量与评价》2018第3期)

教学质量增值评价常见模型与实践思考

教学质量评价是目前教育评价改革的难点问题。教育行政部门对学校进行教学质量评价和考核，学校对教师的教学质量进行评价，都是不可回避的行政监管手段。探索科学有效的教学质量评价方式，注重发展性评价，是当前教育质量评价研究的重难点。

目前，教学质量评价指标数据主要来源于分数、排名和等第。根据评价指标来源，笔者梳理出五类、九种常见的增值评价模型，并对增值评价模型的选用和实践应用提出建议。

一、教学质量增值评价的意义

常见的教学质量评价侧重考试成绩水平评价，关注成绩在团体中所处的位置，关注成绩是否达到了预期的目标。小学和初中阶段通常采用平均分评价，高中阶段通常采取升学率评价。水平评价模式特别有利于少数生源质量和办学条件有优势的学校，不利于乡镇农村学校和薄弱学校，会造成学校之间抢夺优质生源、校内举办重点班等违规行为发生。

相对于水平评价，区域层面的增值评价是一种基于教学质量水平进步的发展性评价。增值评价考虑到有学校依靠自身力量难以控制的客观因素，如学生入学成绩、学生个人及家庭背景等，能客观公正地反映学校教育教学的效能。我国基础教育学校发展不均衡，城乡之间、学校之间都有明显差异，普及增值评价，非常适合我国基础教育的国情。

区域层面实施学校教学质量增值评价,可以有效地遏制学校对优秀生源的争夺,激发学校实施评价改革、课程改革、教学改革以提升教育质量的积极性和主动性,激励农村薄弱学校全面发展,推进学校内部教育资源的均衡配置。学校层面实施教师教学质量增值评价,能激发教师工作积极性,引导教师面向全体学生,提高教学质量,促进教育目标实现。

二、教学质量增值评价模型

(一) 基于名次的增值评价模型

1. 基于总体平均分名次的增值评价模型

按学校或班级总平均分高低排序,依据学校或班级名次变化做增值评价。虽然这种增值评价比较简单,信效度比较低,但很多地区和学校一直在使用。

这种增值评价的主要问题有三点:一是有些学校或班级平均分相差很微弱,统计学差异不强,学业成绩相当,结果因为"相差0.01分"分出名次,校长和教师不服气。二是有些学校或班级学业成绩有明显的进步或退步,但是在排名上没有变化,得不到恰如其分的评价。三是由于学校层次性和差异性明显,原来排名前列的优质学校、排名在后的薄弱学校的名次很难变化;一些小规模学校因为学生人数发生变化,导致名次变化有偶然性,学校分班不均衡,也会出现类似情况。

2. 基于个体平均分名次的增值评价模型

每次考试后,先按每个学生分数由高到低排序,然后将各学校(或班级)所有学生的名次求平均值,计算出学校(或班级)学生名次平均值N,按 $\Delta N = N_1 - N_2$ 计算增值,把第一次名次平均值与第二次名次平均值求差。这个差值为正数,代表进步,差值为负值,代表退步。正数差值绝对值越大,代表进步程度越大,负数差值绝对值越大,代表退步程度越大。例如,甲校增值为2,乙校增值为3,丁校增值为10,说明甲校人均进步2个名次,乙校人均进步3名次,丁校人均进步10个名次;乙校学生人均进步名次略优于甲校,丁校学生人均进步名次显著优于甲、乙两校。

这种增值评价原理简单、使用方便,而且能够反映出增值的程度大小。但如果区域或学校学生数发生较大的变化,可能会影响评价结果。

3. 基于个体百分等级的增值评价模型

百分等级是测量学中应用广泛的表示测试分数的方法之一。测试分数的百分等级是指在常模样本中低于这个分数的人数的百分比,反映个体在常模群体中所处的位置;百分等级越低,个体所处的位置越低。例如,百分等级 80 表示在常模样本中有 80%的人比这个分数要低。

计算方法是,先把所有学生的原始分由高到低排序,再按 PR＝100－(100R－50/N)转换成百分等级,其中 R 是原始分数排列序数,N 是指样本总人数。然后计算各学校(或班级)所有学生百分等级的平均值,该平均值代表该学校(或班级)的百分等级。第一次成绩百分等级数值减去第二次百分等级数值就是增值,增值正负代表名次进步或退步,增值绝对值大小反映进步或退步的程度。

这种增值评价原理简单,只需要百分等级转化,使用也方便,能够反映出增值的程度大小。因为用 100 以内的数值表达成绩排名,所以评价结果不受区域或学校学生数变化的影响。比较基于名次增值评价的三种模型,可见百分等级的增值评价模型比较优越。

(二) 基于等第的增值评价模型

均量值增值评价是一种基于等第的增值评价,计算过程分三步。第一步,先按学生的成绩高低分成 ABCDE 若干等第,计算各学校(或各班级)ABCDE 各等第人数占该学校(或各班级)人数的百分比。多数地方和学校通常分为 5 个等第,经过计算可以分别得到代表优秀、中上、中等、中下和后进学生百分比。第二步,根据均量值公式 $M=k_1A+k_2B+k_3C+k_4D-k_5E$,计算每次考试的学校(或各班级)均量值 M。公式中 ABCDE 为第一步计算得到的等第百分比,各等第前面的系数 k_1、k_2、k_3、k_4、k_5 为权重值,数据大小反映重视程度和评价导向,通常依据实践经验和行政意见确定系数大小,也有的地方和学校计算公式中 E 前面系数为正。最常见的经验公式为 $M=8A+4B+2C+D-4E$,该公式 A 的系数为 8,赋值权重最大,表示非常重视优秀生的比例;E 的系数为负值,目的是采用"倒扣方式"引导学校和教师重视后进生。第三步,按 $\Delta M=M_2-M_1$ 计算出均量值的增值。均量值为正数而且数据较大,代表进步越大,反之表示退步较大。对于一个区域或学校总体而言,均量值是一个固定值,略有标准分平均值的意义。

均量值评价的优点在于计算简单,导向性明确。此种模型可以做总分增值评价,也可以做学科增值评价,还可以跨学科进行比较。目前很多地方和学校使用这种模型。基于这种均量值评价,学校和教师会特别关注等第边缘生的进步,容易忽略等第晋级可能性小的学生,具有较重的升学导向。

采取这种均量值增值评价,要注意三个事项:一是等第层级设置要合理,二是各等第人数占比要科学,三是权重系数要有导向性。高中增值评价的等第设置可以参考当地高考录取批次,如果高校录取分4个批次,则 ABCE 分别代表一本、本科、专科和落榜生,各等第比率划线可以参考当地高校录取情况,公式可以修改为 M=4A+2B+1C−2E。初中增值评价等第设置可以参考义务教育阶段国家教育质量监测,初中设置优秀 A、良好 B、达标 P 和待达标 E 四个层次,比率可以参考当地教育质量监测结果。也可以按高中录取批次设置重点高中 A、普通高中 B、职高 D 和落榜 E 四个层次,比率可以参考当地高中录取情况。建议初中均量值公式为 M=4A+2B+1D−4E。小学增值评价可以参考义务教育阶段国家教育质量监测,设置优良 A、合格 P 和待达标 E 三个层次,比率可以参考当地教育质量监测结果。建议小学均量值公式为 M=4A+P−4E。如果区域学生人数特别多且考试区分度较大,建议把学生均匀分为5个层次,A 代表前20%、B 代表中上20%、C 代表中等20%、D 代表中下20%、E 代表后20%,公式修改为 M=5A+4B+2C−1D−5E。学校对教师教学质量的考核,各等第比例要参考学校历年数据和教学质量提升的目标。

对均量值增值评价的总体建议为:减少层级,降低 A 的权重,显著凸显后进生 E 评价的权重,引导学校和教师树立"面向全体"的教育观,认同"后进生转化的价值等同于优秀生培养",特别要关注后进生的发展。

(三) 基于分数的增值评价模型

1. 基于标准分的简易增值评价模型

计算过程是,先把学生原始分转化成 z 标准分,再把 z 标准分转化成 T 标准分,求得各学校(或各班级)T 标准分的平均分,然后用 $\Delta T = T_2 - T_1$ 计算出各学校(或各班级)的增值。国家和省级质量监测采取 $T=500+100Z$。由于教育管理者和一线教师习惯百分制数据,温州地区在高中采取 $T=60+20z$,区域 T 平均分为 60,与高考难度值相当;初中采取 $T=70+15z$,区域 T 平均分为 70,与中考平均分相当;小学阶段通常采取 $T=80+10z$,区域 T 平均分为 80。

这种简易增值评价不需要专业数据处理技术,可以利用 EXCEL 软件来处理。此种模型可以作群体动态评价,也可以作学生个体动态评价,还可以跨学科进行比较。基于标准分的简易增值评价模型,不仅适用于学业成绩增值评价,还适用于学生品德行为、身心健康、师生关系、教师教学等监测指标。

义务教育阶段考试大都是标准参照考试和达标性考试,难度低、区分度低,成绩波形都呈典型的负偏态分布,经过正态标准化处理,很容易出现高分段和低分段系数偏差较大。高中阶段的考试为选拔性考试,难度大、区分度大,成绩波形大都呈典型的正态分布,经过正态标准化处理,误差较小。所以,从数据转化角度来看,该评价模型比较适合高中,不适合小学和初中,但是高中面临升学评价,只采取标准分作为唯一指标,显得评价不够全面。

2. 基于标准分的田纳西州增值评价模型

参考美国田纳西州增值评价模型,把前后两次考试原始分数作正态标准化处理,计算出两者线性系数,再利用线性系数把学生前一次考试标准分转化成预期分值。然后把后一次考试标准分与预期分作差值比较,后一次考试标准分减去前一次考试的预期分,计算出每一个学生的增值,再计算各学校的平均增值。如果后一次标准分高于预期分,表示进步,否则代表退步;增值数据的大小反映进步或退步的程度。

这种田纳西州增值评价模型经过国外几十年的研究和实践,比简易增值评价模型科学可靠。但其结果的有效性有赖于满足若干先决条件:首先要对学生作多年跟踪测评,其次对于数据和统计方法有较高专业技术要求,最后增值评价计算出的数据结果背后的教育过程因素和相关专业术语不易被一线教育管理者和教师解释与理解。目前在国家和省市级大规模质量监测中较多采用田纳西州增值评价模型,区县和学校层面少有采用这种模型。

简易增值评价模型在科学性上不如田纳西州增值评价模型完美,但在实践操作性、教师接受性上有明显优势。

（四）基于名次和等第的增值评价模型

基于名次和等第人数比率增值评价的计算过程分三步。第一步，区域建模。把前三届学生中考成绩（或高一入学成绩）从高到低排序，按同样标准划分成几个批段（或等第），例如前100名为第1个批段，101—200名为第2批段，201—400名为第3批段，401—600名为第4批段等。再计算各批段学生高考各批次上线比率，例如第1段学生的一本上线率$A_1\%$、本科上线率$A_2\%$、专科上线率$A_3\%$，第2段学生的一本上线$B_1\%$、本科上线率$B_2\%$、专科上线率$B_3\%$，第3段学生的一本上线$C_1\%$、本科上线率$C_2\%$、专科上线率$C_3\%$等。最后求出各批段学生高考各批次上线比率平均值（平均上线率），例如三年的第1段学生一本平均上线率$A_1\%$、本科平均上线率$A_2\%$、专科平均上线率$A_1\%$，第2段学生的一本平均上线$B_1\%$、本科平均上线率$B_2\%$、专科平均上线率$B_3\%$，第3段学生的一本平均上线$C_1\%$、本科平均上线率$C_2\%$、专科平均上线率$C_3\%$。第二步，计算各学校预期人数。把最新一届高一学生按同样标准划为几个批段，分别计算各学校各批段人数，再按各批段学生高考各批次平均上线率，计算出各学校各批次预期上线人数，例如预期一本人数N_1'、本科N_2'、专科N_3'。第三步，计算学校增值。三年后，分别统计高考各批次实际上线人数，一本N_1、本科N_2、专科N_3，再依据均量值评价理念，按公式$\Delta N = K_1(N_1 - N_1') + K_2(N_2 - N_2') + k_3(N_3 - N_3')$计算各学校增值，其中$k_1$、$k_2$、$k_3$为权重值。

此模型采取出口成绩与入口成绩比较，可比性很强；采取分批段、分批次数据计算，评价结果比较公正公平，而且信效度高。学校可以把各批次预期人数作为学校教学质量目标，目标具体清晰，具有目标导向功能。这种增值评价比较适合高中，不适合义务教育阶段；适合区县对高中学校教育质量的增值评价，不适合学校对班级的评价。

（五）基于分数和等第的增值评价模型

1. 基于分数和等第的简易增值评价模型

评价指标由后进率、平均分和优秀率构成。区域先按学校的平均分、优秀率和后进率各自排名,把各学校三个指标的名次求平均值,定义为学校教学质量名次平均值N。再按 $\Delta N = N_2 - N_1$,把上次的名次平均值减去本次平均值既为增值。

此模型与基于学校总体平均分名次的增值评价模型相比较,具有共性的不足,但是评价指标有三个,不再是单一总分排名,指标结构比较合理,评价导向相对全面。简易增值评价模型可以看成阶梯型增值评价模型的最原始版本。

2. 基于分数和等第的阶梯型增值评价模型

评价指标由后进率、T标准分和优秀率构成。各指标按增值情况分为进步、稳定和退步三个阶梯。通常,指标数值变化在某一个阈值内,定义为"稳定",赋分1分;优于等于阈值,定义为"进步",赋分3分;劣于阈值,定义为"退步",赋分0分。将三个指标增值赋分合计成学校总体增值分,用来评估学校学业成绩动态变化及其绩效。

例如,某县有10所初中,2 337名学生,校际差异明显。优秀率为全县前20%,后进率为全县后20%。T标准分阈值为正负0.5,优秀率和后进率阈值都为正负3%。增值评价数据如表1。

表1 某县各学校增值性评价结果

	指标变化值			增值分			
	后进率	T标准分	优秀率	后进率	T标准分	优秀率	合计
学校1	−5.70%	13.05	20.50%	3	3	3	9
学校2	−13.80%	4.87	4.60%	3	3	3	9
学校3	−3.80%	0.94	3.40%	3	3	3	9
学校4	−6.70%	2.3	3.40%	3	3	3	9
学校5	−1.90%	2.14	9.60%	1	3	3	7
学校6	−3.00%	−0.21	−0.90%	3	1	1	5
学校7	−1.00%	−1.78	−1.10%	1	0	1	2
学校8	2.70%	−1.73	−6.60%	1	0	0	1

续表

	指标变化值			增值分			
	后进率	T标准分	优秀率	后进率	T标准分	优秀率	合计
学校9	4.80%	−2.37	−2.30%	0	0	1	1
学校10	5.90%	−2.29	−7.20%	0	0	0	0

由表1可知,学校1、2、3、4、5的增值分特别高,表明进步大,应该给予表彰;学校6、7基本稳定,学校8、9、10的增值分等于或低于1分,应该督学问责。这种增值评价模型还具有诊断功能,能诊断出进步退步的原因。例如,学校5后进率没有进步,学校7的T标准分退步明显。如果把总分和各学科增值数据汇总在一起,诊断会更加全面。

该模型的指标由后进率、T标准分和优秀率构成,定性定量相结合,具有一定的科学性;指标清晰,突出关键指标;计算简单,操作性强。等第划线、阈值确定、阶梯赋分和绩效评定都比较灵活。如果对指标阈值做一些调整,该模型可以用于学校对教师教学质量的增值评价。

三、教学质量增值评价的应用

(一) 增值评价内容要全面化

学校教育的目的是培养德智体美劳全面发展的社会主义接班人,不是狭隘的"育分"。要破除"唯分数""唯升学",除了对教学成绩做增值评价,也要做学生品德表现、身心健康、兴趣爱好和学业负担等指标的增值评价,引导学校和教师树立科学全面的教育质量观。尤其是将学业负担纳入学校教育质量增值评价,有利于倡导学校教育教学"减负高效"。

(二) 增值评价指标要结构化

学业成绩是一个复杂的整体性概念,不建议用单一指标来评价。单一指标评价明显会加重"唯升学"现象,容易导致学校和教师把资源过分倾向优秀生,忽略了对后进生的教育。所以,既要考虑全体学生的整体水平增值评价,也要考虑优秀生和后进生增值评价。北京市教育督导与教育质量评价中心研究结果与国际项目结论都表明，基于增值性评价的学校增值分与合格率、优秀率和得分率的变化一致。所以，建议采用后进率、T 标准分和优秀率组合起来做增值评价。

（三）后进生评价要显著化

很多地方和学校过度重视优秀生评价，"唯升学"评价倾向严重。面向全体学生，关爱后进学生，这不仅仅是学校教育的义务，也是教师师德的表现。因此，增值评价要加大后进生增值评价的权重，引导学校和教师重视后进生转化，淡化升学教育，从而提高整体教育质量。

（四）增值评价模型要本土化

基于等第的增值评价模型、基于名次和等第的增值评价模型比较适合高中，基于分数的增值评价模型比较适合小学，基于名次的增值评价模型、基于分数和等第的增值评价模型适合小学、初中和高中。相比之下，笔者建议优先选择基于分数和等第的阶梯型增值评价模型。

增值评价模型、指标及其权重都具有强大的导向性。有什么样的评价指标和评价方法，就会产生一系列相应的教育教学行为。不同学段可以采用不同的增值评价模型，即使采取一种增值评价模型，不同年级指标的定义和权重也可以有所侧重。涉及等第指标的增值评价，要科学设置等第层级和划分标准，既要考虑评价模型的科学性，又要考虑实践的可操作性，还要考虑指标的可接受性。我们的评价目的不是简单给学校和教师排名排序，而是引导学校和教师开展正确的教育教学行为。不被学校和教师理解接纳的增值评价，是低效的评价。如果区域内学校很多，要依据办学水平或学校规模进行分类分组，遵循同类可比原则。

区县对学校、学校对教师的教育质量作增值评价，是教育评价发展的必然，也是符合我国基础教育的国情、积极响应新时代教育评价改革的行动。基于本土实际，大胆探索教育质量增值评价，建立本土化、校本化教育质量增值模型，是教育质量监测和教育评价工作者的重要责任。

【参考文献】

北京市教育督导与教育质量评价研究中心.增值性评价评出学校的"加工力"[J].人民教育,2016(16):59-61.

罗强,冯杰.学业质量监测增值评价模型的探索[J].中小学信息技术教育,2019(10):34-38.

任玉丹,边玉芳.美国学校增值性评价模式研究[J].比较教育研究,2012(2):76-79.

王光秋.基于区域四维评价体系的初中绿色增值评价[J].教育测量与评价,2018(3):34-38.

王旭东.简约型学业成绩增值性评价[J].中小学学校管理,2017.7.

周燕,边玉芳.美国TVAAS的解读及其对我国教育评价的启示[J].全球教育展望,2012(3):51-55.

作者:王旭东(温州市教育评估院)

(本文原载《考试研究》2020年第5期)

区域增值评价体系构建的实践探索

——以乐清市为例

《深化新时代教育评价改革总体方案》要求,遵循教育规律,针对不同主体和不同学段、不同类型教育特点,改进结果评价,强化过程评价,探索增值评价,健全综合评价。这是继2018年全国教育大会提出"扭转不科学的教育评价导向"后,指导教育评价改革的又一份纲领性文件。区域如何衡量学校与学生增值,发展公平而有质量的教育,探索增值评价被提到重要位置。

一、区域"增值评价"体系构建

(一)顶层设计

为实现纵向评价,区域推进开展"五育融合"综合学科素养、学生全面发展及影响因素的三大类增值评价。追踪研究范式以三年为一个循环周期,包括:(1)基线测试。在起始年级开展发展及影响指数问卷调查、认知测试、学科项目监测,把综合成绩作为评价的基准。(2)阶段增值评价。在第一学年、第二学年进行发展及影响指数问卷调查,分析学校阶段性教育发展增值情况。(3)结果增值评价。在第三学年进行问卷调查、认知测试、素养抽样,并与基线和阶段增值综合比较,分析学校教育发展三年的增值情况(见图1)。

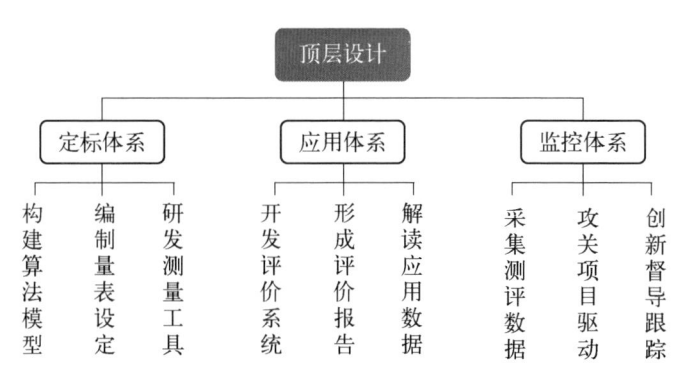

```
                        ┌─────────┐
                        │ 顶层设计 │
                        └─────────┘
            ┌───────────────┼───────────────┐
        ┌───────┐       ┌───────┐       ┌───────┐
        │定标体系│       │应用体系│       │监控体系│
        └───────┘       └───────┘       └───────┘
```

图 1 区域"增值评价"体系框架

定标体系：构建算法模型、编制量表设定、研发测量工具
应用体系：开发评价系统、形成评价报告、解读应用数据
监控体系：采集测评数据、攻关项目驱动、创新督导跟踪

（二）指标体系

1. 学业水平

学科监测内容为国家课程标准规定的基础文化学科语文、数学、英语、科学和综合素养学科音乐、体育、美术、劳动、信息科技、思想品德共计 10 门学科。采用"2+2"，即文化学科 2 门＋素养学科 2 门的模式抽样学生全面发展情况及学校教育质量。

2. 认知能力

认知测试主要考察学生发展过程中的认知能力。注重学生感知觉与观察力等能力，测验共包括言语推理、类比推理、符号运算推理、矩阵推理、空间推理-展开图、空间推理-找不同 6 个部分，以测查学生能力的发展水平。

3. 问卷调查

问卷调查学生全面发展指数（学生）、学校影响指数（教师和校长）。学生问卷指标体系包括品德发展、学业发展等 15 个大方面的二级维度指标，下分包括理想信念等 48 个三级维度指标。教师问卷包括学校管理等 3 个二级维度指标，下分管理决策等 9 个三级维度指标。校长问卷包括学校管理力等共 3 个二级维度指标，下分教师激励机制等 8 个三级维度指标。

（三）参数模型

1. 多水平线性分数位回归模型

该模型充分考虑到群体间差异，对学生能力进行合理预测，进而更准确地估计群体增长百分位,使得对学校、教师等教育效能的评价更加准确。在对其他背景影响因素进行合理分析的基础上,运用该模型还可以得到学生层面和群体层面的增长百分位估计。

2. 学业及影响指数相关分析模型

该模型将问卷数据与学生学业进行相关分析,例如学习动机对学业影响的相关方向和相关程度分析。依据两个变量之间的相关关系,可将两个变量变化的方向分为正相关、负相关和零相关,即两个变量的变化方向一致的相关、两个变量的变化方向相反的相关和两个变量的变化方向无一定规律。为了将问卷调查的内容数据化,将两个变量的相关关系给予定量的描述,用相关系数的大小与相关程度量来表示(见表1)。

表 1　相关系数与相关程度

$\|r\|$	$\|r\|=0$	$\|r\|<0.3$	$0.3\leqslant\|r\|<0.5$	$0.5\leqslant\|r\|\leqslant1$
相关程度	零相关	低相关	中等相关	高度相关

3. 问卷信效度检验模型

该模型用信度系数来表示误差的大小,用因子分析法检验效度,即问卷题目是否能测量出事物的程度。信度系数在-1—$+1$,绝对值越大(接近1)表示误差越小,绝对值越小(接近0)表明误差越大。例如,六年级问卷的信度系数为0.979,并且各个维度KMO值均高于0.8,说明问卷可信度高,具有很高的内在一致性。

检验效度先用探索性因子分析法。例如,在六年级问卷效度检验中,七个维度的KMO值大于0.8,一个维度品德发展的KMO值小于0.8,学习品质、人际关系维度的KMO值大于0.9,说明数据适合进行因子分析。八个维度的累计贡献率均大于50%,因子载荷均大于0.4,说明题项和因子之间有着较强的关联性。再用验证性因子分析,通过模型构建、删除不合理测量项、模型MI指标修正和模型分析四个步骤,对测度模型进行检验。

二、区域"增值评价"推进路径

（一）采用多元科学的评价工具

1. 评价量表

量表设定即制定具体的评分细则。例如，区域编制了《乐清市中学生课堂思维表现量表》，来针对学生课堂中的思维表现给予量化评价；《乐清市小学生心理健康量表》，通过量表对学生平时的行为表现予以记录，定性定量结合确认学生的心理健康情况；《乐清市学科双向细目表》，命题人员根据双向细目表命制试卷，教师依据双向细目表分解知识点，把握课程标准的能力要求。

2. 测量工具

测量工具包括学科、认知能力和问卷三块内容，可以通过纸笔、线上等方式。区域通过线上开展问卷调查，快速自动分析处理结果，简单方便。因测量工具科学性要求较高，故区域制定了严格的学科测量工具命制流程：成立命题组，基于目标进行命题研究，制定命题操作流程，围绕学生核心素养能力培养和课标要求精准定位双向细目表，熟练掌握试卷上知与能的关系。

3. 个性平台

2016年，区域陆续开通"教育质量监测与评价查询"平台、"学科教学诊断系统"平台、"试卷质量分析系统"平台。市级教育管理者、学校管理者和教师分别登录平台，按各自权限与个性化需求开展评价数据的查询与个性化分析。区域教育行政者、学科教研员查询知识点分析结果、能力点分析结果、难易度分析结果，根据分析结果制定下阶段教育教学策略。

（二）利用多维引领的结果抓手

1. 形成评价报告

评价报告在区域、学校和教师的教学诊断与改进中起到了关键作用。例如，区域形成了市、区和校基线测试、阶段测试和结果测试三级增值1校N册多维数据反馈报告，包括增值评价报告（综合指数、成绩差异分析、学生全面发展指数分析、学校影响指数分析、教育发展质量）、学科教学诊断报告、试卷质量分析报告,2021年新增"双减""五项管理"专题反馈报告。

2. 多维解读数据

教师要积极发展数据素养,将数据意识落实到课堂中。在方式上,构建起"线上+线下,集中培训+个性化指导"的"四维一体"培训网络体系;在内容上,聘请专家开展数据解读专题培训会,定期举办"数据驱动-变革教育"经验交流会;在辐射上,走进学校蹲点指导,培训资料制成网络资源供教师学习,在学校层面建立二次反馈制度。

3. 优化采集方式

增值评价不仅关注学生素养的纵向发展,还注重研究影响学生素养发展的因素。数据采集方式主要呈现出三个特点:抽样、全样本、"线上+线下"混合模式。抽样是指全部或部分学校的部分学生参与监测;全样本是指所有学生和教师信息均在平台统一上报,全体学生均参加认知、问卷监测;"线上+线下"混合模式是指学生学业分项监测采用线下纸笔,认知测试和问卷调查采用线上。

(三)发挥多级联合的行政力量

1. 考核制度助力

借助行政力量助推增值评价落地。从区域层面发布文件,将学业成绩与全面发展、影响指数共同构建的综合教育发展质量结果纳入区域考核体系。同时,以评促学,多维度开展学校增值报告、学科质量分析报告、"数据背后的故事"征文评比等活动,优秀文本编印成册。目前区域"数据背后的故事"专题征文活动已开展7期,编印《数据改进教学》专题期刊3册,有力促进学校教师专业能力提升。

2. 区校项目助力

区域把增值评价工作作为一个独立的项目,院长亲自负责携专业研究员开展基于"教学评一致性"区域行动专项课题研究区域成立市教育评价改革试点学校,择优建立基地校。在基地校示范引领下,区域分批确立综合评价改革推进校,首批为综合评价改革推进校,第二批细化为"数据驱动教育教学改进"种子培育学校。目前已确定区域种子学校40所,其中有13所优秀学校被推选为温州市级典型学校。

3. 督查指导助力

发挥督导的作用，保证发展的持续性与阶段的有效性要从行政督察和项目联盟交流指导两个方面着手。行政督察在每学年末的阶段性增值评价报告形成后，开展专项调研视导，对显著正增值的学校进行区域推广，对显著负增值的学校进行帮扶整改。项目联盟交流指导是根据学校项目主题分组成立联盟队，联盟校之间互助研讨，区域评价主管部门和专家定期入队指导，确保学校项目有效推进。

三、区域"增值评价"价值分析

（一）丰富评价方式，激发内在动力

首先，改单一学科评价为多元综合评价。将单一学业评价演化为学业指数、学生发展指数和学校影响指数三个方面共 18 大项的指标维度。其次，改横向评价为纵向评价，在原有学业基础上增加全面发展和影响指数的增值统计。最后，撰写相关评价论文，从最初的 98 篇发展到现在有 262 篇，完成从数据意识到数据增值改进专题转型。

（二）提高指标数值，发挥外在动力

2022 年省测数据显示，区域学生发展指数较 2018 年省测相应指数，在共有的 8 项指数中有 7 项指数呈现不同程度进步；在影响指数方面，共有的 13 项指数中有 11 项指数呈现不同程度进步。进步突出的指数具体是，省县差距进步值在 10 个点以上的有睡眠指数、作业指数、负担感受指数；省县差距进步值在 5 个点以上的有行为习惯、学习动力、教师教学方式、师生关系指数。

（三）涌现研究亮点，强化持续动力

学校根据各项诊断报告呈现的短板，从学生学业和素养发展两个方面积极构建发展亮点。例如，城东第二中学，学校从薄弱学科切入改变课堂教学方式，连续三年增值，获得区域教育发展质量奖；蒲岐镇中学，坚持开展"教学评一致性"专题研究，连续三年增值，获得区域教育发展质量奖。

"增值评价体系"构建是一项系统而综合的工作,需要以科学理念做支撑。截至目前,区域"增值评价"体系已初步构建完成,五年间经过不断调整与完善,评价体系总体实施平稳。2019年,区域评价实践研究课题《基于"教学评一致性"提高区域初中教育质量》被评为温州市"十三五"教育改革与发展课题一等奖,同年被确立为浙江省教科研规划重点课题;2020年,课题《区域"教学评一致性"增值评价推进模式》获温州市基础教育教学成果评比二等奖;其间区域代表多次在全国及地方评价改革大会和主题研讨会上作经验交流,后续将根据国家教育发展要求不断更新与迭代。

作者:金鑫(温州市乐清市教育研究培训院)

(本文原载《浙江教学研究》2023年第2期,获浙江省2022年教学评价与考试教学论文评比一等奖)

基于简易式百分等级成长
模型的学业增值评价

教育评价是教育教学的关键环节,具有导向、鉴定、诊断等功能。评价的鉴定功能在教育教学中应用较多,诊断功能却常常被忽视。实际操作中不乏把排名等同于评价的现象,过分强调结果,淡化成长过程,忽视学生基础起点。《深化新时代教育评价改革总体方案》指出,教育评价事关教育发展方向,要针对不同主体和不同学段、不同类型教育特点,改进结果评价,强化过程评价,探索增值评价,健全综合评价,着力破除唯分数、唯升学、唯文凭、唯论文、唯帽子的顽瘴痼疾,建立科学的、符合时代要求的教育评价制度和机制。

增值评价以起点定终点,考虑学生基础水平对学生学业成绩的影响,以发展的眼光看待学生学业表现,对于学生成长是一种激励,也有利于进一步的诊断和精准教学,挖掘高增长水平学生的学习方式方法,从而不断完善教育教学。现有的增值评价方法有许多,但科学有效且适合一线实际应用的少之又少,因而需要探索适合基层教育评价部门、学校使用的增值评价方法。本文在总结现有增值评价方法的基础上,提出简易式百分等级成长模型,以期能够为增值评价的应用提供参考。

一、国内学业增值评价方法的应用
现状及存在的问题

(一) 基于分数纵向比较的方法

基于分数的纵向比较包括原始分数和标准分数的比较,这类方法通过次测试分数的差值得到增值结果。基于原始分数的比较在实际应用中较为常见,尤其是在一些欠发达地区,不过使用者已经认识到这种比较受不同测试难度的影响。相对来说,标准分数的比较考虑不同测试的难度值、参与群体的不同等问题。然而,在实际应用中,虽然教育评价部门、第三方评价机构均会呈现标准分数,但是多数学校和教师较少使用。可能是因为中考、高考等高利害性考试仅使用原始分数,学生、家长也不了解标准分数,所以学校使用原始分数更加直观也容易解释。另外也存在学校部分教师本身对于标准分数不了解的因素。

原始分数的增值评价简单,但缺乏科学性。标准分数的增值评价相对科学,但不够完善。实际测试中前后 2 次测试分布通常不同,相同标准分数的含义会存在差异,那么基于标准分数相减的增值也存在偏差。例如,某学生 2 次测试同为 2 分,虽然 2 次测试距离均值的单位相同,但是 2 次测试超越的人数比率是不同的,那么 2 次测试的标准分数含义就是不同的。最为关键的是,无论是基于原始分数还是标准分数的比较,均未解决不同水平学生增值空间不一致的问题。

(二)基于位次纵向比较的方法

基于位次纵向比较的方法包括对排名、百分等级等的比较。评价者通过 2 次测试排名、百分等级之差对学生、学校做出评价。受历史文化影响,我国对名次历来较为看重,古有科举三甲,今有高考状元。排名是一种强绩效管理的评价思路,评价结果简洁、明了,但不可否认此种方式对学生成长、学校发展存在一定消极影响,尤其是弱势学生、学校,每一次测试、排名对于弱势群体来说都是一次积极性、自信心的打击。基于排名、百分等级的纵向比较解决了这个问题,它把评价视角转向过程而不是结果。基于位次纵向比较的方法在学校、基层评价部门使用较多。该方法对不同水平学校来说增值空间不同的现象更为突出。若一个区域有 30 所中学,则只有 30 个名次,中考总分为 690 分,高水平学校的名次增长相对分数增长来说更为困难。

(三)基于最小二乘回归的增值模型

基于最小二乘回归的增值模型有一元线性回归、多元线性回归、多水平线性回归等。模型的基本计算方法是：在2年的成绩之间建立线性回归方程，纳入学生家庭社会经济地位、学校规模等背景信息，根据第一年的成绩预测第二年成绩，计算该学生预期成绩与实际成绩之间的差值。如果实际成绩高于预期成绩，该生就取得了比较满意的增值；相反，则增值的情况不理想。此种方法把学校效能从众多的影响因素中分离出来，能够计算学校层面的净增长。一些国家、地区采用此种方法对学生、学校效能进行评价，例如美国的田纳西州增值评估系统，我国香港、天津等地区也构建了用以评估学校效能的增值系统。但是这种方法需要通过问卷调查等方式收集学生、学校背景信息，较为烦琐，且统计原理晦涩难懂、操作复杂，不易在学校或者县（区）级基层教育评价部门施行。此外，该方法没能解决不同水平评价对象成长空间不一致的问题，高分学生增值困难现象突出。

（四）基于分位数回归的增值模型

学生成长百分等级模型（Student Growth Percentiles，SGP）通过在以往学业水平一致的考生群体（同类学生）中进行比较来确认每个学生的进步情况，该模型由 Betebenner 于 2009 年提出，并在美国得到较为广泛的应用。该模型通过建立不同百分等级学生分位数回归方程的方式，克服了传统线性回归不同水平学生成长空间不同的问题，有效解决了评价的天花板效应（高水平学生成长空间小）与地板效应（低水平学生退步空间小）。但是该模型需要进行分位数回归计算，大大限制了其使用对象，且有回归就会伴随着统计误差，该模型的精度也较少被描述和证实。

增值评价将评价视角从结果质量转向过程质量，关注学校、学生的成长过程，挖掘成长潜力，激发成长动力。现有增值评价方式各有特点，基于分数纵向比较的方式简单、直观；基于位次纵向比较的方式便于管理；基于最小二乘回归的增值评价将学校效能从众多因素中分离出来。然而上述方法均未解决不同水平学生增值空间不同，无法直接比较的问题，而增值模型应该对所有水平的学生都是公平的，能够科学地衡量优等生、中等生及后进生的进步水平。基于分位数回归的增值评价考虑了不同水平学生增值空间不一致的问题，但是较为复杂，基于此，笔者提出简易式百分等级成长模型。

二、简易式百分等级成长模型基本原理与统计操作

简易式百分等级成长模型在 Betebenner 提出的学生成长百分等级模型基础上，取其精华，摒弃复杂的分位数回归方法，代之以基本百分等级计算，对教育行政管理者来说容易理解与接受，便于一线的教育评价工作者以及教师使用。

(一) 基本原理

简易式百分等级成长模型以学生的起点定终点，通过学生在同类群体中的进步情况对学生进行评价，若学生进步超过大多数同类学生，则学生进步较大，反之学生进步较小。

例如，某年级中有 A、B 2 名学生。学生 A 在第一次测试中得到 600 分（满分 650 分），处于年级段第 4 名，在第二次测试中学生 A 得分为 605 分，处于年级段第 3 名。学生 B 在第一次测试中得到 320 分，处于年级段第 350 名，在第二次测试中学生 B 得到 350 分，处于年级段第 320 名。就分数、位次的进步情况而言，学生 B 增加了 30 分，进步了 30 名，学生 A 增加了 5 分，进步了 1 名，从量上来看，似乎学生 B 进步更大，但是这对于学生 A 来说不公平，因为他的进步空间明显比学生 B 少得多，这也是传统的位次、分数评价的不足。

采用简易式百分等级成长模型能有效地解决这个困扰。简易式百分等级成长模型计算示意见图 1，图中学生 A 在第一次测试中的百分等级为 100，所属群体为 X，学生 A 在第二次测试中的百分等级为 60，说明学生 A 在同一起跑线的群体中，进步程度超过了群体 X 中 60% 的学生。学生 B 在第一次测试的百分等级为 5，所属群体为 Y，学生 B 在第二次测试中的百分等级为 55，超过群体 Y 中 55% 的学生。因此，虽然 2 位学生都在进步，但学生 A 的进步程度更大。

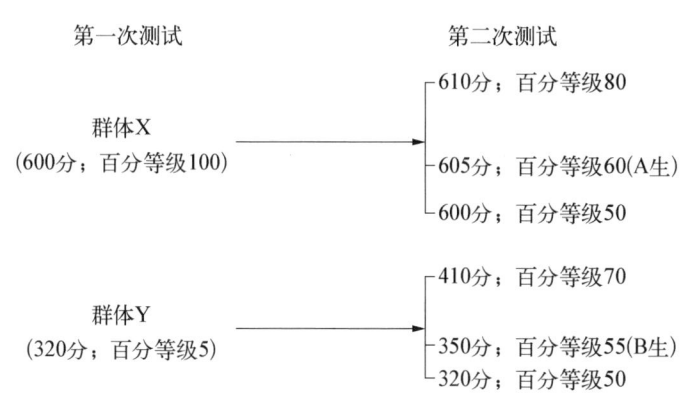

```
          第一次测试              第二次测试
                             ┌─ 610分；百分等级80
         群体X                │
      (600分；百分等级100) ──→ ├─ 605分；百分等级60(A生)
                             │
                             └─ 600分；百分等级50

                             ┌─ 410分；百分等级70
         群体Y                │
      (320分；百分等级5)  ──→ ├─ 350分；百分等级55(B生)
                             │
                             └─ 320分；百分等级50
```

图1　简易式百分等级成长模型计算示意

（二）统计操作

简易式百分等级成长模型统计操作有2个主要步骤：第一步，对学生的第一次测试成绩排序，计算每个学生的百分等级 $PR=100-(100R-50)/N$（式中 R 为某分数在按大小排列的数列中的名次，N 是分数的总次数），并将百分等级四舍五入取整，最终得到的学生百分等级为0—100。第二步，将学生群体分为101个子群体，分别计算各自群体内学生的百分等级，得到第二次百分等级结果，称之为进步程度。学校水平的成长变化取自该校学生成长百分等级的中位数，以避免极端值的影响。

成长水平的判断采用美国科罗拉多州的分类标准，以35分和65分为成长水平的评价标准，成长百分等级在65以上的为成长水平较高，成长百分等级在35分以下的为成长水平较低，成长百分等级在35—65分之间的为成长水平一般。

三、简易式百分等级成长模型的初步应用分析

（一）数据来源与变量选取

选取温州市某区2019届六年级毕业生群体作为样本，这些学生参加了2019届六年级毕业考试，2年前参加了四年级学业质量监测项目。全区共有

62所小学,将学生六年级第二学期成绩和四年级第一学期成绩关联匹配后,剔除缺失四年级成绩的学生。为保证学校层面分析的有效性,选取学生匹配率(每个学校六年级参与增值评价人数÷学校六年级总人数)在60%以上的学校,其中绝大多数学校匹配率在80%以上,最后全区共有58所学校样本纳入,共6 021人,全区匹配率为88%。

四年级测试学科为语文、科学2门学科,六年级测试学科为语文、数学、英语、科学4门学科,各学科测试均按照课程标准的要求由市、区学科专家命制,测试工具具有良好的信效度。

(二) 模型对比分析

表1展示了58所学校的简易式百分等级成长模型的计算结果,以及学校2次测试标准分(平均分为80,标准差为10)的变化。可以看到,简易式百分等级的计算结果与标准分变化的整体变化趋势是一致的,成长百分等级越高,标准分增加越多。成长水平高的,标准分的变化为正;成长水平低的,标准分的变化为负;成长水平一般的,标准分的变化正负均存在。

从此次收集的数据来看,简易式百分等级成长模型也在一定程度上克服了传统方法的弊端,即天花板效应。初测成绩较高的学校即使标准分数增加得不多,其成长水平也与初测成绩较低但增加分数较多的学校差不多,如校39与校47(见表1)。校39的初测成绩为83.11分,后测成绩为84分,增长分值为0.89分;校47的初测成绩为69.89分,后测成绩为74.79分,增长分值为4.9分,但两者的成长百分等级均为67分。

表1 学校成长百分等级对比分析

学校	成长百分等级	六年级标准分	四年级标准分	标准分变化	学校	成长百分等级	六年级标准分	四年级标准分	标准分变化
校41	74	85.18	83.73	1.45	校15	71	81.93	78.80	3.13
校10	73	85.58	83.65	1.93	校11	71	77.91	71.48	6.43
校36	72	84.96	83.09	1.87	校31	67	78.78	75.07	3.71
校48	72	79.14	74.39	4.75	校39	67	84.00	83.11	0.89

续表

学校	成长百分等级	六年级标准分	四年级标准分	标准分变化	学校	成长百分等级	六年级标准分	四年级标准分	标准分变化
校47	67	74.79	69.89	4.90	校53	51	83.39	85.04	−1.65
校13	66	79.79	76.59	3.20	校8	51	81.18	82.12	−0.94
校2	64	77.51	75.14	2.36	校25	51	77.88	78.19	−0.31
校7	64	79.25	74.91	4.34	校45	51	84.01	85.77	−1.75
校42	63	83.44	82.71	0.72	校33	50	78.49	79.00	−0.52
校27	63	78.23	75.15	3.08	校16	49	75.98	74.91	1.07
校57	62	80.56	79.43	1.12	校37	47	77.25	78.32	−1.07
校30	62	82.62	81.12	1.50	校40	47	73.24	72.32	0.93
校38	60	80.37	79.60	0.77	校18	46	72.38	73.00	−0.62
校43	60	80.91	80.11	0.80	校52	46	76.98	77.86	−0.88
校51	60	81.43	81.24	0.19	校55	45	73.10	72.58	0.52
校12	60	77.88	76.08	1.80	校6	44	80.28	82.66	−2.38
校19	59	78.40	76.90	1.51	校54	43	79.38	81.03	−1.65
校32	59	77.01	73.82	3.18	校17	42	75.61	77.11	−1.49
校49	59	83.06	83.39	−0.33	校28	42	78.75	80.89	−2.14
校23	57	80.99	80.40	0.59	校50	42	77.53	79.27	−1.74
校1	56	76.47	75.03	1.44	校35	41	76.52	78.21	−1.69
校58	56	82.37	83.17	−0.79	校22	40	78.62	80.46	−1.84
校5	54	78.26	77.94	0.33	校4	39	76.74	78.64	−1.90
校29	53	76.86	76.33	0.53	校21	37	75.97	77.40	−1.43
校26	53	78.78	76.85	1.93	校24	37	76.88	79.72	−2.84
校3	53	78.47	77.35	1.12	校9	37	78.97	82.28	−3.30

续表

学校	成长百分等级	六年级标准分	四年级标准分	标准分变化	学校	成长百分等级	六年级标准分	四年级标准分	标准分变化
校14	36	76.31	80.21	−3.90	校20	34	78.77	81.98	−3.21
校56	36	77.20	79.89	−2.69	校44	25	77.76	82.73	−4.97
校46	36	76.72	81.61	−4.89	校34	17	72.03	77.53	−5.50

四、简易式百分等级成长模型的优势与不足

简易式百分等级成长模型是对增值评价的积极探索，也是对结果评价的有效补充。它既有纵向评价的痕迹，学生的成长水平判断是基于自身前测结果；也有学生间的横向比较，学生的进步程度判定是在与同一水平伙伴的对比中产生的。

简易式百分等级成长模型的优势体现在以下四个方面。第一，增值分数可解释。现有的评价方式，如原始分数、标准分数的比较存在分数含义模糊，难以解释的问题。1名学生2次测试结果相比进步了3分，那么这3分的含义是什么？而简易式百分等级成长模型的评价结果——百分等级，其含义是清晰的。若1名学生2次测试后，经过模型计算百分等级为60，表明学生在同类群体的进步程度超过了60%的同伴。此外，这类基于分数纵向比较的方式还涉及分数的垂直等值问题。第二，增值分数可比较。现有增值评价方式，如相对位次的比较，会遇到不同水平学生的成长空间不一致的问题，从第2名进步到第1名明显是要比从第100名进步到95名难的，然而从进步名次的量来看，一个进步了5名，而另一名学生仅仅进步了1名。简易式百分等级成长模型克服了该问题，每个学生的进步程度只会与同一水平的学生比较，而且不同水平学生的成长量纲是相同的，都是0—100。第三，原理容易理解，操作简便。基于(多水平)最小二乘回归的增值评价模型和基于分位数回归的百分等级成长模型涉及复杂的统计数理原理，在操作上也不适用于一线评价工作者和教师，同时用回归模拟学生成长轨迹存在一定偏差。简易式百分等级成长模型原理简单，容易被理解、接受，操作上也较为简便，笔者编制了简易式百分等级

成长模型R语言代码，只需读入数据，就可得到相应的学生成长百分等级。各地区、学校也可利用互联网＋教育的优势，加强增值评价平台开发，简化一线评价人员操作，提高增值评价模型的利用率。第四，可以同时对学生、学校的进步情况进行评价。简易式百分等级成长模型计算出每个个体的进步程度之后，可以拟合出学校进步指数。

诚然，简易式百分等级成长模型也存在一些不足之处，其中有增值评价的共性问题，比如不同测试之间评价内容不同质；也有成长百分等级模型的共性问题，比如只是描述成长过程，无法分析影响成长的因素。就个性问题而言，简易式百分等级成长模型会存在微小的误差，用该方法对同类学生归类时百分等级在99.1—99.4之间的学生都会被归为99百分等级，但这是在平衡模型简便性与模型精度后的妥协，是可以被接受的。

五、结　　语

综上所述，简易式百分等级成长模型是值得应用探索的增值评价方式。该方法以学生成长为导向，为学生个体提供成长信息，存在许多优势。

教育是一个复杂的生态系统，仅用一种评价方法来对教育教学现象做出价值判断显然失之偏颇。在教育教学过程中需要综合、科学地运用增值评价、结果评价、过程评价、综合评价，从而优化教育管理，更为客观地记录、评价学生学业表现、学校效能。

【参考文献】

王晓平,齐森,谢小庆.美国学校"成长测量"的7种主要方法[J].中国考试,2018(6)：21-27.

许志勇.运用增值评价,促进教育均衡发展：以某省教育招生考试院的实践为例[J].教育测量与评价(理论版),2011(4)：8-12.

张咏梅,田一.学校增值资料系统：来自香港的实践经验与启示[J].教育科学研究,2011(4)：39-44.

中华人民共和国教育部.习近平主持召开中央全面深化改革委员会第十四次会议强调　依靠改革应对变局开拓新局　扭住关键鼓励探索突出实效　李克强王沪宁出席.[EB/OL].(2020-06-30)[2020-09-26].http://www.moe.gov.cn/jyb_xwfb/s6052/moe_838/202007/t20200701_469492.html.

Betebenner D W. A Technical Overview of the Student Growth Percentile Methodology：Student

Growth Percentiles and Percentile Growth Projections/Trajectories[R]. Dover, New Hampshire: The National Center for the Improvement of Educational Assessment, 2011.

Betebenner D W. Norm- and Criterion-Referenced Student Growth[J]. Educational Measurement: Issues and Practice, 2009(4): 42-51.

McCaffrey D F, Castellano K E, Lockwood J R. The Impact of Measurement Error on the Accuracy of Individual and Aggregate SGP[J]. Educational Measurement: Issues and Practice, 2015(1): 15-21.

作者：徐路明（瓯海区教育研究院）

（本文原载《中国考试》2021 第 3 期）

初中学业成绩简约型增值性评价的实践研究

一、项目概况

(一) 研究背景

学业成绩评价是学校教学管理的重要活动,评价既是对学校前期教学结果的终结性考核,也是对学校后期教学行为的一种导向。项目研究对象是温州市区一所普通的初级中学,共三个年级,28个班级。由于七年级都是辖区生分配入学,没有统一测试入口成绩,七年级的各个班级存在一定差异,基于均衡分班原则的教学成绩考核办法显然不太公平,无法体现教师教学所带来的学业成绩增量。因此,亟需一种能科学反映教学成绩增值的评价模型。

(二) 研究目标

1. 促进学校教师评价理念的科学转变

提升教师对于学业成绩评价的科学认识,促进教师学会运用增值性评价理论来客观全面地看待教学业绩。

2. 构建科学实用的简约型增值性评价模型

制定该校的学业成绩评价的指标,制定赋分法则,构建出适合学校学业成绩评价的模型。

3. 应用模型提升学校的教学评价质量

通过对评价数据的有效反馈,分析数据背后隐含的意义和价值,更好地凸显教学评价的诊断和导向功能,提高学校教学评价的质量,从而进一步提高学校教育教学质量。

(三)研究内容

1. 学业成绩的增值性评价现状研究

查阅文献资料,梳理增值性评价的有关概念,了解增值性评价的典型模型,分析评价模型建立的基本理念和方法。

2. 初中学业成绩简约型增值性评价的模型构建研究

选择研究对象和增值性评价模型,运用数据检验模型,开展实践研究,分析评价结果,修正模型的内容,构建初中学业成绩简约型增值性评价模型。

3. 初中学业成绩简约型增值性评价模型的应用研究

应用简约型增值性评价模型分析学校标准化测试成绩,从学科、班级、备课组、教研组、年级段、学校等维度开展实践研究,得出研究成果。

二、研究过程

(一)增值评价模型的构建依据

国内有关初中学业成绩增值性评价的模型不多,温州市教育评估院王旭东提出了一种适合县(市、区)校级增值性评价的方案——"简约式阶梯型增值性评价模型"(见图1)。

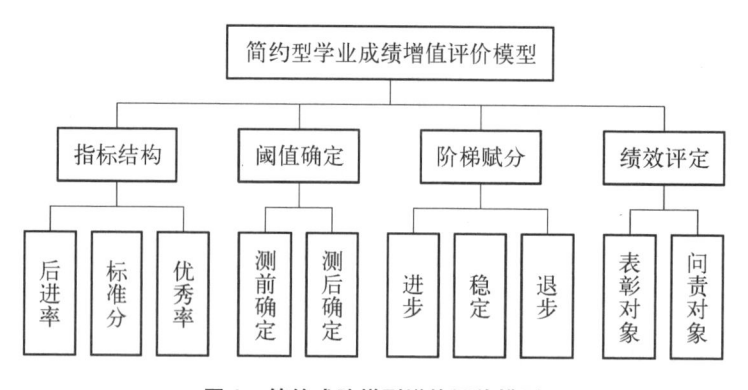

图1 简约式阶梯型增值评价模型

1. 指标结构

利用 EXCEL 软件,采用公式 T=70+15Z 将各学科原始分转变成 T 标准分。优秀率和后进率根据评价对象和评价导向的具体需要可以灵活划分,通常可以用前 20% 和后 20% 分别代表优秀率和后进率。

2. 阈值确定

采用基于目标管理理念的"测前确定法"。如提前一学年规定 T 标准分变化在 ±0.5 内为稳定,大于 0.5 为进步,小于 −0.5 为退步;优秀率变化在 3% 以内为稳定,大于 3% 为进步,小于 −3% 为退步;后进率变化在 3% 以内为稳定,下降幅度大于 3% 为进步,下降幅度小于 3% 为退步。

3. 阶梯赋分

通常,按增值情况分为进步、稳定和退步三个阶梯。指标数值变化在某一个阈值内,定义为"稳定";优于等于阈值,定义为"进步";劣于阈值,定义为"退步"。通常,进步赋分 3 分,稳定赋分 1 分,退步赋分 0 分。各个指标的增值分相加为增值总分。

4. 绩效评定

在义务教育阶段,对学业成绩退步严重的学校必须加以问责和批评,对进步大的学校加以表彰。表彰和问责对象的评定,既要根据增值分,也要根据实际情况和需求。建议受表彰的学校数多于 30%,问责学校数约为 20%。

(二) 简约型增值性评价模型构建的流程

1. 研究对象和数据采集

以 2017 年 6 月—2018 年 7 月为实施周期,选取该校七、八、九三个年级 28 个班级、772 名学生为研究对象。为确保数据的科学性,采用温州市统考期末测试作为数据来源。

2. 选择评价模型

项目以王旭东的"简约式阶梯型增值性评价模型"为基础。因为其评价指标科学合理,指标的阈值设置灵活,赋分方法简单易操作,统计方法和数据处理相对简单,适合初中学校的运用,且该模型在县(市、区)的学校增值评价的实际运用中效果较好。

3. 检验评价模型

采用2016级学生的八年级第一学期和七年级第二学期的期末成绩对"简约式阶梯型增值性评价模型"进行试测检验,邀请专家指导构建模型。

优点:① 评价的区分度较好,各个层次的差值明显,有利于绩效评定的表彰与问责。② 评价数据具有较好的诊断功能。如八(8)班总分增值明显,主要是班级的标准分和前20%增值快,而后20%进步不明显;从学科看,八(8)、八(9)班科学学科增值+7分,贡献值大。

不足:① 标准分以-0.5—+0.5之间为稳定的阈值不够实用。② 增值评价不能兼顾排名。③ 阈值没有根据实际人数调整比值。④ 标准分并不能非常客观地反映该校的普高率。

模型修正:① 标准分稳定区间设置为-1—1。② 均衡分班的基础上,如果某项指标能够两次保持学段第一,增值分+3分;如果有重点班,则不考虑两次保持第一+3分的设置。③ 前20%和后20%的稳定区间设置为-4%—4%。④ 该校的公办普高率为40%—50%,故增加50%的评价指标,考核公办普高率。

4. 构建评价模型

根据修改建议,建立适合初中学校的学业成绩简约型增值性评价的模型。

指标结构:标准分、优秀率(前20%)、普高率(前50%)和后进率(后20%)。

阈值确定:采用测前确定方法,标准分变化在-1—1之间为稳定;大于1分为进步,小于-1分为退步;前20%、前50%和后20%变化都以-4%—4%之间为稳定,前20%、前50%的变化大于4%为进步,小于-4%为退步。后20%变化大于4%为退步,小于-4%为进步。在均衡分班的前提下,各项指标如果两次保持第一,不管增值多少都确定为进步。

阶梯赋分:各项指标进步+3分、稳定+1分、退步得0分,总分为4项分数相加之和。

绩效评定:根据前30%为表彰对象,后20%为问责对象的比例,总分大于7分为表彰对象,低于4分为问责对象,4—7分为稳定,不表彰也不问责。

（三）简约型增值性评价模型的应用研究

1. 班级学科增值评价

对应到教师所任教的班级，可以考核教师的增值评价，每个增值评价分数里又可以细化为T标准分、前20%、前50%和后20%四项指标的得分，还可以查到指标的具体变化数值。按照8—12分为表彰对象、4—7分为稳定对象、0—3分为问责对象的标准。140个数据中，受表彰的对象有63个，占比45%，被问责的对象为31个，占比22.1%，区分度良好（见表1）。

表1 班级增值评价绩效考核

绩效考核	增值分	个 数	百分比
表彰	8—12分	63	45.0%
稳定	4—7分	46	32.9%
问责	0—3分	31	22.1%

运用评价结果，可以很好地诊断每个班级的各学科的四个指标的增值情况，并给教师今后的教学予以良好的导向，以七(2)班五个学科的评价数据为例（见表2）。

表2 七(2)班各学科增值评价得分

学科	总分	T标准分 进步	T标准分 增值分	前20% 进步	前20% 增值分	前50% 进步	前50% 增值分	后20% 进步	后20% 增值分
语文	10	1.37	3	11.10%	3	3.70%	1	−7.41%	3
数学	3	−0.61	1	−3.70%	1	−3.70%	1	7.41%	0
英语	8	2.47	3	14.82%	3	3.70%	1	−3.70%	1
科学	12	2.88	3	11.10%	3	14.82%	3	−7.41%	3
社会	8	3.84	3	14.81%	3	3.70%	1	0	1

七(2)班语文学科三个指标明显进步，前50%的指标进步不太显著，是今

后增长的潜力点。数学学科的各项指标都在退步，T 标准分退步 0.61 分，前 20% 人数减少，而后 20% 人数增加明显，在其他学科都进步的班级里，数学老师值得反思。英语和社会学科的 T 标准分和前 20% 的增值显著，是五个学科中最好的，但是在前 50% 和后 20% 两个指标无显著增值，教师今后要适当关注中等及靠后学生的增值教学。科学学科四项指标都非常好，增值分为满分 12 分，表现最好。

2. 班级总分增值评价

对班级成绩在联考中的 T 标准分、前 20%、前 50% 和后 20% 四个指标的增值情况进行比较，可以发现各个班级的指标进步情况，同时，还可以将班级整体增值分与各学科的增值分相比较，从学科角度进行诊断。仍以七(2)班总分和学科增值为例分析(见表 3)。

表 3　七(2)班增值性评价详细得分

从指标	总分	T 标准分	前 20%	前 50%	后 20%	
	8 分	3	1	1	3	
从学科	总分	语文	数学	英语	科学	社会
	8 分	10	3	8	12	8

七(2)班班级整体增值分 8 分，属于表彰对象。从总分四项指标诊断可以看出，T 标准分进步 2.4 分，后 20% 人数减少 7.1%，这两项指标各得 3 分，进步较大，但前 20% 和前 50% 进步不大，各得 1 分，班主任应注意班级中上水平学生的进步。从学科增值结果观察，班级整体增值分 8 分，语文 10 分、数学 3 分、英语 8 分、科学 12 分、社会 8 分，可以看出，班级语文和科学是优势，英语和社会中等，数学非常薄弱，班主任和数学老师需要进一步调查学生的数学学习情况，了解数学学习的问题，通过提高数学成绩，促进班级整体成绩提高。

3. 备课组增值评价

备课组的增值评价必须用联考成绩，因为用校内成绩必然是有的班级进步、有的班级退步，总体是稳定的。考虑三校联盟内总体相差不大，但该校的备课组的四个指标基本都能在三校排名第一，因此备课组评价取消"指标两次名列第一+3 分"的设置。

4. 教研组增值评价

教研组包含三个备课组,将三个备课组分数相加取平均值,即为该教研组的增值评价分,作为对学校教研组考核的一个依据。考核结果显示,五个教研组的考核区分度良好。语文组和社会组增值总分大于 7 分,为表彰对象,科学组和社会组在 4—7 分,英语教研组的增值分仅为 3.7 分,为问责对象。

5. 年级段增值评价

基于七、八、九三个年级段的四项指标研究结果,也取消各指标"两次保持第一+3 分"的赋分设置。考核结果显示,两次考试相比,七年级的增值情况比较明显,有三项指标保持进步,为此次考核的表彰对象,而八、九年级的各项指标都保持相对稳定,没有明显增值,也没有明显退步。

6. 学校增值评价

学校增值评价数据可以有两个来源,一是各个年级段的评价数据的增值平均分,二是各个教研组增值评价的平均分。按照年级段平均分的方式,学校的增值分为 6 分,按照教研组的平均分计算方式,学校的增值分为 6.2 分,相差不大。此次增值评价显示,学校整体都处于稳定状态的中上水平,离表彰还存有差距。

三、实 践 成 效

项目组从 2017 年 3 月开始在学校实践学业成绩的简约型增值评价研究,历时两年多,通过各类培训、研讨、考核、数据反馈等,取得了如下三个方面实践成效。

(一) 教师专业素养提升明显

1. 教师评价观的转变明显

通过模型的学习和使用,学校通过邀请专家做讲座、实施增值评价等手段,使得教师对教学成绩的评价观念有了很大的转变。调查问卷显示,项目实践后了解增值性评价的教师比例从 16.8% 提升到 97.6%。

2. 教师积极性的转变明显

增值评价实施后,教师不再拘泥于平均分的比较,而是更加重视班级的增值情况,不比基础比进步。通过观察发现,教师的课后辅导更加积极,也更有针对性,很多教师表示会有意识地针对四个指标去提升班级的增值分。

(二) 学校学业成绩增值明显

1. 2018 年中考成绩增值明显

根据温州市教育评估院提供的 2018 年中考成绩与 2015 年入学成绩的增值评价统计数据,该校 2018 年中考成绩的各个等第与 2015 年的入学成绩比较(如图 2),A、B、C 三个等第学生占比都上升明显,D、E 两个等第学生占比明显减少,五个等第的指标都进步明显。该校 2018 年总分和各学科的增值比较也进步明显,总分、语文、数学、英语、社会都大幅度提升,科学保持稳定。

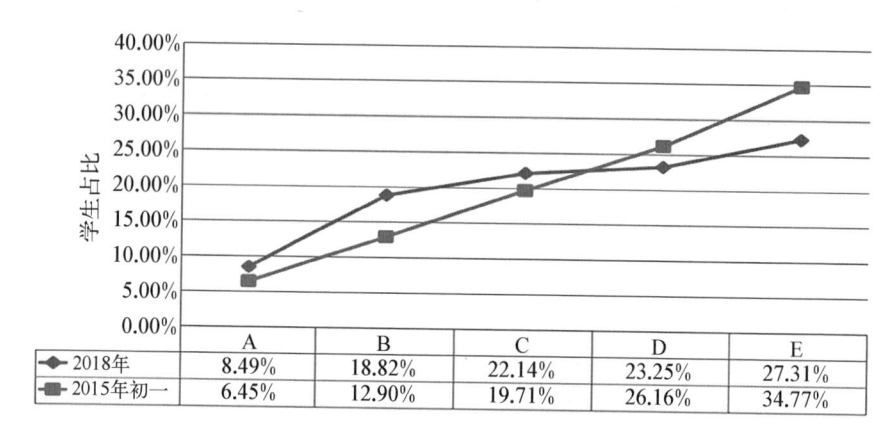

	A	B	C	D	E
2018年	8.49%	18.82%	22.14%	23.25%	27.31%
2015年初一	6.45%	12.90%	19.71%	26.16%	34.77%

图 2　2018 中考各等第三年增值示意

2. 八年级市级统测成绩增值明显

该校八年级参加了温州市教育局统一组织的期末统测。温州市教育评估院将这次成绩与这一批学生在六年级的统测成绩做对比,得到八年级学生各等第数据变化如图 3。

与六年级相比,八年级的学生在该校学习的两年里,A 率提升了 0.9 个百分点,B 率提升了 10 个百分点,进步明显,同时 E 率下降了 6 个百分点,也进步明显,总体增值显著。在联盟校联考中学校的增值分为 6.2 分,非常接近表彰对象要求。

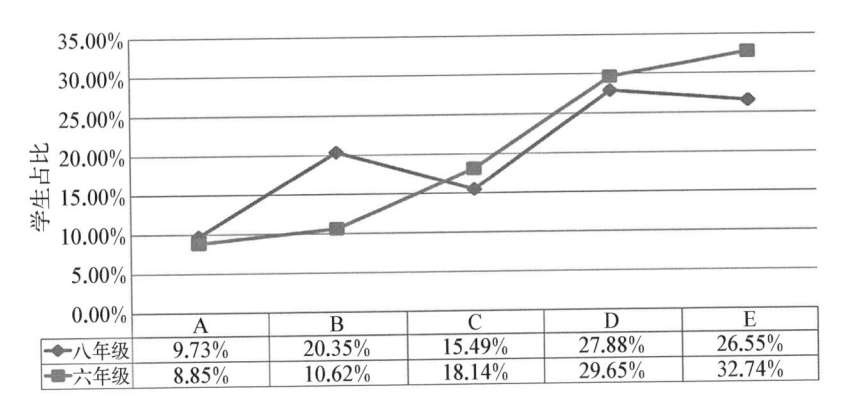

	A	B	C	D	E
八年级	9.73%	20.35%	15.49%	27.88%	26.55%
六年级	8.85%	10.62%	18.14%	29.65%	32.74%

图3 八年级统测成绩增值示意

(三) 师生关系的改善明显

从项目实践的三个学期的学生评教分数来看,学生对教师的满意度越来越高,三个学期125名教师的评教平均分分别是87.7分、92.2分和94.8分,教师也更能从发展的角度看待每一个学生,努力为每一个学生的学业增值付出努力。

四、推广价值

(一) 评价的科学性强

本模型的指标由标准分、优秀率(前20%)、普高率(前50%)和后进率(后20%)构成,指标具有科学性,评价结果能从不同指标科学地反映增值情况。模型中的等第划线、阈值确定、阶梯赋分和绩效评定都比较灵活。

(二) 评价的诊断功能强

借助四个指标的变化值,可以诊断学业成绩的变化归因,有利于学校反思办学理念和教学管理,有利于从"学校—年级段—教研组—备课组—班级—学科—指标增值分—指标具体变化值"进行深入诊断。

（三）评价的导向功能好

该模型利用四个指标开展增值性评价考核，避免了一线教师盲目地追求重点中学的升学率和平均分高低的比较，有利于引导一线教师关注全体学生，从"一元局限发展"走向"多元全面发展"。

作者：伍海龙（温州市第十九中学）
（本文获温州市2018年课题优秀成果评比一等奖）

基于增值评价与诊断的有效教学实践探究

一、研究概况

(一) 研究背景

单纯以学校升学率高低和学生考试成绩分数衡量学校教育质量的评价方式,过于依赖考试分数来甄别学生的优劣,忽视了学校和学生的进步程度。受传统教学观念的影响,很多教学经验丰富的教师其思维方式和教学方法模式化,没有树立数据分析的教学观念,依然以经验教学为主,不重视教学目标的设定和落实,学生依然承受着重、繁、旧的课业压力,学习效率偏低。

(二) 研究意义

大数据时代来临,利用教育评价数据助力教育教学、提升教学质量,建立科学的教育教学质量评价体系,以数据的力量让评价的育人功能和导向机制发挥得更好。基于数据创建高质量的课堂教学,可以让每一个学生的学习都得到及时反馈,让每一次反馈都促进更有效率的教与学。

(三) 内容与目标

1. 建立基于数据改进教学的机制

基于区域大规模测评数据分析反馈结果,有利于清晰直观地了解本校在区域内相对的学科教学水平及教学目标的达成情况,针对目标进行认知能力和知识等方面的教学改进，有效提升教学质量。

2. 建立目标导向的高效课堂

通过目标导向的评价，引导教师推进教、学、评一致的研究及实践，逐步提升教师基于课程标准设计具体教学目标的能力，设计与目标相一致的教学策略的能力，设计与目标相一致的教学评价的能力，从而实现高质量的课堂教学。

3. 促进学生个性化学习

基于测试的精确化数据，引导学生分析自身强弱项和具体问题所在，进行自我诊断，自我反思，自我改进。

二、研 究 成 果

（一）优化教学常规

1. 改进教学目标

各教师提前一周进行超周备课，在集体备课研讨活动中，做好说"个案"的准备，说教材，说学情，说问题或活动设计，说过程。通过增值评价和诊断系统等方式方法针对教学的"六点"，即重点、难点、考点、易错点、易混点和盲点进行备课，并根据集体备课研讨的内容、个人研究的成果、所教班级学生的实际情况及自己的教学特点，形成适合本班学生和教师个人的个性教案，即二次备课。

2. 改进习题研究

设计有质、有量、形式多样的练习，满足不同层次学生的需求，形成个性化、特色化的实效练习。课后的作业布置与教学目标相匹配，检测学生在"重难点目标上"的学习效果，检验教学目标，达到双向细目的简单要求。作业的批改坚持"有发必收，有收必批，有批必评，有错必纠"，并给出有启发性、指导性、鼓励性、示范性的评语。

（二）诊断系统对教学常规的支撑

1. 学习使用诊断系统

先组织教务人员，教研组长学习诊断系统的操作流程，再组织全体教师学习如何新建考试、如何标定知识目标、阅卷、分析系统给出的数据及题库的建立。

2. 依托诊断系统分析目标达成度

教师可以根据系统提高数据对比分析结果,合理规划下一步的教学重点,基于目标达成度设计教学目标,落实教学环节。

3. 依托系统分析不同学生知识点的缺失和不足

通过知识点雷达图比较和分析来指导分层教学,在下一教学阶段中逐渐渗透学生掌握不足的知识点。对于知识能力处于不同层次的学生,在班级授课制条件下,教师可以实行分层的差异化和小组指导,对于各层学生的不同特点给出不同的习题和作业,实现个性化的分层教学。

(三) 完善和采用增值评价体系

增值评价是指通过追踪研究设计,运用一定的统计分析技术,收集并分析学生在某段时间内不同时间点的学业成绩表现,测量学生在学业上的"增值(gain)"程度。采用增值评价法使不同起点的班级、教师和学生具有了更加合理的可比性。通过增值幅度大小来进行评价,有利于提高学校、教师以及学生的积极性,形成良性的竞争局面,全面提高教育质量。

下面以某校初一下期末考试和初二下期末考试成绩增值表现情况概览为例。研究总结了该校学生(男生和女生)在各个科目及总分上的增值情况和增值表现,得到了该校的总体增值情况,分析了各个科目上初一下期末考试和初二下期末考试不同等级水平或不同等级分数段人数分布比例情况和增值情况,并分别从不同性别、不同等级两个角度进行增值评价分析。

1. 某校与某市学生的增值表现比较

表1描述了2016届初一下、初二下两次期末考试某校与某市学生在总分和语文增值表现上的人数比例比较。正增值的比例描述了在某一科目上进步程度超过平均水平的学生所占的比例,比例越高表示该校在这一科目上教学效能越高。负增值的比例描述了在某一科目上进步程度低于平均水平的学生所占的比例,比例越低表示该校在这一科目上教学效能越高。同时,通过不同科目之间的比较,表中的结果还可以大致了解教学效能相对较高的学科和教学效能相对较低的学科。

表1 某校与某市学生的增值表现比较(总分及语文)

增值表现	样 本	初一下总分	初二下总分	初一下语文	初二下语文
正增值	某校	27.30%	29.71%	27.75%	32.00%
	某市	30.85%	30.85%	30.85%	30.85%
零增值	某校	29.13%	43.50%	37.17%	47.20%
	某市	38.30%	38.30%	38.30%	38.30%
负增值	某校	43.57%	26.79%	35.08%	20.80%
	某市	30.85%	30.85%	30.85%	30.85%

由表1可以看到,该校在总分和语文科目的正增值上有明显的进步,同时在负增值的比较中初二下负增值的人数比例明显降低,说明该校在这一年来有明显进步。

2. 某校不同性别学生的增值表现比较

表2描述了该校不同性别的学生在各科及总分增值表现上的人数比例。通过比较正增值的学生中男生和女生所占比例的差异,可以大致了解该校在该科目上进步程度超过平均水平的学生,是否存在性别差异。同理,可以通过比较负增值的学生发现是否存在性别差异。

表2 某校男生、女生的增值表现比较(总分及各科)

增值表现	性 别	总 分	语 文	数 学	英 语	科 学
正增值	男生	24.48%	19.69%	31.77%	19.69%	25.91%
	女生	30.16%	35.98%	35.45%	26.46%	31.22%
零增值	男生	26.04%	35.75%	37.50%	43.01%	40.93%
	女生	32.28%	38.62%	30.69%	41.80%	33.86%
负增值	男生	49.48%	44.56%	30.73%	37.31%	33.16%
	女生	37.57%	25.40%	33.86%	31.75%	34.92%

由表2可知,总分正增值的女生比男生比例更高;从零增值比例看,总分、语文、英语女生表现更好,而数学、英语是男生表现更好。

3. 不同等级的学生各科的增值情况

表3描述了某校初一上期末考试中学生在总分及各科成绩等级上的增值表现。从中可以了解到该校初一上期末考试中不同等级水平的学生在一学期中是否有进步。如果对于初一上期末考试成绩处于不同等级水平的学生,其增值不存在差异,则说明不管初一上期末考试成绩的高低,初中阶段学生的进步幅度基本相当;如果对于初一上期末考试成绩处于不同水平等级的学生,其增值存在差异,则说明通过初中阶段的学习,某一等级水平的学生进步幅度明显高于另一等级水平的学生。

表3 某校初一上期末考试不同等级的学生的增值情况比较(总分及各科)

学科	A 人数	A 增值分	B 人数	B 增值分	C 人数	C 增值分	D 人数	D 增值分
语文	78	−0.43	120	0.09	108	−0.23	76	−0.46
数学	51	0.32	113	0.27	123	0.01	94	−0.38
英语	74	1.09	126	−0.04	104	−1.03	78	−0.54
科学	54	−0.29	101	0.27	136	0.17	91	−0.75
社政	51	−0.06	97	−0.62	133	−0.72	101	−0.42
总分	47	0.68	125	0.04	134	−0.76	75	−0.74

注:学生等级采用初一上期末考试成绩的等级划分结果,即将本市参加初一上期末考试的所有学生的成绩由高到低排序,按人数百分比等分成A、B、C、D四个等级。

4. 不同等级的学生一学年来的总体增值情况

表4描述了某校初一下期末考试总分成绩不同等级的学生,在初二下期末考试中总分成绩等级的增值情况。一般来讲,初一下期末考试成绩同一等级下,初二下期末考试成绩等级越低,其增值分数也越低,对应表中的数据,每行的增值分数从左至右有下降的趋势;对角线上的数据描述了所处等级不变的学生增值的情况,一般来讲,上三角部分的学生增值越来越小,而下三角部分的增值越来越大。

表4　某校初一下期末考试总分不同等级的学生在初二下期末考试中的增值情况

		初二下期末考试			
		A	B	C	D
初一下	A	0.61	−0.65	—	—
	B	1.77	0.14	−1.52	—
	C	3.27	1.83	−0.01	−1.71
	D	—	—	1.19	−0.47

为了更清楚地描述通过一学年的学习,学生学业等级的变化特点,下面分别描述初一下期末考试成绩等级为某一等级时,初二下期末考试成绩转换为不同等级的人数的比例。

5. 不同等级的人数分布情况

图1描述了某校初一下期末考试总分成绩为A等的学生,在初二下期末考试中各成绩等级的人数比例分布情况,以及与全市人数比例的比较。显然,该校在A等人数比例高于全市水平。

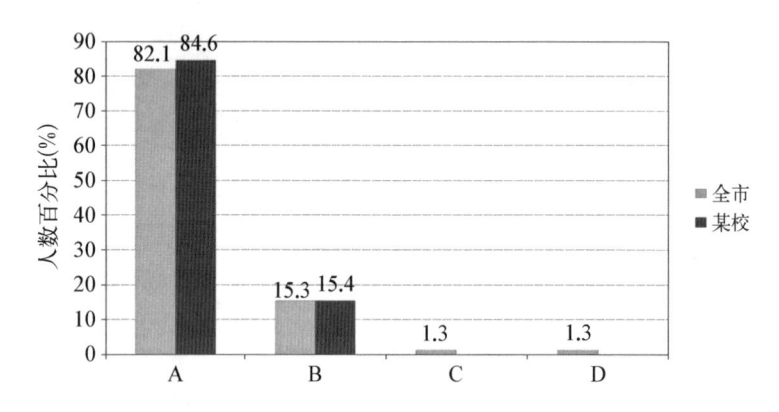

图1　某校及全市初一下期末考试总分成绩A等的学生在初二下期末考试中的成绩等级情况

图2描述了某校初一下期末考试总分成绩为C等的学生,在初二下期末考试中各成绩等级的人数比例分布情况。从图中可知,该校C等人数比例明显低于全市人数比例,体现出该校后进生人数的减少。

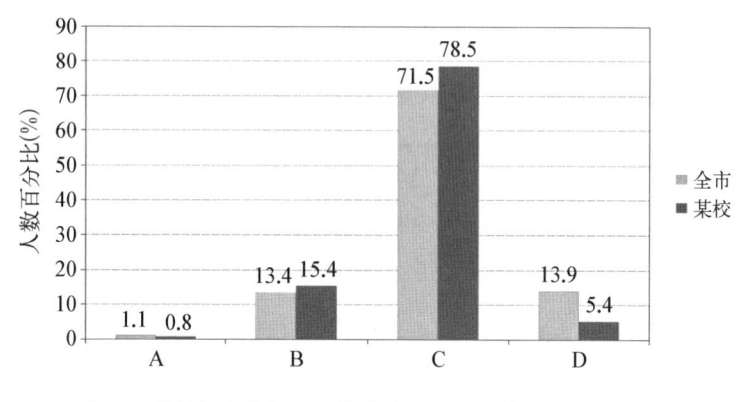

图2　某校及全市初一下期末考试总分成绩C等的学生在初二下期末考试中的成绩等级情况

三、实践成效

(一) 增值评价理念的学习收获

组织全体教师学习增值评价相关理念。教育数据挖掘的核心在于数据分析。教育数据分析的内容很多，其中用得最多、最普遍的是成绩分析。但原有的以原始分数进行横向比较的成绩分析评价方式存在很多的弊端，如看不到学生的进步、打击学生的学习积极性、班级之间比较时没有考虑生源因素、挫伤教师积极性等。增值评价是今后评价制度改革的一个重要突破和方向。简单地说，增值评价就是看学生经过一段时间的教育后的成长、进步、转化的幅度，增值＝输出－输入。增值评价注重学生纵向比较，淡化横向比较。比如基础差、学习困难的学生，如果经过一段时间的学习后，本次考核比之前有了进步，哪怕他的原始分数横向比较仍然很低，都应该褒奖；反之，原来学习优秀的学生，如果没有保持或退步，即使他的原始分数比学习困难的学生高很多，也应该予以提醒。换言之，增值评价正是发展性评价的一种，强调以每个学生的进步幅度来评价教师和学校的工作水平，这与目前所倡导的面向全体学生、促进学生全面发展的思路不谋而合。同样的，增值评价系统也改变了学校教师评价，不再是简单地看最后考试的分数，而是让教师更多地关心学生学业的进步。由于是以学生学业成绩的增值为考评教师的基础，能很好地解决"择生"

问题(即目前所谓实验班、火箭班和普通班划分,学校内部人为地将学生区分为三六九等),为教师提供了公平的教学环境。

(二)增值评价基线测试对学业成绩和教学效果的评价作用

在市教育局教研室的引领下,对全体新入学七年级新生完成了增值评价基线测试,包括语文、数学、英语、科学、社会法制、认知等方面,以及学生背景问卷,以调查学生的家庭背景、学习情况、课外时间安排、学习压力、学习动机等相关的背景因素。通过此次测试分析,摸清了学生入学初期的学习水平基线,借此既可以检查前段教学的成果与水平,又可以准确地看出每个学科、每个班级、每位教师的教学效果。本次七年期学生的基线测试结果、学生背景问卷分析和学业成绩相关因素分析的可视化图示,清晰呈现了某校2018届七年级学生的起点测试成绩,以及影响学生发展的、各种学业成绩相关因素的分析结果,有利于教师将这些分析结果运用到平时的教学实践中去。

(三)通过增值评价与诊断系统相结合的方式改进教学设计

组织月考、周考等形式,利用诊断系统的分析报告与增值评价的各科结果作对比,从成绩分布的离散程度和各班的成绩盒式图分析每位学生在每道题、每个知识点上的得分情况。跟踪、检测学生成绩,方便教师在第一时间发现学生的"短板",及时对学生进行"诊断"。依据目标建立测验,运用测验过程中产生的数据来诊断教与学目标达成的程度,并对未达成的原因进行认知和知识等方面的统计分析,实时进行调整改善,使教、学、评一致性得以持续的改进。

四、推广价值

以评促教、以评促学的研究,创新点在于利用增值评价整体上把握学业成绩,以全市七年级各科期末考试和学生认知测试为增值评价报告起点,根据不同班级的生源差异,进行学习进步水平的分析与评价,初步了解学生未来发展的潜力与区间。结合诊断系统建立目标导向的课堂,指导个性化的教学。

教学目标的设计是指导教师教学的根本,对试题准确详细的目标标定是学习诊断报告呈现精准的数据分析结果的基础。教师可以根据知识点得分对比分析结果,合理规划下一步的教学重点,并进行基于目标达成度的分组教学,提供差异化习题和作业等。

依托学习诊断系统可以分析出考试得到相同总分的学生,其在不同知识点的掌握上也有所差异,便于及时分析得到学生对哪些知识点的掌握还有提升的空间。在每一次检测评价之后,教师都可以以目标为导向,不断反思和改善教学模式,灵活设计符合学生实际的课堂教学目标,深入准确地掌握每一个学生的学习效果,实现精准教学。

五、反思改进

(一) 专家引领

学校教师基本上是在实践中以经验为指导,缺少高度与理论。在以评促学方面,如何更具体细致地指导学生学习,借助数据分析让学生改进学习方法,提高学习效率。显然增值评价与过程性评价的实践需要专家的指导与引领,才能让教师更快地取得实效。

(二) 教师认同

加强教师对改革的认同感,才有可能真正通过质量监测倒逼教育教学行为的改变,使教学研究起到应有效果。也只有学校老师真正愿意运用数据分析技术,才能理解和挖掘数据间的关联性,让教学研究活动更为有效。

(三) 系统支撑

(1) 必须熟练操作诊断系统,才有可能让每位老师都能通过这个系统,监督自己的教学质量,分析学生成绩,找出教学问题所在。

(2) 必须降低评价工作量,才有可能让更多的教师选择使用这个系统,因此增加诊断系统的题库刻不容缓。

作者:卢华胜、臧国智、苏伟胜(乐清市翁垟第一中学)

(本文原载《考试研究》2021 第 4 期)

过程评价篇

"项目学评"赋予学生成长的力量

——"项目学评"的平阳样本

平阳县实施的"项目化学习评价"(简称"项目学评")是对学生学业评价的一种方式,通过综合性的任务,评价学生理解与运用能力。综合性、互动性、选择性和"学评结合"是其特征。项目设计围绕学科关键能力和核心素养,以课程标准为依据、以提高学力为价值取向。项目实施由"评价为重"转向"诊学促学为重",旨在解决"单一纸笔评价"导致"分数至上"的弊端。评价过程中,将项目化的学习任务融入评价活动。因此,"项目学评"是为了促进学习的学业评价,其本身也是一种学习(高阶认知活动)。

区域推进小学"项目学评"坚持"学为中心"的理念,突出学生"学力"培养,按照"以评导教·以评促学·以评优管"的总体思路,践行"我爱学习·人人发展"的理念,回归评价的学习功能。

开展"项目学评"十五年的研究与实践,先后经历四大阶段(见图1):

(1) 草根试点研究阶段(2008—2012),关注"学评结合"与范式;

(2) 全县实施和全市推广阶段(2012—2014),关注区域推进与典型;

(3) 特色培育和省级试点阶段(2014—2018),关注"三全"与常态;

(4) 内涵提升和区域特色成果提炼阶段(2018年至今),关注"三新"与迭代。

当前,我们致力于"项目学评"新机制的研究,引导学校开拓新路径,以"项

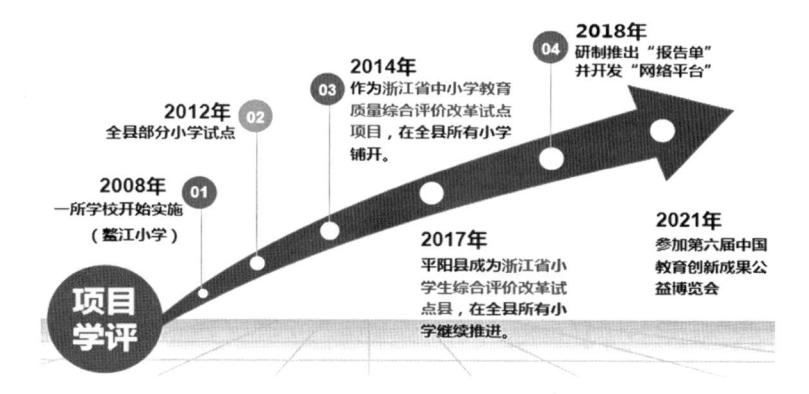

图 1 "项目学评"发展阶段示意图

目学评"新样态的构建,引导和倒逼当下的学、教方式变革,重视素养指向,发挥"学评结合"优势,"学习—评价"双线并进且互相促进,赋予学生成长的力量。

一、立足"项目学评"自身的"学评结合"优势

以"学评结合"为显著特征的"项目学评",其优势就是在"学评结合"的过程中采用的现场互动方式。"学评结合"不仅关注学科关键能力,还关注学习者的学习过程及方法,观察和判断学习者的情感态度,打通学科之间的界限,打通学习和生活之间的界限,提高了学生的综合能力和素养。从核心素养的发展看现场互动学习和测评,日常学习和评价从观念到行为都发生了深刻的变化,"项目学评"折射出多元的价值。

1. "学评结合"基于课程目标细化

"项目学评"基于标准,设计学力取向的学习目标和测评内容,活动既考察学习成果又展示学习过程,体现了认识结构的合理性。评价也是学习,项目化学习评价更能接近学科本质。比如,数学测评方式是"观察—动手—口述",不仅重视记忆、理解,更涉及应用、分析等高阶能力要求(见表1)。可见,测评标准引领下的学习活动,是基于课程目标开展的"学评结合",其目标集中,"教—学—评"一致性高。

表1 数学"解决问题"的学评活动

项目	内容	测评标准	学习领域	学习和测评要点
解决问题	根据教材内容及要求设计问题（四选一）	☆☆☆☆☆ 1. 能够从问题情境中提取信息，能独立正确地解决问题，对解答方法做简单的解释说明。 2. 对解答的结果和方法能自觉进行检验、回顾与反思。 ☆☆☆☆ （略） ☆☆☆ （略）	数学	1. 是否能说出已经知道了什么？要求的问题是什么？ 2. 解答是否正确？能否对解答方法做简单的解释？ 3. 能否自觉进行检验与反思？

2. "学评结合"追求学习方式转型

真正的学习是怎样发生的？怎样的学习活动才能直抵学习的本质？根据学习金字塔理论，在教学的某个环节，发挥自主学习、自主评价的优势，学习目标要求、测评标准来自学生的讨论生成。比如，英语课的测评标准采纳学生的意见（见表2）；又如，"小老师"（学生）"教同伴学"（"小评价师"在日常学习过程担任"小老师"），转变了学习方式，强化了优势学力，学生学得主动而高效。

表2 英语学科学生参与研制测评标准

项目	测评内容	折合星级
语言能力 （3分）	A. 发音准确清晰，语调自然流畅，语速恰当；语调正确，语法和词汇应用正确，能用较多语法结构较复杂的语句，反应快。（3分） B. 发音较准确清晰，语调较自然流畅，语速较恰当；语法和词语应用基本正确，发音较标准，母语口音不明显，反应力一般。（2分） C.（略）（1分） D.（略）（0分）	
表达内容 （4分）	（略）	

3. "学评结合"尝试课堂结构重建

将测评元素与课堂学习活动设计相结合,课堂的结构必然随着新元素的植入而发生变化。"学评结合"的课堂活动以真实的活动情境为外壳,将测评任务植入其中,学生参加的是"无压力"的测评活动,学评自然融为一体。下面以口语测评课《"能不能撒谎"》板块三为例,看课堂结构的变化。

板块三：结果呈现【测评后的整理与反思】

观察者(离开场地,10分钟互动交流)：6位场外观察教师和5位场内观察教师与观察者交流；

观察者(进入课堂,10分钟反馈)：对每一位孩子的倾听能力与口语交际能力进行评价,并提出意见,使孩子明白如何说更好、如何听更佳。

这样的课堂结构显然有别于以往的样式。其间,采用有针对性的互动学习,评价者适时融入,既能有效达成活动目标,又顺利完成了对每一个学生的测评,有利于实现"人人过关,人人发展"。可见,互动研讨可促进课堂结构的重建。

二、吸纳"项目化学习"新元素

"项目化学习"(PBL)有诸多新元素值得"项目学评"学习借鉴。如对问题的持续不断地探求,在对外部世界的探索中不断追问自己并形成自己的价值观念,乃至不断形成自己的精神世界。国家督学、中国教育学会副会长尹后庆认为,"项目化学习真实情境的特征联结了生命、学科和世界"。夏雪梅在《项目化学习设计：学习素养视角下的国际与本土实践》一书中指出,"项目化学习是为了心智自由"。在实践中我们发现,"心智自由"的重要表征是学生可以更富创造性地解决问题。"项目学评"自觉吸纳"项目化学习"的新元素,同时更大程度地发挥"项目学评"的"学评结合"优势。

1. 素养指向的"学评结合"

素养指向的"学评结合"活动,强调以评促学,回归学习的本质,同时引导和促进教师在设计项目、组织实施过程中坚守素养目标。比如,科学学科设计了指向"思维与实践"的测评项目,其中包括四个任务：A. 长时观察项目(必做);B. 课后拓展项目(多选一);C. 科技创新项目(鼓励做);D. 自主学评项目(鼓励做)。既有分层的要求,又有总体要求;既指向本学科的关键能力,又涉及多门学科综合素养的学习与评价。这里包含着我们一种主张:让素养在评价活动中生长。

2. 重视过程的"学评结合"

"学习—评价"双线并进,"学习—评价"互相促进。"学评结合"旨在将项目化学习任务融入评价活动。将评价融入学习实践过程,在解决问题的过程体现评价的元素。

案例1:六年级"聊聊书法"

活动准备:组员积极探讨交流,选择几个"可聊"的话题:"介绍著名书法家""书法家的故事""书法作品鉴赏""我的书法之路""练习书法的益处"。

第一次评价反思:组员给予反馈与建议,再进行整理与优化,确定有价值的话题。

分工合作:课余时间,各小组成员就自己感兴趣的话题有序分工,搜集资料,整理成品。

第二次评价反思:活动当天,学生为努力做到"清楚、生动"地表述和在交流时更好地展开互动评价,从图片与资料的内容、呈现方式等方面进行评价,并进行改进,比如内容丰富、画面精美的PPT,布局合理、色调和谐的手抄报,直观有趣的短视频,图文并茂的电子打印稿……

汇报交流:聊书法家的作品及特点,聊书法家脍炙人口的故事,聊学习书法的感受和益处等,"聊"得有声有色;台下的同学认真倾听,参与互动,积极交流。

第三次评价反思:每位成员和"小评价师"从"积极参与""表述清楚有条理""结合图片或实物讲述""对感兴趣的话题深入交谈"这四个方面开展全面的自评和互评。

3. 追求适性的"学评结合"

我们十分重视创设"有意义和有吸引力的情境",以适合每位学生参与其中,"好"的"学评结合"无疑要更大程度地促进"每位学生更好地学习"。

案例 2：平阳县鳌江小学的适性教育探索

平阳县鳌江小学开展适性教育，成立志愿服务社。学校统一设计服帽、旗帜、徽章、口号。根据学生自愿原则招募，分年级设定项目目标：低年级段服务自我、中年级段服务他人（校内）、高年级段服务社会。建立"志愿时""志愿分""志愿星"评价机制，最后评定几颗星计入学期"报告单"中的"乐服务"一栏。该校除了"乐服务"，还有十多个项目全面评价学生的综合素质。

三、构建"项目学评"新样态

以"学评结合"为显著特征的"项目学评"，围绕学科关键能力和核心素养，突出规则、工具、社会化学习的情景三大要素，推进"项目学评"的班本化实践，追求教学更有价值、更有意义，学习更丰富、更充实、更有趣味，构建"项目学评"新样态，助力小学生综合评价改革。

1. 学科项目化学习＋评价

"学科项目化学习＋评价"指向素养，通过设计驱动性问题、引导学生持续探究，进行全程评估、成果展示、反思改进，突出对问题解决、促进创新精神、实践能力的发展。比如，"做数学"——用"学科项目学习"的方式"做数学"，在真实情境中开展问题解决，持续探究，获得数学活动经验、"创生"数学工具、体会数学思想方法，有意识地通过评价来推进创新精神、实践能力和合作交流素养的培养。如在《圆的面积》一课的学习中，引导学生"持续探究＋课堂评价"，"任务—评价"深入推进。

"学科项目化学习＋评价"是学会学习的重要方式，既保留项目化学习可能的优势，又兼顾学科教特点和综合素养。

2. 跨学科项目化学习＋评价

设计综合性学习实践测评项目，打通学科之间的界限，实现学习和生活之间的紧密联系。

案例 3：三年级我和"垃圾分类"初相遇

本学期末的阶段性"项目学评"主题是：我和"垃圾分类"初相遇。此项目结合语文中的口语交际"身边的小事""请教"等学科内容及数学学科相关知识点,设定测评的具体内容及细则。学生在具体的情境中走入生活,既考评其本学期习得的各项能力,又激发热爱语文、数学学科学习的兴趣。

3. 活动项目化学习＋评价

"活动项目化学习＋评价"更大程度地促进学生解决复杂的、开放性的问题,因此,也更加需要我们具备综合素养评价的视野。

案例4：活动项目化学习＋评价：如何成为"小评价师"

我们曾经设计了超学科的学习项目：如何成为"小评价师"。实施这个项目的评价时,需要特别关注"小评价师"两个方面的标准：一是良好的学科素养,不仅自己能正确完成测评任务,能理解测评背后的目标指向,还要能判断测评学生在目标上的达成程度；二是较高的综合素质,如捕捉信息、组织协调、表达交流能力等。

"项目学评"新样态,从不同侧面反映了学段特点和核心素养发展的需求。在区域引领下,学校坚持学生立场、素养导向,符合时代要求,自主开拓"项目学评"新路径。

显而易见,"项目学评"力促改变学习方式,着力引导学生参与统整性更高的高阶认知过程,追求"学评结合"如何"适合每个人"、促进"人人发展",其价值就是引导和促进学生自主生长,实现从"因人施测"到"因材施教"的螺旋式上升。一言以蔽之,着眼于学生成长的长远意义,理想的"项目学评"无疑要更大程度地促进"每位学生更好地学习"。

【参考文献】

夏雪梅.项目化学习设计：学习素养视角下的国际与本土实践[M].2版.北京：教育科学出版社,2021.

张丰.制度与技术：教育质量管理机制在重建[M].杭州：浙江教育出版社,2018.

作者：纪相钊(平阳县教师发展中心)

强化过程体验：小学生综合素质星卡评价"迭代"改革与实践

《深化新时代教育评价改革的总方案》指出：坚持科学有效，改进结果评价，强化过程评价，探索增值评价，健全综合评价。在评价方式上，应通过信息化等手段，探索学生、家长、教师以及社区等多方参与的综合评价方式。新型教育评价更加关注学生"个体人"的成长，并在智能时代背景下给予教育评价技术化的切实关注。二十年前提出的"尊重教育"办学理念，引领学校实现了跨越式发展，成为远近闻名的名校。尤其是2002年开始建构的"星卡努力取向评价体系"成为学校特色文化，发挥了极大的育人作用。二十年后，随着以"核心素养"为主导的课程改革不断深入，学校将育人目标指向：树人格健全之人，以传承"尊重人格•尊重差异"的核心理念。近年来，该校更是以儿童工作坊活动新体系相继推行场馆空间打造、项目化学习展示周、智慧校园创建等新举措，传统的星卡评价已经跟不上学校发展的需求。通过大面积问卷调查、座谈等方式发现：该校教师对实施智能化星卡评价的意愿高达92.53%，家校联动共同参与智能化星卡评价的家长比例高达97.95%。尊重教育视域下星卡评价的迭代升级势在必行，呼之欲出。

立足于原星卡努力取向评价制度，如何形成新时代教育评价改革背景下，简单有效的适合师生、家长可操作的有效迭代的星卡评价制度。该校尝试以强化"过程体验"为基，"优化与创新"为改革关键词，主要从评价理念、评价指标体系、评价方法、评价过程、评价技术五个方面进行实践探索，来支持尊重教育视域下的星卡评价迭代升级。

一、尊重教育理念内涵的优化与创新

尊重教育的核心就是尊重教育教学规律,特别是尊重学生的身心特点、人格和权利、兴趣和个性,既尊重有特殊天赋的学生,又尊重学习不良的学生,培养学生的创新精神和实践能力,使他们富有生活的勇气、向上的热情、创造的激情和社会责任感。尊重教育的本质是提供适合学生发展需要的教育。

(一)变"外部评价"为学生"自我评价"为主

星卡评价1.0版的五大理念为"尊重人格""基础·普惠·自主""尊重与要求相结合""全员·全程""奖罚并用",凸显了尊重教育的先进办学思想。随着教育变革逐层推进,原五大理念仅关注了教师对评价权力的科学定位与使用,学生还是处于被评价的地位。星卡评价2.0版把内涵优化为"尊重人格·儿童立场""基础·普惠·自主""尊重与要求相结合""全员·全程""五育并举"五大理念,凸显过程体验、儿童立场、五育并举、核心素养等关键词,突出学生行为养成可感、可知、可践行的生活情境,引导学生内化于心,外化于行。理念的完善必然带来行为的优化,星卡评价变"外部评价"为主为学生的"自我评价"为主,变"老师要我发展"为"我自己要发展"的评价导向。

(二)变"重结果评价"导向为"重过程体验评价"为主

星卡评价1.0版学生努力取向评价,每学期末对学生的努力过程通过星

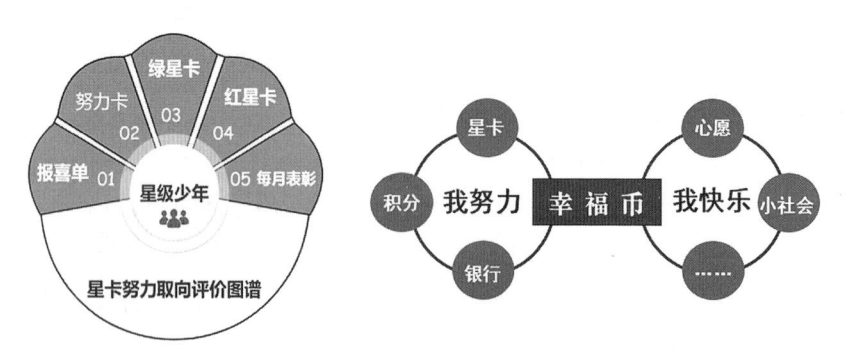

图1 星卡评价1.0版图谱 VS.智能化星卡评价2.0版图谱

卡累积进行"星级少年"（1—5星五个等级）评选，并颁发相应星级奖章。这种评价注重了对学生结果性、分层级评价指向，无法顾及全员学生的个体差异，后期大部分学生争卡动力不足，尤其是高年级段，部分学生对星卡失去了追求目标。评价2.0版探求原有基础上的"尊重思想·儿童立场"评价理念，实现"我努力"到"我快乐"的闭环体验性评价，促使孩子们阶段性的努力成果可以在根据儿童需求创设的各种体验岗、实践活动中"消费"，让孩子们在活动中真实感悟努力的快乐，变抽象的评价为可参与的实践体验，符合小学生的年龄特点，极大调动了孩子们向前、向上的积极性，变"重结果评价"为"重过程体验评价"。这种理念符合2022年义务教育课程方案中提出的：关注学生真实发生的进步，积极探索增值评价。加强对话交流，倡导协商式评价。关注典型行为表现，推进表现性评价等评价导向。

二、评价指标体系的优化与创新

《中国学生发展核心素养》中提出，核心素养以培养"全面发展的人"为核心，分三个方面、六大素养。学校以此为导向，紧扣德、智、体、美、劳五育并举的定位，构建"智能化星卡评价平台"各级各类评价指标，力求形成学生综合素质评价体系。

（一）变"五好课程"为"四尚课程"

星卡评价1.0版校内评价一级指标围绕校"五好课程"，即好品行、好学

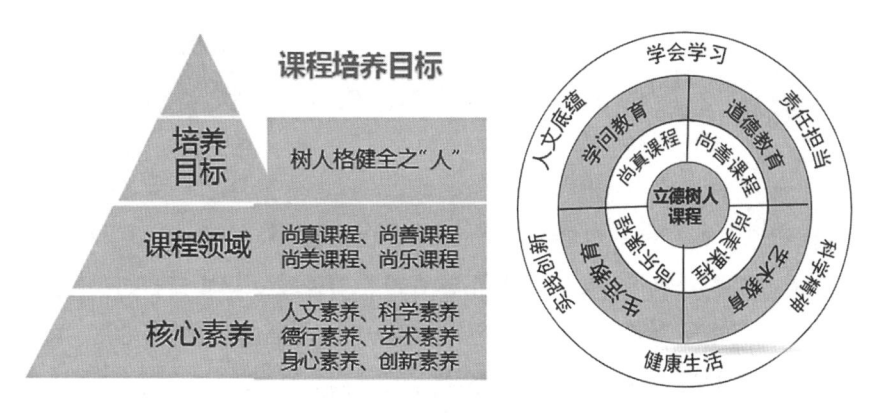

图2 "四尚课程"体系

力、好身体、好气质、好生活五个方面、三十多门课程，全部用努力卡进行激励，学生积累一定数量的努力卡后换取绿星卡，以此类推再换取红星卡。原设置一是为了体现尊重教育理念下的模糊评价，二是统一用努力卡方便教师发放，但指向学生具体素养能力发展指标的精准性较为缺乏。随着核心素养的推进，学生个性化发展得以重视，星卡评价2.0版进一步完善课程，构建"四尚课程"。学校保持原有评价一级指标纵向设置：一年级苗苗卡制度，二至六年级星卡制度。构建二级指标体系：努力卡、好学卡、六艺卡、集体卡、习惯卡、家庭卡、发现卡、提醒卡、黄卡等。三级指标则指向各课程与学科的具体评价标准。星卡评价2.0版研究技术赋能，在既为教师减负的情况下又能较为精确地指向学生个性化发展的过程性评价（见表1）。

表1 星卡评价2.0版实操内容设置

年段	星卡	分值	班级配套	过程性评价	终结性评价	颁发人	学期数量	要求说明
一年级	苗苗卡	/	努力的小苗	荣誉证书 小苗心愿	苗苗星	班主任 科任教师	线下不定量	操作同平常，由老师视学生情况合理发放
二至六年级上学期	努力卡	2	自定（优化大师积分表记录单班级日志）	幸福币 心愿达成体验岗	真善美乐少年 真真少年 善善少年 美美少年 乐乐少年	科任老师	线下定量	班主任700；语数200；英科音体美200；其他100
	好学卡	2				科任老师	线上定量	语数300；英科200
	六艺卡	2（递增）				各科室 家长	线上不定量	每节一奖、每月一奖
	集体卡	4				班主任	线上定量	每月一奖
	习惯卡	4				班主任	线上定量	每月一奖
	家庭卡	4				家长	线上定量	每月一奖
	黄卡	-4				班主任	线下不定量	惩戒，教育引导为重
六年级下学期	选用		自定	优秀毕业生	幸福少年	德育处	自定	根据六年积分情况

2.0版星卡拓宽为六种星卡，包括学生品行、学科、体艺特长、家校共建等内容，重在探索关注学生过程表现的学科综合评价，采用多元的实践评价，积累学生学习过程评价记录，综合评价学生的学习态度、认知水平和实践能力。星卡种类虽有增加，但采用线上线下结合的方式，向班主任、科任老师、家长等发放不同种类的星卡，操作起来还是易行的。内容的增设让学生的个性化发展数据更精准，也推进了评价与新技术的深度融合。

（二）变"固定不变"的评价标准为"与时俱进"的评价标准

在评价体系的构建过程中，具体内容的评价标准将直接影响评价的导向。即使是面向同一评价内容的评价指标，也需要不断探索原有基础指标上与时俱进的指标迭代导向。以下以劳动课程评价指标为例（见表2、表3）。

表2　星卡评价1.0版劳动课程评价标准与方法

星级称号	评级标准与评价方法
一星级劳动新手	爱好劳动课程，能坚持参加劳动课程，均可获得"一星级劳动新手"资格。
二星级劳动能手	一星级劳动新手能在本学期学习中，在劳动指导师的指导下，小组合作按步骤完成劳动全过程，即可成为"二星级劳动能手"。
三星级劳动高手	二星级劳动能手能学会1—2项劳动技能，并热爱劳动，在劳动过程中指导同学，可成为"三星级劳动高手"。

表3　星卡评价2.0版劳动课程评价标准与方法

星级称号	评级标准与评价方法
一星级新手	喜欢劳动，有正确的劳动态度，参与其中、乐在其中，均可获得"一星级新手"资格。
二星级好手	一星级新手在劳动过程中，习得劳动知识，掌握劳动技巧，即可升级为"二星级好手"。
三星级帮手	一星级新手在劳动过程中，习得劳动知识，掌握劳动技巧，并能和组员合作完成小组劳务活动，可以跳级为"三星级帮手"。
四星级能手	三星级帮手在劳动过程中，养成良好的劳动习惯和劳动品质，在劳动过程中学会发现、欣赏劳动美。经全体同学评定审核通过，可以成为"四星级能手"。
五星级高手	四星级劳动能手在劳动过程中具有对劳动精益求精的匠人之美，能感受尊重、热爱劳动的价值认同。经全体同学评定审核通过，可以成为"五星级高手"。

劳动教育从三星级评价升级为五星级评价就是基于实践了两年后，学生提出挑战性不够，只能按照级别一级级递升缺乏吸引力，教师也提出原劳动课程评价的价值引领太过狭隘，因此后期在调研后作了微调。2.0版不仅设置了五个级别的评价空间，还增加了一级可以直接跳级至三级的弹性评价，极大激发了学生的参与积极性。以此为例，"四尚课程"指向具体内容的评价标准，一般会在实践1—2年后结合调研情况，组织学校评价工作坊老师进行交流、反馈、再完善，以促进师生更好成长。

三、评价方法的优化与创新

星卡评价1.0版采用班主任、学科老师线下发放的方式，评价权掌握在老师手中，教师权威得以巩固，学生主体凸显不够。随着"儿童立场"理念的深化，星卡评价2.0版发挥线上线下融合的科学性、真实性，注重更多元的评价方法、更丰富的评价手段，让同伴、班主任、科任教师、家长、非本班的学校教职员工都可以弹性参与。

（一）增"家庭卡"，形成家校合力育人效能

家庭卡的增设，旨在奖励孩子在家的良好表现，每月一张。学校结合综合素养自主作业，配合《学生家庭综合素养自主评价计划表》使用。开学初统一下发，孩子在家长帮助下填写评价表，周评月奖，凡家长认为优秀者在评价单上签字，以电子版或纸质形式交班主任。班主任线上申请，大队部审核后线上发放。家校联动更及时，形成合力育人效能。

（二）增"发现卡、提醒卡"，为全员德育找到评价支架

星卡评价2.0版中，每学期全体教职员工都增设10—50张"发现卡"与5—10张"提醒卡"，用于非任教班级学生。老师根据观察情况扫码学生校徽，备注加减分述评，后台数据同步显示评价人、评价内容、被评价人等情况，便于全方位了解每一位孩子的习惯养成情况。让全校教职员工都能关注学生动态，及时发现校园中的美好，提醒待改进之处，以评价引导学生言行求美，营造全员德育氛围。

四、评价过程的优化与创新

星卡评价1.0版内容涵盖学业成绩、行为习惯、竞赛考级、沉痛的过失等方面。"双减"政策的推进带来了教育评价的变革,淡化期末考核为表现性评价。星卡评价2.0版研究不同时间节点如何开展过程性评价,让周评、月奖、期末、学年、毕业等过程性评价在智能化数据的支撑下,整合家校社资源,进一步打造儿童立场的校园活动心愿空间。班级、学校、家长多层级积极探索受学生喜爱的心愿体验活动实施方案,对每一位学生个性化发展做出增值评价。

(一) 变"星卡数量"为"换幸福币",实现心愿体验

星卡评价1.0版注重以星卡数量为标准开展周评月奖激励,以阶段性表彰促进学生"我努力,我快乐"的目标达成。星卡评价2.0版的过程性评价更注重"儿童立场"的理念,通过创设实践体验活动,激发学生争卡的内驱力。让"星卡"数量变为"积分",用"积分"去换取相应的"幸福币",再用"幸福币"去获取自己想要体验的实践活动机会,从而产生新一轮争卡的动力。

"幸福币"为学生使用星卡积分时的校园流通货币,凡获10个积分及以上即可兑换相应面值的幸福币。它以精神层面体验为主、物质满足为辅,最终指向以激发学生正面积极的心理需求。幸福币在使用上,要求班级每月至少为本班学生设置一次幸福币流通使用的活动;每学期年级段或学校安排2—3次幸福币流通使用的学生集市或有特色的幸福币流通活动,如心愿超市、学军服装集市、美食集市、校外研学等。评价过程的优化与创新极大增进了学生争卡的主动性,尤其是心愿体验的设置,是在充分调研学生意愿,融合校外研学心愿后,再有针对性地开展的,切合学生的实际需求,强化了过程体验。

(二) 变"接受星卡积分"为"自主创业赚积分"

近几年,随着学校学习空间的再打造,"儿童工作坊型"的学校文化慢慢成形。昆虫馆的蜗牛养殖坊、蝴蝶园、书画馆、文物馆、校史馆、水资源馆、中草药种植园,米格种植园等体验岗逐年增加,校园里的场所成了学生所期待的目标。面对近2800人的学校,如何让学生通过努力实现自己的心愿,尤其是潜

能生的心愿如何得以实现成了过程性评价的重点。经过体验岗的实践，学生有了自主创业赚积分的提议，他们提出承包学校场所，如红领巾微公益管、校球形展览馆、影院、劳动基地等，自己组队进行创业，团队谋划，自赚积分。孩子们的建议盘活了星卡评价生生不息的再生力。

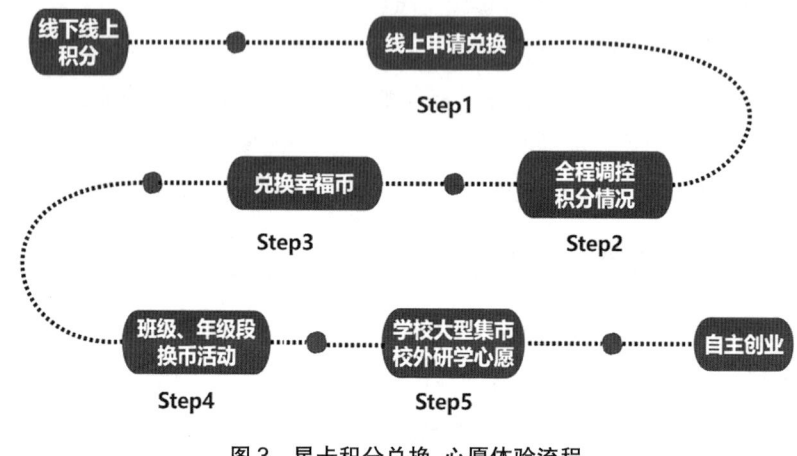

图3 星卡积分兑换、心愿体验流程

五、评价技术的优化与创新

所谓智能化评价是利用日益普及的移动互联终端，结合大数据平台，建立科学的评价模型，以算力支持对学生评价数据及时有效的收集与处理，并根据学生的反馈信息调整日常学习管理策略，真正做到智能评价、智慧预测。其中，保护学生信息隐私是保障条件。

星卡评价1.0版为每个班级发放集六年努力的星卡登记本，由班级星卡管理员协助班主任每学期统计一次学生得卡记录。星卡评价2.0版发挥技术赋能，为评价体系的建构提供了科技的支撑，让新兴的评价模式、方法得以实现，可总结为以下三大特点。

（一）画像式

画像式评价是指共享、记录学生的行为习惯数据，基于数据进行行为分析与大数据模拟，以一定的算法绘制专属于该生的"素养画像"，能有效规避传统评价模式主观性强的弊端。技术画像不仅是对学生情况的描述，更是用管理激发学生自我管理内驱力。如班主任随时可以查询某一位学生的近况、班级的各项情况，有利于班主任调整教学设计与活动安排。学校主要领导可按权限查看年段情况，便于学校调整该年段的教育活动。发挥评价功能不仅指向个性化发展，还能利用数据改进教育教学和学校的管理。

（二）述评式

主要有两项述评式功能，一为记录，二为展示。记录分为"自记"与"他记"。"自记"以二维码扫码形式开展，使用者可以通过得到的努力卡上的二维码邀请教师、家长等扫码录入。"他记"则是教师或教职员工在线对学生的奖惩情况进行简单述评，如六艺卡、习惯卡、提醒卡、发现卡的得卡记录等。展示主要是以家长线上申请为主，上传学生相关获奖证书，在线申请星卡积分奖励以示鼓励。

（三）立体式

立体式功能的突破在于使评价突破场域、主体、时间的限制。目前学校在钉钉平台添加"综合素质评价"小程序打通评价主体的区隔，以线上评价实现立体式、多维度的整体评价，充分发挥涵盖生生、师生、家校、社会之间的多维空间循环互评，有效提高评价实施的信度与效度。小学六年最后形成学生"6+1"成长档案记录，即给每位学生提供每学年一次的评价报告（6）和毕业的评价综述（1），为学生的未来发展提供较为科学、全面的数据参考依据。

在"尊重教育"理念的指导下，面向未来学校重构智能化星卡评价，形成尊重教育视域下科学、全面、校本化的新型星卡评价体系。增强学习活动评价的趣味性，激发学生内驱力，开发出具有先进的、智能化的星卡评价数据平台系统，以评导行，实现学生综合素质的提高。提升教师所具有的互联网应用技术，拓宽教师的知识结构，促进教师专业发展，让教师在星卡评价"迭代"改革与实践研究中进一步体悟学校努力的方向。全校上下在实践中反思，在反思中提炼，共同擦亮学校星卡评价这一文化品牌。

【参考文献】

陈钱林."星卡"评价与自主作业：在东西方教育的中间地带探寻育人本真[J].基础教育参考,2014(11)：21-25.
屈睿直.构建"三维"德育评价体系提高德育效度[J].广西教育(义务教育),2021(6)：13-15.
浙江省教育厅.浙江省小学生综合评价操作建议[Z].2022-07-25.
中华人民共和国教育部.义务教育课程方案和课程标准(2022年版),教材〔2022〕2号.

作者：程晓敏(瑞安市安阳实验小学)

(本文获浙江省2022年教学评价与考试教学论文评审一等奖)

以"悦读"手册为驱动,实施阅读过程性评价

在传统教学模式中,教师重视终结性评价,忽视过程性评价,阅读指导往往存在以下问题:一是学生缺乏充分思考和表达的机会。阅读反馈多为认知水平的提问,儿童回复的内容多为低认知的封闭式答案。二是缺乏过程性指导。仅有阅读推荐,缺少整体规划、评价任务设计和情况反馈。三是线上资源使用与线下阅读指导散乱化,指导过程零敲碎打,学段之间未成连贯体系。学校多年来致力于儿童阅读研究,以全员阅读的"3D"和多元表达的"2X"为翼,通过研究教材,建构体系化的实践载体,优化评价任务,贯通阅读与课堂,多管齐下,打好儿童阅读组合拳。

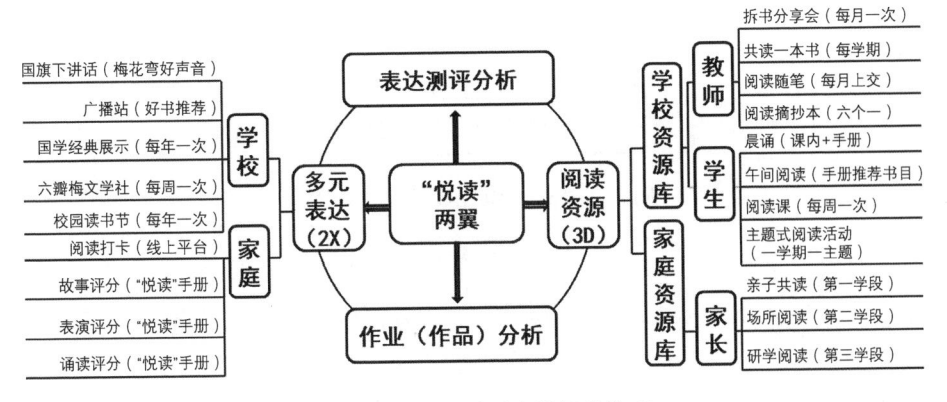

图1 "3D2X"阅读过程性评价体系

一、基于过程性评价的阅读手册

(一)"悦读"手册设计理念

1. 以人为本

皮亚杰认知发展理论指出,随着年龄的变化,儿童认知结构会随之变化,由此可知,学生的阅读需求也呈现出不同的特点。"悦读"手册的设计坚持以人为本,遵循认知特点,设计符合认知阶段的阅读指导和过程性评价,做到有序推进、螺旋式上升。

2. 教材为基

为避免与统编教材"两张皮",手册以教材为基展开建模,结合单元核心知识,从模块到教材单元到知识点,努力形成协调一致的教学目标体系和评价体系。

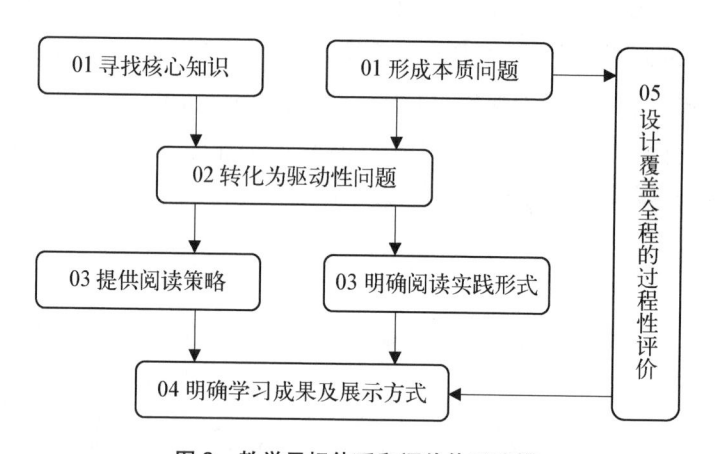

```
01 寻找核心知识        01 形成本质问题         05
        ↓                   ↓              设
        └───────┬───────────┘              计
                ↓                          覆
        02 转化为驱动性问题                    盖
                ↓                          全
        ┌───────┴───────────┐              程
        ↓                   ↓              的
03 提供阅读策略       03 明确阅读实践形式        过
        ↓                   ↓              程
        └───────┬───────────┘              性
                ↓                          评
     04 明确学习成果及展示方式  ←──────────→    价
```

图 2　教学目标体系和评价体系建模

以一年级为例。开篇"我上学了",借助图画提醒学生读书、写字坐姿,角色扮演时听与讲的规范。快乐读书吧的主题是"读书真快乐",教材提供了四种路径:亲子共读、向同学讲述故事、书店看图书以及借助拼音识字读书。由此明确核心知识为"规范阅读习惯,激发阅读兴趣,感受阅读乐趣"。

落实到手册,阅读初要求学生张贴"读书靓照""可爱的小书桌(架)"照片,评估阅读习惯、态度、内容选择倾向。阅读中借助"教师教我读""阅读锦囊",

指导亲子共读、同伴角色扮演,同时要求附上照片及简短说明来把握学生的个人收获、阅读感受、读书方法。阅读后设置表格,记录阶段成果。由此,手册兼具了过程性指导与档案袋的双重功能。

值得注意的是,过程性评价不是简单地对阅读结果进行比较、评定,而是在发现学习与学段要求有差距后,及时调整教学、反馈信息以改善后续学习。其价值指向是促进学习,是"对学习的评价",更是"为了学习的评价"。

(二)"悦读"手册内容框架

"悦读"手册重视培养方法意识,手册中的每一个板块,不是简单地提出任务,而是引导学生运用某种方法完成阅读任务,随即跟进评价。手册的使用过程整体呈现为"助学—活动—评价—助学"的闭环。

表1 阅读手册内容框架

序号	板块	内容	作用
1	卷首语	主题:好读书、读好书、读书好 功能:激发热爱祖国文字的思想感情	助学
2	个人档案	内容:读书靓照+个人信息+最喜欢的读书格言 功能:便于关注个体差异和不同的阅读需求,爱护好奇心、求知欲	助学
3	"悦读"考级	内容:老师教我读+考级内容及说明+考级记录 功能:明确学年目标,激发主动意识和进取精神	活动、评价
4	阅读书单推荐	内容:以"快乐读书吧"为切入口,形成主题式阅读书单(一级必读+二级选读) 功能:推荐学科类书籍,满足学生多样化阅读需求	选文系统
5	阅读锦囊	内容:从日常实践中提取可迁移运用的方法,总结出最基础、重要的阅读经验,分年级推荐	助学
6	阅读单	内容:个性化阅读单 功能:促进阅读积累、表达、体验、思考,不拘形式地写下见闻、感受和想象	活动
7	个人阅读照及说明	内容:相框+对话框 功能:培养健康的审美情趣,发展个性,逐步形成积极的人生态度	助学

续表

序号	板块	内容	作用
8	伙伴阅读小调查	内容：调查表 功能：倡导自主、合作、探究的学习方式	活动
9	活动评价	内容：教师评价、自评、同伴互评表、喜报、获奖感言 功能：利用多元评价、考级评定、阅读反思，倡导合作式学习，激发阅读热情，提高阅读质量	评价
10	附录	内容：优秀古诗文、国学经典节选 功能：方便日常诵读	选文系统

二、基于"悦读"手册的过程评价

（一）打卡签到式阅读过程性评价

日常阅读随机而随意，缺乏形成性和秩序性，很多学生甚至连一本完整的书都没有读过。若放任自流，阅读则会走向主题单一、结构简单、内容短浅。

"打卡"是记录学生自读阶段进程的有效工具。教师将整本书的阅读任务进行了分解，以"每日打卡"的形式，阅读签到，强化管理。如第三学段要求默读有一定速度，每分钟不少于300字。《老人与海》全书120多页，4万字左右。可以两个章节设计一次打卡，每天阅读30分钟，打卡周期为一周。完成每日任务后，学生自主打卡，标记进度，还可以对比其他同学的进度。最后借助"悦读"手册中的阅读单展开交流，有效地巩固了过程管理。

（二）任务驱动式阅读过程性评价

阅读研究初，学校的阅读交流课以阅读推荐和读后感分享为主，学生对问题的思考以及表达思路存在相似、雷同。

为促进个性化表达，教师采取了任务驱动的方式，提供感悟问题和体验的情境，促使学生围绕任务展开学习，再以任务的完成结果来检验学习过程。如四年级上《精卫填海》教学中，"悦读"手册推荐了《写给孩子的山海经》，并提供可选择的任务单。

表2 单元学习任务驱动式阅读单

主题	任务指向	任务	评价方式
揭秘——奇禽异兽	梳理内容	制作神兽卡牌	档案袋
	分类比较	按神兽技能,绘制思维导图	档案袋
	梳理启示	平凡好?还是不平凡好?	公开辩论
探究——神话原型	熟悉叙事模式	制作叙事模板	量规
	了解神话原型	关注你的拳头	展示汇报
	关注作品影响	《三生三世十里桃花》的形象来源	书面化汇报
拓展——价值地位	形成完整认知	《山海经》是不是在胡说八道?	公开辩论
	总结经验	阅读《山海经》我有招	档案袋
	设计推广计划	小组合作,创编《山海经》课本剧	公开汇报

具有更高难度系数的阅读任务单促成了小组成员的合作、交流,使学生进入了一种"阅读—交流—反思—调整"的良性循环,在持续探究中建构自身的认知体系。任务驱动式过程性评价带来的最明显变化就是阅读课上开始出现绘画、辩论、演讲、表演、说唱……大大丰富了形式。

(三) 学法指导式阅读过程性评价

小学语文统编教材在不同年级为学生提供了不同的阅读策略,如预测与推论、视觉化、联结、提问。虽在课堂上学习了方法,但仍有很多学生在阅读中无法融入策略。"悦读"手册的作用是将课堂习得转化为孩子的有意行为,通过反复训练,将策略渗透到日常阅读。

(1) 以评促学,渗透阅读策略。读、写、绘时,引导关注绘本中的语言框架,展开预测与推论。

(2) 以评促思,巧用学习工具。巧借思维导图帮助思维视觉化,引导归类、整理。

(3) 以评促联,锤炼阅读技巧。通过联结多篇材料,发现内在共性。

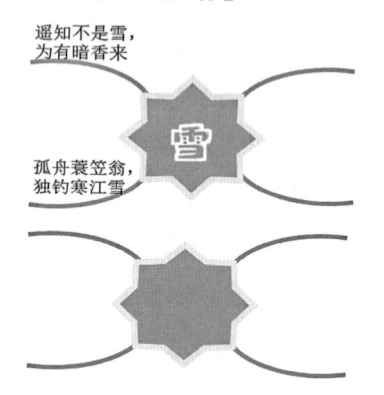

图3　过程性评价成果

学法指导式阅读营造出了轻松、自然又富有结构化的氛围,学生耳濡目染,表达更规范了,阅读成果的品质也明显提高了。

(四)追加式阅读过程性评价

1. 追加书目,拓展延伸

阅读指导的初衷美好,但是落地的过程中也曾遭到学生心理上的抗拒,甚至有学生故意不去阅读推荐书目,自行选择喜欢的漫画、小人书。

为降低推荐阻力,确保优质书籍进入孩子的书架,"悦读"手册紧密联结教材,以统编教材的语文要素和单元主题为纲,设置一级(必读)和二级(选读)阅读书目进行追加式阅读,并补充了跨学科书目供选择。如五年级下册名著单元,单元主题是"观三国烽烟,识梁山好汉,叹取经艰难,惜红楼梦断",习作要素是"学习写读后感"。一级书目为《西游记》,二级书目为《三国演义》《水浒传》。阅读单围绕"经典人物之我见",填写人物信息卡展开过程性评价。绘制"人物风云榜",开展"我最喜欢的人物交流会"。由此将阅读收获迁移运用于自我表达,形成了贯通课堂内外的阅读链。

2. 追加联系,盘活经典

国学经典是"悦读"手册的重要组成部分。学校曾以社团课的形式组织经典诵读,但是课程到后期就出现停滞,很多孩子由于历史距离、文言白话间的隔阂,觉得国学内容艰涩,产生了畏难情绪。

"悦读"手册将过程性评价嵌入教学流程,追加国学经典与日常生活之间的联系,实现"教""学""评"的融合。

这样的评价量规富有驱动性,赋予了国学经典以温度和生命力。立足传统文化中的优秀品质"勤劳""孝顺""明礼",学生待人接物大大改观,生活技能和人际交往能力获得整体性的提升。

(五)考级晋升式阅读过程性评价

阅读是幸福的,但是在品味到文字乐趣前,又是辛苦的。阅读研究在初期以班本活动为主,阅读推进参差不齐。

为激发学校师生持续阅读,"悦读"手册结合学生争强好胜的心理,借助"童书阅读明星榜",组织学生在竞争中自读。按不同年级进行目标分解与等级评定。

"悦读"手册设置了形式多样、富有层次的模块导引。如"我还读了……""伙伴阅读之旅大调查""数数我有几个优",在全校范围内激励学生对照同伴,自我反思,全面助燃阅读热情。

三、阅读过程性评价成效

(一)学生变化

学校的学生群体来自三所农村完全小学,不是留守儿童,就是新居民子女,原阅读书籍拥有量生均不足2本。在"2X"和"3D"双重助推下,学生书籍拥有量增至18本/人,部分孩子经过阅读指导、实践,积累学习素材,在各竞技类比赛中屡获佳绩,形成了办学首批物化成果:18位学生在《小学生时代》《师生》《楠溪山水》《龙港潮》等省市县级杂志中刊登作品,1位获县儿童诗一等奖,2位获县疫情征文二等奖,6位分别获龙港市故事比赛二、三等奖,3位获全国冰心杯现场作文三等奖,6位获苍南县汉字听写大赛团体二等奖,8位获龙港市经典朗诵比赛团体二等奖。

（二）教师变化

1. 立足合作，协同推进

原来的课外阅读指导以教师个体研究为主，缺乏协同合作。"悦读"手册的研发、编制、运用和年级段推进，打破了原有的僵化、封闭，课题组成员经常在组长带领下，做进展汇报、主题发言，为教师思维碰撞提供了良好契机和平台。

2. 立足课堂，扎根教研

一开始教师缺乏对课外阅读评价、课程建设的认识，没有"以评促教""以评促学"的观念，甚至不知道如何开展阅读交流课。以"悦读"手册为导航，组织"课前导读、阅读指导、读后交流"三种课型的教学研讨，教师逐渐有了过程性评价意识和课程统整意识。在习惯围绕课内的课文"1"，联结课外群书"Y"后，有老师开始实践课内一篇，联结课外多篇，再联结课后一本的"1＋X＋Y"。

（三）校风变化

1. 读书氛围浓厚

为拓展阅读视野，学校邀请杂志社社长、温州市教坛新秀、苍南县优秀教师、龙港爱阅读指导团等进入校园开设讲座，让孩子们直面学者、专家、大家，聊文学、聊作品、聊阅读、聊人生，全方位地获得高品质的阅读体验。孩子们抬头"仰望星空"，低头"沉浸式阅读"，形成了"人人有书读""人人读好书""人人好读书"的校园氛围。

2. 家校互动和谐

"悦读"手册在使用中，学校指导体系和家庭支持体系交替进行，形成了和谐、完整的阅读系统。在家校共同倡导下，家长纷纷加入亲子阅读，利用"悦读"手册和线上平台采购书籍、打卡、评价、记录，为明确儿童发展生长点提供了可靠依据，同时，也诞生出了一批书香家庭、藏书之家。

"悦读"手册是阅读过程性评价的重要辅助，它既是教师确立目标、抓住重点、指导阅读的指南针，也是学生开展阅读、掌握策略、发展思维的着力点，还是落实监测、记录成长、拓展延伸的良好平台。以"悦读"手册为驱动，优化过程性评价，将使阅读过程更加活泼、生动，让学生学习更加有效、扎实。

【参考文献】

蒋军晶.和孩子聊书吧——让孩子爱上阅读[M].北京:教育科学出版社,2013.
夏雪梅.项目化学习设计:学习素养视角下的国际与本土实践[M].北京:教育科学出版社,2018.
杨向东,崔允漷.课堂评价:促进学生的学习和发展[M].上海:华东师范大学,2012.
中华人民共和国教育部.义务教育语文课程标准(2011年版)[S].北京:北京师范大学出版社,2012.

作者:方文泽、包雯雯(龙港市第十二小学)

(本文获浙江省2020年中小学教学评价教学论文评审一等奖)

阶·链·数：基于项目式学评的小学语文非纸笔测评实践研究

一、实施背景

（一）政策动因："双减"背景下评价改革的价值追求

为深入贯彻落实中央关于教育评价改革和"双减"工作部署要求，2022年7月，浙江省教育厅颁发《关于推进小学生综合评价改革的指导意见》，要求2023年秋季学期起在全省全面推进小学生综合评价改革。同时，教育部办公厅印发的《关于加强义务教育学校考试管理的通知》中也明确规定"小学一二年级不进行纸笔考试"。

学校贯彻非纸笔测评的理念，将其纳入教育教学综合评价体系，这是小学阶段深化教育评价改革、规范考试管理的系统部署，也是落实新课程方案与课程标准的具体行动。

（二）实践基础：项目化学习成果的研究复盘与迭代需求

自2010年以来，学校就以模块过关、游园乐学等形式开展非纸笔测评实践。近年来，学校采用项目化学习的方式促进学生深度学习，助推教学变革。在学校项目化研究与实践的基础上，教研组依据学段和学科教材特点创设项目情境，形成各学段的成长手册，旨在夯实基础性评价，优化发展性评价，以评价促进学生核心素养的提升。

二、实 施 路 径

项目式学评采用适宜学生发展的评价方式,通过多元载体对学生的认知、情感、能力进行全面综合性的激励评价,挖掘学生参与测评的内驱力。为了深化与拓展项目化学习的实践价值,教研组秉持素养立意,以"项目式学评"为载体,依托项目化学评量规,构建"三链多元"模型,数智赋能,实现评价体系的迭代进阶,最终形成评价的新态势。具体实施路径见图1。

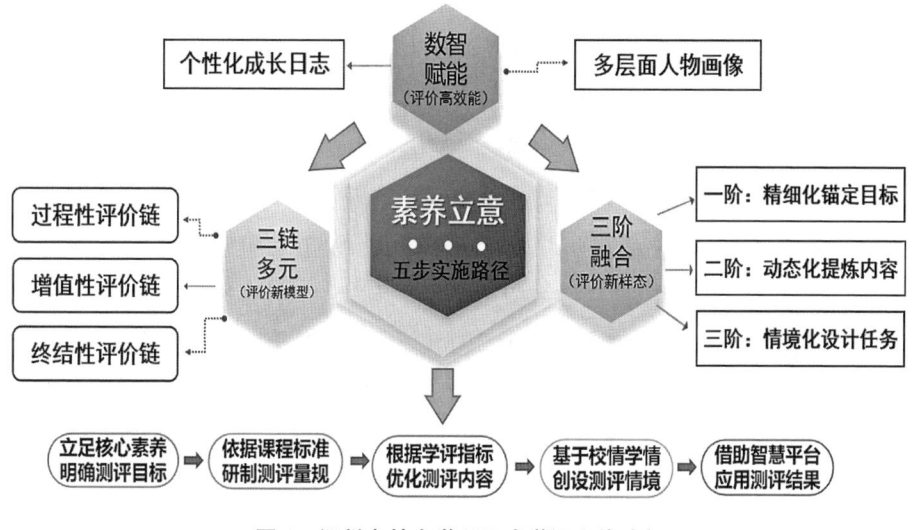

图1 温州市某小学项目式学评实施路径

(一) 素养立意:设计顶层框架,规划实施新路径

学校以"项目式学评"为载体,结合核心素养、课程标准、学评指标、校情学情、智慧平台五大要素,通过明确测评目标、研制测评量规、优化测评内容、创设测评情境、应用测评结果五个步骤,实现教学活动与评价活动的统一,真正体现"教—学—评"一体化,真正助力减负提质与核心素养的落实。

(二)"三阶"融合：明晰量规要素，形成评价新样态

1. 一阶梳理：精细化锚定目标

教研组立足核心素养，结合《义务教育语文课程标准(2022年版)》，把握非纸笔测评特色，对学评项目进行目标定位。确立识字与写字、表达与交流、阅读与鉴赏、梳理与探究四项测评内容，同时通过对学生的学习兴趣、倾听习惯、表达能力、合作习惯等学习品质的观测，制定评价量规，形成综合评价。

2. 二阶整合：动态化提炼内容

在教学过程中，除了遵照教材编排的基本要求完成课程教学目标外，教研组以"联系、高效、实效"为指导，认真挖掘各类要素，以学习内容为原点，动态化设定评价项目。有效联结助学系统，翻转与重组不同的学习内容，精准设置测评项目，为非纸笔活动搭建良好平台，使评价更有效率。

3. 三阶驱动：情境化设计任务

《义务教育语文课程标准》的评价建议中提及情境的创设："考试命题应以情境为载体，依据学生在真实情境下解决问题的过程和结果评定其素养水平。"[①] 项目式学评注重创设与学生生活经验相结合，具有跨学科挑战性的真实性任务情境。学校以"项目式学评"为载体，创新非纸笔测评的实施路径，梳理学评目标、内容、任务、情境等要素，形成了项目化评价新样态。下面以温州市某小学一年级上"小香樟游成长之旅"期末非纸笔测评为例做具体介绍。

(1) 基于核心素养：创设项目式学评情境

成长之旅第一站：小嫩芽巧识字——指向识字。

设计意图：新课程标准要求学生"学会独立识字"。通过创设情境进行各种形式的识字测评，考查学生的识字能力，产生自主识字的兴趣。

情境创设：小香樟们，欢迎你们来到香樟树下，这是本次成长之旅第一站，希望你们爱上识字，用最自信的态度展示自己的风采！

评价内容：认读笔画、偏旁和生字。从本册要认的笔画、偏旁和生字中抽取，组成两字、三字、四字词语或词组。

---

① 中华人民共和国教育部.义务教育语文课程标准(2022年版)[S].北京：北京师范大学出版社，2022：50.

评价形式：学生在"芽""苗""树"三份试题中随机抽取一份，准备1—2分钟，进教室后开始认读考核，由老师给予评价，小考官记录成绩。

评价标准：如表1。

表1

具体内容 \ 评价等级	优秀（3片小嫩芽）	良好（2片小嫩芽）	合格（1片小嫩芽）	小计
识字	能正确、熟练地认读，读错的字数控制在3个字以内。	能比较正确、熟练地认读，读错的字数控制在5个字以内。	能正确认读，读错的字数控制在8个字以内。	
评价说明	识字考核中对停顿、感情等方面不做要求。学生天生有语音方面缺陷的不算错误，因方言问题错读的，酌情合计扣分，识字中重复的错误只算一个计分。			

成长之旅第二站：小嫩芽爱诵读——指向朗读。

设计意图：孩子对语言的领悟能力不仅表现在读写上，也表现在背诵积累上，诗文的积累可以提高孩子的语言运用能力，提高文学素养。

创设情境：小香樟们，"腹有诗书气自华"，让我们徜徉在动人的文字里，在优美的诗文中展示自己的魅力吧！

评价内容：背诵一篇课文，认读课外一首儿歌：需出现5—8个不在本册识字范围内的生字，并标注好拼音。

评价形式：从本册要认读的生字中随机抽取生字，组成儿歌进行认读；背诵一篇课文。考核时学生在提供的"芽""苗""树"三份试题中随机抽取一份进行认读。

评价标准：如表2。

表2

评价等级	优秀（3片小嫩芽）	良好（2片小嫩芽）	合格（1片小嫩芽）
具体内容	能正确、熟练地认读儿歌和拼读生字拼音，并能有感情地背诵课文，错误控制在8%以内。	能比较正确、熟练地认读儿歌和拼读生字拼音，并能正确背诵课文，错误控制在15%以内。	能正确认读儿歌和拼读生字拼音，并能正确背诵课文，错误控制在20%以内。
评价说明	诵读考核中对朗读感情不做要求，以鼓励为主。着重关注音节拼读和正确朗读、背诵。		

成长之旅第三站：小树苗智读图——表达与交流。

设计意图：新课程标准要求学生"具有口语交际的基本能力，学会倾听、表达与交流，初步学会运用口头语言文明地进行人际沟通和社会交往"。

创设情境：小香樟们，今天为你们搭建了一个展示口才的机会，让我们走进生活中的精彩画面，勇敢地展示自己吧！

评价内容：看图完成四道口头填空、说话题，题目难度梯度呈现。

评价形式：学生在"芽""苗""树"三份试题中随机抽取一份，准备2—3分钟，开始考核，由老师给予评价，小考官记录成绩。

评价标准：如表3。

表3

评价等级 具体内容	优秀 （3棵小树苗）	良好 （2棵小树苗）	合格 （1棵小树苗）	小计
例句说图	看清图意，根据提示完成口头填空，语言流畅有条理，表达完整，明显错误控制在1处以内。	看清图意，根据提示完成口头填空，语句通顺，明显错误控制在2处以内。	能看清图意，根据提示基本完成口头填空，错误控制在3处以内。	
评价说明	要求声音响亮、口齿清楚、发音准确、自信大方，能够根据话题正确叙述，学会与他人合作。			

成长之旅第四站：小香樟爱阅读——阅读与欣赏。

设计意图：在学校开展的读书节活动中，孩子们从项目化阅读入手，积极参与，并将这些成果整理汇报，是对本学期项目化阅读的拓展与延伸。

创设情境：小香樟们，在项目化阅读中，你们表演了一篇又一篇精彩的童谣，今天一起来给小伙伴们展示展示吧！

评价内容：结合校读书节项目化阅读，小组表演童谣，进行成果汇报。

评价形式：小组表演童谣、合作汇报阅读项目化成果。

评价标准：如表4。

表4

评价等级 具体内容	优秀 (3棵小香樟)	良好 (2棵小香樟)	合格 (1棵小香樟)	小计
表演童谣	表情到位,表演生动有趣,富有创造力,吸引人。	表情自然,表演基本上生动有趣,吸引人。	表演认真、有趣,大致吸引人。	
成果汇报	分工明确,能自信、有条理、完整地做好阅读项目化成果汇报。	基本上能有条理地按要求做好阅读项目化成果汇报。	通过提醒,能按要求完成阅读项目化成果汇报。	
评价说明	任务分配合理,交流中组员会相互补充,有较强的团队意识。			

成长之旅终点站：小香樟的成长——感受与收获。

设计意图：经过层层闯关,最终进入写字环节,在评价记录单中创设一定的情境,关注学生的书写,使学生在收获中感受评价的美好!

创设情境：小香樟们,恭喜你们闯过层层关卡,来到成长之旅终点站,一起写写自己的感受与收获吧!

评价内容：以一年级下册写字表200个字为母本,抽取30个字左右,书写有关"成长之旅"收获体会的词语。

评价形式：班级统一组织学生在评价活动之前和之后完成记录单填写。

评价标准：如表5。

表5

评价等级	优秀 (3棵小香樟)	良好 (2棵小香樟)	合格 (1棵小香樟)
具体内容	能正确书写看拼音写词语,错误控制在1处以内。	能正确书写看拼音写词语,错误控制在3处以内。	能正确书写看拼音写词语,错误控制在5处以内。
评价说明	全体学生统一参加书面考核,教师巡视并观察、记录学生写字姿势,并将写字姿势作为考核成绩的标准之一。		

(2) 基于测评观察：研发学习品质的评价

本测评以情境作为实践导向，不仅对各项语文核心素养做测评，同时对学习兴趣、倾听习惯、表达能力、合作习惯等学习品质做观测，形成综合评价链（见表6）。

表6　一年级上册"小香樟成长之旅"非纸笔测评学习品质观测

学习品质	评　价　标　准		
	优秀（3棵小香樟）	良好（2棵小香樟）	合格（1棵小香樟）
学习兴趣	积极了解任务，乐于参与本次测评，能主动用学过的方法解决问题。	能较积极地参与本次测评，能够尝试用学过的方法解决问题。	积极性不强，被动等待任务布置，对解决问题没有兴趣。
倾听习惯	听人说话时，目光注视说话者的眼睛，体现出对他人的尊重，不做小动作。	听人说话时，目光基本注视着说话者，在听人说话时基本不做小动作。	听人说话时，目光游离，在听人说话时，虽做小动作但有意识及时停止。
乐于表达	声音响亮，仪态大方，自信。能清晰有条理地表达自己想法。	声音较响亮，能清晰表达自己想法。	害羞、不够自信。能表达自己的想法。
合作习惯	小组任务分配合理，积极参与，有较强的团队意识。	小组任务分配合理，积极参与，在提醒下有团队精神。	参与不够积极，需要团队提醒和帮助才能完成。
小计			

（三）"三链"多元：依托学评量规，形成评价新模型

教研组致力于研制项目式学评的量规，特别关注过程性评价，研发增值性评价，与终结性评价有机融合，深入客观地分析学生发展，以评价促进教学。

以"小香樟成长之旅"一年级上册非纸笔测评为例，教师针对每一项语文实践活动的评价内容进行研判，及时记录活动评价反思，为同类评价项目的优化积累经验，逐步改进评价的设计与实施，更好地体现评价的内涵，发挥评价的结果价值。评价结果的作用不仅在于促进学生的学习，同时也在于改进教师的教学，实现以评价改进教师教学，以评价促进学生发展。

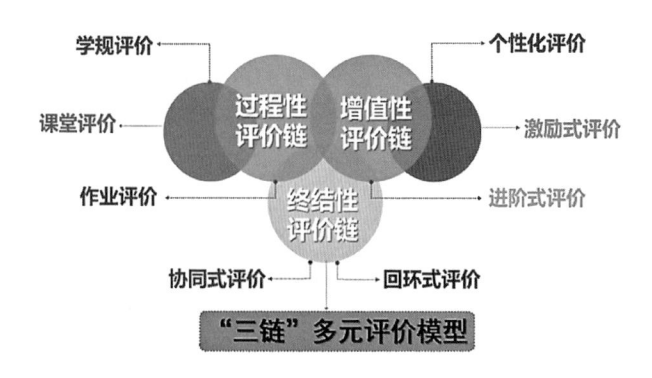

图 2 "三链"多元评价模型

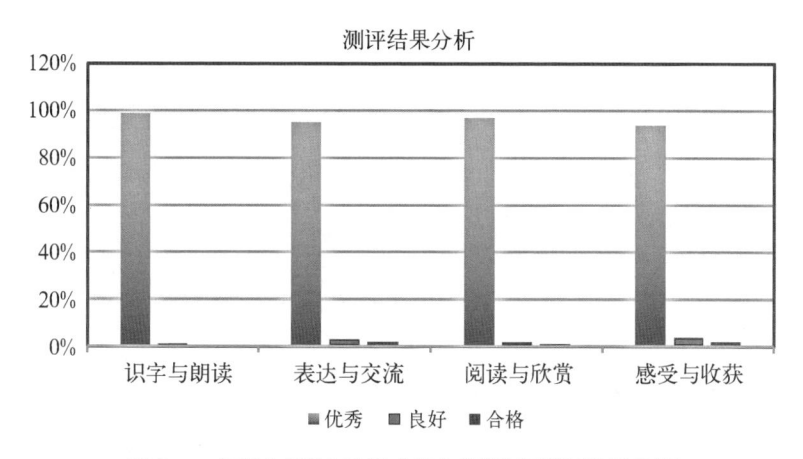

图 3 一年级上册"小香樟成长之旅"分项测评结果分析

（四）数智赋能：建设智慧校园，指向高效评价

教研组借助校园智慧平台，发挥"智慧教育示范校"的优势，将传统的项目化学习评价方式向人工智能评价方向转变，由传统的学力测试向信息化转变，真正实现教育教学新业态。

1. 课堂在线：学生实践推演

教师以问题为导向，针对每个学生的课堂表现，结合事件阐述、识别分析、指导策略、教学反思，寻找学生个性化发展的侧重点，在"实践—探究—再实践"的过程中，逐步形成科学性、系统性的螺旋式上升教育模式。

2. 可视化：个性成长数据

学校借助"班级优化大师"设立观测点，进行综评体系的系统架构，以学生发展为视角,建立数据规范与标准,对所得分值进行集中采集与个性整合,利用大数据平台科学分析,精准助力个体成长,实现学生全场景数据报告。

学校搭建的智慧平台实现了反馈学生综合素质评价报告单的功能,学生非纸笔测评的过程资料和评价结果以视频、图片、音频等方式汇入数据中枢,通过大数据沉淀分析,形成学生综合素质发展画像,最终形成其动态的成长手册。

三、实施成效

(一)以评促"我"学:主动卷入学习

项目式学评活动激发了学生的内生动力,撬动主动学习的核心本质。学生在解决真实问题、实践真实任务的过程中完成学业评价。每一堂项目式学习与评价课都是一次主动、持续、卷入式的探索之旅。学生始终保持着积极的学习状态,去经历探究过程。

(二)以评促"学"会:提升关键能力

学校创新素养作业秀场,多视角展示学生的学习常规。在使用量规的过程中,教师、学生本人及其同伴都是评价的主体。在项目式学评反馈环节,通过互动、协商、碰撞,不同程度的学生明确了自己学习中存在的问题,形成了个性化解决问题的方案,学生再次经历深度学习。

(三)立足科研视阈:提高教师专业素养

教研组立足课程标准和教材,在确定测评内容后,年级段围绕目标、内容、学评过程等环节进行论证,进一步优化非纸笔测评方案。具体实施后,教师进行反馈交流、查漏补缺,有效促进了过程体验的"发展自觉",形成动态的、整体的、综合的融通式思维,教师的命题素养、反思能力更是得到很大提升。

四、反思与展望

多年来,教研组扎实地开展教学研究,深刻领会项目式学评的新样态建构和研究的价值,不仅对学生和教师的发展产生持续性影响,也推动着学校评价体系向高质量发展。但是在实践的过程中,尚有许多问题值得进一步深入思考,深化研究。

(一)深入探索全学科融合的综合评价体系

在实践探索阶段,教研组发现非纸笔过关测评的学科融合度不够充分。如何优化不同学科的课程结构,让跨学科项目式学评帮助学生逐渐建立系统思维,构建多学科融合的课程体系,最终达到多科协同育人的目的,撬动学生主动学习的核心本质,实现真正意义上的学习,是未来继续深化研究方向。

(二)继续加强数智化教育平台建设与应用

教研组需进一步加强基于学校智慧平台的学生成长评价等探索活动,增强评价过程的科学性、数据采集的灵活性、评价功能的多样性,更好地发挥评价的导向和激励作用,探索开展学生全学科、全过程、全要素的综合评价。

作者:卢建芬(温州市广场路小学)

(本文获温州市2023年中小学教育评价改革案例评选一等奖)

基于学科核心素养的表现性评价设计与实施

——以小学数学低中年级段的"数感"评价为例

自2016年教育部正式颁布《中国学生发展核心素养》以来,课程改革进入新阶段。围绕"核心素养—学科素养—单元设计—学习评价",一系列相关话题应运而生。在核心素养的不断明确与推进落实中,评价是决定核心素养是否落地的关键。传统的纸笔考试立足于"双基",相关的低段"游考""闯关"等活动,其形式、娱乐性等远远大于评价内容,无法客观真实评测核心素养等相关高阶能力。教师在实施评价时关注评价形式却没有理解评价核心要素,其原因有二点:一是高阶的核心素养难以评价,如何分解到具体化目标值得商榷。二是传统纸笔评价模式根深蒂固,需要提供样板式的评价变革。这也说明教师亟须从根源上改变传统的纸笔测试模式,寻求更为适宜、确切的评价途径。而表现性评价在一定程度上弥补了纸笔测试的不足,其可依附的情境、可诊断的开放过程与可调节的评价细则等特点为高水平、复杂的"数感"能力的评价提供了可能。

笔者聚焦数学概念的本质,探寻基于低中年级段学科核心素养之一"数感"的表现性评价活动设计与实施的评价变革。将"数感"这一较为隐性的能力转化为显性的表现性评价任务,在实践中展开对教—学—评目标、评价工具、评价内容这三个方面的评价思考,并尝试提出基于学科核心素养的表现性评价的推广思考。

一、结合课标指向,细化能力目标

"数感"是《义务教育数学课程标准(2011版)》所提出的十大核心素养之一,并在《义务教育数学课程标准(2022版)》中得到了继承和内容的扩展。其是指,"对于数与数量、数量关系及运算结果的直观感悟。能够在真实情境中理解数的意义,能用数表示物体的个数或事物的顺序;能在简单的真实情境中进行合理估算,作出合理判断;能初步体会并表达事物蕴含的简单数量规律。数感是形成抽象能力的经验基础。建立数感有助于理解数的意义和数量关系,初步感受数学表达的简洁与精确,增强好奇心,培养学习数学的兴趣"[1]。其内涵包含数的意义、数的表示、数的关系、数的运算、数的估算、数的问题解决这六个内容维度,几乎涵盖数与代数领域的所有内容,可见其在小学数学教学中的重要地位。那么如何针对性地评价"数感"的达成程度呢?

(一) 核心概念的提炼与分解

针对以上的问题,笔者将"数感"这一内容归纳为"数、估、算、用"这四个可操作性维度。在目标聚焦和价值方面,"计数单位"这一核心概念承载了数的结构认识、相同单位的合并抵消等内容,贯穿于浅层次和深层次学习目标。由此,笔者围绕"计数单位"确定了三维进阶式评价层级,包含三个方面内容:一是"数、估、算、用"四维度内容进阶;二是同一维度下不同年级的目标进阶;三是同一维度下不同水平层级的理解进阶(如图1)。前两者指向不同维度的"数感"目标与任务。

(二) 界定核心概念的评价维度

"计数单位"这一核心概念在不同年级其表征及其应用是不同的,包含两个方面:一是不同年级对计数单位的抽象表征和应用对象不同,即"数感"在不同阶段达成的目标不同。二是不同学生对于同一表征的理解水平不同,即

---

[1] 中华人民共和国教育部. 义务教育数学课程标准(2022年版)[S]. 北京:北京师范大学出版社,2011.

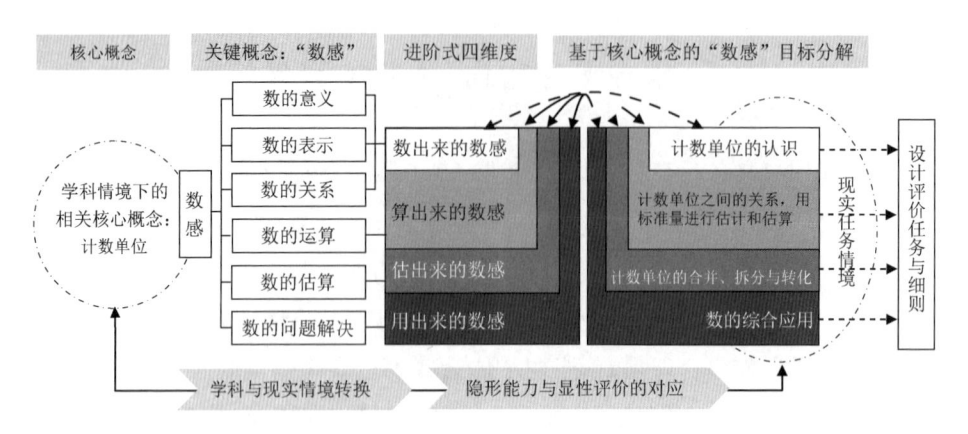

图 1　核心素养之一"数感"的目标分解

学生理解水平具有差异性。

基于课标和核心概念"计数单位",教师需要针对"数、估、算、用"这四个内容维度进行数感测评的整体设计(如表 1)。

表 1　小学低中年级段"数感"发展的整体评价设计

核心素养：数感
核心概念：计数单位

内容维度	一级指标	二级指标
数出来的数感	数的结构	能使用计数单位进行计数或能用多种方法表征数
估出来的数感	数的度量	能利用计数单位之间的关系,选择合适的标准量进行估计或估算
算出来的数感	计算策略	能由对数的计算需求和对数的组成进行合理的拆分、合并与转化
用出来的数感	综合应用	在现实情境中选择合适的生活计数/计量标准解决问题并作出解释

制定好评价维度和二级指标后,教师需要纵向思考并细化不同年级目标的具体体现,选择最能体现这一阶段核心概念的表征形式来呈现学生不同的理解阶段。

二、建构学情反应,制定评价量规

对内容维度进行分析并细化目标后,教师还需要划分不同学生对同一内容的理解水平,这是表现性评价是否有效的前提,也是实现教学评一致性良性闭环的重要保障。

(一)确定理解水平层次

"数感"有别于某一内容的分项的水平层次划分,由于其内容维度较为复杂,是进阶式结构,即后一项内容评价既独立又在前一项上发展而来,因此需与内容对应进行进阶式评价,即更高层次内容对应更高的赋分。这样的进阶式评价既能分维度评价,又能实现综合性整体评价(如表2)。

表2 小学低中年级段"数感"能力进阶式四维度的水平表现性评价框架

水平划分	内容要素	具体描述 阶段1	阶段2	阶段3	阶段4	赋分
水平0	无	无法回应问题				0
水平1	数的结构	数感初级水平,能在规定时间内口答1—2题或只能说出答案但无法说理由。				1
水平2		数感初级水平,能在1分钟内口答3组百数表并说明原因,即简单描述两位数的组成与关系。	数感初级水平,能分别在15秒内完成3组游戏,即构建两位数/三位数/大数的组成与关系图式。但无法灵活选择标准。			2
水平3	数的度量	1分钟内能选择1—2题,以合适的计数单位进行计数。				3
水平4		1分钟内能自主选择3题及以上,以合适的计数标准进行计数。但无法用数学语言说明计算过程。				4
水平5	计算策略	1分钟内能运用十格板直观说明部分计算策略与得数/能说明部分问题最高位的位置和得数,但不完全正确。				5
水平6		能运用十格板直观说明计算策略与得数/能说明问题最高位的位置和得数且完全正确。				6

续表

水平划分	内容要素	具体描述 阶段1	具体描述 阶段2	具体描述 阶段3	具体描述 阶段4	赋分
水平7	计算策略	能在1分钟里完成1—2个游戏。				7
水平8	计算策略	能在1分钟里完成3个及以上游戏。				8
水平9	综合应用策略	能在规定时间(1、3、5、10分钟)内用一种策略完成或多种策略完成部分真实性问题。				9
水平10	综合应用策略	能在规定时间(1、3、5、10分钟)内用多种策略完成全部真实性问题。				10

需要说明的是，内容维度即评价的内容要素，无法回答均是水平0，其他则是在对应的层次进行赋分。上述的时间和答对题数与问题难度和学生表现水平有关，因此前期教师需要根据学生的前测建构整体反应进而调整水平层次。此框架除了能较清晰反馈学生的水平层次，还能开展某一内容要素的单一评价和整体评价。

（二）教—学—评目标需一致

评价目标需与教学目标达成一致，即教学设计目标、作业设计目标应与最终的评价量规相匹配。围绕相同的目标，教师需要先思考评价内容的内容要素，设计评价任务，再逆向设计并整合教学的关键课例和素养作业，在此基础上进一步审视教—学—评的目标达成情况。以人教版二年级下《万以内数的认识（整百、整千数的加减）》的教—学—评的目标设计为例（如表3）。

表3 教—学—评目标一致性的思考框架——以二年级下《万以内数的认识》为例

核心素养	核心概念	内容要素	目标关键词	水平层次	关键课例	作业设计
数感	计数单位	数的结构	将两位数计数规则迁移至万以内数的认识，能用小棒、计数器、第纳斯木块、数轴进行计数或能用多种方法表征1 000和10 000以内的数。	指向水平1和2，理解计数单位的意义，对10 000和1 000的数字模式有较为清晰的认识。	二年级下例1、5	怎么画1 293？

续表

核心素养	核心概念	内容要素	目标关键词	水平层次	关键课例	作业设计
数感	计数单位	数的度量	能用第纳斯木块、数轴等，主动选择合适的标准估计1 000和10 000以内的数或数运算的位置，形成初步数感。	指向水平3和4，形成较为抽象的计数单位图式。	二年级下例2、6、10	请在不同的数轴上找到3 500
数感	计数单位	计算策略	会计算整百、整千数的加减，能根据数据特点，对数运算中的数进行灵活的拆分、合并与转化，发展数感和运算能力。	指向水平5—8，灵活计算，并联系之前学过的不同计数单位的运算，能迁移和运用计数规则，发展数运算一致性。	二年级下例11—12	下面算式能用1+2=3解释的是？并说明理由。
数感	计数单位	综合应用	在长度、质量、数量关系情境中选择合适的标准进行计数/计量相关的问题解决并做出解释，发展数感。	指向水平9和10，能根据需求选择标准推理结果。	二年级下例13	下列情况能估算成200+300来解决的是？

整体一致性就是以一致性目标为关键导向，设计整体融合的教学活动、作业设计和评价任务等。教—学—评的一致性关键在于目标一致，其目标的细分与大概念（核心概念）的内容要素的解读直接相关。只有目标一致，教—学—评的整体实施才能形成良性的闭环。

三、整合项目资源，设置评价任务

考验学生是否具备比较高位的"数感"能力，最有效的方式是让学生面对复杂的现实生活环境，看其是否能调动相关的知识、方法、能力进行解决。因此整合身边资源创设合理、真实、开放的任务情境显得格外重要。

（一）开设主题场馆，实现分维度测评

针对前期"数感"能力分解，教师对每个年级都设置"数、算、估、用"这

四个维度主题场馆。每个场馆都聚焦在各个年级这一维度需达成的目标水平。在主题场馆中,教师首先需要考虑同一维度的能力差异,要设计怎样的表现性任务来体现年级段水平差异;其次同一年级段的不同维度评价是否有差异性;最后思考这样的表现性任务能不能激发孩子问题解决的兴趣。

在一年级"算出来的数感"这一维度场馆中,教师聚焦的不只是纸笔评测的结果,更是以游戏的形式让学生抽取两张"十格板",在"十格板"的直观感受下说算理、算法等过程。

在设计时还要关注同一维度不同年级段的差异,一年级的"算"还是基于对数字的数感,而二三年级的"算"更聚焦位值制,高年级的算会在位值和数级上设计得更有梯度。

同一年级段教师要根据不同维度设计不同的数感"主题馆",比如在"估出来的数感"这一主题馆,四年级学生化身"定位神器",学生需要根据数字卡片的数字特征选择合适的数轴进行定位。计算单位从"1"到"0.1",根据数之间的关系进行等分。数轴的选择,即计数单位的选择,以及如何准确定位,即几等分后取,都在综合评测学生能否基于数之间的关系"估"出数感。

(二)学材结构一致,呈现连续性任务

学习材料是"数感"发展的载体和表征,其形式与"数感"的形成是对应的,存在阶段性发展性,且总体发展上又存在素养本质的一致性。由此教师可以将"数感"在不同阶段的计算单位的表征进行提炼,选择结构一致的学习材料设计评价任务,实现"数感"阶段间的连续上升发展。

比如,考察"数"出来的"数感"这一维度。对于"数"计数单位,教材在不同年级侧重不同,一年级用点子图、小棒、二年级用百数表、三年级用齐性立方体、四年级用数级等。教师采用游戏形式,让二年级孩子从起始数出发,在玩"数字飞行棋"中建立计数单位"一""十"的直观动态模型,让四年级学生熟练表征出不同形式的计数单位,建立系统、抽象的全数"数感"。

(三)选取真实情境,开展项目化活动

任务情境的真实性和开放性能较为真实地评测出学生灵活应用学科知识

解决生活问题的能力,这是表现性评价最根本的目的。[①] 由此,教师在"用出来的数感"主题中让二年级学生用身体尺测量教室,在三年级模拟设计大卖场,在四年级利用校园步道,做校园内随处可见的数学研究等。学生在小组合作中碰撞智慧,在真实任务中积极调用已有的认知与经验感悟问题解决的灵活性,在真实情境中解决问题。

教师还可以进行学科内整合与学科间的整合,比如四年级"用出来的数感"是在熟悉的校园中解决这个地点一系列相关的问题:这面墙需要多少质量的油漆,既需要求面积又需要明白工程造价的知识等。学生在固定区域用尽可能多的方法解决同一个问题,不同的方法呈现了不同的思维层次。

四、表现性评价的推广与思考

(一) 基于核心素养的表现性评价一般模式

通过对"数感"关键能力的表现性评价的研究,教师可以泛化"数感"这一关键能力,所有的高阶能力都大致能分成这三个步骤,从核心素养出发,分解目标并提出核心概念,最后围绕核心概念聚焦任务,选择适合的情境(见图2)。

核心素养(学科关键能力、高阶能力等) → 分解目标,提出核心概念(大观念) → 教—学—评共同围绕核心概念聚焦任务,选择情境

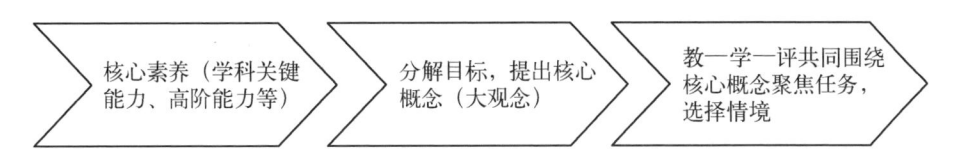

图2 基于核心素养的表现性评价一般模式

以"数感"评价为例,提出高阶能力或核心素养后,教师可以基于能力素养本身提炼出本质相关的核心概念,结合课标提出教—学—评的具体目标,再针对教—学—评的具体目标,设计对应的任务情境,包含评价任务和教学活动。

需要注意的是,不管是目标分解还是任务与情境的选择,教师都要考虑四个要素:课标教材、学情反应、整合资源、评价工具。这四者共同影响评价活动的设计与实施(见图3)。

[①] 王旭东.小学表现性评价中优秀试题的五个标准[J].教学与管理(小学版),2017(8):51-53.

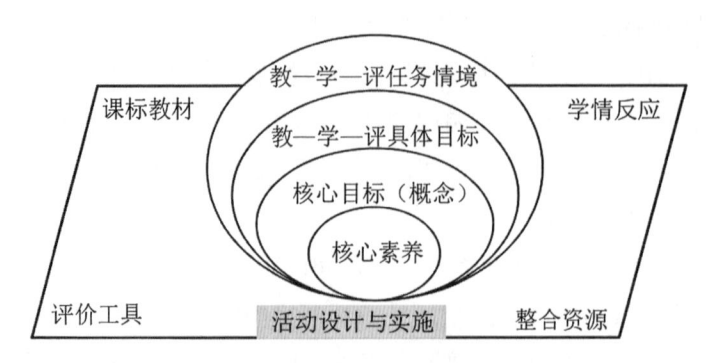

图 3 核心素养分解与实施的基本路径及方法

（二）教学评目标与任务指向的一致性

除了用表现性评价来评估核心素养或高阶能力的达成效果，所有的教与学的任务情境设置也应该围绕核心素养或高阶能力的分解目标。围绕教—学—评目标一致性的设计，需要对应的评价任务和教学活动也与其保持一致性。这就要求表现性评价的日常化，包含对教学环节、学生作业的表现性评价。这也有助于教师及时发现学生的达成情况进行相对应的教学补救与调整。

表 4 教学评目标与任务指向一致性（以核心素养"数感"为例）

核心素养	核心概念	教学评的一致目标	教学任务建构	表现性评价
数感	计数单位	【数出来的数感】能用第纳斯木块、百数表、数轴等，主动选择合适的标准估计100以内的数或数运算的位置，形成初步数感。	【环节】百数表找数（一年级下） 这几个数都能找到35吗？你会选择几？为什么？（百数表图略，含5、24、32、40、46、65、100）	【情境】密室逃脱 【评价】这里有一串数字密码，其中两个数字被遮挡，这里有一条线索。请你说明你是怎么探秘的。（百数表图略）

续表

核心素养	核心概念	教学评的一致目标	教学任务建构	表现性评价
数感	计数单位	【用出来的数感】在现实情境中选择合适的生活计数、计量标准解决问题。	【环节】营养午餐搭配 这是小明同学食堂的菜谱,能量和相关营养物质如下表(表格略)。如果小明一天消耗1 500千卡(1千卡≈4.2千焦)。他想维持现状(摄入能量和消耗能量保持平衡),并尽可能多地摄入蛋白质,请你估算一下怎么搭配比较好?	【情境】校园真实情境下的计数和估量 【评价】小组合作完成系列校园步道任务,如操场问题:旗杆有多高?篮球场的中心点怎么确定?跑道最外圈和最内圈周长相差多少?

（三）整合视角共同实现高阶能力

大多核心素养或高阶能力的达成是在项目化真实情境中或在不同学科间共同实现的,这就要求教师具备整合意识和全学科视角。整合视角包含学科内的单元整合,学科间的综合性活动,可以是活动项目化、学科项目化、跨学科项目化活动。相对应的核心素养或高阶能力表现性评价就需要分不同阶段水平,或者是细分为学科偏向与共同的细化目标。就观察力来说,语文偏向审美性观察,数学偏向抽象化观察,科学偏向现实性观察,音乐偏向具体化观察,美术偏向整体与局部观察等。学科偏向不同,其目标指向是互补的,这就要求教师从整合视角审视不同的能力、分解不同的能力,以至于实现共同的高阶目标。这也暗含未来的新型教研模式应该打破课程场域,共同实现高阶目标。

【参考文献】

王旭东.小学表现性评价中优秀试题的五个标准[J].教学与管理(小学版),2017(8):51-53.
中华人民共和国教育部.义务教育数学课程标准(2022年版)[S].北京:北京师范大学出版社,2022.

作者：黄央央(温州市籀园小学)

(本文获浙江省2022年教学论文评审教育评价类二等奖)

小学低年级段英语口语能力评价实施的设计和实践

——以×学校一年级学生为例

一、基于评价实施的背景

小学英语课程的目的是激发学生学习英语的兴趣,培养他们对英语学习的积极态度,使他们初步建立学习英语的自信心;培养学生一定的语感和良好的语音、语调基础,使他们形成初步用英语进行简单日常交流的能力,为进一步学习打下基础。《义务教育英语课程标准(2022年版)》(简称《课程标准》)指出:英语课程要培养学生的核心素养,包括语言能力、文化意识、思维品质和学习能力等方面。语言能力是核心素养的基础要素,它指语用语言和非语言知识以及各种策略,参与特定情境下相关主题的语言活动时表现出来的语言理解和表达能力。英语语言能力的提高有助于学生提升文化意识、思维品质和学习能力,发展跨文化沟通和交流的能力。

《课程标准》指出:评价和考试旨在评测核心素养的发展水平,促进学生全面、健康而有个性的发展。过去,我们曾长期囿于"一张考卷定高低"的成绩评价,这种方式不仅标准单一,而且只能反映结果,越来越无法服务于"立德树人"的教育目标。核心素养的提出,使评价成了跨越边界、跨越学科概念的独立且复杂的教育过程,教育评价甚至跳脱了具体教育目标和教育内容,直指学生的核心素养培养。在这样的背景下,评价内容开始扩展,不仅关注学生书本知识掌握情况,还关注学生的能力发展、个性发展等;评价形式开始从之前单纯的书面测试,到现在多方参与的综合性评价、以活动实践承接的测评等。总之,教育评价开始从"一把尺子"变为"多元考察"。

为建立科学、规范、公正的教育评价制度,实现以评促教、以评促学;为全面提高英语教学质量,帮助学生掌握一定的基础知识,检查学生是否具备一定的口头表达能力,能就某些交际性主题进行简单、正确的语言运用,帮助学生进行自我分析、诊断和提高英语口语;为将测评与核心素养有机结合,发挥其育人功能,学校研究探索科学性、可操作性强的小学低年级段英语口语评价的体系,并通过实践诊断教学,真正落实课改项目"教—学—评"一致性。

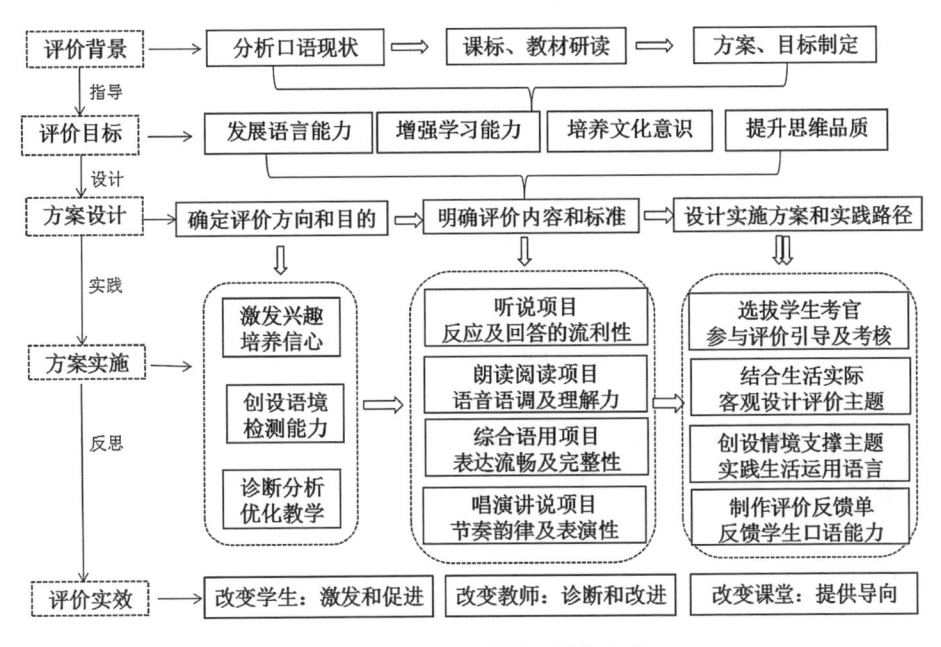

图1 口语评价实施的设计与实践

二、分析学生口语现状,让评价标准清晰化

(一) 低年级段学生英语语言输出方式的局限性

"听说领先,读写跟上"是英语学习的基本思路。尽管如此,在初级阶段,由于低年级段学生知识储备不足,语言输出存在一定的局限性。教师在授课中,"说"局限地作为语言输出的最直接的表现形式。它是学生大脑对所获取

的知识信息进行再次处理的过程，是检测学生对文本掌握程度的重要手段，也是提高学生语言表达能力的重要途径。提高学生的语言输出能力是教师的重要任务之一。

（二）低年级段学生英语语言表现形式的多样性

《课程标准》明确指出：英语课程要面向全体学生，关注语言学习者的不同特点和个体差异。关于"听说读"技能方面，也有一系列明确的要求；语音表达方面，能了解单词有重音、句子有重读，了解英语语音包括连读、节奏、停顿、语调等现象。课程标准也对学生在听、说、读、写、玩、演、视听等技能方面应达到的标准做了具体的阐述。低年级段学生语言输出表现形式多样。此阶段孩子活泼灵巧，语言感知能力的可塑性极强，酷爱模仿，有着丰富的表现力、想象力和创造力。对英语的兴趣及英语语感极易在这个阶段形成。"读、说、唱"等为低年级段学生打开了英语学习之窗。"听、说、读"基本技能从小形成，为后期的"写"奠定良好的基础，更为学生的终身英语学习拓宽视野。

（三）现实中缺乏科学、可操作的口语评价方式

新课程改革的方向让我们深切地感受到，对学生英语学习方式的评价，不能仅依赖于一张试卷。卷面评价时，我们能基本测量出学生英语听、读、写的能力，但是无法测量出学生的英语口语水平。《课程标准》给出了一些口语评价的建议、案例、量表，但是由于教学内容、校情、学情的多样性，如何将《课程标准》的理念落实到实际操作中，依然有很多问题需要解决。另外，现有的语音识别技术可以通过朗读固定内容、读出答案选项等方式，测评学生语音、语调等基本情况，但是目前无法测量出学生主观表达的质量，如让学生描述人物、表达喜好、谈论观点、面对面交流等，而主观表达正是体现学生能否流畅表情达意，其用词用语规范，即学生的综合语言运用能力的重要指征之一。

英语学科的核心素养包括语言能力、文化意识、思维品质和学习能力四个方面。语言能力就是运用语言的能力，涉及语言知识、语言意识和语感、语言技能、交际策略等。《课程标准》也指出：义务教育阶段的英语课程具有工具性和人文性。英语不只是一种技能，只有在真实语境中进行交流和沟通，语言学习才有意义。因此，学校根据听说读写技能的要求，确定了口语评价的项

目：听、说、读（认读、朗读、阅读）、综合语用表达、唱演讲说。

英语口语评价有以下三个基本目的：

（1）激发学生学习英语的兴趣和热情，培养学生开口说英语的信心和习惯。

（2）创设真实的语言环境，检测学生的语言能力、交际能力和思维能力，从而形成阶段性测评结果，帮助学生改善下一阶段的学习行为。

（3）分析口语评价后形成的两部分评价内容：数据评价和描述性综合评价，从中找到突破口，形成诊断性分析，帮助教师提升课堂教学的能力，给教师的"教"和学生的"学"提供正确的导向；优化课堂教学模式，让学生告别"哑巴英语"，为学生终身学习英语助力。

三、设计评价方案，评估标准主体化

（一）根据评价项目，确定评价内容和标准

在评价前，教师要策划和落实诸多的准备工作，包括场地的布置和落实，各场馆负责老师、考官、引导员的安排，道具的购置，各班学生具体时间的安排，流程的安排等。最为核心的是，教师要根据评价内容，确定评价标准，让考核有据可依。结合新课标和教材内容的梳理，将综合口语素养的评价标准设计为以下三个维度，包括（1）知识与能力，即语言接受及表达能力，指的是流利程度、语音语调与可理解度；（2）过程与方法，即语言习惯、交际过程，指的是音量与节奏等；（3）情感、态度与价值观，即交际合作信心、交际合作能力，主动参与、发表见解与合作态度等。

根据小学生好胜的特点，教师和考官在口语测评过程中，对学生付出的每一次努力、所获得的每一点进步都给予肯定，让学生在接受评价中感受到成功与快乐。而且要把竞争机制引入口语评价的过程，鼓励他们勇于挑战，敢于标新立异，敢于超越常规，敢冒风险，敢于猜测。让他们在刺激、鼓舞中尽情地表达，超水平地发挥。这样才能使小学生从根本上摆脱对口语表达望而生畏的心态。

根据确定的项目制订口语反馈表，在测评之后，让学生可以很详细地知道

自己在每一个项目上的表现与教师反馈,了解自己的薄弱点,明确自己努力的方向。

(二)结合教材和学生生活实际,客观设计主题

设计"Topic"(主题)要客观。小学英语教学是基础性教学,学生所学的词汇、句型、功能项目都很有限,其语言输出的范围当然局限于其学习内容,因此设计口语评价的"Topic"时,应科学地将之与教学有机地结合起来,既不脱离教材,又结合学生的生活实际,将语言用在生活中。

结合新课标和牛津一年级(上)教材,教师确定整个测评的明线"Topic"为"Fun with English",隐线"Topic"为"English Real World Camp",让学生能够在角色扮演中体验英语的乐趣。根据大主题落实 5 个子主题:Fun with Family, Fun in classroom, Fun with animal, Fun with supermarket, I'm a superstar。

结合教材和学生生活实际设计主题,才能客观地评价学生的真实水平、实际能力,也为进一步学习奠定了基础。反之,不仅达不到口语评价的目的,还会给学生制造很大的压力,造成学生不敢开口的局面,打击了学生的积极性。

(三)选拔高年级学生当考官,参与评价考核

低年级段学生有 450 人左右,评价考核如果仅靠几个教师,要花很多时间,而且效果不好。因此,学校发出招募通知,选拔学生考官,然后面试。面试后择优筛选 34 个学生考官,12 个引导员,并培训他们在考核中如何合作,如何操作和考核。考核中,教师给每一个学生考官和引导员佩戴考官证和引导员证;考核结束,再给优秀的考官和引导员颁发优秀考官奖状和优秀引导员奖状。

选拔高年级学生当考官,不仅节省了考核时间,减轻了教师的压力,同时也锻炼了参与学生的能力,为他们搭建平台让他们学以致用。

四、实践口语评价方案,达到语言输出语用化

万事俱备,只欠东风。经过前期的一系列筹备,2020 年 1 月 3 日,学校举

行了一年级学生的口语评价活动。当然在学生的眼中,这并不是一次测评,因为我们淡化了测评,而是以趣味游园活动的方式进行。整个评价的过程中尽可能为学生创设真实的语言环境,注重环境的布置,创设良好的交际氛围,淡化测试体验,提供浸润式的体验空间,同时突出趣味性和语用。

(一) 主题一: Fun in Classroom——依托游戏,趣味听说读

场馆以活动支撑,关注趣味性。我们鼓励学生根据图片和实物场景表达和交流,减少无意义的朗读和背诵。针对图片和单词的认读,我们设计了"Tic Tac Toe"游戏,让"老师"和"学生"玩游戏,认读图片和单词,最后谁阻止成功谁就是赢家。

学生们不仅能在"Tic Tac Toe"趣味游戏中和同伴对决,认读图片和单词,体验成功的喜悦,还可以在"转盘读读乐"环节体验别样的朗读。这不但训练了学生的认读能力,也训练了学生语音语调和语言的流利度。

在"外教互动"环节,孩子们争先恐后地抢答问题,与外教灵活自如地进行对话交流,展示了低年级段孩子们英语基本表达朗读和对话交流能力。在听说、交流的过程培养了学生基本的语用能力和良好的思维品质。

(二) 主题二: Fun with Family——依托话题,乐于表达

综合本学期学习的内容,在"Family"场馆中,学生们流利地自我介绍,并通过照片和图片描述自己的家人朋友。如学生拿着自己的家庭照介绍:Hello! I'm Helen. This is my father. He is tall and strong. He is a PE teacher. This is my mother. She is thin and kind. She is a nurse. She can help sick people. This is me. I'm 7 years old. I like reading. I can play the piano well. Thank you! 在这个场馆,学生们完美地展示了看图描述的能力以及小语段表达的能力。

(三) 主题三: Fun with Animals——依托情境,动手玩演

爱玩,是孩子们的天性。低年级段学生活泼好动,想象力丰富。在动物主题情境测试中,学生们轻松应对"穿越火线""动物猜谜"和"手影游戏"的挑战,顺利闯关动物城。枯燥的阅读在游戏中趣味化,单调的语言在玩演中变得生

动起来,学生们在玩中读、玩中说、做中用,在寓教于乐中体验前所未有的乐趣,培养了学生朗读能力、阅读能力和语用能力。

(四)主题四:Fun with Supermarket——实践生活,运用语言

学习语言,最终目的是把语言用到生活实际中。"Supermarket"场馆以情境为依托,关注语用。在这个场馆,我们根据语言支架 Can I help you? \May I have..., please! Give me a..., please! How many...? \Here you are. \How much? 和学过的文具、食物、水果单词,购置了仿真道具,利用多样化的活动及丰富主题资源为学生提供口语训练平台,有难有易,使不同层次的学生都有话可说,有话要说,甚至有话还想说。

我们看到每一个等待的孩子都跃跃欲试,"售货员们"穿好围裙,热情地招呼顾客,双方进行购物体验。不管是食品店、水果摊还是文具店,我们都看到了全身心投入购物中的孩子们,他们在体验中学以致用,把所学的语言用在了生活中。这一过程充分展示了学生的合作意识和学习能力,也培养了学生综合语言运用能力。

(五)主题五:I'm a Superstar——秀我才艺,展我风采

《课程标准》指出:教师要充分利用教学资源,采取听、说、做、唱、玩、演等方式,鼓励学生积极参加,大胆表达。在本场馆中,学生们充分展示了英文歌唱、英文绘本朗读和讲故事等小小才艺,每位学生都能以优异的个性表现出彩,获得现场阵阵掌声。

五、反思评价实效,促教学相长

(一)改变学生:激发和促进

学校口语评价的实践激发了学生学习英语的兴趣,促进了其自主学习能力、思维能力和跨文化意识的发展。评价时考官给予学生更多的鼓励,给他们营造一个轻松的环境;根据评价的主题不同,学生有的单独展示,有的合作展示,让他们既有单独展示的机会,又有合作交流,做到形式多样化。不但鼓励

学生开口、培养学生的信心,而且鼓励学生交往,并非选拔考试,因而学生都很享受口语评价的过程。

(二) 改变教师:诊断和改进

通过口语评价,教师能及时反思教学问题和改进之处。比如,学生在玩"穿越火线"时,有部分学生不能顺利地完成,这就可以判断这部分学生对句子的认读不够,阅读能力不强。这是对课堂教学的诊断和提醒,引导教师在接下来的教学中有针对性地进行调整和改进。

(三) 改变课堂:为教师的课堂教学提供导向

评价方式的改变优化了英语课堂教学,为学生的"学"和教师的"教"提供了方向和目标。根据学生个体的评价表,针对性地进行个别化反馈,对学生下一阶段的听力口语学习提出明确的要求。同时,通过对评价数据的整理和分析,对描述性评价的深入研究,口语评价很好发挥了它的诊断性功能和促进性功能,对于促进学生的学和教师的教都起到了良好的推动作用。

学校低年级段英语口语评价充分展示了学生的语言知识、语言意识和语感、语言技能等语言能力,体现了学生思考、辨析、推理、判断、用英语进行多元思维以及理性表达等思维品质,凸显了包括元认知策略、认知策略、交际策略和情感策略等学习能力,比较全面而有广度和深度地将英语学科核心素养和新课程标准落实到了日常的英语教学和评价中。同时,它也填补和丰富了小学阶段的英语口语评价模式,解决了中小学英语口语评价断层的问题,避免了学生学成"哑巴英语",并较好地实现了新课标和英语学科核心素养提出的"培养综合语言运用能力"的总目标。

【参考文献】

商伟. 关于小学英语口语评价的探索与实践[J]. 教育实践与研究,2015(5):15-17.
王旭东. 表现性评价:核心素养教育的必然途径[J]. 教育家,2018(16):13-15.
王旭东. 纸笔测试 坚冰初融[J]. 当代教育家,2017(3):29-31.
杨向东. 核心素养测评的十大要点[J]. 人民教育,2017(3):41-46.
中华人民共和国教育部. 义务教育英语课程标准(2022年版)[S]. 北京:北京师范大学出版,2022.

中华人民共和国教育部. 义务教育英语课程标准(2011年版)[S]. 北京：北京师范大学出版,2012.

作者：林仕程、王青秀(苍南县外国语学校)

(本文获温州市2021年中小学教师优秀教育教学论文评比评审一等奖)

线上线下协同：小学科学表现性评价的新策略

2020年，中共中央、国务院印发的《深化新时代教育评价改革总体方案》在改革学生评价中指出，树立科学成才观念，坚决改变用分数给学生贴标签的做法。随后2022年颁布的《义务教育科学课程标准》中明确了科学课程要培养的学生核心素养，包括科学观念、科学思维、探究实践等方面。根据改革趋势，传统标准化"唯分论"的纸笔测试显然已不能满足小学科学学业质量评价发展的需求。基于越来越多的评价理论和教学实践，绝大多数的教育工作者都认可表现性评价是实施核心素养教育的有效手段和必然途径。

一、问题：表现性评价的应用阻力

随着表现性评价在一线科学教学中的不断应用，推广时也逐渐遇到了一些现实困境的阻力。

困境1：组织形式受局限。传统的纸笔测试可以大规模地进行批量测评，具有费时少、效率高、学生心理压力低、发挥较稳定的优势，且对于评价时间没有硬性规定，延时批改也不影响其效度。而表现性评价在校统一组织时会受到很多客观条件的制约：其一，项目内容的设计受到评价时间、空间、材料等多方面的限制；其二，项目材料准备过程烦琐，批量采购难，数量需求多，成本支出大；其三，相较纸笔测试，遇到有难度的任务时，学生操作费时费力，失误率高，心理压力大，难稳定发挥。

困境2：效度与信度较低。科学学科的表现性评价侧重实践操作，评价者需对每个学生采用"点对点"评价，其效率极低；若有多名评价者同评，受主观因素影响，不同的评价者之间会存在较大的赋分差异，则影响评价的信度。现阶段有关这方面的测评工具（评价任务的设计、评价量规的制定等）借鉴有限，对评价者的开发能力要求很高，故而影响其效度，也使得表现性评价的推广受限。

困境3：评价过程即时性。表现性评价的项目实践过程是动态的，具有时效性。对学生而言，这在很大程度上影响了学生个体的自我反思与改进，也缺少了互相学习的过程。对教师而言，不能复盘回看，会制约教师对每个学生评价结果的具象分析，加大追溯原因的难度，从而影响评价的诊断功能。

二、创新：线上线下协同评价模式

小学科学学科的特殊性在于它的实践性。依据目前表现性评价的应用困境，本研究尝试利用技术手段打破校内与校外的空间壁垒，将评价与课外实践相结合，通过线上线下协同，家校合作，让家长成为实践测评的协助者。从一个全新的角度突破现有的应用困境，来推进表现性评价模式的变革。

"线上线下协同评价模式"是指教师借助钉钉软件，将测评内容以"线上发布、线下操作、线上评价"三个阶段的形式推进，就表现性任务方面提交的成果进行评价和反馈。

如表1，本研究以"线上线下协同评价模式"为媒介设计新评价策略，根据表现性评价的定义和科学学科核心素养的内涵，将评价维度设计成"聚焦问题能力、设计方案能力、论证分析能力、表达交流能力"。结合新课标中对单元评价的建议，学业质量评价将以所学基础知识、方法和技能去完成某项任务或解决某个问题的能力作为测试的核心内容。

表1 评价维度

评价目标	评价模式	评价类型	评价维度	评价标准
学业质量	线上线下协同评价模式	表现性评价	聚焦问题能力	能根据测评的科学问题和工程问题，聚焦所学学业知识和技能去解决问题

续表

评价目标	评价模式	评价类型	评价维度	评价标准
学业质量	线上线下协同评价模式	表现性评价	设计方案能力	能根据测评的科学问题和工程问题,设计和使用不同方法(图表、图画、模型等),将研究对象所需的材料、研究步骤等描述清楚
			论证分析能力	能通过真实的实践过程,基于观察与实验得到的现象与数据,建立合理的解释或概括符合事实的规律
			表达交流能力	能条理清晰地陈述自己的设计原理、实践过程和实践结果,包括从中产生的反思、困惑等

三、策略：学业评价新路径的设计

新评价模式下,测评内容的设计要依据教材的学习内容和课程标准中的实践能力目标,以真实的学情为基础,遵循"教—学—评"一致性的原则,参考或部分参考教材原有的活动方案,以单元诊断的方式进行。下面以教科版科学五年级下册第二单元为例。

(一)测评内容的设计

依据新课标的学业要求、单元的学习内容和实践能力目标,从阐明测评内容、提供测评资料、说明评价量规、设计测评支架这四个方面去设计表现性评价的情境任务。

1. 阐明测评内容

这个板块要重点说明测评的范围、实践任务以及测评结果的提交方式。

2. 提供测评资料

这个板块是提供帮助或补充说明实践任务中会涉及的测评辅助资料。如《船的研究》单元测评内容中涉及船的成本运算,而实践时所需的材料价格很难真实核算,故提供"材料清单及虚拟币"为辅助资料,继而评估到学生对工程成本概念的掌握情况。

3. 说明评价量规

这个板块要依据课程标准中"科学观念、科学思维、探究实践"所要求的核心素养学段目标，从"聚焦问题、设计方案、论证分析、表达交流"这四个能力的评价维度上去设计单元的评价标准（见表2）。

表2　表现性评价的评价标准（五年级下第二单元）

评分维度	具体细则 3星	具体细则 2星	具体细则 1星	平均分 自评	平均分 师评
聚焦问题（3星）	熟练运用第二单元所学知识和技能去设计和制作目标小船，且小船结构坚固	有部分运用到第二单元所学知识和技能去设计和制作目标小船，且小船结构较为坚固	没有运用到第二单元所学知识和技能去设计和制作目标小船，或小船结构不坚固		
设计方案（3星）	内容填写完整，设计图科学合理，能很清晰展示小组的设计	内容填写比较完整，设计图科学合理性一般，能比较清晰展示小组的设计	内容填写不完整，设计图不科学不合理，不能清晰展示小组的设计		
论证分析（3星）	成本小于50造船币，且材料利用较好	成本小于50造船币，但材料利用存在浪费和成本大于50造船币，但材料没有浪费	成本大于50造船币，且存在材料利用浪费现象		
	载重量超过200克	载重量在150—200克	载重量在150克以下		
	小船具备动力驱动装置，并能驱动小船移动	小船具备动力驱动装置，但不能有效驱动小船移动	小船没有动力驱动装置		
表达交流（3星）	产品介绍全面有吸引力，清晰阐述设计原理	产品介绍较为全面，有一定吸引力，有阐述设计原理	产品介绍较为简单，未阐述设计原理		
综合评价	优秀：有实践作品，且得10—12颗星星； 良好：有实践作品，且得7—9颗星星； 合格：有实践作品，且得4—6颗星星； 待评：暂没有任何实践作品反馈				

4. 设计测评支架

这个板块以照片的形式提交。根据不同的测评内容,灵活设计具体的测评支架(如图表、图画、模型等),旨在将学生实践过程中的科学观念、科学思维可视化。

(二) 测评的实践样态

通常在学习完一个单元之后进行单元诊断,教师通过钉钉线上发布测评任务,学生根据测评要求自主进行线下的实践操作,在规定时间内完成测评任务并进行线上的提交,最后教师根据评价量表进行量化与质性评价。

四、成效:评价结果的分析与反思

相较于纸笔测试,表现性任务在校内统一组织测评的难度要大得多,用线上线下协同评价模式可以将评价空间无边化、评价时间弹性化、评价结果信息化。

家庭是一个隐形的实验室,存在着各种各样数量丰富的实验材料,学生可以多次尝试实践然后择优汇报,这大大减轻了学生的心理压力,也鼓励学生在评价过程中呈现出最佳的创新思维与创造能力,同时解决了教师在设计测评项目时所涉及的材料采购与成本问题,使得现阶段表现性评价组织形式难的困境得以破解。

通过照片和视频的方式定格每一个学生在测评时的设计方案和动态的实践过程,这解决了学生在项目实践测评过程中操作时效性的问题,有助于教师在测评结束之后进行评价追溯、结果统计与分析。

依据评价量表,采用同评价者复评、多名评价者同评等方式来降低表现性评价过程中由于主观因素所带来了赋分差异,进而也提升了评价的效度与信度。

(一) 模式变革:凸显线上评价优势

多元化的评价主体可充分发挥学生、家长、学校等参与评价的积极性,使家校联系更紧密,有助于教师综合利用各评价主体的评价结果,调整教学方式,实现因材施教的目的(见表3)。

表3 评价主体的多元设计及其优势

评价主体	具 体 形 式
学生自评	优点/点赞 ①减少电池的污染 ②载重量≥200g 反思与建议 ①进行驶距离过短，改进方案：橡皮圈多绕几下。②方向不稳定，改进：在船尾装上自制船舵。 通过制定评价量规中的"自评"一栏和设计方案上的"优点与点赞、反思与建议"两栏，学生可以明确学习目标和改进方向，并鼓励学生对自己的测评结果进行客观评估，培养自我肯定优点和反思缺点的能力。学生将此设计方案(照片)上传钉钉(线上保存)，有利于后期的回顾和追溯。
学生互评	线上互动 线下互动每个学生的表达参与有限，线上评价有利于教师将学生的测评过程(照片、视频)和结果反馈到班级群，学生间分享交流、进行互评，每个学生都有机会展示自己，同时也能看到其他同学的学习情况，再结合线下的作品展示与分享，真正做到取长补短，达到提升学习能力的目的。
家长参评	略 线上评价可以帮助教师将每个学生的单元诊断情况具象地反馈给家长，让家长及时了解到孩子现阶段的学习能力情况，弱化了纸笔测试"唯分论""唯结果论"所带来的横向比较，使家长更关注孩子自身的纵向发展。 同时要求家长线上评价反馈，有助于教师通过与家长交流有效了解到孩子真实的学习态度，并提供具有针对性的发展性指导。
教师点评	略 钉钉"家校本"具备评价数据统计和导出的功能，教师通过线上评价可以便捷地获得全班整体数据的统计情况，从而对整体教学的效果进行评估。当然，也可以导出每个学生个体详细的测评结果，现代化技术帮助教师实现评价结果的信息化、智能化。

(二) 素养导向：关注学生个体发展

根据本研究采用的评价策略及其实践结果，可以看到表现性评价是落实核心素养教育的有效途径，且这种新评价策略是对目前的表现性评价方式的优化与再设计。

从表4中可以清晰看到每个学生在真实情境中运用所学的知识和方法去解释现象和解决问题的能力，从多维度检测他们的高级认知能力、情感、态度等素养教育结果，将他们"理解了什么"和"会做什么"可视化。通过设计具有探究性和操作性的任务或问题、制定评价量表等测评支架，教师能够有效地识别学生个体差异在"聚焦问题能力、设计方案能力、论证分析能力、表达交流能力"这四个维度的发展情况，分析其优势与薄弱之处，诊断出每个学生在每个单元的学习情况，有助于教师及时干预，从而指导学生发现自身在阶段性学习过程中的问题和薄弱环节，分析形成的原因并"对症下药"来找到更好的学习方法。

表4 不同等级的评价结果（典型示例）

类别	优秀		良好		合格	
设计方案	略		略		略	
实践过程	略		略		略	
评价结果	聚焦问题能力	☆☆☆	聚焦问题能力	☆☆☆	聚焦问题能力	☆☆
	设计方案能力	☆☆☆	设计方案能力	☆☆	设计方案能力	☆☆
	论证分析能力	☆☆☆	论证分析能力	☆☆	论证分析能力	☆
	表达交流能力	☆☆☆	表达交流能力	☆☆	表达交流能力	☆
评价分析	该同学能熟练运用单元知识与技能去设计、制作出一艘载重量超过200克、成本小于50造船币并且具有动力的小船，是考核优秀的范本。		该同学能准确运用单元知识与技能去设计、制作小船，但我们看出设计方案不是很详细具体，实践过程可看出船的载重量与动力都一般。		该同学有运用单元知识与技能去设计、制作小船，但可以明显看出设计方案不完整，与实际制作的小船有出入，实践时小船也未达到要求。	

教师根据一学期的学习内容和每个单元的表现性评价诊断的结果，基于课程目标和学业质量标准对每个学生进行终结性评价，生成量身定制版的学业质量发展性评价报告，有助于教师追踪分析每个学生各阶段的学业质量方

面的发展曲线,旨在以评价促进学生核心素养的发展。

(三) 精准教研:反刍教师教学改进

通过新评价策略的实践,可以借助收集的数据来分析教学成效,并挖掘典型、异常数据,从而及时干预评价过程,精准调整教学方向,由此提出了数据驱动教学改进的循环模式(见图1)。

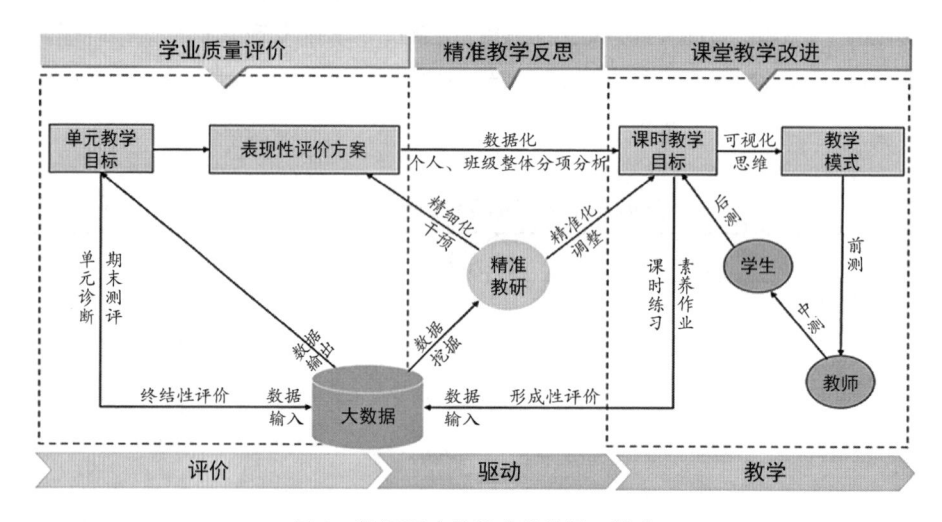

图1 数据驱动教学改进的循环模式

1. 大数据诊断教学成效

学业评价与课程标准都是针对所有学生提出的合格标准,是学生经过努力可以达到的标准。根据试点班诊断数据(见表5),可以鉴定出这个单元的教学成效。该班优秀、良好、合格的学生分别占 38.46%、41.03%、20.51%。对于学业水平未达优秀的学生,要进行具体的原因分析。如该班论证分析能力与表达交流能力平均分约为2,表示该班薄弱的地方是对船的结构设计原理介绍和测试过程,原因追溯还需结合教学实施情况具体分析。

2. 有靶式改进后期教学

研究中可以借助单元诊断的班级整体数据来分析结果,以薄弱数据为靶,反思教师在教学上的不足,以评促教、以评促学,再次明确课时目标的教学重点与难点,同时找到突破点,及时调整,从而提升班级整体的科学综合素养。

表 5　试点班诊断数据

评价维度	单元评价目标	诊断值	成效追溯	课时目标调整
聚焦问题能力	通过实践要求，聚焦船的形状、结构与阻力、载重量和稳定性之间的关系	2.5	基本达成	基本保持
设计方案能力	能根据问题或要求进行设计，并按设计方案制作或改进小船	2.2（待提升）	第6课时《设计我们的小船》	第6课时 重点：轮船的设计制作要考虑到船的大小、形状、材料、载重量、稳固性、动力等具体因素
论证分析能力	经历"设计—制作—测试—分析—改进—再设计"工程实验过程	2.0（需改进）	第4课时《增加船的载重量》 第7课时《制作与测试我们的小船》	第4课时 难点：根据计算和测试结果，不断改进船的形状和结构，提高船的载重量和稳定性 第7课时 重点：能根据测试过程中发现的问题，不断地调整和优化小船
表达交流能力	综合运用所学知识和方法，从如何设计和制作一艘符合标准的小船进行阐述与说明	1.9（需改进）	每个课时	本单元每个课时教学过程中，充分预留学生表达交流的时间，以小组研讨、全班汇报形式进行

随着实践的不断探索与深入，我们看到了线上线下协同的表现性评价方式在变革纸笔测试方面所具有的创新意义，但同时也有一定的条件限制。教师们可根据自己学校真实的学情、家长配合度等客观因素，先以某一单元进行效仿和试水实践，也可借鉴该评价策略进行本土化的调整和再探索。

正如自主、探究、合作学习方式不能完全取代传统的接受性学习一样，表现性评价与纸笔测试共存互补，让评价主体多元和方法多样，使评价结果更具准确性和有效性。后续研究将尝试融入项目化学习，并利用这种创新策略去优化作业评价。

【参考文献】

王旭东. 表现性评价：核心素养教育的必然途径[J]. 教育家, 2018(16)：13-15.
中华人民共和国教育部. 义务教育小学科学课程标准(2022年版)[S]. 北京：北京师范大学出版社, 2022.
中华人民共和国中央人民政府. 深化新时代教育评价改革总体方案[EB/OL]. http://www.gov.cn/zhengce/2020-10/13/content_5551032.html. (2020-10-13).
周文叶. 中小学表现性评价的理论与技术[M]. 上海：华东师范大学出版, 2014.

作者：王洁慧（温州市龙湾区海滨第二小学）

（本文获浙江省2022年教学评价与考试教学论文评审三等奖）

数据驱动改进篇

数据驱动教育教学改进的温州实践探索

为贯彻落实中共中央、国务院《深化新时代教育评价改革总体方案》要求，充分发挥教育质量监测数据的诊断、改进和促进发展的功能，温州市自2020年10月被确定为浙江省数据驱动教育教学改进试点地市以来，根据浙江省人民政府教育督导委员会办公室《关于做好教育质量监测结果应用与开展数据驱动教育教学改进试点的通知》(浙政教督办函〔2020〕42号)精神，聚焦项目核心要素，围绕机制构建、教师数据素养提升、数据资源管理、实施路径探索等，积极开展试点工作，进行了若干具体探索并取得一定成效。

一、形成全域推进态势，项目实施举措多

（一）多层级培训提升改进主体的数据素养

相关教育行政部门负责人、教研员、评价员、学校管理人员、教师等，都是教育教学改进主体，他们的数据素养决定了项目推进的力度和效度。为此，多层级、多样态专题培训尤显重要。一是通过"线上＋线下"相结合的混合式模式，协同教研院、教师院、技术中心等部门开展市、县、校三级全员培训，进行监测意义、数据价值、改革意识、信息化政策等理念普及，帮助多元教育改进主体了解基本理论、价值内涵以及教育发展态势。比如，由市教师院牵头开展的教师信息技术应用能力提升工程2.0实现全市教师100%的培训，重点学习评价

数据的伴随性采集、评价数据的可视化呈现与解读、应用数据分析模型等。二是通过请进来、走出去、集中＋分组的形式，分别对县区评价员，试点项目示范、种子学校校长（项目负责人）进行相关内容深层培训。比如，2021年举行2次温州市"数据驱动教育教学改进"省级试点项目研训活动，2022年举行温州市"数据驱动教育教学改进"种子学校培训活动，2023年开办"数据驱动教育教学改进"高级研修班等。不管是赴上海、嘉兴等地，还是在市内洞头等地，都是结合专家引领和交流分享，进一步梳理优化区域和学校层面推进试点项目实施路径和方法。三是重点由县、校两级根据自身需求，有针对性地开展数据素养提升培训，解决实践过程中遇到的疑难问题。比如，鹿城区开展"数据驱动教育教学改进"种子校专题培训，平阳县分步开展小学、初中教务主任数据素养能力提升专题培训活动，温州市第八中学与温州市建设小学联合举行初小教育共同体活动数据赋能行动，温州市第二十一中学开展全体教师大数据平台功能使用学习会等。

（二）多样态视导强化县校两级的推进力度

一是市评估院专项调研视导。原则上每月赴1—2个县区开展"数据驱动教育教学改进"项目市级种子学校、示范学校调研活动，听取学校汇报、进行师生座谈等，了解项目实施进度安排、推进措施路径、成果与反思等。二是聚焦主题个性指导。市级层面将"数据驱动教育教学改进"市级种子学校根据学校项目推进的实践内容，分"管理改进""教学改进""教研改进""评价改进"四个类别，有针对性地邀请专家和市县两级评价员分别对学校进行理论指导，完善项目实施方案，规范教师研训、基于数据的整改及项目实施典型案例的撰写等。县级层面多部门（中学部、小学部、评价部、师训部）协同组成专家团队，以监测数据为依托、问题为导向、样本学校需求为重点开展针对性视导。三是启动县区互促互学推磨活动。具体操作为A县到B县、B县到C县，带着任务，去指定的县区开展交流、指导和学习。以互促互学的形式驱动县区和学校加大推进力度，也借此倒逼县区评价员通过思维碰撞强化学习深度，联系实际强化工作效度。2022年共开展互促互学活动11次。

(三)多方位评估推进示范学校的辐射引领

本着以评促建、以点带面的推进原则,近三年分别开展100所市级种子学校评选、50所第一批市级示范学校评选、50所第二批市级示范学校评选活动。为更好地树立榜样,推进辐射引领,配套出台了《温州市"数据驱动教育教学改进"种子学校培育方案》和《温州市"数据驱动教育教学改进"示范学校内涵提升实施方案》,明确了培养路径和保障措施,同时,各县市区纷纷出台县级种子学校、示范学校培育方案,建立与市级培育工作有机衔接的梯度提升培育体系。在市县齐抓共管下,重点关注数据驱动下的管理改进、教学变革、教研转型,引导重点培育学校做大做强,推出一批可复制、可推广的数据赋能教育模式,形成"读数据、研数据、用数据"良好氛围。

(四)多形式展示督促实践成果的物化凝练

一是以课题为抓手,探索构建"数据驱动教育教学改进"实施路径,适时开展相关经验分享,如苍南县的《基于增值评价的县域初中学校实证研究》省级课题已顺利结题,平阳县的《"数据驱动学校教学管理改进"区域实施策略研究》等省级课题目前在研。二是以第四届长三角教育评价改革论坛举行为契机,推出县区与典型学校"数据驱动教育教学改进"实践成果展示。三是以温州市教育评估院公众号、官网为阵地,推出50期"数据驱动教育教学改进"示范学校系列风采展示,10期"数据驱动教育教学改进"优秀案例展示。同时编辑"数据驱动教育教学改进"优秀案例成果集,推荐典型案例在省市活动中交流分享、在官方期刊《温州教育》上发表。

二、强化项目保障机制,支持改进后盾强

(一)完善制度做好顶层设计规划

2020年12月,温州市教育局率全省之先出台《"数据驱动教育教学改进"省级试点项目实施意见》(简称《意见》)。《意见》要求树立"数据赋能教育,评价促进改进"的基本理念,提出建立管理机制、探索实施路径、完善专业引领、

健全保障机制四个方面13项重点任务,明确到2023年,培育市级"数据驱动教育教学改进"典型学校100所。2022年12月,印发《温州市教育局办公室关于加强义务教育质量监测结果应用的指导意见》,把监测结果的应用作为终极目标,从县域和学校两个层面、管理和教学两个维度强化结果应用,加大视导和指导力度。

(二) 明晰项目三级联动推进职责

市、县层面在做好监测结果改进的基础上,重点做好试点项目的整体规划、政策保障、技术支持和督促指导。学校层面在配合区域做好监测结果改进的基础上,基于数据实证改进教育教学,改进教师教学方式、学校管理方式,完善学校教育教学质量管理机制。

(三) 构建温州教育质量监测信息化平台

借助国内教育监测专业力量,合作开发温州教育质量监测信息化平台。平台主要功能包括数据采集、数据抽样、数据清理、数据分析、考务管理、报告生成、题库管理、权限设置八个部分内容,借助信息技术形成集评价、诊断、反馈于一体的质量评价模式,提升监测工作效率,实现监测评价各环节的智能化,为数据驱动教育教学改进提供技术支撑。

(四) 借助考核加大项目推进力度

通过市对县考核,督促各县(市、区)深入开展省测、市测以及中考数据结果应用,共收到33份整改方案,均按照"数据分析—诊断教学—实施改进"的思路,聚焦问题,分门别类列出问题清单,分解任务,分工合作,落实整改责任。如2022年温州市教育局对县级教育行政部门工作业绩考核指标第十一条"教育评价改革"中有两块采分项目:一是种子学校创建率达75%(含)—100%(不含)的,扣0.4分;其余扣1分。二是监测结果的改进。未制定县、校两级问题清单、整改方案,或到样本学校视导覆盖面低于60%,扣1分。以评促行,以评促改。

三、打造市域监测品牌，数据驱动抓手实

（一）构建"1＋4＋N"学生学习品质测评模型

从 2018 年和 2019 年省测结果发现，温州学生学习品质相关维度内容整体较弱。为了做好基于监测结果的改进，从 2020 年开始，在原来"四维评价"指标体系基础上，开展全市中小学生学习品质监测，并形成"1＋4＋N"学生学习品质测评模型，其中"1"表示学习品质，"4"表示指向学习品质的"四大系统"，即动力系统、策略方法、过程体验、学习维持，"N"表示影响学习品质的 N 种因素。其目的是以监测为抓手，聚焦学习品质，构建市域层面的改进项目。

（二）形成基于学习品质监测结果改进的 3C 模式

所谓 3C 模式，即以学生发展为中心，通过综合评价（Comprehensive Assessment）、综合诊断（Comprehensive Diagnosis）、综合改进（Comprehensive Improvement）三个环节闭合循环开展，实现基于监测结果的改进，助推市域教育教学质量提升。

综合评价主要依托学习品质监测，通过多维度（如学习品质、学业成绩、影响因素等）、多途径（如纸笔测试、问卷调查等）、多主体（学生、教师、家长等）综合方法来系统收集监测数据，准确把握学生的发展全貌。综合诊断是指基于学习品质监测数据，了解区域中小学生学习品质现状、县域与不同群体之间的差异以及学习品质的中介作用和影响机制等。然后结合异常数据，寻找"真问题"，回归教育现场，综合诊断问题成因，开展"真研究"。综合改进是针对诊断出来的问题进行分层分类反馈，由市、县、校三级基于学习品质监测结果系统设计整改方案，明确责任主体，多方协同实施"真改进"。

（三）形成区本化的学习品质监测实施亮点

在参测对象上，抽中的样本学校全样本参加，改变国测和省测样本学校随机抽取 30 人参测的做法，目的是让学校拥有全样本的综合质量数据，便于学

校诊断和改进。截至目前,参测学校438所,学生87 530人,教师2 355人,家长87 951人。在时间安排上,形成"一年监测,一年改进"布局,轮次进行小学和初中学习品质监测,来为学校提供足够的时间和空间进行基于数据的改进。在原有监测综合反馈报告和行政反馈报告的基础上,首创中小学教育质量监测县区"成绩单",把质量监测的主要结果以简明扼要的报告单形式(A4纸正反面)发送给县(市、区)分管领导和教育局主要负责人,帮助相关领导快速掌握区域教育质量综合评价的整体情况,使其更加重视区域教育生态的改进与优化。

四、注重实践经验积累,主题聚焦成果丰

(一)研发一个数据驱动评价指标体系

为更好地推进"数据驱动教育教学改进"项目,营造良好的数据赋能教育高质量发展氛围,温州市以"数据驱动教育教学改进"示范学校评估为契机,围绕项目开展核心要素,自主研发评价指标体系(见表1),包括制度保障、资源支持、实践探索、成效显著四个一级指标,学校重视、机制健全、数据管理、数据素养、方案完善、活动开展、成果特色七个二级指标。引导学校科学规范开展"数据驱动教育教学改进"项目,以评促建、以评促"培"。

表1 温州市"数据驱动教育教学改进"示范学校评估指标体系

一级指标	二级指标	观 测 点
A1 制度保障(10分)	B1 学校重视	1. 成立"数据驱动教育教学改进"项目领导小组,有专人负责;2. 有专项经费投入;3. 将"数据驱动教育教学改进"工作纳入学校重点工作,有年度工作计划和总结;4. 学校领导每学期至少有一次组织、参与并指导项目活动。
	B2 机制健全	1. 学校有"数据驱动教育教学改进"部门联动工作机制,组织高效,有序推进;2. 学校有"数据驱动教育教学改进"项目推进与实施的考核评价和激励机制。
A2 资源支持(30分)	B3 数据管理	1. 数据资源丰富,有多层次和多样化的学校管理、学生发展、教师发展、作业考试、过程评价等数据;2. 数据资源结构完整、合理,利用率高,有校本化的数字化场景应用平台。

续表

一级指标	二级指标	观 测 点
A2 资源支持（30分）	B4 数据素养	1. 积极组织教师参加各级各类的数据素养提升研训活动,其中项目组教师参与率至少为70%;2. 至少有70%的项目组教师能基于各类数据撰写学校、年级段或班级层面的教育教学质量分析报告、教育教学改进案例或学生个性化指导方案。
A3 实践探索（40分）	B5 方案完善	1. 每学期做好项目推进和实施方案迭代升级,进一步明确改进主题,研究目标和内容清晰,方法得当,措施具体,可操作;2. 学校层面每学期至少有1份能基于各类监测和校测的整改方案,问题指向明确,成因分析得当,改进建议具体、合理、有针对性。
	B6 活动开展	1. "数据驱动教育教学改进"项目涉及多个科室部门、教研组、年级段,项目研究内容广泛,改进主题涉及教育教学、教科研和管理等领域;2. 项目组每学期至少开展2次"数据驱动教育教学改进"校本研修活动,活动有主题、有过程记录;教师参与率和影响力逐年增加;3. 每学期至少召开1次校级层面教育教学质量分析会,找准数据背后的问题,改进措施具体有力,目标达成度高。
A4 成效显著（20分）	B7 成果特色	1. 有相关课题、论文、案例等成果在县级及以上立项、获奖或发表,相关经验在县级及以上交流;2. 每学期都有一定数量的"数据驱动教育教学改进"典型案例;3. 融合评价改革,在"数据驱动教育教学改进"机制建设、体系构建、资源支持、实践探索、管理优化等方面形成学校特色品牌。

（二）形成三种教师数据素养培训模式

在100%完成教师信息技术应用能力提升2.0的基础上,通过开展全市层面的学习品质监测项目,用数据驱动教育变革,建立区县教育行政、教研部门、中小学校长及教师全体参与的区域教育质量监测结果应用体系,让所有部门、所有教师都能在数据应用上发挥作用。在实践过程中,全市形成了三条教师数据素养提升路径。

一是分层分类培训模式。在普及性培训中,融学科、项目为一体,形成有体系、有特色、可滚动的培训课程。根据对象角色设置分类培训,具体如表2。

表 2　分类培训课程框架

培训指向	培训目标	培训形式	培训对象	讲座方向和课题
专题1 认识数据	走近数据、认识数据,了解数据的意义与价值	讲座	全体教师	"与数据同行""寻找教育大数据的隐藏之美"等
专题2 处理数据	掌握简单处理数据的技能	实操	一线教师 教务人员	"Excel的简单数据处理""SPSS的简单数据处理"等
专题3 挖掘数据	学会如何挖掘数据、解读数据以及其间需注意的问题	讲座+ 实操	教务主任 学科教师	"数据的分析与挖掘""数据挖掘过程及注意事项"等
专题4 应用数据	学会将数据与学科有效连接,并应用到学科教学中去	讲座+ 实操	学校中层 学科教师	"命题的定位""评价与管理""基于SPSS统计软件的学业质量分析"等
专题5 数据分析报告撰写	学会撰写具有科学性、指导性的分析报告	讲座+ 实操	教务主任 学科骨干	"教育质量监测报告的撰写""高中问卷调查分析报告的撰写"等

根据对象数据素养水平设置分层培训,具体如表3。

表 3　分层培训课程框架

教师数据素养培训		
初级培训	中级培训	高级培训
走进大数据时代	教育大数据的数据体系	数据科学基础知识
教育大数据的基础认识	教育大数据的采集技术	数据分析与挖掘工具应用
教育大数据的战略价值	教育大数据分析框架	教育数据SPSS分析实战
教育大数据的应用模式	教育大数据的管理机制	数据驱动下的课堂变革
Excel初级数据分析	Excel高级数据分析	数据驱动下的教研转型

二是聚类组合培训模式。在市"数据驱动教育教学改进"种子学校、示范学校校长或项目负责人专项培训中,将实践项目类似的学校组合在一起,进行

分类指导。如根据数据来源的不同,大致分为"基于监测结果""基于平台学业质量""基于校本项目学评""基于综合素质评价"等几类;根据改进项目的内容,分管理、教研、教学、评价等几类。

三是"1+1+X+Y"名师网络式传帮带培养模式。针对需要强化推进的学校,可采用这种模式。1名专家(省、市级)带1名兼职教研员,1名兼职教研员带X名学科骨干(每校1名),X名学科骨干每人带本校Y名一线教师等。利用范例支架,让教师在学校管理、课堂教学、校本教研、学生评价中尝试应用数据,实现其本职工作与数据素养培养的相统一、相协调,最终化被动为主动,实现数据素养的提升。

(三)形成四类数据驱动改进典型案例

为理清数据驱动教育教学改进路径,凝练成果提供更为清晰的思路,搭建了数据驱动教育教学改进区域实践框架。

基于该框架,以"数据驱动教育教学改进"案例评选为抓手,在各县(市、区)推荐的案例中精选30篇入选"数据驱动教育教学改进"优秀成果集,从数据驱动管理改进、教研改进、教学改进以及评价改进四个方面形成一批可复制、可推广的先进经验,以此来助力试点成果推广,引领温州乃至全省的"数据驱动教育教学改进"发展。

管理改进类,如温州市仰义第一小学的归属感视角下学生运动习惯的培养。该校依据市测数据发现本校学生学习品质效应量较低的问题,以及学生的学校归属感和运动习惯对学习品质各项指数的显著正向预测作用。学校从学习品质的影响因素入手,以"篮球+X"作为体育运动的切入点,推出"投篮入学式新起点,篮球嘉年华伴成长,篮球吉尼斯等挑战,毕业篮球礼展未来"系列活动,探索学校归属感视角下学生运动习惯的培养。经过两年多的实践,该校用事实证明这一管理改进,提升了学生的学校归属感,也促进了学生综合素质的全面发展。

教研改进类,如龙湾区罗峰实验学校的"一环四阶"的教研模式。分析数据,变"疑难问题"为"主题探讨";问题诊断,变"个体教研"为"同伴成长";行为改进,变"经验教研"为"数据教研";反思评价,变"模糊评价"为"精准评价",由此形成"一环四阶"的教研模式。各方面数据的收集和分析,其最终目的都指向教育教学的改进，促进学生和教师的双向发展，沿着"数据分析—问题诊断—行为改进—反思评价"的路径进行循环迭代的研究。从收集到的各项数据中获得信息，建立因果关系，分析出教育教学中存在的问题，并针对具体问题采取改进的措施，最后对改进的效果进行反思评价。由于反思评价也是通过数据分析来体现的，因此又会诊断出新的问题，由此形成循环。

教学改进类，如温州市绣山中学的四学为基・三位一体，数据赋能教学生长。该校基于"缺乏课前有效数据支撑、课中过程及时反馈、课末思维水平跟踪及课后作业时长指导"等常态教学之困，引入科大讯飞"智学＋智课"智慧教学系统，开展基于大数据的精准教学实践，对教与学的提升进行了探索研究。通过"资源建设—数据采集、分析—诊断教学—改进教学"的路径，借助采集、挖掘和分析数据，为师生精准教学、为学校改进教研和创新教育策略提供支撑。提炼出以"四学"（导学、智学、思学、创学）为基，构建"教—学—数据"三位一体的教学生长实践体系，形成"学—教—教学交互"三线架构，以数据赋能，促学、教同频共振、逐级进阶。该校实现了资源有效聚合，各学科都形成了校本题库，为学生"学足学好"提供了坚实的资源支撑；实现全场景式学习，支撑学生每日"课前—课中—课末—课后"的智能交互，靶向作业、分层作业以及个性化的辅导。

评价改进类，如温州市南浦实验中学进行数据循证的"90＋学习"作业评价研究。该校基于省测、市测学生作业负担重的情况，结合学生学习能力的个体差异，以"学足学好"为着眼点，梳理作业的轻重缓急，提出"90＋学习"作业新样态。以"学能提升"为发展点，开发"两记"作为"＋"学习支架；以"循证改进"为进阶点，开展一周一次的班级"周评课"；以"学能进阶"为落脚点，实现学习能力自主进阶导向的"四制"评价体系。学生通过自主申请不同层次的"优秀"的方式开展自主进阶，找到自己的"最近发展区"目标方向。这种作业评价改革为每个学生搭建了差异化的"能力地图"，终结了"一把尺子"量到底的评价方式，指向学生的学能进阶，关注学会学习的成长历程和学科核心素养的提升。

经过两年多的实践与调研，温州市"数据驱动教育教学改进"项目的外在形式和实施路径已经基本形成,但还有几个核心要点有待突破:一是学校数据驱动教育决策意识的全面增强;二是教师评价素养提升路径的创新探索;三是数据驱动下基于"真问题"开展"真研究"的常态行动;四是与区域已开展的学校评价改革的协调整合;五是项目实践经验成果的高质量物化凝练。

作者:方文跃、王光秋、张文静(执笔)(温州市教育评估院)

(本文入选2023年浙江省"数据驱动教育教学改进"项目试点地区会议案例集)

"多层次、多维度、多功能"学业评价数据体系的构建和应用研究

一、问题提出

(一) 研究背景

1. 国内外质量监测现状

国际上 PISA、TIMSS 的监测理念、诊断技术、数据运用及其后效应给我国中小学教育质量评价带来了启示与可供借鉴之处。2003 年教育部启动"建立中小学生学业质量分析、反馈与指导系统"项目,2011 年上海市推出"中小学生学业质量绿色指标",2013 年教育部、浙江省等出台教育质量综合评价改革的意见,国家和省厅纷纷开展中小学教育质量综合评价监测。这些监测有两个特别大的意义,其一是借评价内容和指标发挥导向功能,落实正确全面的学业质量观;其二是基于监测数据做宏观分析研究,优化行政决策和改进教学行为。

2. 温州教育发展的期望

温州市于 2009 年参与教育部"建立中小学生学业质量分析、反馈与指导系统"项目,2012 年和 2014 年开展全市性小学、初中教育质量综合监测,2014 年开展全市高一、高三综合素质监测,2013 年成立温州市教育评估院。市教育局希望利用教育评价变革和评价技术提高教育质量。

3. 一线教育教学的需求

由于极度缺乏评价专业人士,县校有关学业质量评价往往简单且不够

科学。一线教育者普遍缺乏数据分析能力和应用能力,面对各级各类的海量数据或厚厚的数据报告,很难读到底,更难做出关联分析和价值判断,使用效益非常低。一线教育者急需学业质量评价方面的专业引领、支持和服务。

(二)试图解决的主要问题

1. 解决数据采集和再处理问题

各种监测和考试经网络阅卷后都会产生大量数据,数据多而乱且未分门别类,一线不知道要采集学生和学校哪些特征信息,更不知道如何结合双向细目表再处理数据,生成更有价值的数据。

2. 解决一线教育者"晕数据"现象

监测部门、第三方提供的《监测数据分析报告》和网上阅卷系统生成的"数据堆",信息量非常大,图表和数据内容上百页。由于缺乏统计学和测量学专业背景,大部分教育者难以全面解读,难以提取有效信息,难以发现数据的异常性和特征性,难以关联分析,难以形成优质的综合报告。

3. 解决评估指标体系欠科学问题

一线学业质量评价通常只有市、县常模,不利于准确定位;常用平均分、升学率或排名等,评价指标单一,而且不够科学;只关注水平评价,没有增值评价,不适合校际教育质量不均衡的现状。

4. 解决监测数据应用低效益现象

监测数据所具备的诊断和改进功能也常被忽略。一线普遍缺乏数据分析能力,不会基于数据做精细化诊断,不会对不同监测、学科和问卷数据之间做深度关联分析。即使获得了监测部门、第三方提供的数据分析报告,也不会基于数据科学决策,不会基于数据引导老师、促进老师发展,不会基于数据做实证教科研,不会基于数据服务学生、发展学生。

(三)研究意义

学业评价数据体系的构建与研究有利于教育行政部门提高教育决策的科学性,有利于教研部门超越个人经验开展针对性的研究与指导,有利于学校和教师基于实证因材施教对症下药,有利于教研部门和学校开展诊断性评价,让监测和教学、教研和管理形成互动,缓解考试与教学的矛盾,提高教学、研训和管理的针对性有效性,从而提高教育教学质量。

二、研究过程和方法

1. 第一阶段:县级层面初步建立学科评价数据体系(2007年3月—2009年9月)

笔者在洞头一中承担省教研课题"普通高中新课程模块测验研究"(成果获省三等奖),研究校级考试评价指标和数据应用。2008年起任洞头县教研室副主任,协同教研员和部分校长,承担温州大学面向基础教育重点课题"洞头县初中教学质量发展性评价研究与实践"(成果获市二等奖),研究学科质量评价的指标体系、精细化诊断方法和评价工作管理机制。一边研究一边全县应用,当年洞头县中考总分和学科成绩绝大部分指标由原来常年市排名第六、七名提升到第三。

2. 第二阶段:市级层面建立学业评价数据体系并推广应用(2009年9月—2013年9月)

笔者调入温州市教育教学研究院后,协同部分县教研室主任、评价员和校长,承担省教研课题"指向诊断与导向的初中学业质量评价研究"(成果获省二等奖),结合文献研究,从市级层面完善了学业质量评价指标体系,构建了学业质量三维评价数据结构模型、多元化常模体系,提炼出数据分析方法模型,推行"科学监测—数据采集—精细诊断—有效改进"的评价工作机制。同时结合一线实践,形成了基于数据驱动的教研模式和"数据背后故事"范式。成果不仅仅用于全市中考和大规模监测,而且推广到各区县和学校,其中平阳县、泰顺县、瓯海区、洞头县、鹿城区和龙湾区应用非常积极,在40多所学校开展应用推广。

3. 第三阶段:研究教育质量综合评价与数据的综合应用(2013年9月至今)

笔者调入温州市教育评估院后,承担教育局《温州市中小学教育质量四维评价方案》的研制工作,所执笔的《温州市中小学教育质量"四维评价"体系的实施和完善》成为"浙江省中小学教育质量综合评价改革试点项目",主持课题

"区域学业质量管理模式的实践研究"(成果获省教研二等奖)、"温州市义务教育阶段学业质量分析、反馈与指导的实践研究"(成果获温州市一等奖),参与课题"区域四维评价的实践与研究"(成果获温州市一等奖)以及整合成果《中小学学业质量监测体系构建和应用实践的研究》获温州市第四届基础教育成果一等奖。从宏观层面探寻影响学业质量的相关因素,基于5次省市大规模监测学科和问卷数据的关联分析,研制学业质量综合分析简易报告单,构建学业质量增值评价模型。在温州市所有县市区和50多所学校推广成果,并受邀到市外省外推广。

三、研究成果

本研究的成果为一个实用型的学业质量评价数据体系及其应用机制,概括为"一库三用",结构如图1。从数据采集和再处理角度构建了"多层次、多维度、多功能"数据库,从数据应用方面研制了"实用型评价指标体系""基于宏观关联分析的简易报告单"和"基于微观精细诊断的实证教研范式"。

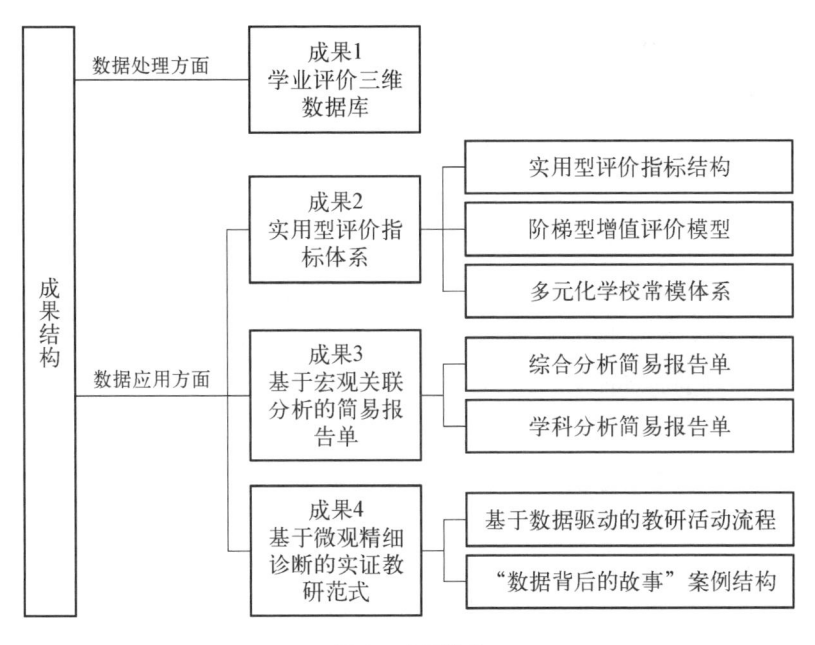

图1 成果结构

(一) 成果一: 学业评价三维数据库

1. 数据库框架

大量的监测数据必须结构化、类别化和秩序化,才能体现其价值。学业评价三维数据库,有层面、群体和项目三个维度(如图2)。

层面由高到低分为市级、县级、学校、班级四个层面,规模大的县可以在县校之间加上学区层面。

项目由宏观到微观分为综合、总分、学科、题组、试题。综合包含品德发展、学业水平、身心健康和学生幸福感等综合素质指数;题组按学科能力、认知能力、知识单元等再细分;试题细分到考点和知识条目。

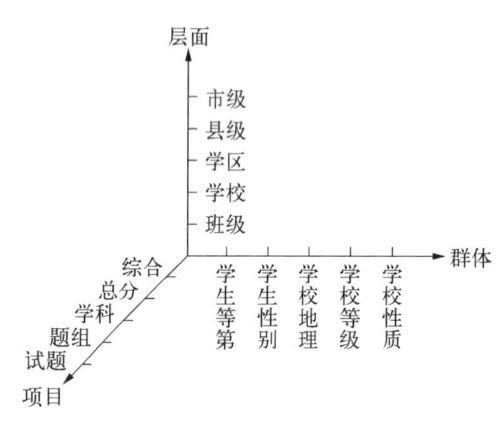

图2 学业评价三维数据库示意

群体分为学生群体和学校群体两大类。学生群体按学生考试成绩等第、性别和户籍等分类,户籍可以按本县、本市县外、本省市外和其他。学校群体按办学性质、学校等级、地理位置、学校类别等分类。

基于网络阅卷原始数据,按照数据库结构纲目要求,对学生和学校的个体信息按群体分类生成群体信息,对试题采分点数据重新组合成题组数据,通过EXCEL、SPSS等软件或开发平台整合生成数据库。

基于数据库的层面、群体和项目三维数据的组合,按需生成高价值的数据报表,满足行政领导、教研室领导、教研员、学校管理者、学科组长、年级段长、班主任和教师的各种需求。

2. 典型报表

提取三维数据库数据表,针对不同群体从宏观到微观、分层次分维度、在不同项目上的学业状况进行分析,发现差异与优劣。下列三类数据表被普遍认为是教育教学个性化"CT报告",使用率非常高。

(1) 侧重综合素质分析的数据表

该类数据表主要用于市县教育质量综合测评,含有多个学校常模和各类指数,侧重研究学业质量影响因素及其关联,有利于宏观决策(参见表1)。

表1 高三学校思维评价指数表(局部)

	学习动力指数	意志力指数	目标预设与管理指数	学习行为习惯指数	课业负担指数	焦虑情绪指数	人际交往指数	班主任工作指数	学校认同归属感指数
全市	2.42	2.22	2.64	2.51	2.29	2.41	2.69	2.72	2.76
某区	2.50	2.31	2.74	2.67	2.16	2.34	2.84	3.05	3.01
一类A	2.59	2.31	2.82	2.78	2.34	2.34	2.79	2.88	2.98
一类B	2.49	2.20	2.70	2.62	2.34	2.40	2.74	2.80	2.80
二类	2.43	2.22	2.66	2.52	2.33	2.43	2.72	2.75	2.77
三类A	2.32	2.20	2.57	2.38	2.29	2.44	2.63	2.58	2.64
三类B	2.30	2.20	2.52	2.35	2.19	2.43	2.62	2.62	2.66
学校1	2.70	2.51	3.02	3.01	1.99	2.21	3.01	3.24	3.38
学校2	2.63	2.29	2.81	2.82	2.23	2.33	2.85	2.89	3.07
学校3	2.62	2.44	2.94	2.87	2.02	2.15	2.93	3.11	3.06
学校4	2.44	2.18	2.70	2.63	2.40	2.38	2.86	3.04	2.93

注:学校分成一类A、一类B、二类、三类A和三类B五个层次。

(2) 侧重题组分析的数据表

学科层面最需要题组数据。不同类型的题组数据突破"就题论题"现象,强化单元整体意识和能力优先意识。基于某一题组可以生成不同层次、不同群体的数据,有助于研究不同类型学校、不同学生群体、不同区域(学校、班级)具体表现。

知识单元得分率数据表(参见表2)用于诊断哪些单元学生的掌握情况较好、哪些较弱,有助于做有针对性的补缺补差。

表 2 不同等第学生在不同单元的得分率数据

章节单元	满分值	常模	学校	校等第 A	B	C	D	E
整卷	150	0.76	0.88	0.97	0.92	0.87	0.75	0.39
数与代数	27	0.87	0.97	1.00	0.99	0.98	0.95	0.57
方程与不等式	9	0.87	0.97	1.00	1.00	0.99	0.98	0.48
函数及其图形	8	0.76	0.84	0.96	0.91	0.72	0.74	0.44
统计与概率	16	0.88	0.97	1.00	1.00	0.98	0.94	0.70
基本图形一	36	0.81	0.93	1.00	0.99	0.94	0.80	0.35
基本图形二	11	0.43	0.54	0.73	0.55	0.47	0.34	0.10
基本图形三	4	0.88	0.96	1.00	1.00	0.99	0.96	0.39
图形变换与视图	4	0.98	1.00	1.00	1.00	1.00	1.00	1.00
章节综合应用	35	0.62	0.78	0.96	0.84	0.76	0.48	0.12

学科能力得分率数据表（表3）用于市、县教研员宏观研究不同类别学校学生的学科能力，以便针对学校的具体情况进行调研指导。

表 3 不同学校类型的学科能力得分率数据

		全市	区域 1014	学校等级 省示范	市示范	一般	城乡类别 主城区	城乡接合处	特殊区域	村庄	学校类型 初级中学	九年制	办学性质 公办	民办
总分	得分率	0.68	0.74	0.74	0.73	0.69	0.72	0.76	0.72	0.70	0.74	0.71	0.74	0.69
学科能力	运算能力	0.79	0.87	0.87	0.87	0.80	0.85	0.89	0.85	0.84	0.87	0.85	0.87	0.80
	逻辑推理	0.72	0.79	0.79	0.79	0.76	0.77	0.82	0.78	0.75	0.79	0.78	0.79	0.76
	空间想象	0.96	0.98	0.98	0.98	0.99	0.98	0.98	0.96	0.98	0.98	0.97	0.98	0.99
	数形结合	0.83	0.89	0.89	0.89	0.92	0.88	0.91	0.89	0.88	0.89	0.90	0.89	0.92
	解决问题	0.72	0.78	0.79	0.78	0.72	0.76	0.81	0.77	0.73	0.78	0.76	0.78	0.72
	探究能力	0.27	0.29	0.30	0.28	0.19	0.28	0.31	0.27	0.26	0.29	0.25	0.29	0.19

认知能力得分率数据表(表4)用于教师对任教班级的学生的认知能力做分析,数据精确到班级,才能显示数据分析的针对性。

表4 不同班级不同认知能力的表现数据(局部)

能力	某县	某校	1班	2班	3班	4班	5班	6班
识记	0.92	0.92	0.92	0.90	0.93	0.92	0.92	0.91
理解	0.83	0.85	0.85	0.86	0.85	0.83	0.85	0.84
应用	0.77	0.81	0.78	0.81	0.84	0.80	0.79	0.80
分析	0.57	0.63	0.61	0.69	0.68	0.56	0.61	0.63
探究	0.53	0.56	0.55	0.59	0.60	0.54	0.55	0.55
评价	0.87	0.87	0.87	0.89	0.90	0.92	0.90	0.94

(3) 侧重学生群体分析的数据表(表5)用于研究不同学生群体在不同试题、题组上的得分表现,有利于分层教学和因材施教。

(二) 成果二:实用型的评价指标体系

成果由学业评价指标结构表、阶梯型增值评价模型和多元化学校常模体系构成。主要为教育行政管理服务,突出评价的导向性和诊断性,淡化升学评价;突出后20%的重要性,引导面向全体,关注每一个学生,尤其是后进生;突出增值评价,引导关注发展。

1. 实用型评价指标结构

(1) 指标结构

总体分析指标结构由总分、学科后20%(E)、学科T标准分、学科前20%(A)构成。核心指标为T标准分、后20%E率、前20%A率和离散系数。用T标准分描述学科整体水平,小学$T=80+10z$,初中$T=70+15z$,高中$T=60+20z$。用后20%E率和前20%A率描述两极分布状况,用离散系数描述两极分化程度。总分和学科分析主要指标有学生数,平均分,T标准分,离散系数,A、B、C、D、E 5个等第所占百分比。总分和学科总体分析表(表6)用于描述学校的总分和各学科总体状况,学科间均衡性、学科对总分的影响;还可用于学科

表 5　不同学生群体各试题得分率数据（局部）

题号	模块	试题 单元	信息 考点	息 能力	满分	市 全市	县 1014	等 A	第 B	C	D	E	性 男	别 女	户 城市	籍 农村
总						0.73	0.76	0.88	0.83	0.79	0.73	0.58	0.74	0.79	0.78	0.76
T7	二现代文阅读	说明文阅读	概况文章主要内容	理解	3	0.58	0.59	0.71	0.65	0.62	0.55	0.39	0.55	0.64	0.59	0.59
T8			读图整合信息	理解	4	0.78	0.82	0.91	0.89	0.87	0.82	0.62	0.8	0.87	0.82	0.82
T9			写作方法分析	分析	3	0.56	0.63	0.83	0.76	0.65	0.54	0.36	0.58	0.69	0.65	0.62
T10			内容探究	探究	3	0.86	0.9	0.99	0.99	0.96	0.88	0.7	0.92	0.87	0.93	0.9
T11		文学作品阅读	理解文章内容	理解	3	0.82	0.85	0.96	0.91	0.87	0.84	0.67	0.83	0.88	0.86	0.85
T12			推敲重要词语含义	分析	4	0.78	0.82	0.94	0.92	0.88	0.82	0.55	0.79	0.87	0.85	0.82
T13			写作方法分析	分析	4	0.71	0.75	0.89	0.84	0.79	0.71	0.5	0.72	0.78	0.76	0.74
T14			主旨探究	探究	6	0.53	0.56	0.74	0.65	0.58	0.5	0.35	0.52	0.63	0.57	0.56

表6 总分和学科总体分析（示范）

	大总分(含体育)				学科后20%						学科T标准分						学科前20%					
计数	后20% T大总分	大均分	前20%	离散系数	语文	数学	英语	科学	社会	体育	语文	数学	英语	科学	社会	体育	语文	数学	英语	科学	社会	体育
市																						
县																						
校1																						
校2																						
校3																						
校4																						

间横向比较,与往年做动态比较等。基于当年和往年表格中数据的变化,可以宏观分析教学质量。

(2) 等第划线经验

学生等第分布可以按评价对象的实际情况、年级段特点和评价导向来设定。

侧重诊断功能时,模仿CT断层原理,可将学生按人数均匀分为A、B、C、D、E 5个等第,各占20%。比起一些专业文章中7个等第的划分法,5个等第容易被一线接受,温州市县普遍采用这种划分方式。

侧重评估功能时,类似国测、省测,初中设4个等第,小学设3个等第。优秀率和后进率的划定是非常重要的,因为在实际教学工作中,划线边缘在哪里,教师就会关注那里的边缘生。要引导学校和教师面向全体学生,关爱后进生。由于一线没有能力做等值处理,笔者结合很多专家和资深教师的经验和判断,对不同年级段提出了划线建议。

2. 阶梯型增值评价模型

用后进率E、T标准分和优秀率A三个核心指标描述学业质量,按增值情况定义为进步、稳定和退步三个等级。通常进步赋3分,稳定赋1分,退步赋0分(如表7)。

表7 阶梯型增值评价

等 级	赋 分	后进率E指标	T标准分指标	优秀率A指标
进步	3			
稳定	1			
退步	0			
增值分				

指标数值变化在某一个阈值内,定义为"稳定",高于或等于阈值定义为"进步",低于阈值定义为"退步"。阈值大小由评价主体依据往年数据模拟确定,建议阈值设定适当,能使较多的评价对象达成"进步",发挥评价的激励功能。赋分值大小和差异体现评价的价值观和关注点,关注哪个指标,就加大其

赋分值。

依据这个模型可以对县市区、学校、班级，对学科、对年级段进行增值评价，评价对象提前计算出自己的努力目标并研究实施对策。本模型基本能够满足县市区和学校的需求，尤其适合教育质量不均衡的区域。例如，某个年级段总分三个指标都进步可以得9分，都退步则得0分，初中学校三个年级段的总分就分布在0—27分范围内。

由于进步与稳定分值区分较大，体现了发展性评价。后进率指标的进步，会明显促进T标准分的提升，如此设计评价指标，会激发学校和教师更加关注后进生的提升工作。该模型对薄弱学校和发展中的学校有很大的促进作用，对优质学校有挑战。

3. 多元化学校常模体系

学校依据市、县常模或区域内排名来分析自己的水平，往往定位不准，尤其是成绩明显高于或低于区域常模的学校。为此，我们把中考和大规模抽测都在全市大背景下统一数据处理形成市、县、校三级数据，并提供多元化的总体常模数据、总分常模数据和学科常模数据，再反馈给县市区和学校，方便学校在全市大视野下审视自己的教学成就，同时也让县教育行政在全市大视野下审视各学校，尤其本县排名最高和最后的学校（参见表8）。

表8 多元化学校常模体系

		总分				总分等第				
		计数	均值	离散系数	T标准分	A	B	C	D	E
全市		70 936	466.5	28.4	70.0	20.2%	20.0%	19.9%	20.0%	20.0%
学校等级	省示范	15 779	505.2	22.2	74.4	29.4%	23.0%	19.6%	16.7%	11.3%
	市师范	23 106	481.6	25.9	71.7	22.6%	21.1%	20.4%	16.9%	16.1%
	一般	29 230	441.4	31.6	67.2	14.9%	17.4%	19.8%	22.0%	25.9%
	薄弱学校	2 615	381.6	37.1	60.4	4.4%	11.9%	17.4%	26.4%	40.0%

续表

		总分				总分等第				
		计数	均值	离散系数	T标准分	A	B	C	D	E
学校地理	主城区	14 721	516.5	20.6	75.7	32.2%	25.0%	19.2%	14.4%	9.2%
	城乡接合处	7 390	500.4	22.8	73.8	28.7%	21.0%	19.9%	18.3%	12.1%
	镇中心区	13 304	466.6	28.5	70.0	20.8%	19.8%	19.7%	19.7%	20.1%
	镇乡接合处	19 385	541.0	29.7	68.2	14.9%	19.1%	21.1%	22.1%	22.8%
	特殊区域	4 132	469.2	29.3	70.3	22.0%	20.8%	19.8%	17.8%	19.6%
	乡中心处	3 508	392.4	36.1	61.6	4.7%	13.3%	19.1%	26.3%	36.5%
	村庄	8 290	414.0	33.4	64.1	8.7%	15.0%	18.7%	25.2%	32.4%
学校类型	初级中学	55 760	463.9	28.3	69.7	18.6%	20.0%	20.5%	20.7%	20.2%
	九年制	7 676	459.8	30.7	69.2	21.9%	18.7%	17.8%	18.9%	22.7%
	附设初中	960	318.8	45.1	53.3	1.3%	5.8%	12.6%	23.1%	57.2%
	完全中学	5 626	516.8	21.1	75.7	35.2%	22.4%	17.5%	15.1%	9.9%
	十二制	708	547.4	13.4	79.1	37.7%	30.4%	20.8%	8.6%	2.5%
办学性质	地级公办	5 160	524.0	19.3	76.5	33.6%	26.7%	19.2%	12.5%	7.9%
	县级公办	58 587	455.2	29.2	68.7	16.3%	19.3%	20.6%	21.8%	22.0%
	民办	6 983	519.1	24.6	76.0	43.7%	20.6%	13.7%	9.9%	12.2%

（三）成果三：基于宏观关联分析的简易报告单

为了让一线教育者解读数据有秩序、有方法，笔者构建了学业质量三维差异分析模型（图3），面对数据要"先外部比较、后内部比较、再动态比较"。外部比较既要常模比较也要同类比较，内部比较要有学科比较、年级段比较，也要内部群体（学校、班级）比较。通过比较发现差异、变化和优劣。

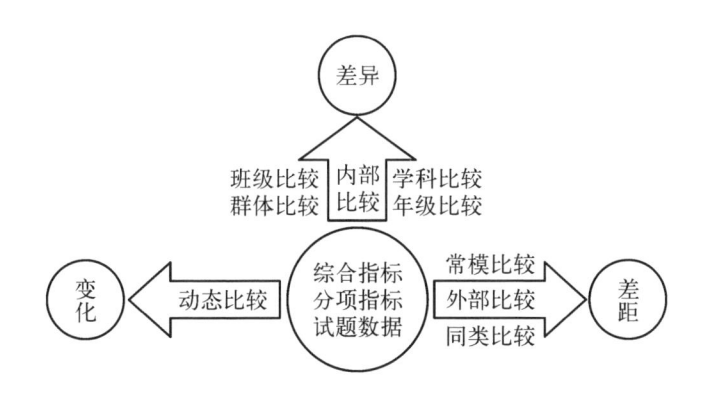

图 3　学业质量三维差异分析模型

研读数据堆或数据报告时,采用三维差异分析模型,结合简易报告单,摘要式、填空式提取关键信息,再按报告单上相关因素提示,综合温州市四维评价、省测、国测等综合素质评价问卷数据及常规调研,高效生成简约型综合分析报告,能一目了然地发现问题及其内在联系。

1. 综合分析简易报告单

主要用于区县教研部门领导、学校领导、年级段长、班主任四个层面做总体分析,侧重宏观、整体、共性分析(见表 9)。市县两级分析,有利于宏观决策。

数据分析栏填数据或等级,因素分析栏填写等级或关键词,等级可分为三级或四级。各等级可以依据数据的数值大小、数据排名、数据与常模的均差、与常模均差率的大小给予粗略判断。改进措施要按表中提示写具体,填写目标、困难、预期时应突出重点。

2. 学科分析简易报告单

主要用于教研员、教研组长、备课组长、科任教师四个层面做学科分析,侧重学科、微观、个性分析(见表 10)。

在学科分析栏中的总分维度填写数据或关键词,知识维度和能力维度具体填写相关内容或关键词,失分原因栏填写数据或表达严重程度的词语。

(四) 成果四：基于微观精细诊断的实证教研范式

完整的考试监测工作由"科学监测—数据采集—数据反馈—精细诊断—

表9 综合分析简易报告单

			整体	优秀生A	中上学生B	中等学生C	中下学生D	后进生E	异常标注
一、数据分析	外部分析	总分							
		学科1							
		学科2							
		指标1							
		指标2							
	内部分析	总分							
		学科1							
		学科2							
		指标1							
		指标2							
	动态分析	总分							
		学科1							
		学科2							
		指标1							
		指标2							
二、因素分析	学生	学生基础			课前预习				
		兴趣动机			课中学习				
		毅力自信			课后整理				
		同伴关系			作业考试				
		负担压力			周旬复习				
	教师	教学理念			课前准备				
		教学态度			课堂教学				
		考试研究			作业教学				
		师生关系			答疑指导				
		教学水平			考试反馈				
		团队合作			教学方法				
	学校	资源硬件			专业引领				
		校园风气			课程建设				
		师资结构			教研师训				
		考核机制			班段管理				
		中层管理			学生活动				
		测评系统			学生表彰				
三、目标									
四、改进措施			时间	负责人	对象	事件	内容	形式	资源	反馈
	1									
	2									
	3									
五、困难									
六、预期									

表 10 学科分析简易报告单

			整体	优秀生 A	中上学生 B	中等学生 C	中下学生 D	后进生 E	异常标注
一、学科分析	总分维度	外部分析							
		内部分析							
		动态分析							
	知识维度	掌握较好							
		掌握一般							
		掌握较差							
	能力维度	掌握较好							
		掌握一般							
		掌握较差							
	失分原因	知识性							
		能力性							
		品质性							
		心理性							
二、因素分析	学生	学生基础		课前预习					
		学科兴趣		课中学习					
		内外动机		课后整理					
		毅力自信		作业效果					
		同伴关系		考试策略					
		负担压力		周旬复习					
	教师	师生关系		课前准备					
		表扬激励		课堂教学					
		教学风格		作业教学					
		考试研究		答疑指导					
		教学研究		考试反馈					
	团队	师资结构		考试研究					
		学科资源		集体备课					
		班段管理		校本教研					
		课程管理		辅助课程					
		教辅管理		分类辅导					
三	目标								
四	改进措施		时间	负责人	对象	对象	内容	形式	方法	评价
		1								
		2								
		3								
五	困难								
六	预期								

有效改进—成果分享"6个环节构成,其中核心环节为精细诊断。我们认为"测试数据出来,是监测工作价值真正发挥的开始",必须通过分析,挖掘数据背后隐藏的深层次问题,由此逐步形成基于测试数据分析的教育教学改进行为模式,为改进一线教学服务。

1. 基于数据驱动的教研流程

基于数据驱动的教研流程见图6,其中需要回答这些问题:基于前测数据分析发现教育教学中的问题、优势、差异在哪里?谁有问题,谁有优势,差异在哪里?通过区域(校本)教研探讨,有哪些原因?主次如何?为什么这样排主次?怎样具体改进?尝试教育教学行为或课堂教学改进,通过后测数据分析检验改进行为的短时效应,经复测数据分析长时效应;最后总结撰写案例,交流分享。

昆阳三中形成四环节教研工作经验。环节一,网上阅卷后,学科组长先行分析数据,发现哪些是共性优势,哪些是内部差异,选定研究重点;环节二,学科组会议寻因问策,分工撰写改进案例或经验总结,借助网络教研再修改;环节三,撰写者上课后,再根据课堂观察和后测结果,反思改进教学设计;环节四,形成典型案例,学科组分享使用。

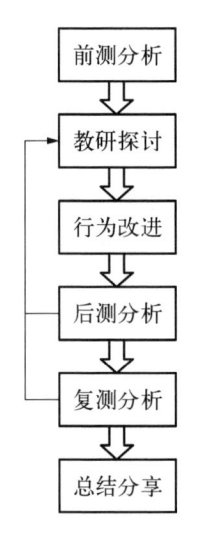

图4 基于数据驱动的教研流程

2. "数据背后的故事"范式

教学改进案例又称为"数据背后的故事",由前测描述、原因分析、行动设计和后测反馈构成(见表11)。前测描述要求有考试和考题(习题)描述、试题特点、考查意图分析和测试数据比较描述,突出数据分析。原因分析要从学生的解题思想、解题思维过程和作答规范等角度分析各种原因,同时要理出原因的主次,针对主要原因提出对策措施。行动设计要求把对策措施转化成教学设计或教学片断设计,要设计好相应的、可以直接操作的教学细节,教学细节应可以被他人模仿或移植使用同时要配上少而精的习题。后测反馈要求教师在一定时间内用类似的试题进行教学效果检测,检查教学改进是否达到预期目的。"数据背后的故事"撰写有两条基本原则:一是教学有实效,二是他人可以模仿使用。

表 11　教学改进案例的结构

框　架	内　容	重点要求
一、前测描述	1. 现象描述	数据
二、原因分析	2. 原因分析	主次
	3. 对策措施	对症
三、行动设计	4. 关键设计	有效
	5. 行为细节	可操
	6. 训练活动	精少
四、后测反馈	7. 效果评价	对比

四、效果与反思

（一）实践成效

1. 落实"面向全体"的教育观和科学的测评观

温州市教育局要求义务教育阶段关注合格率和后 20% 学生的学业转化，初中阶段还要开展学业增值评价。利用指标的导向功能，引导教育教学面向每一个学生。市教育局倡导"模糊评价、精细诊断"理念，"完善三维精细化评价，对测试结果进行多层面和多维度的分析，实现从宏观、粗略、模糊、评估的评价转向微观、精细、清晰、诊断的评价"。树立"为诊断而测评、为减负而测评、为发展而测评"的测评观。

2. 支撑一线学业质量评价体系和管理机制的构建

市教育局明确要求市、县、校构建学业质量评价指标体系和管理体系。各县教研部门都成立了评价室，广泛采用本成果，成果运用又促进了评价队伍的成长，优化了县校学业质量评价体系和管理机制的构建和运用。温州市、县层面基本构建了学业质量"监测、诊断、反馈与评估"诊断性管理机制，县区从"教育输入—教育过程—教育输出"这一循环动态的全程视角进行系统考察；部分学校建立了"科学检测—数据采集—精细诊断—有效改进"的良性循环机制。

3. 推进县校基于数据驱动的研究与改进行动

在我们的指导影响下,温州市各县市区教研部门和学校积极开展基于数据的行政管理、教科教研、研训和教学综合改进活动。

(二) 成果特色

1. 综合性

数据库体系完整、维度多样、层次多级,数据全面且精细整个数据体系功能齐全,适合不同层次、不同人群、不同倾向的研究和应用,能有效发挥评价的导向、诊断、促进和评估功能,具备"多维度、多层次、多功能"特点。四个成果及其子成果构成一个有机整体,有利于市县校综合使用。

2. 创新性

监测数据处理系统通常只有市、县,县、校,校、班两个层次,研究成果有多个层次。通常学校数据分析局限在本县区域,研究成果不仅在全市大背景下统一数据处理规则,而且有多元化学校群体和学生群体常模,拓宽了县校研究的视野。单元题组分析突破了常见监测考试的"试题分析过细、模块分析过粗"的现象,不同等第学生数据的分析更有针对性。评价指标突出导向性、诊断性和激励性,指标体系具有整合性。增值评价突出核心指标,彰显简约。简易报告单信息全面扼要,操作方便。

3. 实用性

很多评价指标和技术令一线教育者望而却步,研究成果很容易被一线采纳使用。数据库模型让海量数据结构化,以统计学指标为主评价量表容易被理解应用,增值评价模型计算方便、易于操作,三维分析方法模型简单明了,简约报告单填写方便,基于数据驱动的教研流程是在经验型教研活动的基础上加上数据实证环节,"基于数据背后的故事比论文好写有实用价值",教师直接可以模仿。成果系列是一个有机整体,都可以直接应用,具备很强的推广性。

作者:王旭东、陈荣荣、王光秋(温州市教育评估院),陈严柳(泰顺县教师发展中心),李革(平阳县教师发展中心),王旭标(平阳县教育局鳌江学区)

(本文获 2016 年浙江省基础教育教学成果二等奖)

诊断·析因·施治

——基于"化验单"的中职学教机制改革实践

2016年,温州护士学校从占地2 000平方米的市区弄堂校园搬迁至占地8.26万平方米的瓯江口新校区,办学规模迅速扩大,在校生从600人增加到2 400余人。同时,学校开始借助教育信息技术,利用大数据实现学情精准诊断,探索基于"化验单"的学教机制改革实践,精准施教,提效减负,人才培养质量迅猛提升,实现了学校发展的飞跃式蝶变。

一、问题提出

(一)中职学生"效率不高",存在"破茧成蝶"的学能需求

中职和普高客观存在分层招生的现象,中职学校生源基本在后50%。调查显示,66.42%的中职学生自认学习效率不高;75.1%的学生自评基础不扎实,63.93%自觉学习习惯不够好;80.84%的学生认为要强化记忆力,63.98%认为要强化思维能力,68%认为要强化意志和情绪。

(二)中职学生"自省不足",缺乏"自我唤醒"的长效方式

75.59%的中职学生很少或偶尔自省,其中59.02%是在老师要求下被动自省,79.51%的学生认为自觉性不足,需要强化。认为自省改进效果一般或有待改进的学生高达82.79%。总的来说,对于中职学生,自我诊断的意识、工具和机制有待提升和完善。

(三) 中职教师"学教脱链",亟待"诊改协调"的靶向改进

中职课专业教师普遍缺乏教学规范训练;文化课教师因学校特点,也存在不重视教学现象。调查显示,70%以上的教师学情分析模糊笼统,教学重难点定位不准;学生调查反馈,"学教脱链"现象达到74.32%。

二、实施方法与过程

自2016年起,温州护士学校依托"温州市第二批评价改革试点学校"项目研究,从"构建和实施基于数据实证的教学反馈精准机制"到"'化验单'式精准诊断和教学改进策略研究",再到"基于'化验单'的学教机制改革实践",从评价机制研究到课堂改进策略实践,再到学和教的机制改革,经过5年实践,探索出一条富有中职特色并行之有效的教学质量提升之路。

(一) 试点研究阶段(2016—2017)

针对中职学生"效率不高""自省不足"、中职教师"学教脱链"这三个问题,教研组结合文献分析和头脑风暴,确定"诊断缺失、析因不足、诊改失调"三个深层次原因。借助云阅卷、三三云、蓝墨云等平台建成数据"采集—分析—反馈"诊断系统,解决"诊断缺失"问题;研发两维度(知识和技能)、三层次(记忆、理解和应用)、四张学情化验单,精准分析学生对每一个知识点、技能点的掌握情况,启动师生基于化验单的学习方式和课堂变革,解决"诊改失调"问题。该项目被评为市第二批评价改革优秀试点项目。

(二) 实践深化阶段(2018—2019)

借助布鲁姆教学目标分类理论,深化技能操作11个诊断指标,产教融合研发心肺复苏和中药技能学习诊断系统,解决"诊断不准"问题;以三向箭头帮助师生确定薄弱知识和技能点,以横向箭头确定"最近发展区",研发"知识和行为"双重析因,结合斯金纳"小步走、即时反馈"和巴班斯基"教学过程最优化"理论,提炼师生基于化验单的"自诊·改进·追踪",实现基于"自诊合作"

和"智能推送"的学习方式变革及"以学定教"的靶向提升模式,解决"诊改失调""教学脱链"问题。该项目被评为市级优秀课题成果一等奖,省级教学成果孵化项目。

(三) 推广辐射阶段(2019年至今)

在实践研究的基础上,提炼出可操作性强、可复制推广的研究成果。借助省市级公开课和讲座、云精准教研,开展东西协作,组建教学联盟,省市级名师团接待,期刊和《中国教育报》等做专题报道,多种途径落实推广辐射路径问题。

三、主 要 成 果

通过搭建"课堂大脑",研发"化验单"诊断系统,精准呈现学情,包括知识点掌握情况、知识体系建构情况、岗位能力对标情况,解决了学情不明问题;基于"化验单",明晰改进流程,突出析因环节,确定了学生"自诊·合作·追踪"自主学习方式和教师"三诊六步 靶向提升"课堂模式,落实因材施教、分类施教,基于化验单的学教机制变革提升了学校人才培养质量。

(一) 打造"课堂大脑",研发"两维度三层次"化验诊断系统

1. 何为"化验单"

"化验单"来自医学名词,指的是通过医学采集各种标本后,用实验技术进行分析、检查、验证,为诊断、分析和治疗提供参考及依据。

本成果的化验单正是借鉴了医学方式,将学情诊断以"化验单"呈现,以三向箭头提示符号,简洁明了地呈现学情。

2. 构建"课堂大脑"采集数据

精准诊改的前提是学情数据采集,核心步骤在于"以测辅学"。传统的手工测试及改卷无法实现数据的自动采集。学校历时两年,经比较引进云阅卷、蓝墨云、三三云平台,借助现代化的教育装备和系统,打造出一套"课堂大脑",用于精准采集阶段性测评数据和课堂即时反馈数据。引入

"知识和技能细目表",精准采集每一次测试中每一位学生、每一位教师对每一个知识点和技能点的学习、教授情况,汇集成大数据,再进行深入分析。

为解决技能教学的"课堂大脑",学校联合企业集中开发中药辨识系统,运用数字平台或移动终端,以冲关方式开发了150种中草药"真伪辨识"等5个模块的习得和应用诊断,以"学中练,练中学"方式帮助学生主动学、趣味学,有效提升了学生的生药鉴别技能水平。开发智能心肺复苏模拟训练系统,在虚拟人多个触感部位安装传感器,自动检测并即时反馈学生技能操作的准确性、连贯性和有效性,解决技能操作的规范、熟练、应变问题。

3. 研发"化验单"式数据分析系统

中职教学以知识、技能的掌握为主,这两个维度分别可以拆解为体系、模块、知识点和规范、熟练、应变三个层次。通过对接岗位能力,确定指标,设计了四张学情化验单,用来诊断教学中学生个体和群体的知识、技能的习得和应用处于何种水平,以供学生、教师、备课组、教学管理人员自诊改进,精准提升。

图1中的向上箭头,代表学生知识点掌握情况良好(得分率在0.8以上),可以简化教学过程;箭头向下↓(得分率在0.4以下),代表掌握情况不佳,需专题加强改进;横向箭头代表教师、学生的教和学的最近发展区,要求精讲多练。

⇑ 得分0.8以上,课堂简提或个别辅导

⇔ 得分0.4—0.8,精讲精练

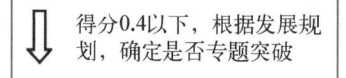

⇓ 得分0.4以下,根据发展规划,确定是否专题突破

图1 "化验单"式数据分析系统的三向箭头提示符号

这套"化验单"式诊断体系,既体现医护类学校特色,又直观易懂,方便操作。既适合师生自我诊断改进,又可作为备课组改进备课、帮扶教师依据,还可以作为教学管理部门优化统筹教学资源的决策依据。

4. 完善基于"化验单"的诊改流程

诊改流程是提升效率的"主轨道",师生借助"化验单"对教学活动进行诊断、析因、施治,实现教学质量提升。

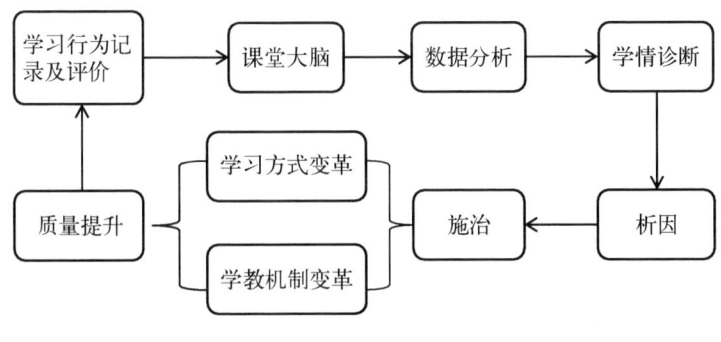

图2 基于"化验单"的诊改流程

(二) 基于化验单,促进"自诊·合作·追踪"自主学习方式变革

中职学生"自省不足",学习自觉性比较欠缺,自主学习不足,教学中借助"化验单"来推动学生的"自我唤醒"。

1. 自诊

学生借助个体学情"化验单"呈现的三向箭头,自主研判薄弱知识点;根据"化验单"主动整理"病灶",自主诊断问题因素,确定是知识、技能的识记、理解、迁移应用问题,还是个人的态度、思维、意志和情绪方面的原因,从而制定有针对性的个性化、差异化诊改计划。每日记录成效,辅之以阶段性检查,核验诊改效果,及时调整改进方案。

2. 合作

根据社会心理学研究,同伴互助有利于强化学生的主体意识。借助"化验单"所呈现的"病灶",建立同质或异质学习小组,着力解决学习难点。同质学习小组由"同病"的学生组成,采用组内合作、组间协作的方式,共同构建知识体系,讨论困惑,互查互学,相互鼓励,共同提升。异质学习小组或对标立志,或分享方法,或帮带互补,协作共进。学习小组有效解决了班级授课制一师多生难以兼顾的弊端。

以技能操作小组为例,三人即可搭建"同质小组",共同攻关;也可邀请"场外求援",专家门诊;针对"化验单"指出的反复出错的动作,可以会诊的方式分解,分项强化。也可搭建"异质小组",由技能强的学生担任护士长,技能相对弱的为护士,最弱的为实习护士。护士长根据同伴"化验单"所呈现的弱项,开展针对性强化指导,既实现了技能的培优补差、高效训练,同时强化了临床思维能力和结合案例的现场处置能力。

3. 追踪

根据艾宾浩斯遗忘曲线及学习需要重复的特征,以21天为小周期,一学期或一学年为长周期,对典型学生的典型问题进行长效追踪。追踪改进适用于"化验单"中频繁出现的"识记和迁移"层面的问题。学生自主汇总历次"化验单"并整理反复出现的错误,明确"病灶"所在。进而制定长期复习计划表,借助追踪式"化验单",实现自我追踪与诊改。在追踪式"化验单"中,学生每日记录自学内容,完成知识点自测,计算测验时间,跟踪测验结果,核验诊改效果,综合比较每日单位时间内完成的任务量与达标率,及时调整诊改计划,以达到系统性、长远性诊改提升的目的。在5年的改革实践中,学校按照信息化教学及"化验单"诊改要求,建立数字教学资源库,累计收集教学设计、课件和微视频等达12 000多条,已经涵盖主要课程教学内容、技能操作示范视频,沉淀各学科试题12万多道,覆盖主要学科的知识体系、模块、知识点。并且按照"智能化、系统化、精准化"三化要求,搭建资源库运行系统,基于"化验单",分析学习过程中出现的问题,智能推送错题或正确率低的知识点或模块供练习,满足了学生自主学习需求和教师智能化组卷需求,解决了学生机械刷题"效率低下"的问题。

调查表明,94.52%的学生接受"精准推送"的教学辅助模式,认为"精准推送"对学习有帮助的,可见推送能实实在在地给学生带来帮助和引导;53.2%的学生认为"化验单"能分析自己薄弱的知识点,智能推送促进学习,促进了学习方式的变革。

(三) 基于"化验单",推进"诊断·析因·施治"的学教机制改革

1. 开展行为析因

基于"化验单"的诊断使学情清晰,解决了"教什么"问题。要提升诊改精准度,尚需对问题进行行为析因,结合中职学生实际学习情况,将学生的学能概括为学习态度、理解能力、知识迁移能力三个方面。通过行为析因,精准改进,从而有效提升学生学能。

表1 行为析因和改进策略

	行 为 析 因	改 进 策 略
应用	学生学了不会用,反映知识迁移能力	课上、课后精讲多练(多角度);会诊攻关,模块走班
理解	学生不学(学习态度)、学生理解不了(理解能力) 老师没讲明白(教学能力)	课上、课后合作学习,多讲精练(深度)
记忆	学习态度	课上少讲或不讲,课后自主学习

2. 建构"三诊六步,靶向提升"课堂教学模式

在先诊后教框架下,基于"化验单",参照维果斯基的"最近发展区"、巴班斯基的"教学过程最优化"理论和斯金纳所提出的"小步走、即时反馈"程序学习原则,建构"三诊六步"课堂教学模式(见表2)。

表2 "先诊后学"与传统"先教后练"的课堂环节对比

先 教 后 练			先 诊 后 学	
1	新课导入	课前/上一课(模块)学习预留5分钟	1	教师借预习任务诊断学情;学生课外完成诊断预习单或习题测试
2	知识讲解	新课(模块)学习 (留5分钟指导下一模块预习)	2	学生预习成果展示,课堂重点精讲8分钟
3	练习布置		3	精练复诊12分钟
4	课外练习		4	难点靶向解惑8分钟
			5	答疑巩固+预习指导12分钟
			6	课外练习(诊断巩固案或习题测试)

在"三诊六步"课堂中,教师课前选择的教学内容、课中所做的内容调控、课后的作业布置都基于"化验单",能够契合大部分学生的学习需求,教师所有的教学行为、教学策略都是为了更好、更及时地帮助、指导学生学习。

基于"化验单"的教学诊断,可以精确反映师生在教学过程中的多种问题,

特别是"化验单"反映出的,三张"化验单"同一知识点都显示向下箭头,即为师生的共性知识模块短板及知识点缺陷,属于疑难杂症。学校建立了会诊制度及专家门诊制度,汇集学校及行业专家资源,共同解决教学过程中的难题、难点。

在基于"化验单"的诊断改进后,也必然会出现师资成长的差异分化,借助化验单呈现的知识点(模块)得分数据,可以统筹教研组资源,推动组内教师互帮互助、新老帮带,达到教师培优补差,整体提升。

3. 基于"化验单",实施教师增量评价

常规的教师评价,一般以几次考试的平均分或位次,以及同事互评、学生评价作为评价依据及方式。加入"化验单"后,可以根据"化验单"中同一知识点或技能点箭头方向的变化,判断教师教学的过程性变量,同一知识点掌握情况的数据发生改变,可以看出趋势,但箭头方向的变化可以看出教学成效质的改变。

基于"化验单"的教师评价,丰富了教师评价手段,可以覆盖教学全过程。

四、主要成效

(一) 培养了一大批"知识扎实、技能过硬"的医药护理人才

2016年项目实践至今,学校的人才培养质量不断提升。强化课证融通,对标岗位能力的全国护士执业资格考试,近3年学生通过率保持在98%左右,2021年通过率为98.6%,名列全省前茅。参加老年照护和母婴护理1+X考证,连续3年通过率100%。教学质量提升显著,在可量化指标中,近3年护理和药剂两个专业的职教高考本科上线人数均为全省第一。

中职技能高考全省统考,2个专业的学生技能操作分连续2年同时并列全省第一;2021年,3位学校毕业生代表2所高校会师全国高校护理技能比赛,皆获二等奖;2023年,中职学生获全省一等奖。技能精湛已经成为学校毕业生的招牌。2019年起,学校减少文化课和专业课比重,每周体育课增加到5节,各种兴趣选修课增加到4节。近3年的全省高校新生体质健康测试排名从34名、28名跃升至第12名。

（二）形成了百项"数据驱动、实证导向"的精准教学教研成果

教师的精准教学理念和数据意识得到了强化，信息化教学能力明显提升，教科研更加聚焦课堂，基于"化验单"的诊改成果更加显著。以 2016—2020 年市级以上获奖为例，呈现了奖项逐年递增、获奖等级也逐年提升的良好趋势。

（三）建成了一所"数字赋能、职教特色、辐射推广"教学诊改"窗口"学校

借助"数字赋能"的学教机制改革，学校从 2016 年前的弄堂学校，一跃成为"全省一流"的医药护理类学校。学校办学质量实现了飞跃式发展，2020 年，学校被评为省首批中职现代化学校，省首批中职"双高"学校建设单位，成为省内唯一同时荣获两个综合荣誉的医药卫生类学校。

（四）产生了"同行认可、社会肯定、辐射推广"的蝶变效应

随着办学成绩凸显，学校逐渐成为省中职学校教学质量提升的样板。2018—2019 年，学校连续承办了浙江省语文、数学、护理专业的年会/理事会；2020 年，学校成为浙江省药剂专业教研大组首届理事长学校；2021—2022 年，老年护理和数学团队连续获得教育部中职教师教学能力大赛一等奖；2023 年，化学组再获国赛资格，3 位教师多次获邀指导外省教学能力大赛。十几位教师在《光明日报》教育家论坛、职业教育西湖论坛、浙派名校长培养对象研学交流、山东名师团研学交流、省平台培训等场合，做专题讲座或交流发言。《中国教育报》专题刊发《先"化验"再诊断，教师因材施教，学困生变学霸——温州护士学校以"化验单"实现精准教学》文章，引发较大反响。

社会对学校的认可度体现在年年攀升的招生分数上。2016 年至今，学校招生最低录取控制分数线（简称"低控线"）从 440 分开始，逐年提升，到 2023 年，低控线已达 555 分（满分 720），超过市本级普高低控线 25 分，初步实现职业教育从层次到类型的转变。

作者：许建民、吴含荃、郑海谊（温州护士学校）

依托数据精准分析
提升学生学业成绩

一、项目概况

(一) 研究背景

2013年,学校构建了以"学案"为载体的"四学一理"参与式卡通教学课堂模式,学校教育教学质量快速提高。但是2015年以来,近三年在市前20%学生的培养上,一直徘徊在17%左右,无法突破瓶颈;重点高中及普高上线的临界生逐年增加,保持67%左右的升学率压力增大;全市民办学校招生规模扩大,生源质量逐年下降,教学质量有下滑倾向。为此,依托数据分析,精准把握薄弱学科和学生个体的薄弱知识点,成为学校提高教学质量的重要切入点。近三年学校在初三上学期初开展对学生历次大考数据分析,初三教师人手一份数据分析报告,依托学情进行中考复习,使学生在原有的基础上都有提高,坚定了学校对基于大数据分析下的学生学业能力增幅评价探索的信心。

(二) 研究意义

1. 分析需要,帮助学生成长

任课教师能够根据班级学业成绩的数据分析,找准班级薄弱知识点,明确学生学习需要,有效地进行课堂教学。

2. 引领教师,打造个性课堂

基于数据分析,提高教师对学生学业能力变化的敏锐洞悉力,并采用适合不同学生发展的教学方法,打造教师自己个性化课堂。

3. 完善评价,推进管理责任制

用数据说话,避免学校与教师对学业成绩的差异性认识。通过学情会商,强化质量目标管理责任制,进一步健全与完善学科教和学的发展性评价机制。

(三) 研究内容

1. 建立教育质量信息数据库

建立学校的教育质量信息数据库,对每一个学科的学业质量进行监控和评价,实行全程评价制度,及时掌握教育教学质量现状,深刻分析存在问题,及时反馈矫正,实现评价的精细化。

2. 根据个体学习档案实现评价个体化

建立学生个体学习档案,三年就读期间对学生实施过程性评价和增值性评价。通过监测跟踪、积累数据、分析反馈、督促矫正等方式,不断调整教学安排,实现评价的个体化。

3. 提高教师数据分析能力促进教学优化

分析学生个体学业的增幅变化,找到学生阶段性的思维品质问题,根据学生的学习进展调整教学节奏和方式,适应每一个个体和群体的发展需要。

二、研究成果

教育质量评价是教育综合改革的关键环节,是学校跨进优质学校门槛的一个重要指标。评价是教学过程中不可或缺的组成部分,是教学质量保障体系中重要的一环。学业质量测验是评价学生学业发展水平的重要方式,通过基于测验的精准数据分析进行教学诊断,开展诊断性评价、形成性评价、终结性评价,构建一个立足于学校"责任教育"办学特色的"责任教育评价体系",完善为管理者改进管理服务的评价模式、为教师改进教学服务的评价模式、为学生改进学习服务的评价模式,增长学生的学业能力,最终指向培养终身学习能力。

（一）有序规划、有效落实，完善为改进管理服务的评价模式

1. 学情会商，有序推进

哈佛大学教育学博士、教育评估专家格兰特·威金斯所倡导的"教育性评价"就是服务于教育目的的评价。评价就是收集相关信息，经过判断成为决策的基础。而正确决策的前提是顶层设计，构建学情会商体系。就学校层面来看，学情会商体系由校长室总负责，教务处做学校整体分析，教研组做学科年段分析，班主任做班级优势学科和短板学科分析，学科教师做学生小题考点和得分率分析，学生做典型错题分析并形成错题集，查找自己薄弱的知识模块，重新构建知识树并改进学习方法，教科室做教科研的创新。研究是基于师生所应对的考试是合适的，导向是正确的，这种积极的应试正是现在学校所追求的，有利于强化教学质量目标责任意识，形成班班有指标、人人有任务、一级抓一级、层层抓落实的教学质量责任制。

2. 施加压力，强调反思

评价的模式较多，要根据不同的评价目的选择不同的评价模式。学校在绝大部分老师尚不认同数据分析评价的前期采用管理性评价，为了改进管理服务，"控制—量化"模式成为基本选择，对目标达成度的评价淡化表扬，重在查找问题。通过剥洋葱式的方法将学校一分三率、层层解剖，找出问题根源，对成绩不理想的班级和教师，学校组织相关人员进班级、进课堂、走近学生，通过座谈会分析原因，让老师"红红脸""出出汗"。通过会诊式的客观翔实的数据督促落后班的班主任针对整体进行反思，从学风、班风、教风的正能量塑造上下功夫；对班级中学科学习团结协作力度不够，个别学科出现功利性做法的现象进行整改。建立"不理想学科逢落后就撰写质量分析"制度，给教师适度的压力，研究发现，教师教学压力、拉力、推力共同构成教师的动力结构。

3. 多元评价，促进发展

管理性评价多以管理者为主导，忽视了其他主体的评价。因此在教师开始重视数据分析后，评价理念要逐步改变，采用发展性教师绩效评价模式，确立评价教师的"知识、技能与情意"的评价目标。评价主体要多元化，满足教师发展的需要；评价方法要引入质性评价，增强评价结果的解释性，使被评教师在评价中受益。基于发展性评价的思想，让教师全程参与评价制度的制定，通

过教师大会完善《教师发展性评价方案》《新教学常规考核方案》《教学人员奖励性绩效工资教学成绩评估方案》《学生学业质量监测实施方案》《教师教学质量捆绑考核方案》等，让教师、学生、家长参与评价的过程，获得大量的、来自多方面反馈的信息，促使教师重视学业监测数据分析，激活教师专业发展的需要。

（二）精准分析、追根究底，完善为改进教与学服务的评价模式

从评价的角度讲，评价的是学生达成课程标准所规定的课程目标的程度，因而是一种学业成就的评价，而非能力倾向的评价。数据分析以学生为中心，引导教师关注学生的需要及学生的收获，面向全体学生，关注学生改进学习方法，通过"观察—理解"模式精心诊断。学校基于学生测验建立三个层次的数据，通过纵向、横向比较，教师做薄弱知识点和典型错题归纳，学生关注自己学业的动态变化，学校为每个学生建立学业能力发展档案。落实到学校层面，不断修订办学策略；落实到教师层面，提高教师关于学生个体学业质量的分析能力；落实到学生层面，让学生客观评价自己，找准最近发展区，做好职业生涯规划；延伸到家长层面，让家长陪伴孩子一起成长。

1. 学校做好整体发展态势分析

（1）优生群体分析

优生是学校教学质量的保证，优生整体分析要着重从学校层面分析，以利于学校教学质量振兴计划的调整。通过学校层面横向、纵向对同一年级段历次大考比较，让全年级段教师形成一种责任意识和主人翁精神，以年级段不断进步为自己的目标，进而获得成就感。

（2）临界生群体分析

临界生是学校教学质量目标能否突破的关键因素，由于临界生经常波动变化，教师没有清晰明确的关注对象，学校应主动提供学生名单；在班主任的组织下搭班教师分析学生薄弱学科；学科教师既要分析全体学生的薄弱知识点，更要关注临界生，分析造成短腿的知识点。通过精准分析，挂钩教师保证每个临界生清楚自己退步的原因，保证临界生最终能够成为优生。

以临界生陈××为例（表1）。该学生属于考上普高的临界生，此次考试语文排名194（全校264人），是该考生的薄弱学科。通过知识点诊断，发现陈同

学在名著阅读、古诗文阅读上整体偏弱,需要加强阅读指导和练习训练。对策为试卷讲评课后再提供一页纸变式练习,针对性地进行补差。

表1 造成临界生(陈××)退步的薄弱学科知识点诊断表

题型	卷面	积 累 运 用						
	书写	拼音	词语	默写	文言词语	文学常识	名著	
题号	书写	T1-1	T1-2	T2	T3	T4	T5	
满分	3	4	3	8	4	2	3	
得分	3	1	3	3	2	2	**0**	

题型	小 说 阅 读				古 文 阅 读			
	概括	句子理解	描写赏析	修辞赏析	评价感悟	文言词语	句子翻译	评价拓展
题号	T6	T7	T8-1	T8-2	T9	T16	T17	T18
满分	3	3	2	2	4	4	3	3
得分	1.5	1.5	0.5	1	1	**0**	**0**	**0**

题型	散 文 阅 读				古 诗 阅 读		写 作	
	信息筛选	修辞赏析	结构赏析	特色鉴赏	字词理解	作者情感	写作能力	
题号	T10	T11	T12	T13	T14	T15	T作文	
满分	4	3	4	4	2	2	30	
得分	2	2	2	2	2	**0**	26	

(3) 后进生群体分析

后进生的人数多少不仅影响学校后20%占比,还影响到均分。初中任课教师在升学率的影响下,加上改变后进生牵扯太多的精力,故对后进生大多不愿去触及。但学校从教育层面上不能放弃,因此要从数据上分析各班人数,让老师明白是谁落在后面。同时后进生在分数的表现上是有差异的,同一个班级同一门学科,有时候40分是后20%,有时候10分也是后20%。学校通过精准的分数分析让搭班教师明确能提高的学科,引导任课教师不放弃、不抛弃任何一人,这样能在最大的限度内让每个学生在原有的基础上有所进步,以尽可能减少后20%率。

2. 教师做好群体点面分析

为教师改进教学而评价,首先要明确评价的基本内容。就学业成绩来看,中考是初中三年的终结性评价,教师每年需要做好三年的中考考点分析,做到心中有数,以便在教学中渗透,明白每个知识点在课程中的地位。每次测试后要及时批改,在批改后及时分析,找准自己某个阶段的教学与全区的差异,开展有针对性地查漏补缺和学科知识在高层次上的建构。立足于试卷的讲评课,要详略得当、轻重适宜,少数人错的,点到为止,多数人错的,仔细剖析;典型错误,重点分析;重点题目,变式训练。对于一个学期内所进行的几次学生自我检测要形成任教班级知识点分布档案,查找共性问题和个性问题。在复习迎考时认真研究教法、学法,改进教学措施,以提高复习的效率。

以20××学年第一次学业自主检测中,××中学904班与学校、全区的得分率比较为例(表2),可以看出,第4、7、9、10、12、16题904班得分率低于全校得分率,第14题904班得分率明显高于全校得分率。说明在阶段教学中该班语文任课教师与同年级段教师相比,教学上存在问题;但在个别知识点的教学优于同年级段教师;同备课组交流时应注意互评,取长补短,促进教师的发展。

表2 20××学年第一次学业自主检测全区、学校、班级小题得分率分析

题 号	满 分	得 分 率			考 点
		全 区	××中学	××中学904班	
4	6	0.29	0.41	0.28	名著积累
7	4	0.56	0.6	0.54	句子含义
9	3	0.18	0.18	0.13	整体感知、筛选信息
10	4	0.3	0.37	0.26	筛选、概括信息
12	4	0.3	0.35	0.28	解释文言文实词
14*	3	0.25	0.31	0.43	理解文言文虚词
16	2	0.65	0.63	0.57	内容理解

3. 学生做好个体变化分析

学生学业成长记录档案将评价与教学有机整合,描述学生学习与发展水平,为教师及时提供学生发展的丰富信息,同时作为学生提供形成性评价,其中的成绩评定和成就证明可作为后续升学、人生规划等重大决策的参考。学校依托网上阅卷系统,通过钉钉给学生提供成绩档案,让学生关注自己学业的动态变化,注重学科的均衡发展,扬长(优势科目)不避短,找准自己的最近发展区。学生对弱势科目进行必要的学法改进,培养对自己成长负责的意识。

(三)聚焦隐性、提高成效,初步探索绿色评价模式

学生学习品质监测是评价学生学习状况的重要手段,每一份监测试卷包含了学生的学习动机与学习行为、教师教学水平与师生关系、家长背景与亲子关系、学校管理的精细情况等。立足学习品质监测,学校每学年开展绿色评价问卷,聚焦数据背后呈现的隐性问题。

根据学生学业能力发展档案,结合绿色评价,学校对采集到的数据进一步分析,为学生、教师、家长、学校提供建议,以一点带动全部,形成裂变效应。几年来通过学业水平监测精准分析和绿色评价,倒逼学校管理进一步深化,有力地推进了课程设置规划、课堂形式变革、多元评价构建、教研模式创新、教师素养提升,形成教育合力,最终又在学生学业成绩的增幅上得以体现。

三、实 践 成 效

(一)学校办学更加优质

通过数据分析,学校发现仅依靠传统的课程设置和课堂教学,不能完全满足学生"多维发展"的需求,学生的学习能力也不能得到全面开发,由此倒逼学校进行了课程规划、课堂教学改课、教研组学科特色建设。2016年,学校课程规划被评为温州市优秀项目,《"四学一理"为核心的卡通式互动课堂教学模式的改革探索》获得温州市课题一等奖;2018年,学校创成温州市第一批新优质学校和温州市新常规样板校,被推选为市精准教学项目实验校,学校英语教研组被评为市教研优秀教研组,"基于大数据下的学生学业成绩分析"课题被列

为浙江省基础教育课程改革重点研究项目"大数据背景下精准教学的实践研究"子课题。

(二) 名优教师不断成长

借助数据分析，教师加强课前预习指导，推广作业"前置"，力促优生带着问题学习；设立"一卡、二本"（疑难问题解答卡和错题本、典型拔高题本）；自主开发"一页纸"检测题题库，完善错题二次纠正自适应性测评系统。教师有了提高个人素养的紧迫性，开始做课题、写论文，由此培养造就了一批省、市、区名优教师。近2年新增省教坛新秀1人，市教坛新秀2人，市教坛中坚1人，市骨干教师2人，区名师1人，区三坛骨干教师5人；12篇相关论文在市、区获奖；2位教师命卷获得市一等奖；11个相关课题在省、市、区立项，部分结题。

(三) 多维度评价初步形成

通过数据分析，结合平时对学生的显性观察和绿色评价隐性分析，学校建立了学生能力发展档案。内容上既注重学科知识的掌握与运用，又侧重于道德品质、身心健康、学习能力、交流合作、个性情感与个体发展等非智力因素方面的评价。在方法上，教师自评与他评、质性评价与量化评价、个性发展评价与全面发展评价、多元评价与分层评价相结合的多维度监测教学质量的绿色、优质的评价体系初步形成。

四、推　广　价　值

(一) 针对辅导，帮助学生成长

任课教师能够根据班级学业成绩数据分析，找准班级典型错题，更有效地进行课堂教学；能够根据学生个体数据分析档案，充分发挥午间和第四节课作业整理的辅导效果；能够通过数据分析，找到学生思维品质的问题，从思维训练切入，努力做到"日日清"，教给学生不让问题"过夜"的好习惯。学生学业成绩增幅明显，在我区能对其他学校的学生学业成绩分析起到引领和示范作用。

（二）引领教师，提高幸福指数

基于数据分析，教师教学更有针对性，学生学业能力的提高能让教师更有成就感和幸福感，让"责任教师"成为学生成长过程中的"重要伙伴"。

（三）强化质量，推进管理责任制

通过数据分析，使学校的学科教学质量根植于课堂，根植于一线教师，根植于备课组、教研组和教导处的有效组织与管理，成为全体教职工的共同关注与责任。

五、反思改进

科学的、可持续发展的评价机制目前还只是在原有基础上进行修改，没有形成一整套涵盖学业、德育、美育等内容的完善体系，学生拓展活动、假期综合实践活动如何纳入评价系统还有待思考。

评价项目资源统筹还不够到位，目前学生学业评价、教师教学质量评价、课堂效率评价等还没有完全整合到统一目标下展开，相关数据利用 Excel 进行测算评估得到的只是数字，绿色评价的支持和利用还不够到位。

量化评价系统还有待专家结合校情，找准方向和侧重点，开发应用。

【参考文献】

史晓燕.教师教学评价：主体·标准·模式·方法[M].北京：北京师范大学出版社，2018.
王少非等.促进学习的课堂评价[M].上海：华东师范大学出版社，2018.
赵德成.促进教学的测验评价[M].上海：华东师范大学出版社，2016.

作者：郭青松（温州市洞头区教师发展中心），张于胜（温州市洞头区海霞中学），庄明传（温州市洞头区教育局），吕良栋、庄静（温州市洞头区海霞中学）

数智融合：学生综合评价的三维优化路径

一、项目背景

瑞安市塘下实验小学自2013年创办以来，一直致力于评价改革实践研究。十年来，学校经历"项目学评实践""学业评价体系构建""核心素养视角下的'学—教—评—研—管一体化'综合评价实践"三个阶段迭代。然而，评价数据整理、分析、反馈是一个系统工程，教师操作步骤烦琐，急需一种更灵动、简便、可持续的评价模式。于是学校开展了4.0版的"数智支持的七彩阳光综合评价"研究，重构评价体系，引进睿教育平台支持数字化管理，从评价内容、评价平台、评价展示三个维度对综合评价体系实施智能优化，探索出了具有校本特色的综合评价实施路径。

二、项目内容

（一）一体四链：评价内容分项化操作路径

实施综合评价，首先是进行顶层设计，构建评价的指标体系；其次是确定分项评价的内容与标准，再开发工具来支持评价操作；最后是采集数据反馈应用，指导优化评价体系，构建"评什么""怎么评""评了怎么用"的一体化实施路径（见图1）。

1. 内容＋标准：指向全面素养与能力

学校依托"四色课程"，构建"学习指标、潜能指标、活动指标、自主指标"四

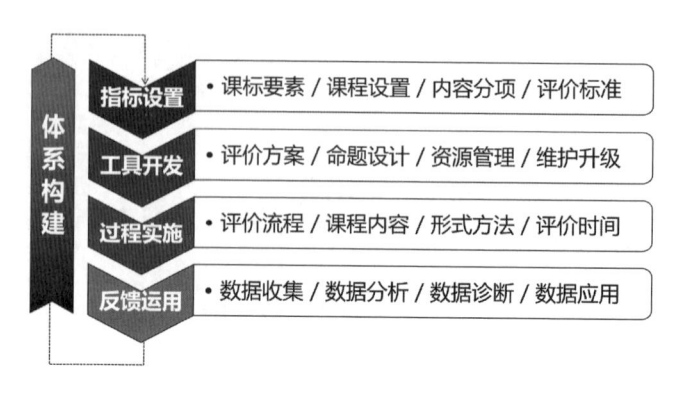

```
体系构建
  指标设置 • 课标要素 / 课程设置 / 内容分项 / 评价标准
  工具开发 • 评价方案 / 命题设计 / 资源管理 / 维护升级
  过程实施 • 评价流程 / 课程内容 / 形式方法 / 评价时间
  反馈运用 • 数据收集 / 数据分析 / 数据诊断 / 数据应用
```

图1　七彩阳光综合评价操作路径

项评价内容，着眼学生"逻辑、语言、才艺、运动、交往、自主、观察"七大能力的发展，从"礼仪、健体、崇学、环保、求新、书香、才艺"七大方面，采用"听、说、读、写、做、行、思"七种分项考核方式和七大分项特色活动的展示评价，对学生综合素养进行全面评价。

之后，学校对评价内容分解细化，为每门课程制定详细的利于量化的评价标准，分别指向学生的学业质量、学习品质与学习习惯，实现评价内容的一体多维。例如，思考低年级写字教学"费时、低效"的现状，主要原因在于标准不明确，无法形成教、学、评一致性的高效益。教研组在纸笔方法及笔画、结构、章法三个内容上明确标准，层层递进，并通过各种校本培训提高教师的审字能力，从而改进教学，增强评价的导学性。

2. 工具＋操作：回归诊断与激励功能

针对各能力检测点，设计了相对应的测评试题和测评方式。确定各学科命题的要点及模板后，教师自主命题设计，邀请专家指导把脉，组织不同层次的学生试测，并建立网络资源库，实现资源迭代与共享。

学校搭建了多维立体的七彩阳光综合评价操作模型，实现评价主体多元化，凸显学生主体性；评价方法多样化，定量评价和定性评价相结合；评价过程多维化：关注学习习惯、态度和学习品质；评价时空序列化，采用即时评价、阶段评价和延迟评价[①]（见图2）。

---

① ［美］迪伦·威廉. 融于教学的形成性评价[M]. 王少非译，江苏：江苏凤凰科学技术出版社，2021.

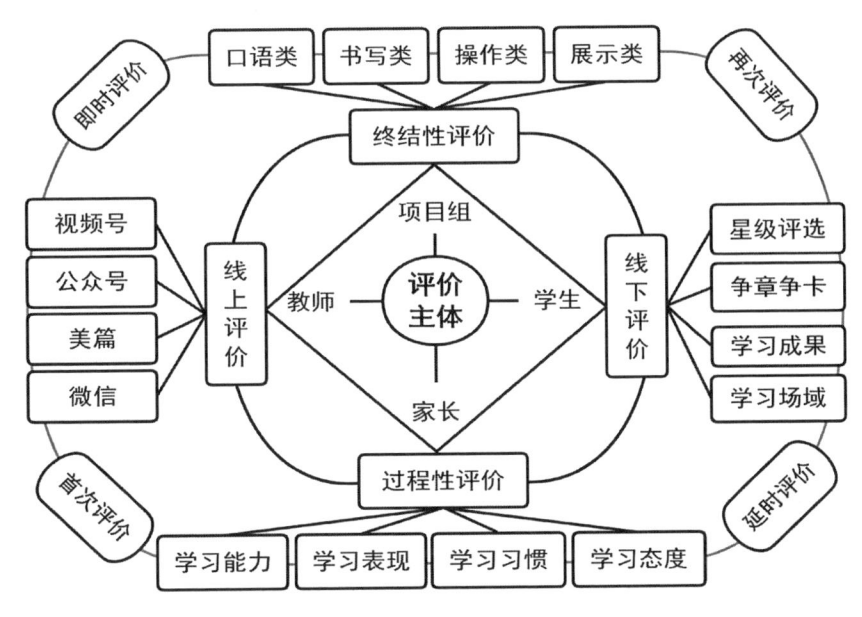

图2 七彩阳光综合评价操作模型

3. 采集+反馈：驱动学教反思与改进

阳光综合评价后会产生各类数据，学校通过"一体三级"数据支持系统，对各类评价数据进行收集、分析、诊断和应用。"一体"指县级评价体系，"三级"指校级、教研组和班级、学生个人。该系统包括云阅卷系统、云盘数据库系统以及学生个人电子档案和期末综合素养评价报告单，所有数据由睿教育智能平台融合，然后从学校、班级、学生三个层面对数据纵向和横向比较，对各类评价数据进行收集、分析、诊断和应用，指导、调整教育教学工作。

（二）双线联动，评价平台智能化操作路径

学校探索了基于平台的评价操作路径，通过线上的睿教育APP与线下的阳光少年成长册双线联动，累计积分评选七彩阳光少年，至阳阳超市兑换奖励。

1. 硬件+软件：评价平台一体化

硬件上开发APP终端，评价主体多元。学校开发教师版、值日版、家长版和睿淘宝城4个睿教育APP，实现一个系统不同终端，互联互通。教师版供任

课教师、值日老师和班主任对班集体和学生个体进行评价,优秀者在表扬区进行表彰,反之则在提醒区扣分批评。值日版由校大队部干部通过专门的学生手机对班级和学生的礼仪、就餐、大课间活动、课间纪律、值日等表现计分,评选"阳光班级"。家长版可以实时监测学生在校表现,还可以上传学生在家表现照片与视频,获得相应积分。睿淘宝城用于积分查询与兑换,平台上的每件奖品对应相应的积分,学生可以用自己的积分换取相应的奖品。线上下单,线下兑换。

软件上设置评价细则,评价方式智能。智能平台每学期向班主任发放60套阳光花瓣卡,共计12 600积分供日常班级管理。同时,对平台上的每一项评价细则设置相应积分,教师只要点击相应的评价条目,后台自动为该学生或班级加分或扣分,操作智能高效。

2. 过程＋结果:评价操作双联动

原有的评价方式注重结果的呈现,根据学生获得阳光卡、被评为七彩阳光少年等结果判定学生的表现,但是学生因何事获得积分无迹可循。睿教育平台的线上线下联动机制,可以对学生的评价过程留痕。只要打开睿教育APP,对准学生扫一扫,输入项目后即时生成评价。数据将登记在该生本学期表现之中,实现永久保存与随时调取。

阳阳超市的建立让整个评价体系形成完美的闭环。学生只要达到相应的积分就可以通过自助柜台或手机端下单,由学校在期中、期末分两次安排"阳阳专递"进班级派送,有效激发了学生的内在动力。

3. 校内＋校外:评价范围全覆盖

从外向内,监控学习动态。睿教育平台实时跟踪学生在校一天的活动。从入校扫脸登录系统,到日常每次的加分或扣分情况,再到放学出校,所有信息都会同步发送到家长手中,包括现场照片或视频,加强了家校沟通,减轻了家长的焦虑。

从内向外,延展学习空间。睿教育平台开辟"阳光展示厅""阳光阅读吧"等栏目,将孩子在家庭、社会的表现纳入学校评价体系。家长可每日上传学生阅读、劳动等活动的照片或视频,同学间可以互动点赞,平台自动发放相应积分。学校还会定期发布征集令,如重阳节、妇女节感恩征集令等,形成主题化活动。

智能平台构建了家校联动的智慧教育生态圈,实现了综合评价体系对校内外教育的全覆盖。

(三) 立体呈像:评价全程可视化操作路径

睿教育智能平台对学生的发展起点、过程和结果进行全程评价,360度无死角靶向瞄准,让成长足迹可视。起点阶段呈现焦点、动态分层、前测定位,过程中搭建平台、截取还原、互赏展示,评价结果实现图文记录、对比分析、延时跟踪。三者相互衔接,构成评价展示可视化操作路径。

1. 起点＋目标,发展方向可视

学生个体存在差异,评价也需因人制宜,明确主题方向,明确发展点,让目标可视化。

焦点呈现使评价目标可视。学生对评价机制的认知和兴趣,是评价是否有效的前提,而焦点事件便是学生进一步探索的基点。比如"七彩阳光少年"评选这一焦点事件,学校通过班队课、家长会、学校网站、公众号、视频号等多种途径向学生和家长宣传,引发学生和家长的高度关注并践行,让评价内容和评价标准内化为孩子们学习、生活中的能力和品质。

动态分层使原有经验可视。学生个体存在差异,评价标准也应动态、分层,从每个学生的现实情形出发,扬长避短,使其发挥智能优势。比如,"2022年英语假期作业",在基础作业之外,又设置了英语单词王、英语故事大王、英语歌曲秀等拓展作业,学生根据自己的兴趣和特长选择相应的作业完成并展示,让原有经验可视。

前测定位使目标达成可视。前测主要运用于学业评价,可以获得学生的基础知识掌握情况,挖掘学生的学习潜能,有针对性地开展课程教学。教师通过设计与课程内容相关的前测单,收集学生数据并调整教学设计,提高课堂教学的效率;通过与后测的数据比较,检测学生学习目标的达成情况。

2. 过程＋展示,发展表现可视

互赏展示使多元表现可视。学校利用静态展示与动态展示进行评价优化。比如,七彩暑假作业展就分为静态展示区和动态展示区。静态展示区展示学生的美劳、书写、建构、图、表、便纸条等作品。静态的呈现具有持续性,可重复看、聚焦看、有详有略地看,学生在赏析、对比同伴表现方式的同时,也会重构自我的表现方式①。动态展示区以表演、比赛等方式呈现展示成果,使学生最大化地体验收获。学校将各类比赛的优胜者拍成视频,通过微信公众号、学校网站等平台全面展示,起着积极的榜样示范作用。

截取还原使探究方法可视。行动过程中的收集、操作、触摸、移动、模仿、聆听等细节往往稍纵即逝,可以采用截取视频、照片等多种方式还原,令行动过程具有真实、可重复解读的机会,让探究方法可视。如上科学课时,教师可以录制学生现场试验操作的视频,其他学生对其操作步骤和细节进行点评,在比照中建立规范的操作流程。

平台搭建使活动场域可视。学校为学生搭建了多维的立体展示平台,除了线上展示平台,还打造了十大线下展示场域,静态展示区为创客空间、连廊空间、半书房,主要展示科学发明制作、优秀作业和阅读作品;动态展示区为晨会主席台、向阳报告厅、校门口大屏,主要展示艺术、表演类作品;综合展示区为梦想港湾、秘密花园、M+工坊、红迹展厅,可以实现德育成果、艺术成果、劳动成果的综合展示。学校主张让校园的每一面墙壁都有学生的作品,每一个角落都有成长的故事②。

3. 结果+数据,精准画像可视

图文记录使人物画像精准可视。睿教育APP通过对学生过程性评价的数据收集和终结性测试的数据赋分,自动生成学生电子个人档案、综合素质评价报告单和"七彩阳光"雷达图,直观呈现学生在各学科、各项目上的等级评价及期末总评。教师和家长可以登录平台直接查看,或导出打印。

对比分析使发展方向精准可视。图文记录只是学生成长足迹的汇总,对比展示法则通过分析评价数据,预判学生的未来发展方向。如将X学生历次检测数据进行比较,会发现该学生五、六年级期中检测语文成绩明显下滑,但期末成绩会回升,说明该生具有发展潜力。在未来,教师需要重点关注其文科表现,注重其阅读能力和写作能力的培养。

延时跟踪使成长轨迹精准可视。延迟评价结果的呈现,给学生留下自由思考、自主实践的空间,引导学生自己去发现、探究、改进,可以让学生的思维得到

---

① 毛叶丹.三阶四点:项目课程中支持幼儿发展的可视化策略研究[EB/OL].(2022-08-13). https://wenku.baidu.com/view/ba49bad6e309581b6bd97f19227916888486b91a.html.
② 陈惠英.学校评价:优质学习场域的构建路径[M].河南:大象出版社,2019.

提升,能力得以发展。如学校的学生体质健康监测采用补考制度,并为学生建立体质健康专项档案,每学年跟踪监测,直到达标甚至优秀。这种延时评价,比一锤定音式的即时评价,更能为学生提供自由发展的空间,让成长轨迹可见。

三、项目成效

(一)转变管理思维,提升学校的办学品质

评价研究作为学校的品牌项目,助力学校成为温州市第一批评价改革试点单位,温州首批数据驱动教育教学示范校,温州市未来教育种子校。学校两次在浙江省层面做相关的评价改革交流。浙江教育信息网、《温州都市报》等多家媒体对学校的评价改革作专题报道,引发社会广泛关注,家长的一致好评。

(二)改变教研方式,促进教师的专业发展

双减实施以来,教研组确立了"价值思维""系统思维"和"变革思维",切实发挥"研究、指导、服务"的教研职能,探索"学—教—评"一致性研究模式,以区域、学校、师生的整体需求为导向构建教研新范式,促进教师序列化成长。近三年,学校培养高级教师8人,温州市坛5人,温州市骨干15人,瑞安市教坛新秀16人,瑞安市骨干9人。在瑞安市级及以上发表与获奖的论文和案例共312篇。

(三)创新学习方式,丰盈学生的综合素养

多元的评价项目立体记录了学生成长的过程;缤纷游园式分项测评让考核充满童趣和期待;丰富的课程活动高效地联结形成性评价与终结性评价,学生的综合素养得到显著发展。近三年来,学生个人参赛获国家级奖项73人次,省级75人次,温州市级412人次,瑞安县市级555人次;团体参赛获国家级奖项3次,省级6次,温州市级30次,瑞安县市级78次,可谓硕果累累。

作者:郑芳、方飞岳(瑞安市塘下实验小学)

(本文获浙江省第十九、二十批"双减"优秀实践案例,2023年温州市中小学教育评价改革案例评选一等奖)

基于数据支撑的小学"稚慧"评价体系的建构与实施

一、案例背景

评价作为教育教学的重要手段和方法,对学校的教育教学改进产生重要的影响。传统的做法是,学习定期举行学科质量监测,借助优秀率、及格率、低分率等常规分析手段进行分析。这样的评价缺乏针对性,无法发现数据背后的问题,从而不能达到促进教学方法改变和教师成长的目的,更不能帮助学生改进学习行为。

如何将质量监测的结果整理转化成数据?如何让数据说简单易懂的话,让教师在缺少教育测量与统计知识的情况下,能明白数据所揭示的现象,以达到成绩说透、问题说清、措施找对、方法得当、增效减负的目的?这是研究的重点所在。

二、实践举措

(一) 基于数据支撑的小学"稚慧"评价体系的建构

为了更好地让质量监测的结果整理转化成教师"易懂"的数据,项目组立足学情、教情和校情,理清了各项指标,进行了顶层设计——评价体系流程框架(图1):分析研究各项数据指标,依据相关数据的挖掘、分析和解读,查找问题和缺陷,构建起"教学—检测—分析—改进"的教学内部循环,从而有效、有针对性地改进教与学行为。

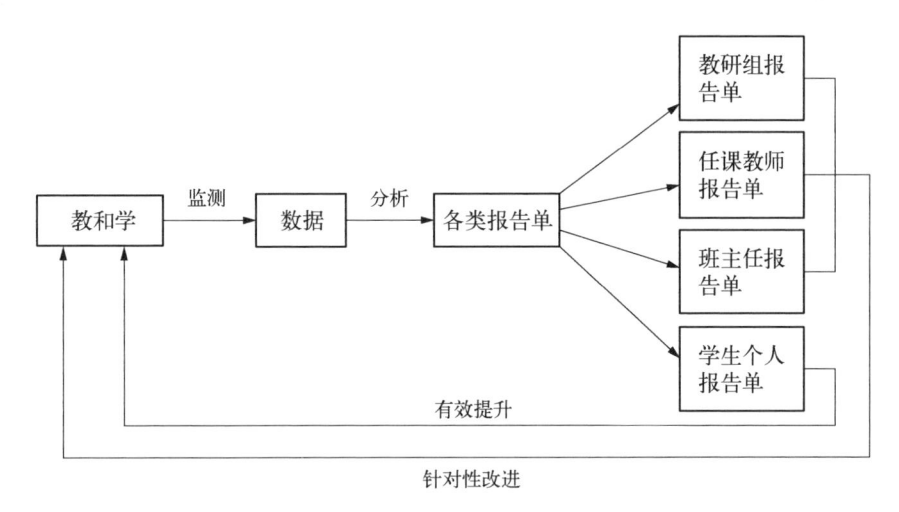

图 1 评价体系流程框架

同时，项目组根据不同教师群体对教学归因分析的数据要求，筛选、整理出项目数据与教师群体的指向链。将监测数据结果依据关键指标进行统计分析，编制出教研组、任课教师、班主任和学生个人四类不同的报告单。

1. 教研组学情反馈单

教研组是学校内研究教学问题的基层研讨组织，它不但是教师专业能力增长的重要平台，更是学校教学质量提升的重要保障场所。

在横向、纵向的数据对比中，发现学科教学中的优势和不足，促进各教研组开展基于数据支撑的、针对性的研讨活动，切实改进教师的课堂教学，真正做到"让数据说话"，向课堂要质量。

横向对比，把握学科整体情。将监测数据与兄弟学校进行横向对比，在对比中总体把握、了解学校和学科所处位置。学校还制订了各学科基本情况统计表、各班各科成绩对比盒式图、各科全段成绩分布条形图。借助盒式图发现需特别关注的学生，直观地呈现学业质量监测的学科平均分、最高分以及最低分等基本情况，帮助各学科教研组了解各分数段人数、差异情况等，总体把握学科整体情况，明确学科教研活动的成效与不足。

纵向分析，细化分析关键数据。学业监测成绩的背后隐藏着学生对知识点的把握和理解的深度。从具体的试题入手，依据"得分率"这项指标形成知识点分析表 1,对学生的各知识板块的达成情况及错误进行分析,追踪学生学习的弱点和痛点,并锁定知识点。集中集体智慧,要求教师根据错误分析原因,并形成相应教学策略,做到"用数据"驱动教学。

表 1　客观题和主观题知识点分析(得分率低于 0.7)

题　号	知　识　点	得分率	错题原因分析
2	合理估测物体的体积大小	0.66	
7	最小公倍数	0.68	
10	轴对称图形、数的大小比较、百分率和比	0.64	
20	灵活求长方体的表面积	0.48	
35	路程、时间和速度	0.7	

2. 教师学情反馈单

在平时教学中,任课教师接触到的数据包括作业本、试卷上的错题。显然数据是无处不在,但是老师们却不知道如何利用、分析数据,那么如何让"沉默的数据"说话呢?

立足原始信息,直视错误率。项目组设计了基于大数据背景下的"学业质量监测教师学情反馈单",在"错题"上做足数据的文章,设计了每小题得分率低于 0.7 的学生信息等关键数据,借助折线统计图直观呈现每个知识点的得分信息和得分率低的学生名单,帮助教师反思和改进教学中存在问题,精准定位、跟踪学生的改进情况,真正夯实知识点,从而形成了"发现错误—清理错误"的良性学习过程。

借助综合分析,呈现学科关系。通过分析不同学科成绩在满分前 30% 和后 10% 的学生人数,发现学科的强弱,为进一步改进学科教学做好规划。

总之,借助反馈的信息不断检验教学效果,诊断教学中存在的问题,发现教学过程中的长处和短板,促进教师展开教学问题反思,推进以教学问题为导向的教学改进,提高教学质量。

3. 班级学情反馈单

班主任是学生成长的引路人。让班主任参与到学生学业成绩管理和提升中来,能起到事半功倍的作用。项目组设计了"班级学情反馈单",其中包括班级学科分析、班级各科各层次学生比例分析等,帮助班主任全面了解学生的总体情况。

班级学科分析主要立足于语文、数学、英语、科学四门主科的成绩,通过直观展现班级各学科分析图,明确班级弱势学科和优势学科,从而让班主任协助弱势学科任课教师,共同商量解决办法,并帮助任课教师找到对策。

班级各科、各层次比例分析。展示各学科前20%、后15%各班级人数占比图,直观呈现班级各学科优生和待进生成绩分布,让班主任更好地把握优生的成长情况,促进优生的更好成长,同时兼顾待进生的转化。

4. 学生学情反馈单

由于学生缺乏反思能力,很少会发现质量监测背后的真正问题和信息,学生只知道"自己考坏了",但不知道"考得有多坏、坏在哪里",导致学生缺乏相应的警惕感和成长的紧迫感。因此,项目组设计了学生学情反馈单,帮助学生真实地了解自身的学习情况。

学科诊断单。记录学生每小题的得分情况,并与全班得分情况做对比。对于得分率特别低的知识点,学生反思自己的不足或疑惑处,并整理总结,以更好地改进学习习惯。

优弱势学科反馈单。展现学生各学科各题得分跟全班平均得分对比图,学生个人各学科成绩、学科段平均分折线统计图,让学生直观看出本次测验中的优势学科、弱势学科,引起学生对弱势学科的重视,并改进学习行为。

(二) 学业质量成绩的影响因素分析

项目组还针对学业质量的影响因素进行了分析,对全校六年级段196名学生进行了学习力、焦虑等多项问卷调查,以期帮助学生更好地提升学业质量。

1. 学习力与学业质量成绩的关系

项目组用 IBM SPSS Statistics 19 清洗数据后,对165名学生的学习力与学业质量成绩进行相关性分析,皮尔逊相关系数为0.305,显著性 $p<0.001$,结果显示存在中等程度正相关性,表示学习力的改变可以引起学业质量的提

升。通过线性拟合,发现趋势拟合方程为:$y=0.5518x+284.19$,也就是说学习力提高 10 个点,总成绩相应提升 5.5 个点。

2. 焦虑与学业质量成绩关系

项目组采用联合均值—方差模型进行编程建模分析,得到联合均值—方差模型

$$y=417.996-11.067\ x_1-1.678\ x_2+0.525\ x_1x_2+\varepsilon\exp\{21.61+0.342\ x_1+0.345\ x_2+0.004x_1x_2\}$$

其中,x_1 表示性别,1 表示女生,0 表示男生;x_2 表示焦虑值

从焦虑—成绩的图中,可以发现随着焦虑值的增加,学生的成绩显著下降;从焦虑—残差图(图 2)中,可以看到残差 ε 的取值范围[-4,2],说明模型拟合得非常好;在焦虑—波动图中,可以发现随着焦虑值的升高,男、女学生的成绩波动越来越大,而且男生相比较女生来说,影响(波动)更大。因此,在小学阶段,针对男生的心理干预(疏导)会更加有效。

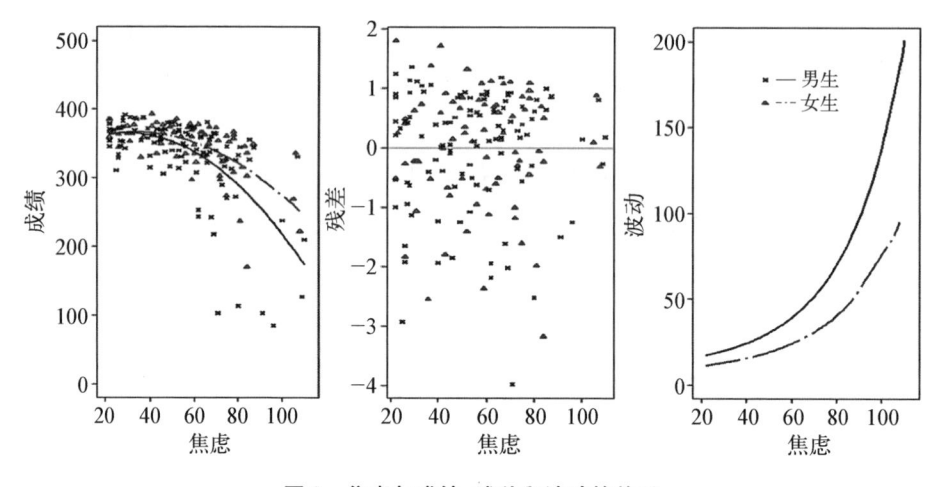

图 2 焦虑与成绩、残差和波动的关系

(三) 多维举措,改进教与学方式

将大量学业数据转化为各类直观的反馈单,引导各科教师分析数据和数据背后的关系,从而发现隐藏在数据背后的教育的秘密,借助多种手段改变教的方式和学的行为,追求教与学的优化、提升,真正地实现数据驱动教育的

改良。

1. 直面教学难题，共享学科智慧

学科教研组面对本学科的各类数据，集中集体的力量，实现精致分析、精准定位，深挖数据背后的教育线索，开展集体研讨，集中群体智慧，结合学情和教情，诊断教学得失，提出课堂改进的策略。

（1）教学小妙招——分享教学小智慧

"他山之玉，可以攻石"，教学小妙招就是借用别人的教学经验、策略和智慧，帮助解决自己平时遇到的难以克服的问题。针对学业质量监测中得分率比较低的题目，可以由得分率高的教师向大家分享平时教学的小智慧，或者让有经验的学校骨干教师帮助一起探讨教学方法，分享教学小智慧，帮助得分率低的老师提高教学能力。

（2）学科命题——促进教师技能提升

项目组在教研组中开展了学科命题研训活动，提高教师的命题技能，从而更好地把握考点、出题策略，让老师们对试题的命题过程"知其然，知其所以然"，在命题中反思自己的教学行为，形成"以命题促教学"的新局面。

（3）专家引领——改进课堂教学质量

对于一些教研组难以解决的问题，特别是学业质量监测得分率低的板块知识该如何更好地教给学生，可以将其整合成块、汇聚成篇，借助专家的力量，进行教法和学法上指导，从而提高教师的整体教学能力。

2. 做足数据分析，因"错"施教

学科教师依据"教师学情反馈单"，深度挖掘得分率潜藏着的信息，发现自己教学中的闪光点和不足之处，反思自己的日常教学行为，结合学校和教研组专家给出的建议，展开教学实践并内化吸收，从而有效提高自己的教学效率。

同时，项目组在错题上做足文章，要求教师将学生的错误整理成册，归成类。对错题的学生监督到人，督促学生完成每道题的订正，并通过变式练习巩固落实。

3. 细化常态管理，就"症"施措

班主任分析数据信息，了解班级的强、弱学科，与任课教师及时沟通，协助做好班级思想工作。同时，注重学生个体差异，关注学生情绪变化，细化常态管理，做好因"症"施措。

(1) 建构学习共同体

班主任根据对学生在各学科、各层次的分析，筛选出各科优等生和待进生，按照互补共进的原则，构建班级学习共同体，采取适当的激励措施，让优等生有针对性地帮扶待进生，从而实现班级成绩的"共同富裕"。

班主任还召开"争当优秀毕业生"动员大会，激励学生学习的兴趣，优秀学生分享自己的学习方法和经验，激发学生的学习力，从而提升学生的学业成绩。

(2) 定期召开家长会

班主任定期召开家长会，与任课教师一起对孩子在学校的表现和成绩向家长反馈，让家长了解孩子的动态，及时跟进孩子的教育，构建家校共同体。

(3) 定期开展心理辅导

通过前面的分析，可知学生的学习焦虑影响着学生的学业成绩。因此，做好学生心理疏导，降低学生学习的焦虑值，将有助于提高学生的学业成绩。为此，学校专门开设了心理咨询与辅导室，配备了专业的心理教师，每班的孩子可以在班主任的带领下，定期接受心理辅导，有效地缓解学业压力和焦虑，有助于提高成绩。

4. 开展自我诊断，改进学习行为

借助学生学情反馈单引导学生，从关注分数转向关注分数背后的故事，让学生明白"哪些题错了？为什么错了？为什么一错再错"。在数据中发现背后的问题并改进自己的学习行为和习惯，从而有针对性地开展强化练习和学习，提升学业成绩。

三、实 践 成 效

(一) 改变了学生学的行为

1. 从"盲目"地学变成有"目的性"地学

过去，学生的学习是一种被动的接受式学习，教师教什么，学生就学什么，特别是期末冲刺阶段，教师下发大量的练习，对的、错的全讲，学生只能盲目地全盘接受。在基于数据支撑的小学"稚慧"评价体系实施后，教师和学生能够获取到个性化的教学服务内容,教师讲得有目标性了,学生也会根据自己的学情反馈单,抓重点、看难点,有目标性地学习和复习。

2. 从"单学"变成"共学"

对于待进生来讲,过去在课堂上听不懂,课后就只能听之任之,没有办法进行巩固。在基于数据支撑的"稚慧"评价体系实施后,班主任能够很快地监测到每个学生的学习变化情况,及时、有效地构建学习共同体。学生不仅可以补差,还能学习优秀学生的学习方法和习惯,发展自己的学习力,从而促进学业成绩的进一步提升。

(二)改变了教师教的方式

1. 从"粗放"式教走向"精细"化教

过去,由于学生众多,教师对于学生的学业质量监测,只能用平均分来衡量,只能凭借记忆来回顾错题率,完全凭借主观臆断,缺乏科学性。在基于数据支撑的"稚慧"评价体系实施后,教师能够详细了解整个监测反馈练习的得分情况,知道学生的个体差异,从而能够实施个性化、精细化教学,提高学生的成绩。

2. 从"单干"走向"共享"式教学

过去,由于不知道自己的班级有什么薄弱处,很多教师不知道怎么向别人寻求帮助,形成单打独斗的局面。而这种局面,对于年轻的教师往往是非常不利的,他们缺乏教学经验,对一些题目的处理没有老教师有经验,因此,他们的班级成绩一般都是不太理想。而在基于数据支撑的"稚慧"评价体系实施后,数据能帮助教师知道学生的情况,知道数据背后的问题,从而能更有效地寻求帮助,并获得别人的帮助,形成"教学"共同体,促进教与学的进步。

(三)改变评价的方式

过去,在学校的评价中,各项评价数据依赖于传统经验,评价既简单又粗略,大量数据处于沉睡状态,诊断、反馈等功能被弱化。通过数据驱动后的评价,注重对比,明确强弱学科;注重分层,展开个性化教学;注重成绩变化的跟踪,及时发现问题、处理问题,使评价走向深入化,针对性更强。

【参考文献】

陈荣荣.教育质量评价数据的挖掘思路与应用路径[J].上海教育科研,2017(6):54-60.

中华人民共和国教育部.义务教育数学课程标准(2022年版)[S].北京:北京师范大学出版社,2022.

作者:张福杰(瑞安市广场实验小学)

(本文获温州市2023年中小学教育评价改革案例评选一等奖)

基于"五维三阶"雷达评价的小学低年级段游考实践研究

一、案例背景

(一)研究背景

根据《浙江省教育厅关于小学生综合评价改革的指导意见》《义务教育质量评价指南》等文件精神,无论是评价要求还是新课标方向,都指向"培养什么人、怎么培养人、为谁培养人"的核心目标。对乐清市17所小学的期末测评现状(城区5所、乡镇7所)做问卷分析,主要聚焦测评现状、形式、评价反馈及阶段瓶颈等问题,结果发现,各小学虽在形式上产生变化,从唯分数观向过程评价转型,但顶层规划仍主要以教师或级段为主导,呈现智育为主的学科化建模,缺少知识运用的综合导向,导致测评功能独立,五育并举理念不凸显。

学校以评价改革为契机,顶层纬度规划在原有基础上向五育并举转型,但在"测"与"评"的处理中,顶层规划的素养发展培养指向不凸显,部分测评纬度反馈以教师主观判断为主,基本采用模版化填写和市教育局平台数据填报为主,缺少基于校情的学生综合发展数据处理后台开发。

(二)问题聚焦

学校以学生综合纬度画像校本化实践为切入点,关注学生综合能力发展,将五育并举作为顶层设计载体,构建融合素养发展与育人的顶层纬度。下层建模指向生活与过程体验,基于原始后台开发围绕核心素养发展目标的多维度考评后台,架构数据反馈与成长评价一体的考评体系。

1. 游考内容形式化,忽视了核心素养下的学生个性需求

无纸化检测虽在推进过程中发生了一定的形式变化,基本采取"游戏闯关"等形式进行测试,但还是存在"语数学科为主""任务走过场""全体优秀级"等现象,忽视了学生学习品质、学习能力和综合能力的评价反馈。在形式组织上基本以一卡一答方式进行开展,整体构建较为单一,使得考评反馈和项目开展方面没能真正体现素养导向也未能充分实现教育评价的应有功能。

2. 游考指向学科化,忽视了立德树人下的学生品德养成

新一轮课改要求,在遵循教育教学的规律下,要以立德树人为根本目标,除了对学生的知识技能水平进行教育外,要关注五育并举,培养学生的必备品格、创新思维和关键能力,还要重点落实品德塑造与劳动教育。但纵观当前大部分小学的低年级段游考的项目设置,极少关注上述方面的考评融合。所以如何使评价反馈的内容结合品德养成,建立多元的、有深度的、有目的的评价体系成为一个需要探究的问题。

3. 游考评价独立化,忽视了能力发展下的学生综合评价

我国在推进新一轮中小学考试评价制度改革中,经过多年的实践研究,评价制度已发生了翻天覆地的变化,其目标导向指向学科核心素养,评价指标覆盖德智体美劳全面发展的体系构建,这是当下教育教学评价改革的核心问题,也是项目实践研究的核心目标。

二、实 践 举 措

本测评体系的项目路径以"三个建设"为目的,建设符合未来趋势的考评项目、符合学生成长需求的考评机制、符合学生发展特征的考评分析,并结合省评价要求中的"四个关注"为评价导向,即"关注学生的全面发展""关注学生的学习品质""关注质量形成的过程与成本""关注影响学生成长的环境因素"。建构五纬顶层设计,将分阶模块以20%、25%、15%、20%、20%进行权重设置,重组上层结构下的三阶十五个模块指标,利用宏功能进行数值转换,确保数据源分析结果精准科学,为五维雷达分析图提供依据。

表1 "五维三阶"雷达评价的后台学校及年级段均分权重计算(灰底)

总分 100	等级制定		A 5	B 4	C 3	D 2	E 1	
权重(可设)	分项分纬	三阶	权重	一年级段		二年级段		三年级段
0.2	品行表现	心理健康	0.067	6.366	95.82	6.566	97	6.566	97.33
		道德品质	0.067	6.633		6.566		6.7	
		行为品质	0.067	6.363		6.355			
0.25	学业基础	语数基础 语文	0.042	3.944	95.17	4.316	97.39		95.26
		语数基础 数学	0.042	4.032		4.316			
		英科基础 英语	0.042	4.110		4.316		4.022	
		英科基础 科学	0.042	4.032		4.156		3.877	
		艺体基础 体育	0.028	2.632		2.688		2.8	
		艺体基础 美术	0.028	2.66		2.363		2.688	
		艺体基础 音乐	0.028	2.688		2.716		2.772	
0.2	合作探究	分工配合	0.067	6.633	97.17	6.566	98	6.432	95.67
		小组交流	0.067	6.365		6.566		6.231	
		小组展示	0.067	6.633		6.566		6.566	
0.15	高阶运用	学科融合	0.05	4.75	94.5	4.75	95.67	5	96.67
		策略应用	0.05	4.8		4.95		4.7	
		实践运用	0.05	4.7		4.8		4.8	
0.2	实践创新	艺术鉴赏	0.067	6.365	95.83	6.298	96.33	6.633	96
		个人才艺	0.067	6.432		9.499		6.432	
		动手能力	0.067	6.565		6.565		6.231	

（一）建立以"学生个性需求为核心"的顶层规划

项目的顶层规划坚持以核心素养要求中的能力发展为导向，创设以学科知识结构为依托，模拟真实生活环境、表演舞台、情景交融、劳动实践等的方式，让学生学会运用获得的知识技能和生活实践能力，解决某个新问题、创造某种新东西、规范某种新行为。通过测评反馈，引导学生的综合发展方向，培养学生在多种复杂环境下处理真实问题的能力，也为发展综合素质能力提供实践机会。

项目以"需求"定测，注重趣味发展学生个性。小学生的天性中蕴含着对新鲜事物的探索精神，他们喜欢接受一切挑战，但不喜欢被制约于单一的学业考试。纬度题库以有层次、有梯度、有难度的设计原则进行任务命题，如合作探究纬度以主题表演、抓阄分组的形式，让学生根据自身情况进行任务分工并参与到团队协作中，发挥自身特长与优势，从而体会到合作所带来的成功喜悦。每个学生都有所收获，感受合作的魅力、挑战的激励，最大限度地驱动学生的学习动机和学习品质，也将五育并举真实地融入考评项目。

以二年级合作探究中的能力模块考评项目为例。为凸显学科综合素养，培养学生合作探究能力。针对项目在纬度目标下设计了一组既考查学科素养又考查能力发展的主题项目，将二年级《曹冲称象》课文内容进行剧本创设。学生根据所提供的特定演绎剧本，进行分工合作，可以承担表演角色，也可以承担道具制作、后勤保障、组织安排等任务，考评教师则根据小组的演出水平及个人承担任务的过程说明，结合角色装扮、主题任务分工表、交流记录表、舞台展示等方面进行考察，给予学生反馈评价。这使得考评结果包含了过程与个性，不仅考查了学生的阅读和口语交际能力，也考查了学生组织活动和解决实际问题的关键能力。

（二）重构以"学生能力发展为核心"的实施路径

"五维三阶"雷达评价低年级段游考纬度的项目设置基于"五维三阶"雷达评价的整体设计，设计了一种复合性情景测试，其不仅包含有学科知识和思维方法，还以核心素养为目标，结合能力发展、道德品质等指标内容。核心指标需要整合学科特征与日常生活的关联性，语文重表达交际，数学看实践运用，

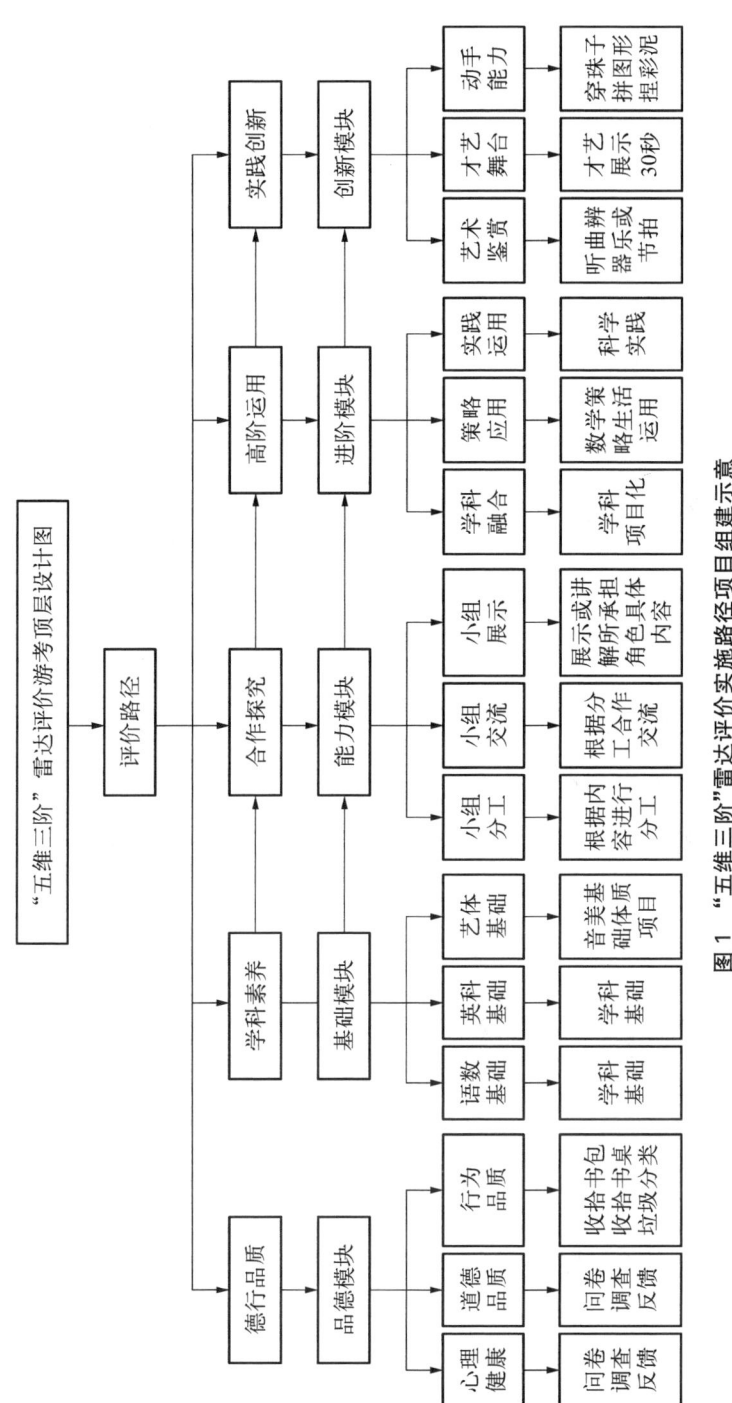

图 1 "五维三阶"雷达评价实施路径项目组建示意

英语通口语表达，科学联生活操作，音乐通律动表现，体育铸体魄锻炼，行为显德育品质。通过以上重构整理，将指标模块组合分类，确保诊断项目趣味性的同时，保障测试内容的覆盖面，进而建构以学生能力发展为核心的考评项目和评价方向。

项目以"能力"定测，注重梯度驱动考评过程。考评项目设置以主题情景式项目为切入点，围绕多元化"项目闯关"形式，在实施过程中，通过家长及学生的抽样样本数据，证明了学生在考评过程能够有效体会和间接培养了"五个能力"，即独立自主能力、合作探究能力、实践运用能力、自信展示能力和品德制约能力。学生反馈在考评参与中不仅收获了知识，也尝试了与同伴的合作交流，更重要的是通过生活实践增强了学习动机和自信心。

以一年级高阶运用中的进阶模块考评项目为例。考评内容以"过一个年味的春节"为主题，将语文、数学、美术进行融合，通过读春联，将春联根据大小进行分类，讲出它的形状（如圆形、正方形、长方形），而后根据提供的家门照片，选择一副适合的春联进行装扮，并说出选择的理由。

（三）创建以"学校立德树人为核心"的纬度建模

该游考项目的纬度建模创新点是将立德树人作为最高目标，以学科素养为核心，体现学科的育人价值，以培养和形成学生的关键能力、必备品格与价值观念为目标导向，努力研究和创设符合现在教育教学环境的考评纬度后台。

1. 以"养成"定测，注重心理协同亲子共进

当今社会小学生心理健康受到普遍关注。项目的心理测评采用双平台模式，通过问卷星填写，前置评价纬度分析权重的反馈设置，将数据分析结果及评估建议发送到家长、反馈到班主任、留档到学校，使数据的评估功能起到多重辅助效果。这样可以帮助老师、家长和学生本人了解存在的问题，以达到尽早改善、维护和提高心理健康水平的最终目的。

家长方面，心理测评采用家长与学生共同参与的方式，孩子进行心理测评问卷评估，而后生成学生的心理测试评估纬度报告单，实时反馈到家长手机。学校方面，一是通过问卷的收集与分析，了解和掌握学生的心理健康风险，并将数据反馈到班主任的手中，让其了解本班学生的实际情况，便于班级管理工

作更好开展。二是间接了解孩子在学校生活中与同伴和老师的关系,进而及时关注到学生的心理发展潜在因素。

2. 以"养成"定测,注重品德衔接校园实践

品德养成是一个被长期关注的热点问题,而学生行为品质的养成,是通过长期的学习、生活引导所沉淀的结果。本纬度借助家校同建,以道德品质、行为品质为分阶段目标。道德品质测评同样采取问卷形式,将反馈数据导入 SPSS 数据分析后台,分析和发现学生存在的问题,并将反馈结果发送给家长及班主任,为教师、家长及学生提升道德认知,提高道德品质教育等提供有效数据,而学校层面则可以根据后台数据为德育处的日常品德管理提供有力方向。

模块采用双线测试模式,一是利用问卷对品德行为进行认知测试;二是利用校园场景模拟,对日常整理进行校园实践,如布置若干场景,安排学生进行书桌整理、书本分类,同时结合视频观看,教师引导学生讲出视频中做得好的与需要改正的。游考利用梯度递进,提高学生的元认知水平。

三、实 践 成 效

(一)建立"以学生个性需求为核心"的成长性评价

突出学生个性发展需求,把五育并举作为评价导向,淡化学业评价、加强合作评价、建立德行评价、推进美育评价、促进才艺评价。利用好成长评价的数据分析,在课后实践活动中,引导教师的教学行为从单一的学科能力培养向综合能力培养转型,为德智体美劳全面发展奠定基础。

(二)研制"以学生立德树人为核心"的多元性评价

坚持品德为先、能力为重的指导思想,以厚植学生的爱国主义情怀,加强道德品质、培养生活习惯为核心,确保过程评价的科学性,建立学生品德发展纬度评价指标的长效机制。通过考评内容的引导作用,促使教师的教学行为由课堂讲授向深度体验转型,推动学生品德养成。

(三) 实施"以学生能力发展为核心"的诊断性评价

改变"唯结果"的评价手段,强化过程评价,探索赋能评价,健全综合评价;打破"唯学业"的项目评价机制,以数据推动实现评价的诊断意义,提高教育评价的诊断性和指导性。坚持科学有效原则,形成促进发展、实际有效的符合校情的诊断性评价机制。通过创新游考内容和评价形式,多轨同进,指向新时代学校教育教学的学生培养目标,为学生的能力发展奠定基础。

四、反思改进

(一) 项目实施意义

项目以"双减"政策为导向,结合学科核心素养,聚焦新版课标下的育人导向,融合五育,引导个性发展、品德养成及能力发展。创设三种评价方式,即表现性评价、多元性评价、诊断性评价,最终形成了游考项目的创新建模,建立了品德纬度体系的规划,重构了考评方式的组合。在此基础上,创设了符合减负增效趋势、符合学生成长需求、符合学生发展特征的考评项目。

(二) 下一阶段思考

项目在游考内容和形式的创新上,已尝试了课堂教学与学生综合能力发展的融合与渗透,评价方式也从片面的"结果关注"到全面的"结果延伸"。下一步,项目组将重点探究学生单项数据与成长数据有机结合,重设项目纬度指向五育并举,最终利用反馈数据引导学生的综合能力发展。

【参考文献】

蔡雪峰.探究体育锻炼对小学生文化学习的影响[J].考试周刊,2014(25):126-127.
大数据分析技术的发展.[EB/OL].(2012-05-16).http://tech.ccident.com/art/32963/20120516/3859799_1.html.
李国杰,程学旗.大数据研究:未来科技及经济社会发展的重大战略领域——大数据的研究现状与科学思考[J].中国科学院院刊,2012(6):647-657.
尹振龙.浅谈小学德育教育的重要性[J].科学咨询(教育科研),2009(8):16-17.

周彦冰.小学生音乐素质教育的现状与对策——以东莞市小学生为例[D].武汉：华中师范大学,2012.

作者：连明建、林义（乐清市建设路小学）
　　　徐莘莘（乐清市柳市镇第十六小学）

（本文获 2022 年温州市"数据驱动教育教学改进"案例评选一等奖）

数据驱动下教、学、研一体的研究和实践

——一次数学校本主题教研活动的思考

一、案例背景

在数据时代,教师应充分挖掘数据驱动对教育领域的重要价值。2021年4月,昆阳一小成立了数据驱动项目组,同年被评为市县"数据驱动教育教学改进"种子学校。在此基础上,学校申报了市级课题"以单元作业驱动学校'减负提质'的实践研究",尝试以教研组为基本单位,完成单元作业研究任务,研究根据单元作业反馈的数据来分析单元学习的疑难点,以此驱动教育教学。经过研究,发现现有教学存在以下现象。

(一)学的现状——没有突破难点,缺乏理解本质

在小学阶段的数学学习中,很多教材内容看似简单易懂,却是"老师教、学生学"的难点,往往体现为老师上课教学感觉比较流畅,学生感觉上课都能听懂,但练习时却漏洞百出。究其原因,教师在教学过程中没有突破学生学习的疑难点,学生没有深入理解数学的本质。因此在教学中要紧扣知识疑难点,引导学生在不断地思考、交流、辨析、碰撞中有效突破学习难点,提高学习质量。

(二)教的现状——依赖主观经验,缺乏精准教学

2022版课标强调要凸显学生主体地位,关注学生个性化、多样化的学习和发展需求,注重教学评的一致性,教师要明确"为什么教""教什么""教到什么

程度"。由此可见,教与学的精准关联至关重要。但在实际教学中,很多经验型教师依然缺乏深入研究教材和学生的意识,对学生课堂上生成的素材缺乏有效的数据分析,以经验认知代替学情分析,使教学针对性不足。有必要帮助教师发现教学中存在的问题、可改进的地方、学生的个性化学习情况,以便转变教学方式,实现基于"经验＋数据"的更科学、更精准的教学。

(三) 研的现状——活动流于形式,缺乏主动参与

1. 形式化活动多,有效性活动少

形式化教研活动是指教研活动的主题设计随意、教研的深度和教师的参与度不够。平时的校本教研活动主要以集体备课、听课、评课等同伴互助的形式进行。至于为什么要上这节课,教师没有去研究,更没有自己的思考,所以这样的教研活动效果不明显。究其原因,教师是"被参与"教研活动,对教研任务接受度不高。因此,创新校本教研形式,切实提高校本教研活动的实效性,是提升校本教研质量的关键所在。

2. 定性分析多,定量分析少

以往的教研活动中教师更多是凭借"经验说话",针对性不强,课堂教学质量不高。评价也往往以主观判断为主,泛泛而谈,致使评价缺乏科学性和专业性。衡量教师教学水平和反映学生对课程掌握情况的一个重要指标——教学测量数据,并没有充分发挥数据驱动教学的作用。如何让数据"说话",辅助教师的教学是目前学校校本教研活动需要解决的一个问题。

基于以上的思考,学校数学团队充分利用团队教研这一契机,深入研究如何借助数据驱动实现精准教学和提高教研活动的有效性。下面以小学数学四年级下册"轴对称"这一课为例,谈谈研究和实践的过程。

二、实 践 举 措

(一) 借助单元作业,发现疑难问题

在研究单元作业的过程中,教研组发现根据单元作业反馈的数据可以发现这个单元学习的疑难点,以此驱动教育教学。在"轴对称"单元作业反馈的

数据中发现,超过 60% 的学生认为一般的平行四边形是轴对称图形,看来"判断一般的平行四边形是不是轴对称图形"是学生学习这节课的难点。

(二)利用数据分析,理清疑难问题

1. 借助前测数据分析学生学习的疑难点,精准把握学习起点

疑难点一:学生很难判断平行四边形[①]是不是轴对称图形。根据上一届学生单元作业反馈的数据,课前对全校 8 个班进行了前测,有 66.32% 的学生认为"平行四边形是轴对称图形",并且画出了很多条对称轴。为了更具体地了解学生对不同方向对称轴的理解情况,对学生再次进行前测,发现有 36.32% 和 31.84% 的学生认为两条对角线是对称轴。通过访谈发现,原来学生是混淆了平分线和对称轴,误认为平分线就是对称轴。

疑难点二:学生很难体验到轴对称也是图形的一种运动方式。在前测中发现,有 2.63% 学生认为轴对称是图形的运动,通过访谈学生得知理由是:随便猜的;对折是运动;轴对称是图形转起来的。说明学生很难体验到轴对称也是一种图形的运动。

通过前测的数据分析,基于学生的学习疑难点,教师确定这节课的关键问题就是"平行四边形是不是轴对称图形?"。借助这一核心问题引领学生进行深度学习,去探索和发现轴对称图形的本质特征,从而突破学习难点。

2. 借助中测数据分析学生活动的有效性,精准把握教学定位

基于大数据的学情精准分析,为教师实施精准教学提供科学依据。通过对关键活动观察量表的分析,能更加清晰地认识教学目标、教学内容、教学行为的优势与不足,对于关键问题的设置和学习活动的设计会更有针对性、目的性。借助数据,教师不断调整教学设计,对教学内容予以取舍,如此才会提高课堂教学的有效性。

(1) 针对关键问题设置活动观察表,调整教师教学行为

通过对"学习活动观察表"(表 1)的分析发现,活动一中,大部分学生都喜欢用照镜子或折一折的方法进行验证,没有选择画一画的方法,说明学生还是喜欢动手操作的方式。活动二中,学生很难从一幅图中发现"对称点连线与对称轴互相垂直"这一特征,说明素材提供得还不够,在材料选择上还需要进行调整。

[①] 本文中讨论的平行四边形指的是一般的平行四边形,不考虑特殊的平行四边形。

表1 "轴对称"学习活动观察

时间	课　题	执教者	观察者	组别
4.15	轴对称	×××	×××	

	观　察　内　容		次数(划"正")
观察记录	活动一：这几条是不是平行四边形的对称轴呢？请你选择自己喜欢的工具来验证一下。	1. 选择镜子验证	41
		2. 选择对折验证	29
		3. 两种方法验证	24
		4. 选择画一画验证	6
		5. 其他情况	有1个孩子不会验证
	活动二： 1. 画一画：先想象它的另一半是怎样的，再画一画。 2. 找一找：轴对称图形有哪些特征？	1. 可以发现距离特征	23
		2. 不能发现距离特征	9
		3. 可以发现位置特征	6
		4. 不能发现位置特征	37
		5. 其他情况	有5个孩子没有发现

(2) 针对关键问题设置活动观察表，促进学生有效学习

"学习活动观察表"的数据分析除了可以帮助教师调整教学，还可以贴近学生个体的需求和爱好，有助于学生学得更为有效。数据驱动不仅能从知识掌握的精度和速度上给出新的学习解决方案，也能在学生元知识的改进和强化上给予有力的帮助。教师配合数据分析结果，给学生提出基于学习策略、方法、能力方面的改进建议。学生也可以以数据为镜，认识自己的优劣势，从而优化自己的学习策略和方法。

3. 借助后测数据分析教学的有效性，精准评价学习效果

"后测"是指教师在课堂教学后，根据课堂教学内容，用试卷和提问的方式

检测学生的学习效果。后测可以帮助学生提升学习的自觉性和学习的体验感,教师则可以通过后测了解学生对已经学习的知识的掌握程度,帮助学生提升学习效果。

借助第一次试教的后测数据发现,对称轴都是斜放的情况下正确率只有31.25%。正确率低说明学生还没有真正理解概念的本质,不能利用轴对称图形的两个特征来进行判断。

(三) 巧用整改措施,突破疑难问题

基于以上的数据分析,数学团队经过讨论对教学目标、教学方法及教学设计进行多次的调整和改进。

1. 材料选择:从"单一"走向"全面"

前面几次的教学设计都是选择从一幅图入手来研究轴对称图形的特征。但从课堂观察数据来看,学生很难从一幅图发现轴对称图形"对称点连线与对称轴互相垂直"的特征。学生探究学习中的这一疑难问题,引发教研组的思考:多幅图的对比研究是否会有利于学生观察特征?

基于这样的思考,探究环节改成五幅图的对比材料。通过课堂观察发现,主要存在两个问题:① 不在格点上的 3 幅图形增加了探究的难度;② 材料太多,短时间内学生很难提炼特征。于是去掉重复的 2 幅,调整为 3 幅图(对称轴 3 个方向各留一幅)。通过课堂观察发现,能发现特征的人数变多了,而且在后面的教学环节中学生也能更有意识地去利用这些特征。通过研究材料从"一幅图"到"多副图"的转变,学生对轴对称图形"对称点连线与对称轴互相垂直"的特征有了更深刻的理解。

2. 概念教学:从"混淆"走向"明朗"

在前测中很多学生认为"只要一条线能将一个图形平均分成两个相同的部分,这两个部分就可以完全重合,这样的线就是对称轴"。显然这些学生混淆了平分线和对称轴的概念,这是学生在认知轴对称图形中的又一疑难问题。于是引发思考:在教学中渗透垂直平分线是否会有利于学生对对称轴概念的理解?

基于这样的思考,在学完轴对称图形的特征后及时追问学生,"为什么刚才有那么多同学认为对角线就是对称轴呢?"直击混淆点,触碰平分线的概念,

让学生初步感知平分线和对称轴的区别。接着利用几何画板验证平分线都不是它的对称轴。最终得到"一般的平行四边形不是轴对称图形"的结论。

通过这一转变,课后对学生进行后测时,出错率大幅度下降。整节课让学生深刻感悟到"对称轴不仅仅是平分线,还得具备对称点到对称轴的距离相等,对称点连线和对称轴互相垂直的特征"。

3. 内涵教学:从"表象"走向"本质"

在磨课过程中,第一次试教是从画入手,三次画的活动串起一节课。"第一次画"研究特征,归纳画法。"第二次画"巩固画法,渗透对称点的方向和对称轴有关。"第三次画"进一步让学生感受对称点连线与对称轴互相垂直。虽然教学效果比较好,但发现这样教学更多关注技能的训练。而且在前测中发现一个班只有 3 个学生认为轴对称是图形的运动。这说明学生很难体会到轴对称是一种图形的运动,这是学生学习中的又一个疑难问题。于是再一次引发思考:从图形运动的视角展开教学是否会有利于学生感受轴对称的运动本质?

基于这个想法,教学设计有了从"画"到"不画"的转变。先是将以经验感知为主的画改为照镜子与对折的操作,让学生联系实际理解镜像、对折带来的运动感,给学生提供更多的运动经验。再让学生利用这些经验去想象点、面的镜面投射,帮助学生从点的运动转为感知对称点与对称轴的关系,从而培养学生的空间想象能力。在后测中学生对"轴对称"的描述也证实了这一点。

三、实 践 成 效

(一)"数据驱动"提高教师实证研究能力

从"经验说话"到"数据驱动",在整个研究过程中需要教师具有对数据分析、理解的能力,要求教师既看到数据的表象,也能看到数据背面的意义和价值。整个教研活动从学生的认知难点出发,针对三个疑难问题,结合收集到的数据不断调整教学设计,最后利用多种数据检验转变后的教学效果。不管是"学习活动观察表"的数据,还是前后的对比分析,抑或是学生课后对"轴对称"的描述,都可以证明数据驱动这种科学的实证研究方法是有效的。同时教师对学生学业的诊断水平得到了提高,学习指导就会更专业,更具科学性。

(二)"数据驱动"促进学生精准有效学习

基于数据驱动模式下的课堂,使学生能更精准地进行学习,提高作业的正确率,达到良好的学习效果。在提升学习质量的同时,也培养了学生爱学习、爱思考、爱探究的能力,在每年的市、县级小课题和小论文评比中屡获佳绩。2022年11月,学校被评为温州市首批"数学家摇篮工程"领军学校,在历届的温州市小数学家评比中,有3位学生获得市小学数学家称号,7位学生获得市小数学家提名奖。

(三)"数据驱动"构建新型教研模式

数学团队在对"数据驱动"教研活动的研究过程中,进行了有效的探索和实践,逐步形成和完善了一套实证研究的校本教研模式。基于系统规划,从单元作业出发,整个教研活动的学习数据来源于课前、课中和课后,通过对教学过程及结果数据持续不断的采集,逐步形成教学大数据。借助对教学大数据进行多元分析和深度挖掘,调整学习目标和教学方法,重新设计教学活动,在这样的迭代循环中不断研究,以达到精准教学的目的。在整个项目的开展和研究的过程中,课堂活动观察表的出现驱动教师沉浸式参与教研,提高了教研活动的有效性,形成了一种新的实证研究的校本教研模式(见图1),从而实现教、学、研一体化。

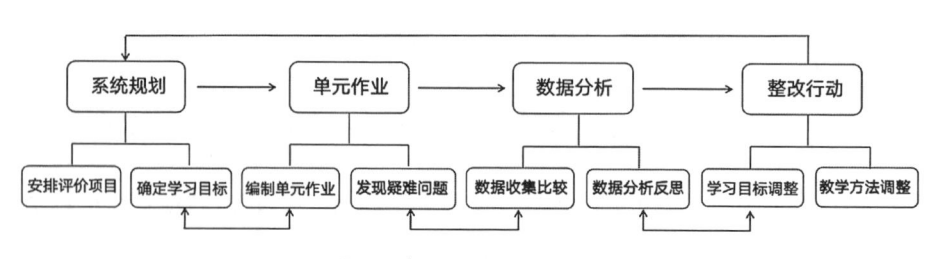

图1 昆阳一小实证研究校本教研模式

四、反思改进

自学校数据驱动项目组成立以来,学校按计划开展了项目研究与实践工作,取得了初步成果。当然,这些成果还不够成熟,在很多方面还有待完善。接下来将继续探究如何让更多的老师体会到是数据驱动教育教学带来的优势,感受数据的好用、方便。做到基于数据,以研促教、以教促学、以学促研,实现促进教、学、研一体化,从而驱动教育教学整体发展。

【参考文献】

付达杰,唐琳.基于大数据的精准教学模式探究[J].现代教育技术,2017(7):12-18.

侯德峰.学习数据支持的小学数学校本教研改进:以"C校"为例[J].小学数学教师,2021(21):167-172.

余胜泉,李晓庆.基于大数据的区域教育质量分析与改进研究[J].电化教育研究,2017(7):5-12.

作者:徐小巧、侯芙蓉(平阳县昆阳镇第一小学)

(本文获2022年温州市"数据驱动教育教学改进"案例评比一等奖)

数据驱动：小学数学单元表现性评价的优化与应用

——以人教版六年级上册《圆》单元为例

《义务教育数学课程标准(2022年版)》(简称《课程标准》)提出:"义务教育数学课程应使学生通过数学的学习,形成和发展面向未来社会和个人发展所需要的核心素养。"学习核心素养的发展程度需要依托表现性评价来衡量,而评价应对学生的学习过程进行结构化的评测。因此,笔者以单元整体为视角,对表现性评价进行优化与应用。单元表现性评价是在情境中评价学生提出、分析、解决问题的能力,而评估核心素养的发展程度是较抽象和难定性的,因此需要借助数据的收集、分析等来评价单元表现性的有效性。笔者通过调研、访谈等方式深入了解评价的现状,以素养为导向,探索可持续、可操作的单元表现性评价设计的路径,在数据赋能的驱动下,为可视化、精准化教学保驾护航。

一、数据透视：优化单元表现性评价

评价量化需要实践验证,事实证明,进步虽显著,但也存在一些问题。为优化改进评价方式,笔者协同团队对本区15所有代表性的学校、近100名数学教师进行调研。发现评价中存在如下问题。

(一)形式结构单一：指向知识掌握,缺少素养提升

经调查发现,91.5%的教师在教学评价时非常"专一",几乎是照搬教辅、

书本习题等巩固型内容。且有79.9%的教师表示教学评价相互独立,没有系统联结体系,大量的时间用于重复技能练习。因此,缺乏目标视角的单元评价思考,往往忽略了学生能力、素养的发展。

(二) 时间分配不均:集中评价订正,缺少设计思考

教学评价由布置、批改、订正、统计分析、讲评和辅导等多个环节组成,平均一位教师每天每班花费在评价上的总时长为2.5小时,其中用于批改、订正的时间占62%,而在设计与辅导上的时间仅仅占15%。教学收益与期望不符,归根结底为评价前的设计思考不充分。

(三) 教学评不一致:指向整齐划一,缺少个性化发展

大约78.2%的教师布置的数学作业与教学、评价相割裂,没有完善的系统评价操作范式,评价内容缺少针对性,丢失了评价作为教学检测工具的应用价值。在评价时,仅有9%的教师采取分层评价,大部分教师仍采用"一锅炖"的方式,无法实现不同学生有不同层次的发展。

基于以上分析,如何改进单元表现性评价来实现"双减"背景下教师与学生的教学相长呢?笔者试着通过数据驱动来确定单元表现性评价的框架。

基于数据驱动的小学数学单元表现性评价框架共分以下四个环节:一是根据单元教学目标,制定单元作业目标;二是重构单元,根据课型分析作业侧重类型;三是结合教学任务设计作业,结合作业实施教学任务;四是通过后测评价,反思优化教学和作业设计。在实施的过程中,通过"搜集数据、分析数据、利用数据"的方式指导单元评价的设计与优化,依托数据驱动,实现了评价内容的精准化、评价过程的可视化。

二、指向素养:探寻单元表现性评价路径

评价不仅仅具备检测功能,还具有调整、优化后续教学的功能。如何通过数据监测,来实现精准化单元评价呢?下面以人教版六年级上册《圆》单元评价设计为例,探寻表现性评价新路径,来帮助教师有方向地实践研究。

（一）评什么：确定评价指标

评价指标的确定是单元表现性评价的第一步。表现性评价设计前要对教材深入解读，对学情精准把握，从而把握评价要点，确定评价指标及水平赋分。

1. 解读标准，找准能力点

笔者解读了《课程标准》和《小学数学学业评价标准》，发现对圆的一些基础知识，只需要达到"了解""理解"水平即可，而对"周长和面积"则需达到"应用"水平，对用圆的知识解决现实问题的能力也有较高的要求。

表1　有关《圆》单元的课标要求及思考

有关《圆》单元的课标要求	核心素养发展点
会用圆规画圆，能描述圆和扇形的特征；知道圆的周长、半径和直径，了解圆的周长与其直径之比是一个定值，认识圆周率。	数学眼光：空间观念；几何直观 数学思维：推理意识；运算能力 数学语言：数据意识；应用意识
会计算圆的周长和面积，能用相应公式解决简单的实际问题。	
分析思考	本单元的教学及作业设计要突出用数学的眼光、数学的思维、数学的语言来观察、思考、表达圆，关注学生空间观念、几何直观、推理意识、运算能力、数据意识、应用意识等素养发展。

2. 研读教材，把握关键点

《课程标准》指出，在教学中要整体把握教学内容，了解数学知识的结构与关联。我们不仅要梳理教材的"显性"脉络，还要关注"隐性"联结。纵横分析，不管是人教版、北师大版、苏教版等，都非常注重周长和面积的推导过程，渗透"化曲为直""极限"等数学思想。而人教版教材更加凸显圆的知识在现实生活中的应用，相关素材呈现高达33次。

表2　人教版六年级上册《圆》单元素材分析

内　容	位　置	次数	教　学　素　材
现实生活中的数学（共22次）	情景窗中	4次	

续表

内　容	位　置	次数	教　学　素　材
现实生活中的数学（共22次）	自主练习	16次	
	课外实践	3次	
人文艺术中的数学（共5次）	情境窗中	1次	
	自主练习	4次	
欣赏数学美（共6次）	数学欣赏	2次	
	数学活动	4次	
分析思考	本单元能够从解决现实生活中的数学问题、关注人文艺术中的数学问题和欣赏数学美这三个维度来进行评价。			

3. 把脉学情，挖掘疑难点

(1) 关注学习需求

为深入了解学生对作业类型的喜好，笔者对学校六年级389名学生进行了调查和分析，发现作业形式以书面作业为主，而学生的喜爱偏好并非如此。

表3　六年级学生关于作业类型的喜好统计

调查问题	你感兴趣的作业形式是什么？（可多选）（　　） A. 书面作业　B. 口头作业　C. 动手操作类作业　D. 社会考察实践类作业　E. 合作类作业　F. 长期类作业　G. 阅读类作业　H. 其他
调查情况	学生感兴趣的作业形式调查统计图 H. 其他　23.80% G. 阅读类作业　69.90% F. 长期类作业　57.10% E. 合作类作业　71.30% D. 社会考察实践类作业　34.70% C. 动手操作类作业　67.60% B. 口头作业　26.60% A. 书面作业　46.80%
分析思考	学生对动手操作类、实践类、合作类和阅读类作业更感兴趣。因此对本单元，教师可以通过数学眼光、数学思维、数学语言维度来研制。

（2）找准认知起点

为更好把握学生的现实起点与逻辑起点，笔者结合本单元学习的重点与难点，分别对六年级上册学生进行了前测。

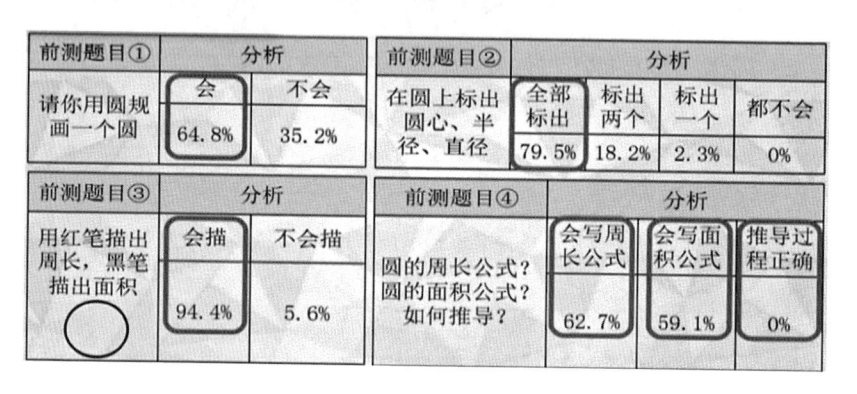

前测题目①	分析		前测题目②	分析		
请你用圆规画一个圆	会 64.8%	不会 35.2%	在圆上标出圆心、半径、直径	全部标出 79.5%	标出两个 18.2%	标出一个 2.3%	都不会 0%

前测题目③	分析		前测题目④	分析		
用红笔描出周长，黑笔描出面积	会描 94.4%	不会描 5.6%	圆的周长公式？圆的面积公式？如何推导？	会写周长公式 62.7%	会写面积公式 59.1%	推导过程正确 0%

图1　前测结果

从图1中可以发现，学生对圆有一定的认知基础，但对周长、面积的概念有认知偏差。因此在教学中，应关注学生思想渗透，并加强运用方法解决现实问题的评价。

4. 多维分析,确定评价点

笔者基于课标和教材研读、学情分析,确定了单元表现性评价指标,并明确了各指标下的评价内容及学习水平(表4)。

表4 《圆》单元教学评价监测点

监测点	内容	单元作业目标	学习水平
知识点	圆的认识	目标1:认识圆的特征,会用圆规画圆,感知圆的形成过程。	理解、掌握
		目标2:会借助尺规设计圆的图案,欣赏并解释圆在生活中的应用,感受生活中的数学美。	知道、体验
	圆的周长	目标3:了解圆的周长与直径的比为定值,掌握圆的周长公式,并解决简单的实际问题。	理解、应用
	圆的面积	目标4:掌握圆的面积公式推导过程,并正确运用面积公式解决简单的实际问题。	理解、应用
		目标5:能感受误差产生的合理性,能感受等积变形的思想和化曲为直的极限思想。	知道
	扇形	目标6:认识扇形的特征,能够认识到圆与扇形的区别。	理解
素养点	数学眼光:空间观念;几何直观 数学思维:推理意识;运算能力 数学语言:数据意识;应用意识		

(二) 怎么评:定制测评工具

基于数据驱动的表现性评价在设计时要关注评价核心要素、评价主体,以及对表现性评价的量化设计。

1. 把握要素,关注素养培育

基于数据驱动的表现性评价更关注素养发展,在设计时需突出以下三点:

(1) 合理用好生活素材。数学源于生活、应用于生活,因此评价时需合理用好生活素材。《圆》单元无论是新知识还是知识应用都离不开生活素材,教学中要紧密联系生活实际,让学生尝试运用所学知识去解释各种现象,以达到巩固知识、加深体验、学以致用的目的。

（2）注重多维多层表征。每一个学生的知识经验和生活经验不同，因此评价设计要给予学生多维度、多层次的思维表征，从而关注每一个学生对知识的理解、掌握和运用。

（3）多元开放解答路径。不同学生有不同的思维表达，因此要给予学生多元开放的解答背景。比如，圆和其他图形组合的图形的面积计算，可以根据学生的多元表征来诊断学生灵活运用知识的情况，从而更好地设计后续教学。

2. 统筹设计，架构单元评价体系

根据教学实践需求，单元表现性评价包含预学评价、课时评价和单元评价三个部分，不同阶段的表现性评价有不同的侧重点及作用。

（1）预学评价，了解前概念水平

准确把握学生的学习起点，是寻找最近发展区和知识生长点的有力依据。笔者通过对六年级学生的前测，发现学生对圆有一定的认知基础，且在圆周长中具备"化曲为直"经验，但在圆面积中难以用极限思想去刻画出无数边形。

表5 前测结果

前测内容		方法描述	调查结果
周长问题	如果让你测量一个圆的周长，你需要什么测量工具？简单说说你的测量方法。	用尺子量	15.7%
		绳子围，测绳长	39.6%
		量圆的直径	21%
		其他	23.7%
	请计算下面圆的周长 直径：2 dm	$2\times2\times1.5$	10.5%
		$2\times2\times\pi$	21%
		2π	34.3%
		其他	34.2%

续表

前测内容		方法描述	调查结果
面积问题	我们学过求图形面积时,三角形和梯形可以转化成平行四边形。那么求圆的面积时,你有什么办法吗?	转化为长方形	21%
		转化多个扇形	15.6%
		转化为平行四边形	28.9%
		其他	34.5%
	请计算下面圆的面积: 直径:2 dm	$2\times\pi$	23.7%
		$2\times2\times\pi$	28.9%
		$(2\div2)\times\pi$	15.6%
		其他	31.8%
分析思考	预学评价能够精准把握学生的逻辑起点与现实起点,借助水平层次框架进行的预学评价,能够促进深度课堂的互动,引导教师有方向、有素材的备课。		

表6　理解圆的周长与面积的水平层次框架

水平层次	内容	具体表现	赋分
水平〇		不知道什么是圆的周长与面积。	0—1
水平一	直观水平	能结合例子,知道圆的周长与面积,并能通过观察、迁移等方法探索求周长、面积。	0—2
水平二	描述水平	能够用化曲为直、极限等思想探索描述出求周长、面积。	0—2
水平三	理论水平	能够用公式进行周长、面积的计算。	0—2

(2)课时评价,了解概念建构水平

单元由课时组成,教师可根据课时目标细分及相应教学任务,设计课时表现性评价内容。课时评价需要师生互动也需要生生互助,因此可以设计反馈预学评价的内容,让课时评价更有效。

如笔者结合《圆》课堂教学效果,设计了分层的课时作业。

表7 课时测评内容

层次	测评内容	来源
掌握	★1.请你用圆规规范地画两个圆,并用字母o,r标出它的圆心、半径。 ★2.按下面的要求用圆规画两个圆,并用字母o,r标出它的圆心、半径。 (1) r=2 cm　　(2) d=4cm	第1题改编自《课堂作业本》p.39第5题 第2题改编自《课堂作业本》p.39第1题
理解	★★3.想象：C、D、E、F在圆O上吗？	原创

在评价设计时会用属性表对表现性评价内容进行汇总分析,有助于对目标达成度、难易度、作业量等做出整体分析。以下是《圆》课时评价的属性分析。

表8 《圆》单元课时评价的属性分析(部分)

不同课时题量		不同目标题量		不同学习水平题量		不同难度题量		不同来源题量	
课时	题量	目标	题量	水平	题量	难度	题量	来源	题量
1	5	1	7	认识	4	★	17	引用	19
2		2	4						
3		3							
2	4	2	4	体验	4	★★	14	改编	23
3		3	1						

续表

不同课时题量		不同目标题量		不同学习水平题量		不同难度题量		不同来源题量	
课时	题量	目标	题量	水平	题量	难度	题量	来源	题量
3	4	3	13	理解	20	★★★	18	原创	7
4	5	4	17	掌握	11				
5	4	5	4	运用	10				

从表8中可以发现,基于单元整体视角,对课时评价进行不同维度的解析,能够让评价更全面、更有效。属性分析表能够帮助教师合理设计评价,保证教学评一致性。

(3)单元评价,了解概念理解和应用水平

单元评价相比于课时评价要求更高一些,比如能否综合理解概念内涵、能否从关联的角度去表征新知、能否综合运用新知识解决实际问题等。

表9 单元评价内容

测评内容	请你找出锅盖的圆心,并记录你是如何找到圆心的?请你自己画一画,试一试。(改编自《数学书》p.58做一做第1题)	学校要建一个直径是10米的圆形花坛,你能用什么方法画这个圆?(选自《数学书》p.60练习十三第4题)	单元主题探究活动:车轮为什么是圆的?
相关素材		你会使用什么工具,运用什么方法进行测量呢?把你的想法和过程用文字、图片或视频记录下来,一起来挑战吧! 我选择的实践活动: 我的工具:_____ 我的方法:_____	撰写小组研究的方案
素养评价	几何直观;推理意识;应用意识	运算能力;推理意识;数据意识;应用意识	空间观念;几何直观;推理意识;数据意识;应用意识

在单元评价设计时也会利用属性表对表现性评价进行汇总分析。以下就是《圆》单元评价属性分析。

表10 《圆》单元评价的属性分析

不同目标题量		不同学习水平题量		作业内容与作业目标		不同来源题量	
目标	题量	水平	题量	判断	题量	来源	题量
1	2	认识	2	完全一致	8	引用	2
2	2	理解	4	部分一致	4	改编	6
3	2	掌握	4	无对应目标		原创	4
4	2	运用	2				
设计思考	单元表现性评价能够综合评价学生在经历一个阶段学习后的素养发展情况,通过结构化设计,能够让单元评价更合理,不仅能够提供监测功能,也为后续教学校正提供正确的方向。						

3. 量化评价,提供调整改进思路

评价内容设计好后,还要进行评价量化。从教学评一致、设计相整合、时间合理性、分层选择性、类型多样性、总量合理性等监测点进行评价量化。教师根据教学情况进行赋分,从而调整、改进教学及评价内容。

表11 单元表现性评价量化表

监测点	评价内容描述	分值(0—3分)
A. 教学评一致	1. 是否和单元教学目标、评价目标一致?	
	2. 是否和课时教学目标、评价目标一致?	
B. 设计相整合	3. 是否可以整合到教学中,成为教学新知活动之一?	
C. 时间合理性	4. 作业用时是否合理?	
D. 分层选择性	5. 是否根据难度分层,适应不同类型的学生?	
	6. 是否涉及可供选择的作业?	

续表

监测点	评价内容描述	分值（0—3分）
E. 类型多样性	7. 是否有综合实践作业、探究性作业、长周期作业等多样化的作业？	
	8. 各种类型的作业量是否分布合理？	
F. 总量合理性	9. 是否满足"双减"要求，减轻学生的作业负担？	

三、数据赋能：提炼单元表现性评价策略

单元表现性评价的开发和应用不仅仅是为了评价学生的学业水平、素养水平，更是为了收集测评数据，让数据驱动教学，让教学可视化，让教学更精准。

（一）从共性到个性，构建精准知识线

为学生定制适合的表现性评价内容。笔者及团队根据不同类型学生在特定的学习内容上的"最近发展区"，定制了不同层次的单元评价内容供学生选择完成，使不同层次学生的学习在原有的基础上获得最大限度的发展。《圆》单元作业分为营养A套餐，是侧重基础类的作业；营养B套餐，是侧重提高类的作业；自助C套餐，是侧重拓展类的作业。根据学生的学情，对应地布置营养A、B套餐作业；学有余力的同学，可以自愿选择完成自助C套餐。

（二）从基础到发展，推进精准活动序

相比于传统、单一的评价，学生更喜欢有新意、有层次、有挑战的评价。笔者团队在设计单元素养作业时，特别设置了基础篇和发展篇作业，基础篇是基础类的评价，发展篇是提高类的评价，其中的题目难度都是层层递进、逐步提高的，学生可以根据自己的需求选择自己的作业。同时，为了让作业更具吸引力，几乎每道题目都是老师们改编作业本或其他练习的题目，或是直接创编，让题目更具新意，与时俱进。

(三) 从题目到项目，串成精准评价链

在单元《圆》的评价中，学生提出了许多有关生活中圆的问题，并在课后组成小组进行自主探究，之后再将他们的研究成果带回到课堂上分享，凸显出了学生的提问能力和探究解决问题能力。因此，在教学中，教师完全可以针对一个大问题提出一系列小问题，从而形成一个项目化作业让学生去自主探究。

本实践力求通过大数据分析，帮助学生寻求更细致的个性化指导，帮助教师确立新的表现性评价观，大大提高了教师的教学效率。数据收集、处理和分析等手段能有效提高教师设计单元评价的能力，优化教学改进。随着新课程标准的提出，"三会"素养的发展更需依托单元表现性评价进行度量，为有效评价保驾护航。

作者：陈月初（龙湾区曹龙路小学）